Rudolf von Ems | Der guote Gêrhart

Rudolf von Ems

Der guote Gêrhart / Der gute Gerhart

Mittelhochdeutsch/Neuhochdeutsch

Herausgegeben, übersetzt, kommentiert
und mit einem Nachwort versehen
von Norbert Kössinger und Katharina Philipowski

Reclam

RECLAMS UNIVERSAL-BIBLIOTHEK Nr. 19589
2022 Philipp Reclam jun. Verlag GmbH,
Siemensstraße 32, 71254 Ditzingen
Gestaltung: Cornelia Feyll, Friedrich Forssman
Druck und Bindung: Eberl & Koesel GmbH & Co. KG,
Am Buchweg 1, 87452 Altusried-Krugzell
Printed in Germany 2022

ISBN 978-3-15-019589-5
www.reclam.de

Inhalt

Der guote Gêrhart

Der gute Gerhart

Swaz ein man durch guoten muot [1r] [B 1r]
ze guote in guotem muote tuot,
des sol man im ze guote jehen,
wan ez in guote muoz geschehen.
swen sîn gemüete lêret,
daz er ze gote kêret
herze, sinne unde muot,
daz er daz beste gerne tuot,
der hüete an dem guoten gern sich:
sô ist ez guot und lobelich.
swer durch guot iht guotes tuot,
durch guotes herzen guoten muot,
wil er sich selben rüemen vil,
sô jagt er ûf des ruomes zil
den ruom hinz an ein ende
mit solher missewende,
daz mit des ruomes missetât
des guoten ruom an im zergât.
von swem guotes iht geschiht,
des ruom ist gên der welt ein niht.
wan der welde spehender muot
kan wol übel unde guot
bescheiden und erkennen gar,
dar nâch er beider wirt gewar.
durch daz sô lâze ein wîser man,
der guotes sich versinnen kan,
die guoten und die wîsen
sîn lob ze rehte prîsen. [B 1v]
sô wirt er wîten mære,
sîn getât wirt lobebære,
swenn ir die ze guote jehent,
die guot nâch rehter güete spehent.

Was ein Mensch aus gutem Willen
in guter Absicht an Gutem tut,
das soll man ihm zugutehalten,
weil es im Sinne des Guten geschieht.
Wen seine Einstellung dazu veranlasst,
dass er Gott zuwendet
Herz, Wahrnehmung und Gemüt,
so dass er gerne das Beste vollbringt,
der lasse bereitwillig im Umgang mit dem Guten Vorsicht walten:
So verhält er sich gut und lobenswert.
Denn wer um des Guten willen etwas Gutes tut,
aus der guten Einstellung eines guten Herzens heraus,
und sich dann aber dafür selbst viel rühmt,
der vertreibt durch das Rühmen
am Ende den Ruhm selbst
mit dieser Verfehlung,
so dass durch das Laster des Rühmens
der Ruhm des Guten an ihm zunichtewird.
Von wem etwas Gutes bewirkt wird,
der rühmt sich der Welt gegenüber nicht selbst.
Denn das Urteilsvermögen der Menschen
vermag sehr wohl das Schlechte und das Gute
zu unterscheiden und genau zu erkennen,
wenn es beider gewahr wird.
Deshalb soll ein weiser Mann,
der das Gute erkennen kann,
es den Guten und Verständigen überlassen,
ihn auf die rechte Weise zu loben.
Dann wird er allen weithin bekannt,
sein Handeln wird für lobenswert befunden,
wenn diejenigen es loben,
die das Gute entsprechend wahrer Güte beurteilen.

er sol daz rüemen lâzen sîn.
wan den guoten wirt wol schîn,
ob er durch guotes herzen rât
guotes iht geprüevet hât. [b]

Die wîsen jehent, swer sich lobe
sunder volge, daz er tobe.
nâch der lêre ich kêre
mit mîner kranken lêre
gegen wîser und an tumber diet.
dise lêre mir beschiet
ein mære, daz mit wârheit
nâch rehter ebenmâze seit,
wie sêre ein man missevert,
des ruom sîn lob sô gar verzert,
daz man in fürbaz prîset niht,
wan als er im selben giht.
des lob hât vil kurzen prîs.
an einem rîchen keiser wîs
bin ich der lêre gestiuret.
mich hât geâventiuret
sîn getât der lêre an im,
daz ich von sînen werken nim
die lêre, die ich lêre hie.
daz er die lêre über gie,
des wart sîn prîs geneiget, [B 2r]
verkrenket und gesweiget.
wan er dûhte sich sô kluoc,
sô reht, sô guot, daz er ie truoc
in sînem wâne al solhen wân,
daz er aleine wânde hân
ein lob, daz al der welte vor

Er selbst soll das Rühmen sein lassen.
Denn den Guten wird ganz deutlich,
ob er aus innerstem Antrieb heraus
etwas Gutes hervorgebracht hat.

Die Weisen sagen: Wer sich unrechtmäßig lobt,
der ist unsinnig.
Dieser Einsicht folgend wende ich mich
mit meiner eigenen schwachen Lehre
sowohl an weise wie auch an unverständige Menschen.
Diese Lehre vermittelte mir
eine Geschichte, die wahrheitsgemäß
und vollkommen richtig davon erzählt,
wie sehr ein Mensch sich verfehlt,
dessen Selbstrühmung seine Lobwürdigkeit so zunichtemacht,
dass man ihn künftig nicht mehr in dem Maße lobt,
wie er es sich selbst zugesprochen hatte.
Dessen Lob erhält kaum Auszeichnung.
Am Beispiel eines mächtigen und weisen Kaisers
hat sich für mich diese Lehre bekräftigt.
Mir hat sein Handeln zu der ihn betreffenden Lehre
die willkommene Gelegenheit gegeben,
aus seinen Taten die Belehrung zu ziehen,
die ich hier mitteile.
Weil er die Lehre missachtete,
wurde sein Ruhm geschmälert,
herabgesetzt und zum Verstummen gebracht.
Denn er hielt sich für so klug,
für so gerecht und so gut, dass er stets nährte
in seiner Einbildung die Illusion,
dass er glaubte, ganz alleine zu besitzen
den Ruhm, der vor der ganzen Welt

der sælden krône truog enbor
mit lobe in rîchem prîse.
mit alsô tumber wîse
geruomte er selbe sich sô vil,
daz im der ruom an lobe ein zil
von sîn selbes prîse gap,
swie sîn prîslicher urhap
sô guot, sô lobebære [1v]
mit rîchem prîse wære,
daz im von rehte was bereit
der welte lob mit werdekeit,
biz daz ein ruom von im geschach,
dâ mit er sînen prîs zerbrach.

Wie daz geschach, wenn ez ergie,
swer daz geruochet hœren hie,
dem wil ichz niht verdagen.
ez was, als ich hœre sagen,
hie vor ein rîcher keiser grôz,
der was der hœhsten genôz
an wirde und an manheit.
sîn miltiu zuht was alsô breit,
daz sî in tet vil wît erkant.
er was Otto genant. [B 2v]
den rôten keiser hiez man in.
er kêrte muot, herze und sin
mit keiserlîcher phlihte
an vride und an guot gerihte,
an zuht, niht an getiusche.
gewære, milte, kiusche
was er mit keiserlîcher tugent
unz in daz alter von der jugent
alsô lobelîchen komen,

die Krone der Glückseligkeit trug
mit Lobpreis in höchstem Ruhm.
In dieser Einfältigkeit
rühmte er sich selbst so sehr,
dass das Rühmen seinem Lob
durch seine Selbstherrlichkeit ein Ende bereitete,
obwohl sein löblicher Beginn
so gut und so preiswürdig
mit hohem Lob gewesen war,
dass ihm zu Recht bereitstand
das Lob der Welt mit hohem Ansehen,
bis er sich selbst rühmte
und damit seine Preiswürdigkeit zunichtemachte.

Wie das geschah und wann es sich ereignete,
wer das hier hören möchte,
dem will ich es nicht verschweigen.
Es war, wie ich erzählen höre,
einst ein mächtiger und bedeutender Kaiser,
der gehörte zu den Höchsten,
was Würde und Stärke betrifft.
Seine freigebige Tugendhaftigkeit war immer so groß,
dass sie ihn weithin berühmt machte.
Er hieß Otto.
Den roten Kaiser nannte man ihn.
Er richtete Denken, Herz und Verstand
mit kaiserlicher Autorität
auf Frieden und Gerechtigkeit,
auf gute Erziehung, nicht auf Betrug.
Zuverlässig, freigebig und rein
war er und voll kaiserlicher Tugendhaftigkeit
von der Jugendzeit in das Alter
in so lobenswerter Weise gekommen,

daz er ie was ûzgenomen,
swâ man an lob die besten
ze den besten solte gesten.
der nam in sîn gemüete got.
er vleiz sich, daz er sîn gebot
begunde minnen sêre
nâch der gelêrten lêre,
die Karlen hôhiu wîsheit
ûf daz gerihte hât geleit.
der was er sô vlîzic ie,
daz er vil selten übergie, [b]
swaz im daz alte reht gebôt.
daz leist er gar vor aller nôt
und kêrte dar an sînen muot,
wie sîn gerihte wurde guot.
sus zierte keiserlîche
sîn name rœmisch rîche.
nû hâte er dô ze wîbe
ein wîp, diu sînem lîbe
gezam und ouch der krône. [B 3r]
diu hâte ir wîpheit schône
mit kiuscher zuht an got bewant.
diu was Ottogeba genant.
diu edel reine guote
minnte in irem muote
got alsô stæteclîche,
daz diu vil tugenden rîche
ir schepher selten ie verkôs.
ir zuht mit wandel nie verlôs
got noch ir mannes vriuntschaft.
mit alsô tugentrîcher kraft
was ir sin, ir herze, ir muot
in gotes hulde wol behuot,

dass er stets eine besondere Stellung einnahm,
wo auch immer man mit Lob
die Besten an die Seite der Besten stellte.
Dieser Kaiser wandte sein Gemüt Gott zu.
Er bemühte sich, seine Gebote
sehr zu lieben
der gelehrten Weisung gemäß,
die Kaiser Karl in seiner großen Weisheit
als verbindliches Gesetz festgelegt hatte.
Diese Lehre befolgte er stets so gewissenhaft,
dass er niemals verletzte,
was ihm dieses alte Recht gebot.
Das tat er bereitwillig
und wandte sein Bemühen
auf Recht und Gerechtigkeit.
So schmückte auf kaiserliche Weise
sein Name das Römische Reich.
Zur Gattin hatte er
eine Frau, die ihm
und dem Reich angemessen war.
Sie hatte ihr Dasein
in makelloser Vorbildlichkeit ganz und gar Gott zugewandt.
Sie hieß Ottogeba.
Die Edle, Reine und Gute
liebte mit ganzem Herzen
Gott so beständig,
dass die an vielen Tugenden Reiche
nie aufhörte an ihren Schöpfer zu denken.
Sie vernachlässigte in ihrer höfischen Haltung
weder Gott noch die Verbundenheit mit ihrem Mann.
Mit der Kraft der Tugend
war ihr Denken, Fühlen und Wollen
in der Gunst Gottes so gut aufgehoben,

daz sî nû mit werdekeit
ze himelrîche krône treit.

Sante Ottogeba, diu guote, diu reine,
begunde ir schepher eine
sô stæteclîchen minnen,
von herzenlîchen sinnen,
daz sîn lob von ir nie geschiet.
irm man, dem keiser, si geriet,
daz er gedæhte wol dar an,
swie rîch ist in der welt ein man,
daz im des guotes niht bestât,
sô er diu armen welt verlât,
wan als ez wirt hin vor im brâht, [2r]
daz im des lônes ist gedâht
nâch sînen werken, diu er tuot:
dient er wol, sîn lôn wirt guot. [B 3v]
anders lônt man im dâ niht,
wan des der lôn den werken giht.
ditz nam der herre in sînen muot
und dâhte des, ob er sîn guot
in gotes namen teilte,
daz er dâ mite heilte
die wunden sîner sünde.
des nam er ein urkünde
dort an der schrift der wârheit,
diu von dem almuosen seit:
swer ez mit guotem muote gît,
daz ez leschet zaller zît
die sünde alsam daz wazzer tuot
daz fiur. ditz was dem herren guot
ein liebez bîspel und ein trôst,
der in von zwîvel tet erlôst.

dass sie nun in ihrer ganzen Würde
im Himmelreich die Krone trägt.

Sankt Ottogeba, die Gute und Reine,
liebte ihren Schöpfer
vor allen Dingen so beständig
und hingebungsvoll,
dass sie nie aufhörte, ihn zu loben.
Sie riet ihrem Mann, dem Kaiser,
genau zu bedenken,
dass einem Menschen, ungeachtet seines
Reichtums, von seinem Besitz nichts bleibt,
wenn er die elende Welt verlässt,
außer dem, was ihm vorgelegt wird
und als sein Lohn zugedacht ist
entsprechend den Taten, die er vollbringt:
Dient er gut, wird sein Lohn gut.
Man belohnt ihn dort nicht anders,
als mit dem, was er sich durch Taten verdient hat.
Dies bedachte der Herr bei sich
und dachte, wenn er seinen Reichtum
in Gottes Namen verteilen würde,
dass er damit heilen könnte
die Wunden seiner Sündhaftigkeit.
Dafür war ihm
die Heilige Schrift ein Zeugnis,
die vom Almosengeben sagt:
Wer es in guter Absicht tut,
dem löscht es für immer
die Sünde, wie es das Wasser mit dem Feuer tut.
Dies nahm sich der gute Herrscher
als gutes Beispiel und als Hoffnung,
die seinem Zögern ein Ende setzte.

Der keiser und diu keiserin
berieten sich des under in,
daz sî mit der minne
der hœhsten keiserinne
got, ir schepher, êrten
und sînen dienst mêrten
durch ir êre in sînem namen.
den reinen rât vil lobesamen
gab in der gotlîche rât
ze herzen âne missetât,
als ich iu nû bescheide.
sî berieten sich beide,
daz sî durch gotlîchen ruom [B 4r]
ein rîchez erzbistuom
machten ûf ir eigen,
dâ man wol möhte zeigen [b]
durch unser vrouwen êre
gotesdienst immer mêre.
ditz geschach. sî gâben dran
eigen, dar zuo dienestman,
stete, bürge und lant.
ditz ist noch Magdeburc genant.
ze Sahsen in dem lant ez lît.
der keiser stiftez bî der zît.
mit solhen kreften er treit
von rîcheit immer werdekeit
in hôhem namen hinnen für.
dô gar mit rîlîcher kür
des bistuomes rîcheit
nâch sînem willen was bereit,
er nam ze kôrherren dar
niht wan der fürsten sune gar.
dâ wart ein fürste wolgeborn

Der Kaiser und die Kaiserin
beschlossen gemeinsam,
dass sie in der Verehrung
der höchsten Kaiserin
Gott, ihren Schöpfer, ehren
und den Dienst an ihm fördern wollten
um der höchsten Kaiserin willen und in seinem Namen.
Diesen edlen und lobwürdigen Entschluss
gab ihnen der göttliche Ratschluss in ihr Herz ein,
frei von jedem Makel,
wie ich euch jetzt erzähle.
Sie beschlossen gemeinsam,
zugunsten der Ehre Gottes
ein mächtiges Erzbistum
auf ihrem Grund zu stiften,
wo gefeiert werden sollte
zur Ehre der Mutter Gottes
unablässiger Gottesdienst.
Dies geschah: Sie setzten
Besitz und Dienstleute dafür ein,
Städte, Burgen und Länder.
Dies heißt auch heute noch Magdeburg.
Es liegt im Land Sachsen.
Der Kaiser stiftete es damals.
Mit solcher Macht trägt er
aufgrund dieses Reichtums für immer Würde
und hohes Ansehen auf ewig.
Als dem Wunsch des Kaisers entsprechend
dem mächtigen Bistum
herrlich die Kurwürde verliehen wurde,
wurden da ausschließlich Fürstensöhne
als Chorherren aufgenommen.
Da wurde ein Fürst von hoher Abstammung

ze erzbischof erkorn.
dem erwarp gewalticlîche
der edel keiser rîche
ein reht, daz immer hinnan für
der bischof sitzet an der kür,
dâ der krône wirt erkorn
ein vogt, der vîentlîchen zorn
und ungerihte stœren sol.
diu rîche hêrschaft rîchet wol [B 4v]
daz keiserlîche almuosen grôz.
den keiser dannoch nie verdrôz,
er wolde man dar sîn genant.
von des bischoves hant
enphieng er rîchiu lêhen dâ.
mit den fürsten warp er sâ,
daz sî ir eigen gâben dran
und ez enphingen wider dan
mit rehter mannes lêhenschaft. [2v]
mit alsô hêrlîcher kraft
wart gefrîget sâ diu stift,
daz seit diu wârheit und diu schrift,
diu daz wortzeichen treit
mit offenlîcher wârheit.
der vreute sich gemeine
diu edel und diu reine
und hœhte swâ sî mohte,
daz gotes êren tohte.
swâ diu stift gerîchet wart,
daz wart nie von ir gespart.

zum Erzbischof gewählt.
Dem verschaffte aus der Fülle seiner Gewalt heraus
der edle und mächtige Kaiser
das Recht, dass fortan der Bischof stets
an der Wahl beteiligt ist,
wenn der Krone erwählt wird
ein neuer Vogt, der feindlichen Zorn
und Unrecht bekämpfen soll.
Diese mächtige Herrschaft nahm
durch die große kaiserliche Stiftung an Reichtum zu.
Außerdem verdross es den Kaiser nie,
sich dem Bistum gegenüber lehnsrechtlich verpflichtet zu haben.
Da empfing er aus der Hand des Bischofs
mächtige Lehen.
Auch die Fürsten veranlasste er sogleich dazu,
ihren Besitz dem Bistum zu übertragen
und ihn wieder zu empfangen
mit der rechtmäßigen Belehnung eines Vasallen.
Mit solch herrlicher Macht
wurde die Stiftung ausgestattet,
wie Wahrheit und Stiftungsurkunde bezeugen,
die den Beweis dafür trägt
in offensichtlicher Wahrheit.
Darüber freute sich auch
die edle und reine Kaiserin
und förderte nach Kräften,
was der Ehre Gottes diente.
An nichts, was die Stiftung vermehren konnte,
sparte die Kaiserin.

Dô ditz allez sus geschach
und der keiser reht ersach
gezierde und grôze rîcheit,
diu an daz gothûs was geleit,
er vreute in sînem muote sich.
ze got was vil grôzlich
von herzen dicke sîn gebet,
daz er mit guotem willen tet
in gotes namen zaller zît. [B 5r]
sunder valsches herzen nît
truoc diu keiserinne
ze gote stæte minne.
nû began der keiser wîse
wol nâch der welde prîse
an hôhem muote rîchen.
sich kunde niht gelîchen
an vreuden sînem muote,
daz er sô vil ze guote
tet durch die gotes êre.
des vreute er sich vil sêre,
wan er dar umb zaller zît
hete sunder widerstrît
der welde lob ze lône.
mit eines mundes dône [b]
pruofte niemen anders niht,
wan daz ein keiserlich geschicht
von im geschehen wære.
daz was ein ellich mære
an dem lande hie und dort.
des wuohs sîn prîslichez wort.

Als das alles geschehen war
und der Kaiser genau sah
die Schönheit und große Pracht,
die man auf das Gotteshaus verwendet hatte,
freute er sich von ganzem Herzen.
An Gott richtete er
oft innig und aus ganzem Herzen sein Gebet,
das er bereitwillig und stets verrichtete
im Namen Gottes.
Mit reinem Herzen
diente die Kaiserin
Gott und liebte ihn beständig.
Da begann der weise Kaiser
angesichts des Ansehens, das ihm überall
zuteilwurde, in Hochstimmung zu geraten.
Nichts konnte sich seiner Freude
darüber vergleichen,
dass er so viel zur
Ehre Gottes bewirkt hatte.
Darüber freute er sich sehr,
weil ihm als Lohn dafür stets
und einhellig der
Lobpreis der Welt zuteilwurde.
Wie aus einem Munde
bekannten alle nichts anderes,
als dass er etwas Kaiserliches
bewirkt hätte.
Das war die allgemeine Auffassung,
die überall im Lande verbreitet war.
Deshalb wuchs sein Ansehen.

Dô der keiser wol vernam,
daz im der welde lob gezam,
er gedâhte in sînem muote:
»sît ich mit mînem guote
der welde prîs erworben hân,
sô sol ze rehte, daz ist mîn wân,
mîn lôn von gote werden grôz.
wan mich vil wênic des verdrôz, [B 5v]
des ich hân durch in getân.
mit mînem guot ich koufet hân
ze himel wernde stætekeit.
sît nû mit hôhem prîse treit
mîn guottât al der welde vor
des lobes krône hôch enbor,
sô sol mîn lôn ouch hôher sîn.
wan von mir ist worden schîn
ein guottât, diu vor gote swebt
sô rîche, daz nû niemen lebt,
der umb daz êwiclîche leben
durch got hab als vil gegeben.«
der muot nie von im geschiet.
sîn rüemlîcher prîs geriet
sînem herzen, daz ez nie
den rüemlîchen wân verlie.
nû hœr ich die wîsen sagen,
daz niemen lange müge tragen
einen muot verborgen,
mit vreuden noch mit sorgen,
ez recke sîner zungen ein ort [3r]
nâch sînem willen ie diu wort,
diu danne sînes herzen rât
beslozzen in dem muote hât.

Als dem Kaiser bewusst wurde,
dass ihm das Lob der Welt zustand,
dachte er bei sich:
»Da ich mit meinem Besitz
das Lob der Welt erlangt habe,
so wird zu Recht, das ist meine Hoffnung,
mein Lohn bei Gott groß werden.
Denn ich habe alles, was ich um seinetwillen
aufgewendet habe, bereitwillig gegeben.
Mit meinem Besitz habe ich einen sicheren und dauerhaften
Platz im Himmel erworben.
Da nun mit großem Ansehen
meine Wohltat der Welt voranträgt
die emporgehobene Krone des Lobes,
wird auch mein Lohn entsprechend hoch sein.
Denn ich habe eine Wohltat sehen lassen,
die Gott vor Augen steht
und so groß ist, dass jetzt niemand lebt,
der für das ewige Leben
und um Gottes willen so viel aufgewendet hat.«
Diese Überzeugung verließ ihn nie.
Das rühmende Selbstlob
veranlasste sein Herz dazu,
unablässig Erhöhung zu erwarten.
Nun höre aber ich die Verständigen sagen,
dass niemand lange mit sich herumzutragen vermag
einen heimlichen Gedanken,
mag er freud- oder leidvoll sein,
ohne dass jene Worte, seinem Willen gemäß,
stets über die Zunge einen Weg nach draußen fänden,
die doch der Ratschluss seines Herzens
in seinem Inneren verschlossen hatte.

Ditz bewær ich als ich sol.
diu âventiure bewæret wol
an dem keiser disiu wort,
wan er gar unz an daz ort
mit der rede an got gewuoc, [B 6r]
daz er verborgen lange truoc.
ditz geschach, als ich iu sage:
er huob sich an einem tage
besunder in daz münster dan.
der ellenthafte werde man
viel ûf sîniu blôzen knie,
dô er vür frônalter gie
mit tiefen herzesiuften vil.
er sprach, als ich iu sagen wil,
ze gote in sînem muote alsô:
»herre got, alphâ et ô,
gewærer schepher, süezer Krist!
sît ich geloub, daz du bist
in drîvaltiger êwicheit
ein got, der mit drien namen treit
drîe namen in einer kraft,
des drîvaltigiu meisterschaft
mit drien kreften werden hiez,
swaz sich ie gesehen liez
und daz ouch nie gesehen wart.
die drî krefte hânt bewart
mit dîner drîvaltigen kraft
aller krêatûr geschaft.
diu êrste kraft ist der gewalt,
der dem vater ist gezalt.
diu ander dest diu wîsheit,
die des sunes namen treit. [b]
des heiligen geistes güete

Das will ich folgendermaßen belegen.
Die Geschichte bestätigt sich
am Beispiel des Kaisers,
weil er die Worte ganz und gar
Gott mitteilte,
die er lange verborgen hatte.
Dies geschah, wie ich euch erzähle:
Eines Tages ging er
alleine in das Münster.
Der würdige Mann
fiel auf seine bloßen Knie,
nachdem er zum Hochaltar gegangen war
mit vielen tiefen Seufzern.
Er sprach, wie ich euch erzählen werde,
in sich gekehrt zu Gott das Folgende:
»Herr Gott, Alpha und Omega,
wahrhaftiger Schöpfer, reiner Christus!
Ich glaube, dass du in
dreifaltiger Ewigkeit
ein Gott bist, der mit drei Namen
drei Namen in einer Kraft vereint
und dessen dreifaltige Schöpferkraft
mit drei Kräften entstehen ließ,
alles, was je sichtbar wurde, und auch,
was nie ein Auge sah.
Die drei Kräfte haben
mit deiner dreifaltigen Kraft
die Schöpfung aller Kreaturen bewirkt.
Die erste Kraft ist die Macht
des Vaters,
die andere ist die Weisheit,
die den Namen des Sohnes trägt.
Die Güte des Heiligen Geistes

nennet mîn gemüete [B 6v]
an dir zuo der dritten kraft
nâch dîner wîsen meisterschaft.
die drî krefte hânt mit kraft
geheftet sich in einen haft,
des kraft mit solhen kreften stât,
daz nimmer mê sîn kraft zergât.
daz bistû, vater Sâbâôth.
dîn väterlîch gewalt gebôt
des himels wernde stætekeit,
wie und in welher mâze iz treit
der sterne louf, der sunnen schîn.
dû hast mit dem gewalte dîn
tac und naht gescheiden.
dîn kunst hât in beiden
mit der mômente ir zît gegeben.
genâde, lob, vrid und segen
der wünschent zallen zîten dir
der himelischen tugenden gir,
die dû hâst in niun schar
eine sunder geordent gar.
die engel und erzengel sint,
die lobent dich, vater und kint,
mit drien namen einen,
immer wernden reinen,
ân urhab und ân endes kunft
mit gotlîcher sigenunft.

Daz lob der stüel, der hêrschaft,
daz fürstenampt, der himel kraft,
der gewalte stæte maht, [B 7r]
lobent dich tac und naht
und dînen väterlîchen sin.

bezeichne ich
als deine dritte Kraft
deiner weisen Herrschaft gemäß.
Diese drei Kräfte haben sich
kraftvoll zu einem Ganzen zusammengefügt,
dessen Kraft so stark ist,
dass seine Kraft niemals vergeht.
Das bist du, Vater Zebaoth.
Deine väterliche Macht gebot
der unverrückbaren Beständigkeit des Himmels,
wie und auf welche Weise es trägt
den Lauf der Sterne und das Licht der Sonne.
Du hast mit deiner Macht
Tag und Nacht geschieden.
Deine Schöpferkraft hat ihnen beiden
durch Ordnung ihre Zeit zugemessen.
Gnade, Lob, Frieden und Segen
wünschen zu allen Zeiten dir
das Streben der himmlischen Tugenden,
die du in neun Scharen
geordnet hast.
Die Engel und Erzengel
loben dich, Vater und Sohn,
als den, der mit drei Namen einer ist,
als Ewigen und Reinen,
ohne Anfang und ohne Ende
mit göttlichem Triumph.

Das Lob der Throne und Herrschaften,
das Fürstentum und die Himmelskräfte
und die unverbrüchlichen, unvergänglichen Gewalten
preisen dich Tag und Nacht
und deinen väterlichen Geist.

Chêrubin und Sêraphin
sint dîner hôhen gotheit [3v]
mit lobe zaller zît bereit.
ouch lobent stæteclîchen dich,
swaz mit dînen kreften sich
verborgen hât sô tougen
von menschlîchen ougen,
daz er immer alle vrist
von menschen ungesihtic ist
und manic geschaft, die mir benimt
dîn vorhte, daz mir niht gezimt,
daz ich sî fürbaz nenne,
wan daz ich dran erkenne,
daz dîn gotlîcher rât
alliu dinc geschaffen hât.
ditz geschuof dîn väterlich sin.
dû sitzest hôhe ûf Chêrubin
und hâst in dîner künde
die tiefe der abgründe.

Den andern sin heiz ich den rât,
der sich zuo dir geslozzen hât.
daz ist des sunes wîsheit.
diu hât mit dîner kraft bereit
nâch vollеclîchem werde
luft, wazzer, fiur und erde.
diu sint aller dinge hort,
diu dîn gotlîchez wort, [B 7v]
daz kiusche ûz tiurem munde gie,
geschuof in dirre welde hie.

Ich weiz, als ich bewîset bin,
an dir fürbaz den dritten sin:

Cherubine und Seraphine
dienen deiner hohen Gottheit
allzeit durch Lobpreis.
Auch lobt dich unentwegt
alles, was sich aus deiner Kraft heraus
so tief verborgen hat
vor dem Auge des Menschen,
dass es stets und immer
von Menschen ungesehen ist,
genauso wie viele Geschöpfe, die ich
aus Ehrfurcht vor dir und davor, dass es mir
nicht erlaubt ist, zu benennen nicht wage,
außer dass ich daran erkenne,
dass aus deinem göttlichen Ratschluss
alle Geschöpfe hervorgegangen sind.
Das hat dein väterliches Wirken geschaffen.
Du sitzt hoch über den Cherubinen,
und deine Einsicht reicht
bis in die Tiefe der Abgründe.

Die andere Wirkung nenne ich die Lehre,
die sich mit dir verbunden hat.
Das ist die Weisheit des Sohnes.
Die hat mit deiner Kraft geschaffen
der Erfüllung gemäß
Luft, Wasser, Feuer und Erde.
Die sind der Kern aller Dinge,
die dein göttliches Wort,
das rein aus heiligem Munde kam,
auf dieser Welt hier schuf.

Ich weiß, entsprechend meiner Kenntnis,
außerdem um dein drittes Wirken.

daz ist diu diemüete,
des heiligen geistes güete,
mit der daz lebelîche leben
im lebelîchen ist gegeben,
swaz lebendes ûf der erde lebt,
in lüften oder in wazzer swebt. [b]
daz lebt in sîner blüete
von des heiligen geistes güete.
daz leben ist drîvaltic,
des ist dîn geist gewaltic.
ein leben lebendez leben hât,
daz sich doch lebens niht verstât
alsam daz holz, daz gras, diu wurz,
diu lebent. ir verstân ist kurz.
sî verstânt ir leben niht,
wan daz sî wahsent, als man siht.
daz ander leben hât den rât,
daz es lebt und sich verstât
und kan ez niht für bringen
mit sinneclîchen dingen.
daz sint diu dinc, diu sich verstânt,
vliezent, vliegent und gânt.
daz dritte leben hât mit kunst
witze, sinne, rât, vernunst.
dem hât dîn lebender geist gegeben [B 8r]
rehte kunst, rede und leben
als ich und elliu dîniu kint,
diu menschlich geheizen sint.
ditz ist diu drîvaltige kraft,
diu sich mit kreften hât behaft
zuo dîner süezen gotheit.
des sî dir lob und êr geseit.

Das ist die Demut,
die Güte des Heiligen Geistes,
mit der das lebendige Leben
all jenem lebendig verliehen ist,
das als Lebendiges auf der Erde lebt,
in Lüften oder im Wasser ist.
Das lebt in seiner Blüte
aus der Güte des Heiligen Geistes.
Das Leben ist dreifaltig,
darüber herrscht dein Geist.
Es besitzt lebendiges Leben auch jenes Leben,
das sich des Lebens nicht bewusst ist,
wie das Holz, das Gras, die Pflanze,
die auch leben. Sie besitzen keine Einsicht.
Sie haben kein Bewusstsein ihres Lebens,
außer dass sie wachsen, wie man sieht.
Die andere Form des Lebens weiß,
dass sie lebt und ist sich seiner selbst bewusst,
aber vermag sich nicht auf
vernünftige Weise zu äußern.
Das sind die Geschöpfe, die ein Bewusstsein ihrer selbst haben,
schwimmen, fliegen und laufen.
Die dritte und höhere Form des Lebens besitzt
Einsicht, Bewusstsein, Intelligenz und Verstand.
Ihr hat dein lebendiger Geist verliehen
Kunstfertigkeit, Sprachfähigkeit und ein Leben
wie meines und das aller deiner Kinder,
die menschlich genannt werden.
Dies ist die dreifaltige Kraft,
die sich kraftvoll zusammengeschlossen hat
zu deiner heiligen Gottheit.
Dafür sei dir Lob und Ehre zugesprochen.

Wan Âdâmes missetât
geschach durch eines wîbes rât,
daz er dîn gebot verkôs
und al die menscheit verlôs,
dô was dîn süezez wort bereit
zuo der vil blœden menscheit,
uns armen gar ze trôste.
dâ mit uns erlôste
daz wort: dîns kindes menscheit, [4r]
daz mit dir wernde stæte treit.
daz wort von dînem stuol sich lie.
ein reiniu magt ez enphie,
diu ez menschlîchen gar,
muoter unde magt, gebar.
daz bistû, süezer reiner Krist,
wan dû sun des vater bist
der beider heiliger geist.
durch dînes lobes volleist
geloub ich, daz dîn menscheit
in menschlîchen nœten leit
durch unser blœdekeit den tôt
in strenger menschlîcher nôt, [B 8v]
unde nâch des glouben sage
er erstuont an dem dritten tage,
gewærer mensch unde got,
und daz der geist durch daz gebot
der gotheit zer helle kam
und die sînen gar dannen nam
von der êwiclîchen klage
und an dem vierzigisten tage
zuo dîner zeswen gesaz
und der mit trôste niht vergaz,

Als Adams Verfehlung
sich ereignete aufgrund des Rates einer Frau,
dass er dein Gebot übertrat
und die ganze Menschheit verlorenging,
da half dein heiliges Wort
der schwachen Menschheit
und brachte uns Armen Zuversicht.
Damit erlöste uns
das Wort: die Menschwerdung deines Kindes,
das mit dir zusammen ewig währende Beständigkeit besitzt.
Dieses Wort ging von deinem Thron aus.
Eine reine Jungfrau empfing es,
die es ganz und gar menschlich,
als Mutter und Jungfrau, gebar.
Das bist du, heiliger, reiner Christus,
denn du bist der Sohn des Vaters,
der beider Heiliger Geist.
In Vollendung deines Lobpreises
glaube ich, dass dein Menschsein
in menschlichem Schmerz
um unserer Erlösungsbedürftigkeit willen den Tod erlitt
mit bitterer menschlicher Qual
und dem Glaubensbekenntnis gemäß
am dritten Tage auferstand,
wahrer Mensch und Gott,
und dass dein Geist in Erfüllung des Gebotes
Gottes in die Hölle kam
und die Seinen alle mit sich fortführte
von der ewig währenden Klage
und am vierzigsten Tage
an deiner rechten Seite Platz nahm
und seinen Trost nicht abwandte von denen,

die er ûf der erde hie
zeinem urkünde lie.

Sît ich ditz geloube wol
kristenlîche, als ich sol,
reiner got, sô bitt ich dich,
daz dû geruochest hœren mich
durch des gelouben süeze,
daz ich bevinden müeze
mit menschlîchen ougen
an dîner gotes tougen,
wie hôher lôn mir sî bereit
ze lône durch mîn arbeit, [b]
die ich hân durch dich getân.
ich weiz von wârheit sunder wân,
daz nû bî disen zîten
in allen landen wîten
niemen alsô guoter ist,
der dir, vil heiliger Krist,
sô wol gedient hab als ich. [B 9r]
in al der welt ist lobelich
mîn grôziu guottât worden.
mit dienstlîchem orden
hân ich durch dîn gotheit
immer mêr dir bereit
an dienstlîcher hêrschaft
stætez lob mit werder kraft
mit manigem degen ûzerkorn,
der dînen dienst hât gesworn
ze leisten immer mêre.
durch dîner muoter êre
hân ich die grôzen rîcheit
in dînem namen dir bereit.

die er hier auf der Erde
als seine Zeugen zurückließ.

Da ich dies alles glaube,
im Einklang mit dem christlichen Glauben, wie ich soll,
bitte ich dich, heiliger Gott,
dass du geruhst, mich anzuhören,
um der Reinheit des Glaubens willen,
auf dass ich erkenne
mit menschlichen Augen
an deinem göttlichen Geheimnis,
wie groß der Lohn ist, der für mich bereitsteht
als Lohn für meine Mühen,
die ich um deinetwillen auf mich genommen habe.
Ich weiß als wahr und ganz sicher,
dass nun, zu dieser Zeit,
in allen Landen
niemand so gut ist
und dir, heiliger Christus,
so gut gedient hat wie ich.
In der ganzen Welt hat sich der Lobpreis
meiner großen Wohltat verbreitet.
Mit meiner Frömmigkeit
habe ich um deiner Gottheit willen
dir für immer bereitet
in verdienter Herrschaft
fortwährenden Lobpreis mit edler Kraft
mit vielen auserwählten Rittern,
die sich zum Dienst an dir verpflichtet haben
für immer und ewig.
Um der Ehre deiner Mutter willen
habe ich diese ganze Herrlichkeit
in deinem Namen für dich geschaffen.

Nû ger ich sunder valschen wân,
sît ich dir ergeben hân
sô manige huobe in dîn gebot,
daz dû, vil süezer reiner got,
durch dîner muoter êre mir
erzeigest, waz ich sol von dir
ze lône durch mîn arbeit hân,
die ich durch dich hân getân.«
dô der keiser ditz gebet
mit minneclîchem muote tet,
er gerte fürbaz anders niht
– als uns diu âventiur giht –,
wan daz in got gewerte [4v]
des einen, des er gerte,
daz er beschouwen solte,
wie im got lônen wolte, [B 9v]
des er durch in ze guote tet.
nû erhôrte rehte sîn gebet,
dem sich vor kan verbergen niht,
des ouge in elliu herze siht
und gar verdenket ûf daz zil,
swes ieman gedenken wil.
daz ist der got, des wîser rât
fürdâht in sînen witzen hât,
swaz hinnen für geschehen mac
unz an den jungisten tac.
der hôrt und sach des keisers muot,
der im alsus verweiz sîn guot.

Der keiser bat mit vlîze
in maniger itewîze
got, daz er im tæte erkant,
waz im lônes wær benant

Nun wünsche ich aufrichtig,
da ich dir unterstellt habe
so viele Landstücke in deine Herrschaft,
dass du, heiliger, reiner Gott,
um der Ehre deiner Mutter willen
mir eröffnest, was ich von dir
als Lohn erhalten soll für meine Mühe,
die ich um deinetwillen auf mich genommen habe.«
Als der Kaiser dieses Gebet
inbrünstig gesprochen hatte,
verlangte er weiter nichts anderes
– wie uns die Geschichte sagt –,
als dass ihm Gott gewährte
seinen einzigen Wunsch,
nämlich, ihm zu eröffnen,
wie Gott ihn belohnen wollte
für das, was er Gutes für ihn getan hatte.
Nun erhörte tatsächlich sein Gebet
der, vor dem sich nichts verbergen kann,
dessen Auge in alle Herzen sieht,
der Ziel und Ende eines jeden Gedankens kennt,
was auch immer jemand im Sinn hat.
Das ist jener Gott, dessen weiser Ratschluss
in seiner Erkenntnis immer schon vorhergesehen hat,
was fürderhin geschehen wird
bis zum Jüngsten Tag.
Der hörte und sah die Erwartung des Kaisers,
der ihm solchermaßen seine Wohltat vorhielt.

Der Kaiser bat eifrig
und voller Anmaßung
Gott, dass er ihm eröffnen möge,
welcher Lohn ihm bestimmt sei

durch daz er guotes tet durch in.
dô kam, als ich bewîset bin,
ein vil gewærhafter bote,
der was im gesant von gote
wol bereit, lût und snel.
daz was ein liehtiu stimme hel.
die hôrt er nâhen bî im dâ.
sîner bete antwurt sî im sâ
ein wênic zorniclîche:
»vil werder keiser rîche!
dir hât got vil werdekeit
in dirre welte hie bereit.
er gab dir lîp und êr und guot. [b] [B 10r]
nû hât dînes herzen muot
gegeben einen guoten rât,
daz ez dîn hant geteilet hât
in gotes namen alsô wol.
des ist nû dînes prîses vol
diu welt in hôher werdekeit.
ouch was ze himel dir bereit
ein stuol, der nâhen was gesat
dem hœhsten an der hœhsten stat.
den hât dîn ruom geneiget.
dîn guottât ist gesweiget
durch dîn itwîze grôz,
der dich gên gote niht verdrôz,
daz dû durch krankes herzen rât
verwizze im dîn guottât.

Nû solt dû ze lône hân,
sît du ez hâst durch ruom getân,
der welte lobelîchen prîs,

dafür, dass er Gutes für ihn getan hatte.
Da kam, wie ich weiß,
ein sehr vertrauenswürdiger Bote,
der war ihm von Gott gesandt,
dienstfertig, strahlend und bestimmt.
Es war eine helle, tönende Stimme.
Die vernahm er nahe bei sich.
Seine Bitte beantwortete sie ihm sogleich
in leichtem Zorn:
»Überaus edler, mächtiger Kaiser!
Dir hat Gott großes Ansehen
in dieser Welt hier bereitet.
Er verlieh dir Leben, Ehre und Besitz.
Nun hat dir dein Herz
einen guten Rat gegeben,
so dass deine Hand diesen Besitz im Namen Gottes
so großzügig verteilt hat.
Darum ist nun voll deines Lobes
die Welt in hoher Würde.
Außerdem war dir im Himmel bereitgestellt
ein Thron, der an höchster Stelle
dem Angesicht des Höchsten nahestand.
Den hat deine Selbstrühmung zurückgesetzt.
Deine Wohltat ist verstummt
aufgrund deiner großen Anmaßung,
auf die du Gott gegenüber nicht verzichtet hast,
indem du auf die Eingebung deines kleinmütigen Herzens hin
ihm deine Wohltat vorgehalten hast.

Nun sollst du zum Lohn haben,
da du es deines Ruhmes wegen getan hast,
den Lobpreis der Welt,

den dû hâst sô manige wîs
mit ruome dir gefüeget.
des lônes got genüeget.
der gert niht, daz er eische guot,
er suochet reines herzen muot
nâch menschlîchem heile.
dar umb ist im veile
mit êwiclîchem lône
des himelrîches krône.
dû kundest ez wol machen
grôz mit manigen sachen, [B 10v]
wær dîn lob sô grôz vor gote,
daz dû in sînem gebote
hætest sunder argen wân
alsô prîslich guot getân
alsam ein guoter koufman,
der fürsten namen nie gewan. [5r]
des almuosen erworben hât,
daz sîn name geschriben stât
an der lebenden buoche
mit gotlîchem ruoche.
dû muost ez gote büezen,
mit buoze in werken süezen,
wil dû, daz dir dîn arbeit frume
und ze guotem lône kume.
anders ist dir gar verseit
der lôn, der dir was ê bereit.«

Der keiser dô sô sêre erkam,
daz im der schric die vreude nam.
er sprach in sînem muote dô:
»herre got, wie komt ez sô,
daz jener koufman sol

den du dir auf so vielfältige Weise
durch deinen Ruhm verschafft hast.
Bei diesem Lohn lässt es Gott bewenden.
Er will nicht, dass einer Besitz fordert,
er sucht nach dem Reinen im Herzen
zum Heil des Menschen.
So kann er erwerben
als ewigen Lohn
die Himmelskrone.
Du hättest das gewiss auch gekonnt
auf große Weise, auf vielerlei Wegen,
wenn dein Verdienst so groß vor Gott wäre,
dass du in der Befolgung seiner Gebote
ohne irgendeinen Hintergedanken
so lobenswert gut gehandelt hättest
wie ein guter Kaufmann,
der nie Adel erlangt hat.
Dessen Barmherzigkeit hat ihm verschafft,
dass sein Name
im Buch der Lebenden steht
gemäß göttlichem Willen.
Du musst Gott gegenüber Buße dafür tun,
mit Buße Gott durch Werke gewogen machen,
wenn du willst, dass deine Mühe dir nütze
und angemessen belohnt werde.
Anderenfalls ist dir ganz und gar versagt
der Lohn, der dir bereits zugesprochen war.«

Der Kaiser erschrak da so sehr,
dass der Schreck seine Freude ganz auslöschte.
Er sagte bei sich:
»Großer Gott, wie kann es sein,
dass jener Kaufmann mir im Dienst

für mich gedienet hân sô wol?
mit urloub ich daz sprechen wil,
daz ich sô werder ritter vil
dir hân gemachet undertân,
die baz ze dienste mügen stân
mit dienestlîchem muote
an werdekeit, an guote
dir, herre got vil guoter, [B 11r]
und dîner lieben muoter,
danne ein sô gewanter man,
der den namen nie gewan.
doch wolt ich gerne wizzen daz,
möht ez geschehen âne haz,
wie sîn name wær genant,
daz er wurde mir bekant.
lieber herre, süezer got,
daz lâ geschehen durch dîn gebot.«
diu stimme zuo dem keiser sprach,
dô disiu rede alsô geschach:
»ich wil nâch dînes herzen gir [b]
den koufman rehte nennen dir,
der die grôzen guottât
sô grôzlîch verdienet hât,
daz sîn lob des lônes gert,
der immer stæte ân ende wert.

Ez ist der guote Gêrhart
von Kölne, der sich hât bewart
vor aller missewende gar.
sîn lob ist valscher triuwe bar,
sîn miltez herze reizet,
daz man in guoten heizet.
durch daz ist er guot genant.

an Gott so viel voraushaben soll?
Ich wage zu behaupten,
dass ich so viele edle Ritter
dem Dienst an dir unterstellt habe,
die besser zu dienen verstehen,
in dienstfertiger Haltung,
an Würde und Besitz,
dir Herr, guter Gott,
und deiner lieben Mutter
als so ein Mensch,
der nie einen edlen Stand erlangt hat.
Doch ich würde gerne wissen,
wenn es keinen Anstoß erregen würde,
welchen Namen er trägt,
damit er mir bekannt würde.
Lieber Herr, guter Gott,
das lass mit deinem Willen geschehen.«
Die Stimme sagte zum Kaiser,
nachdem sie dieses gesprochen hatte:
»Ich will, dem Wunsch deines Herzens gemäß,
den Namen des Kaufmanns dir wahrheitsgemäß nennen,
der sich die große Auszeichnung
so sehr verdient hat,
dass sein Lob nach jenem Lohn verlangt,
der beständig und ewig währt.

Es ist der gute Gerhart
aus Köln, der sich ganz und gar
vor jeder Verfehlung bewahrt hat.
Seine Lobwürdigkeit ist ohne Falsch,
sein freigebiges Herz gibt Anlass dazu,
ihn gut zu nennen.
Deshalb wird er ›gut‹ genannt.

sîn sælde zieret wol daz lant,
dâ er gehûset inne hât.
sîn lob mit grôzer wirde stât.«
»jâ, herre, waz hât er getân,
des er sô grôzen danc sol hân?«, [B 11v]
sprach der keiser an der stunt.
»wil dû, daz ez dir werde kunt,
so var hinz im in disen tagen
und bitt in, dir die wârheit sagen.«
»ez ervert ein bote wol,
den ich dar drumbe senden sol.«
dô antwurt im diu stimme alsô:
»dû möhtest es wol wesen vrô,
seite er dir die wârheit gar,
ob dû selbe kæmest dar.
swenn er die rehten wârheit
sunder lougen dir geseit,
waz er got gedienet hât,
sô weiz ich wol, dîn herze lât
den strît und giht im âne haz,
daz er hab gedienet baz
die gotes hulde danne dû,
swie sêre dû dich rüemest nû.« [5v]

Der keiser huob sich dan zehant,
dô der stimme dôn verswant.
ûz dem münster gieng er dan.
vil sêre er wundern sich began,
waz disiu rede wære,
von der sô lobebære
der koufman wære worden
mit lobelîchem orden.
dô der ander morgen kam,

Seine Glückseligkeit schmückt das Land,
in dem er heimisch geworden ist.
Seiner Tugend wird große Anerkennung zuteil.«
»Ach, Herr, was hat er nur getan,
wofür er so großen Dank verdient?«,
sagte da der Kaiser.
»Wenn du das erfahren willst,
dann begib dich bald zu ihm
und bitte ihn, dir die Wahrheit zu erzählen.«
»Das kann doch auch ein Bote in Erfahrung bringen,
den ich dafür aussenden kann.«
Da antwortete ihm die Stimme folgendermaßen:
»Du könntest sehr froh sein,
wenn er dir die ganze Wahrheit sagt,
wenn du selbst dorthin kämst.
Sollte er dir die ganze Wahrheit
uneingeschränkt sagen,
was er im Dienste Gottes getan hat,
dann, das weiß ich genau, gibt dein Herz
den Zwist auf und gesteht ihm bereitwillig zu,
dass er Gottes Huld mehr
verdient hat als du,
wie sehr du dich jetzt auch rühmst.«

Der Kaiser machte sich sogleich auf,
nachdem die Stimme verschwunden war.
Er verließ das Münster.
Er begann sich sehr zu wundern,
was diese Rede zu bedeuten hätte,
die dem Kaufmann so großes
Lob zugesprochen
und so stark ausgezeichnet hatte.
Am nächsten Morgen

der keiser messe vernam
mit keiserlîcher werdekeit. [B 12r]
als er enbeiz, dô waz bereit
sîn phert. er reit von dannen sâ.
sîn gesinde liez er dâ,
wan daz er heimlîchen nam,
swer im dar zuo wol gezam,
die er die vart verhelen bat.
ze Magdeburc ûz der stat
reit dô der keiser rîche
alsô tougenlîche
mit einer heimlîchen schar,
des lützel iemen wart gewar.
nû sande der vil werde man
ze Kölne sînen boten dan
unde hiez dem bischof sagen,
daz er in den selben tagen
in selb gesprechen solte
und daz er komen wolte
niht wan vil heimlîchen dar
mit einer heimlîchen schar.

Ditz sagten im die boten dâ.
des vreute sich der bischof sâ.
er began sich vaste gesten,
wan er den muotes vesten
wolt in sîn hûs enphâhen. [b]
dô began der keiser nâhen.
der bischof gegen im schône reit
mit edlen rittern wol bekleit
und ouch der burgær ein teil,
die wâren sîner kunfte geil. [B 12v]
nâch keiserlîchem ruome

hörte der Kaiser die Messe
in kaiserlicher Würde.
Nachdem er gegessen hatte, wurde ihm
sein Pferd gesattelt. Er ritt sogleich davon.
Sein Gefolge ließ er dort zurück
bis auf einige, die er unbemerkt mit sich nahm,
die ihm dazu geeignet schienen
und die er bat, die Reise geheim zu halten.
Aus der Stadt Magdeburg
ritt der mächtige Kaiser
so heimlich
mit einer Schar Vertrauter,
dass es niemand bemerkte.
Nun sandte der edle Mann
seinen Boten voraus nach Köln
und ließ dem Bischof sagen,
dass er in Kürze
ihn selbst sprechen werde
und dass er kommen wolle
in vertraulicher Angelegenheit
mit einer Schar Vertrauter.

Dies teilten ihm die Boten mit.
Der Bischof freute sich sehr darüber.
Er begann sich umgehend auf den Besuch vorzubereiten,
weil er den Beständigen
in seinem Haus empfangen wollte.
Da nahte bereits der Kaiser.
Mit ganzer Pracht ritt der Bischof ihm entgegen
in Begleitung prächtig gekleideter Ritter
und einiger Bürger,
die sich über seine Ankunft freuten.
Seinem Ansehen entsprechend

mit geliute und mit heiltuome
wart der keiser rîche
enphangen werdeclîche
ze Kölne in der houbtstat.
der bischof in mit zühten bat,
daz er im seite mære,
durch waz er komen wære
sô rehte heimlîchen dar
mit einer alsô kleinen schar.
dô sprach gezogenlîche
der edel keiser rîche:
»mich hât in heimlîcher ger
ein heimlîch nôt gejaget her.
durch die muoz ich hie râtes gern.
ich mac der burger niht enbern,
die hie sint gesezzen.
nû sult ir niht vergezzen,
lieber herre der bischof,
ir heizent morgen ûf den hof
den burgern gebieten.
ich wolde daz sî rieten
mir umb einer hande dinc.
heizent für mich ûf den rinc
her komen al gelîche,
arme und dâ zuo rîche,
sô man die gloggen liute
und in die zît betiute.«

»**H**erre, daz sol sîn getân.« [B 13r]
der bischof, der hiez balde gân [6r]
sîne boten in die stat.
die tâten, des der keiser bat,
und hiezen, als ich hân vernomen,

mit Geläut und heiligen Reliquien
wurde der mächtige Kaiser
würdig empfangen
in der Hauptstadt Köln.
Der Bischof bat ihn höflich,
ihm zu eröffnen,
in welcher Angelegenheit er gekommen sei
auf so inoffizielle Weise,
mit so kleinem Gefolge.
Da sprach ehrenvoll
der mächtige, edle Kaiser:
»Mich hat in einer vertraulichen Sache
ein persönliches Anliegen hergeführt.
Sie veranlasst mich, hier Rat einzuholen.
Dabei kann ich auf die Bürger nicht verzichten,
die hier leben.
Versäumt nun nicht,
lieber Herr Bischof,
für morgen auf den Hof
die Bürger einzuberufen.
Ich möchte, dass sie mir einen Rat geben
in einer bestimmten Sache.
Lasst sie vor mir hier auf dem Hof
alle miteinander versammeln,
die Geringen und Hochstehenden,
sobald man die Glocke läutet
und ihnen die Zeit anzeigt.«

»Herr, das soll geschehen.«
Der Bischof schickte schnell
seine Boten in die Stadt.
Die führten aus, was der Kaiser angeordnet hatte,
und befahlen, wie ich gehört habe,

die burger für den keiser komen.
nû nam des michel wunder
die burger al besunder,
durch waz der fürste mære
sô eine komen wære.
doch wæren sî ungerne komen,
sî hæten alle an sich genomen
al gelîch ir besten kleit,
daz sî wol nâch werdekeit
möhten vor ir herren stân,
sprechen, sitzen unde gân.
dâ gienc der keiser ezzen.
dâ was ouch niht vergezzen
keiserlîcher wirtschaft.
ez bôt im mit lieber kraft
der bischof güetlîch und wol,
als man ez keisern bieten sol.
vil schiere dô sî gâzen
und ein wîl gesâzen,
der vogt von Rôme slâfen gie.
der bischof guote naht enphie
mit gruoze dâ zestunde
von des keisers munde.

Diu naht gie hin, der tac erschein. [B 13v]
die burger wurden des in ein,
daz sî ze hove giengen,
ir herren wol enphiengen.
dô man vruomesse gesanc,
sî hôrten einer gloggen klanc,
die man ze râte lûte
und in die zît betûte,
daz sî ze hove solten komen,

den Bürgern, vor dem Kaiser zu erscheinen.
Erstaunt
fragten sich nun alle Bürger,
warum der große Kaiser
mit so kleinem Gefolge gekommen war.
Doch wären sie ungern erschienen,
ohne sich alle anzukleiden
mit ihren besten Gewändern,
so dass sie in gebotener Würde
sich ihrem Herrn nähern,
vor ihn treten, mit ihm sprechen und bei ihm sitzen konnten.
Da ging der Kaiser zu Tisch.
Es fehlte auch nicht an
kaiserlicher Bewirtung.
Bereitwillig sorgte
der Bischof freundlich und aufmerksam für sein Wohl,
wie man Kaiser beherbergen soll.
Bald, nachdem sie gegessen hatten
und eine Weile beisammengesessen waren,
zog sich der Vogt von Rom zum Schlafen zurück.
Dem Bischof wurde da
eine gute Nacht gewünscht
vom Kaiser.

Die Nacht verging, der Tag brach an.
Die Bürger machten sich auf
zum Hof, um ihren Herrn
angemessen zu empfangen.
Als man die Frühmesse gesungen hatte,
vernahmen sie den Klang der Glocke,
die man läutete, um den Rat einzuberufen
und ihnen die Zeit anzuzeigen,
damit sie sich bei Hof einfänden,

als in diu botschaft waz vernomen. [b]
nû was der keiser ûf den hof
komen und ouch der bischof.
die sâzen bî ein ander dâ.
dô kâmen die burgære sâ
mit zühten und niht gedrungen,
die alten vor den jungen,
sô ritterlîchen wol bekleit,
daz sî mit guoter werdekeit
in schœnen zühten süezen
den keiser möhten grüezen.
nû enphieng er alle gelîche
die burger minneclîche
mit hovelîchen witzen.
er bât si alle sitzen
an einen wîten rinc für sich.
ir gruoz was vil güetlich,
den sî im tâten und er in.
nû nam er daz in sînen sin,
wâ er sæze bî der schar,
durch den er was komen dar.

Sus begunde er umbe sehen [B 14r]
und stille swîgend spehen,
ob sî dekeinen êrten,
an den sî fürbaz kêrten
ir zuht dan an dekeinen.
vil schiere sach er einen,
der was vor in der êrste,
der dûht in dâ der hêrste.
an dem wart er wol gewar,
daz man entweich im in der schar.
swâ er hin wolde gân,

wie es ihnen in der Botschaft mitgeteilt worden war.
Nun war der Kaiser zum Hofe gekommen
und auch der Bischof.
Sie saßen dort nebeneinander.
Da kamen sogleich die Bürger,
würdig, ohne zu drängeln,
die Alten vor den Jungen,
so höfisch prachtvoll gekleidet,
dass sie in angemessener Würde
und in ganzer Formvollendung
den Kaiser zu begrüßen vermochten.
Dieser empfing nun die Bürger
alle gleichermaßen mit großer Freundlichkeit
und geschliffener Vornehmheit.
Er bat sie alle Platz zu nehmen
ihm gegenüber in einem weiten Kreis.
Freundlich grüßten sie ihn
und er sie ebenfalls.
Nun besann er sich darauf,
denjenigen unter ihnen zu finden,
um dessentwillen er hergekommen war.

So begann er umherzublicken
und wortlos zu beobachten,
ob sie nicht einen in besonderer Weise ehrten,
an dem sie mehr als an anderen
ihren feinen Anstand bewiesen.
Sogleich fiel ihm einer auf,
der unter den anderen herausstach
und ihm der Vornehmste zu sein schien.
An dem beobachtete er genau,
dass man ihm in der Menge Platz machte.
Wohin auch immer er gehen wollte,

dô sach man sî ûf hôher stân.
der was ze wunsche wol gestalt.
in guoter mâze was er alt, [6v]
mit solhen zühten was er wîs,
sîn hâr was grâ reht als ein îs
an houbte und an barte gar.
er was schœne und wol gevar,
reht als in der wunsch erkôs,
mit solher zuht, diu nie verlôs
manlîchen prîs in kiuscher zuht.
von valschem wandel was sîn fluht.
er was guot und wolgezogen
an süezen zühten unbetrogen,
getriuwe und vil gewære,
wîse und unwandelbære,
was er gewahsen zeinem man.
vil rîchiu kleider truog er an.

Von scharlach rôt als ein bluot [B 14v]
roc, mantel wâren guot,
mit zobel wol gezieret.
der mantel was gefurrieret
von harmen wîzer dan ein swan.
vingerlîn und fürspan
mit manigem guoten steine
truoc der getriuwe reine
und einen gürtel rîche.
sîn hâr was hovelîche
gespænet wol, sleht und reit.
wol gemachet und vil gemeit
was geschorn im der bart.
daz was der guote Gêrhart,

da sah man sie alle zurücktreten.
Er war von vollkommener Gestalt:
Er war im besten Alter,
von edler Haltung und Autorität,
sein Haar war ganz eisgrau
an Haupt und Bart.
Er war gutaussehend,
wie man ihn sich nicht ansprechender hätte wünschen können,
mit einer Vornehmheit, der nie fehlte
männliches Ansehen und makellose Haltung.
Er hielt sich fern von Wankelmütigkeit.
Er war gut und nobel,
voll feiner Vornehmheit,
rechtschaffen und aufrichtig,
in Weisheit und Unbestechlichkeit
war er zu einem Mann gereift.
Er trug kostbare Kleider.

Aus blutrotem Scharlach
waren sein edles Oberkleid und sein Mantel,
mit Zobel schön verziert.
Der Mantel war gefüttert
mit Hermelin, der weißer war als ein Schwan.
Ring und Spange,
mit vielen kostbaren Edelsteinen besetzt,
trug der makellose Rechtschaffene
und einen wertvollen Gürtel.
Sein Haar war auf hofgemäße Weise
sorgfältig frisiert, gleichmäßig und gelockt.
Sauber geschnitten und gepflegt
war sein Bart.
Das war der gute Gerhart,

den der keiser suochte,
von dem des got geruochte,
daz er von im ze guote enphie,
swaz er in sînem namen ie
getet durch in ze guote,
wan ie mit reinem muote [b]
sîn reinez herze erfullet was.
er was getriuwe als ein adamas
mit manlîcher stætekeit,
als uns von im daz mære seit.
als in der keiser gesach,
zem bischof er heimlîchen sprach:
»sagent an, wer ist dirre man,
der alsô hovelîchen kan
gebâren unde zieren sich? [B 15r]
dest wâr, er ist sô hovelich,
daz mich dunket wie er sî
von aller missewende vrî.«

Dô sprach der bischof sâ zehant:
»ein tugentrîcher wîgant,
der niht mit valschen listen kan,
daz ist der alte werde man,
des herze ie rehter güete phlac.
von kintheit her an disen tac
hât er von wandel sich bewart.
ez ist der guote Gêrhart.
sîn name wîten ist erkant.
er ist von rehte guote genant,
wan allez sîn gemüete
lebt in reiner güete.«
dô der keiser hôrte daz,
er began im ie baz unde baz

den der Kaiser suchte,
von dem Gott wollte,
dass er von ihm im Guten erfahren möge,
was er in Gottes Namen stets
um seinetwillen Gutes getan hatte,
weil immer von reiner Absicht
sein lauteres Herz erfüllt war.
Er war treu wie ein Edelstein
mit mannhafter Beständigkeit,
wie uns die Geschichte über ihn sagt.
Als der Kaiser ihn erblickte,
sagte er vertraulich zum Bischof:
»Sagt mir, wer ist dieser Mann,
der sich so höfisch
zu geben und zu kleiden versteht?
Er ist fürwahr so höfisch,
dass er mir ganz und gar
makellos zu sein scheint.«

Da sagte der Bischof sogleich:
»Ein tugendhafter Mann,
der nicht fähig zum Bösen ist,
das ist dieser würdige alte Mann,
dessen Herz stets voller Rechtschaffenheit war.
Von Kindesbeinen an bis zu diesem Tag
hat er sich vor Wankelmut bewahrt.
Es ist der gute Gerhart.
Sein Name ist weithin bekannt.
Zu Recht wird er ›gut‹ genannt,
denn sein ganzes Wesen
ist durchdrungen von lauterer Güte.«
Als der Kaiser das hörte,
begann er ihm

in sînem muote dô behagen.
»ich hœre daz von ime sagen«,
sprach der keiser Otto dô.
ze sehen was er sîn vrô,
wan im sô manic werdekeit
von sînen tugenden was geseit.
der keiser dô mit zühten sprach,
als er den guoten man ersach, [7r]
mit alsô lobelîchen siten:
»ir herren, ich bin her geriten
suochen rât umbe nôt,
diu mir disiu vart gebôt.« [B 15v]
dô sprâchen sî alle gelîche,
arme und dar zuo rîche,
ir rât solt im sîn bereit,
kunden sî nâch wîsheit
in guoten rât gelêren,
nâch keiserlîchen êren.

Des seite in der keiser danc
sunder allen valschen wanc,
als er mit fuoge kunde wol.
er sprach: »swer râtes leben sol,
der sol suochen, dâ er rât
vindet âne missetât.
durch daz sô suoch ich lêre hie,
wan iuwer witze tet mir ie
helfe, rât mit triuwen schîn.
nû næm ich gern, daz lânt sîn
mit iuwern hulden âne haz,
einen, dem ich sage waz
mich her zuo iu verjaget hât.
an dem wolt ich suochen rât,

immer besser zu gefallen.
»Das ist, was auch ich von ihm sagen höre«,
sprach da Kaiser Otto.
Er war froh, ihn zu sehen,
weil er viel Achtbares
über seine Tugenden gehört hatte.
Der Kaiser sagte würdevoll,
als er den guten Mann erblickte,
in lobenswerter Weise:
»Ihr Herren, ich bin hierher geritten,
um Rat in einer Bedrängnis zu suchen,
die mich zu dieser Reise veranlasst hat.«
Da sagten sie alle miteinander,
Unbedeutende und Vornehme,
ihr Rat würde ihm zuteil,
wenn sie entsprechend ihrer Weisheit
einen guten Rat geben könnten,
gemäß seiner kaiserlichen Würde.

Dafür dankte ihnen der Kaiser
ohne jede Falschheit
und mit großem Anstand.
Er sagte: »Wer einem guten Rat entsprechend leben will,
der soll sich dorthin wenden, wo er Rat,
frei von jeder Falschheit, findet.
Deshalb suche ich hier Unterweisung,
denn aus eurer Weisheit erwuchsen mir
stets verlässliche Hilfe und Rat.
Nun würde ich gerne von euch,
wenn ihr einverstanden seid,
einen auswählen, dem ich mitteile,
was mich hierher zu euch geführt hat.
Den möchte ich um Rat bitten,

dar nâch an iu allen,
wolt iu der rât gevallen.«
»jâ, herre, swaz iu wol behaget,
dar an sîn wir unverzaget«,
sprâchen sî alle gelîche dô.
»swaz ir welt, des sîn wir vrô.«
»Gêrhart, sô wil ich sprechen dich.
mîn herze an dich wîset mich.«
»herre, ich bin solher witze erlân, [B 16r]
daz ich sul aleine gân [b]
mit râte zuo dem rîche«,
sprach vil gezogenlîche
Gêrhart, der tugentlîche man.
dô gie er mit dem keiser dan
in eine kemenâten.
als sî dar in getrâten,
der keiser dâ die tür beslôz
mit einem rigel, der was grôz.

An ein gestüele er sitzen gie.
den koufman er des niht erlie,
er muoste zuo im sitzen dran.
»niht, herre«, sprach der guote man,
»ich sitz ûf dem schamel wol,
wan es mich genüegen sol«,
sprach er mit guoten witzen.
»niht, dû solt her sitzen
zuo mir an die sîten mîn.«
des wert er sich, doch muost ez sîn.
dô sprâch der rîche fürste guot:
»Gêrhart, ich sag dir mînen muot:
ich bin komen her durch dich.«
»herre, daz wær unbillich.

und dann euch alle,
wenn ihr diese Entscheidung billigt.«
»Ja, Herr, was Euch gefällt,
das gefällt auch uns«,
sagten sie da alle miteinander.
»Was Ihr wollt, damit sind wir einverstanden.«
»Gerhart, dann will ich mit dir sprechen.
Mein Herz verweist mich auf dich.«
»Herr, ich bin zu unverständig,
als dass ich allein
in Dingen des Reiches raten könnte«,
sagte sehr zurückhaltend
Gerhart, der tugendhafte Mann.
Da zog er sich mit dem Kaiser
in ein Gemach zurück.
Als sie eingetreten waren,
verschloss der Kaiser die Tür
mit einem großen Riegel.

Er nahm auf einem Stuhl Platz.
Dem Kaufmann erließ er es nicht,
sich zu ihm zu setzen.
»Nicht, Herr«, sprach der gute Mann.
»Ich sitze auf einem Schemel genauso gut,
das reicht mir«,
sagte er höflich.
»Nicht doch, du sollst dich hierher setzen,
zu mir an meine Seite.«
Dagegen sträubte er sich, doch es musste sein.
Da sagte der mächtige, gute Fürst:
»Gerhart, ich will dir meine Absicht sagen:
Ich bin deinetwegen hergekommen.«
»Herr, das wäre unangemessen.

dar zuo wær ich an guote,
an geburt, an lîp, an muote
ze kranc, daz ir des soltent
geruochen. ob ir woltent
mîn dekeine stunde
bedurfen, ob ich kunde [B 16v]
iu getuon dekeinen rât
– des leider mich mîn kunst erlât –,
ich wære durch einen boten komen,
als ich es hæt ein wort vernomen.«

»**N**û wizzest daz von wârheit,
daz ich ie dâ her gereit, [7v]
daz ist gar durch dich geschehen.
nû lâ mich dîne triuwe spehen
und sage mir, des ich vrâge dich.«
»gerne, herre, daz tuon ich,
ob ich ez weiz.« »jâ, dû, vil wol.«
»sô tuon ich ez, wan ich iu sol
getriuwes herzen willen tragen.«
»sô solt dû mir rehte sagen,
wie kam daz, von welher art,
daz dû, der guote Gêrhart,
wurde zaller êrst genant,
daz man dir disen namen vant?
ich wil des gerne bitten dich,
daz dû des bewîsest mich,
waz dû habst durch got getân,
daz dû solt disen namen hân.«
»herre mîn, daz kam dâ von:
diu liute, die sint des gewon,
daz sî den zuonamen jehent,
die stæteclîchen sehent

Dazu wäre ich an Besitz,
an Abstammung, an Leib und Leben, an Geist
zu gering, als dass Ihr Euch dazu
herablassen solltet. Wenn Ihr meiner
je auch nur eine Stunde
bedurft hättet und ich Euch
einen Rat geben könnte
– wofür meine Befähigung jedoch leider nicht ausreicht –,
hätte mich doch ein Bote holen können,
wenn ich auch nur ein Wort gehört hätte.«

»Nun sollst du als Wahrheit wissen:
Dass ich hierher geritten bin,
habe ich nur deinetwegen getan.
Nun lass mich deine Redlichkeit erkennen
und sage mir, wonach ich dich frage.«
»Gern, Herr, tue ich das,
wenn ich es kann.« »Ja, das kannst du durchaus.«
»Dann tue ich es, da ich Euch gegenüber
zu aufrichtiger Bereitwilligkeit verpflichtet bin.«
»Dann sollst du mir wahrheitsgemäß sagen,
wie das kam und warum,
dass du der ›gute‹ Gerhart
erstmals genannt wurdest
und man dir diesen Namen verlieh.
Ich möchte dich gern darum bitten,
mir darüber Auskunft zu geben,
was du Gott zuliebe getan hast,
dass du diesen Namen verdienst.«
»Mein Herr, das kam dadurch,
dass die Leute es gewohnt sind,
dass sie denjenigen Beinamen geben,
die sie dauernd sehen,

des mannes rehten namen mite.
daz ist an in ein arger site.
herre, als ist ouch mir geschehen. [B 17r]
ich kan iu leider niht verjehen,
dâ von ich guot geheizen müge,
ez wær, daz ich mich selben trüge.
ich hân niht durch got getân
sô grôzes, daz ich müge hân
ze rehte disen grôzen namen,
sô hôhen und sô lobesamen.
ich hæte des dicke guoten muot,
sô irret mich, als manigen tuot,
gebreste und guotes krankheit.
swenn ich des willen was bereit,
sô moht ich ez doch niht getuon, [b]
sô daz ich lob, êre oder ruom
dar an bejagen möhte,
daz ez ze lob iht töhte.

Wolt ich tuon iht guotes,
diu krankheit mînes muotes
nam mir den guoten willen abe
sô gar, daz ich mit kranker habe
den armen vreut in sîner nôt.
sûrez bier und roggîn brôt
was mîn almuosen für mîn tor,
swenne ich den armen sach dâ vor
mit kumberlîchen nœten sîn.
ich tet vil selten leider schîn,
ob ich von mînem schepher ie
rîches guotes iht enphie.
swenne aber ich gedâhte an got
und iht gab durch sîn gebot, [B 17v]

zusätzlich zum richtigen Namen eines Mannes.
Das ist eine schlechte Angewohnheit von ihnen.
Herr, so ist es auch bei mir gewesen.
Ich kann Euch leider nicht sagen,
weswegen ich ›gut‹ genannt werden könnte,
außer wenn ich mich selbst betrügen würde.
Ich habe nichts um Gottes willen getan,
das so groß wäre, dass ich zu Recht
diesen großen Namen verdienen würde,
der so erhaben ist und so löblich.
Ich hatte zwar oft die Absicht dazu,
doch dann hinderten mich, wie so manchen,
Schwäche und Mangel an Besitz.
Wenn ich den Willen gefasst hatte,
so gelang es mir doch nicht, es zu tun,
so dass ich Lob, Ehre oder Ruhm
damit auf solche Weise erlangen könnte,
dass es irgendwie lobwürdig wäre.

Immer wenn ich etwas Gutes tun wollte,
machte meine Willensschwäche
die gute Absicht so sehr zunichte,
dass ich mit nur geringer Zuwendung
dem Bedürftigen half in seiner Not.
Saures Bier und Roggenbrot
waren mein Almosen, das ich vor meiner Tür verteilte,
immer wenn ich den Bedürftigen davor
in seiner sorgenvollen Not sah.
Nur selten zeigte ich leider,
dass ich von meinem Schöpfer immer
reichen Besitz empfangen habe.
Und wenn ich einmal an Gott dachte
und seinem Gebot entsprechend etwas hergab,

sô gab ich mit mîner hant
eteswenn ein alt gewant,
daz ich ze selten leider doch
hân durch in gegeben noch.
ouch sprach ich ie vil kurz gebet.
swenn ich daz zeinen zîten tet,
sô dûht es mich genuoc ein jâr.
herre mîn, ich sol für wâr
des hôhen namen sîn erlân,
wan ich sîn niht verdienet hân.«

Der keiser sprach: »ez muoz et sîn,
daz dû durch den willen mîn
antwurtest mîner vrâge baz.
ich weiz wol, daz du hâst eteswaz
sô grôzlîches durch got getân,
daz dû mich solt wizzen lân,
wâ von dir dirre name wart.«
dô sprach der guote Gêrhart: [8r]
»des sult ir, herre, erlâzen mich.«
er sprach: »entriuwen, nein ich.
sag an, ich wil es niht enbern.
dû solt mich niht der bete entwern,
wan dû ez doch sagen muost,
swie ungern dû ez tuost.«
dô rief der vil guote man
got in sînem herzen an.
er sprach: »owê, herre got,
sol ich nû durch ditz gebot
dir verwîzen, ob ich ie
guotes iht durch dich begie?
daz lâ dich, herre, erbarmen.
gedenk an mich vil armen,

dann verschenkte ich mit meiner Hand
vielleicht einmal ein abgetragenes Gewand,
doch auch das habe ich noch viel zu selten
um Gottes willen getan.
Auch habe ich immer nur sehr kurz gebetet.
Und wenn ich es doch einmal getan hatte,
so schien es mir für ein ganzes Jahr zu reichen.
Mein Herr, es sollte mir fürwahr
dieser hohe Name erlassen werden,
weil ich ihn nicht verdient habe.«

Der Kaiser sprach: »Es muss durchaus sein,
dass du meinem Wunsch gemäß
meine Frage genauer beantwortest.
Ich weiß genau, dass du etwas
so Großes um Gottes willen getan hast,
dass du mich wissen lassen sollst,
wofür dir dieser Name gegeben worden ist.«
Da sagte der gute Gerhart:
»Das sollt Ihr mir, Herr, ersparen.«
Er sprach: »Nein, das werde ich durchaus nicht tun.
Sag es mir, ich verzichte nicht darauf.
Du sollst mir diese Bitte nicht abschlagen,
denn du musst es doch sagen,
wie widerstrebend du es auch tust.«
Da rief der fromme Mann
Gott in seinem Herzen an.
Er sagte: »Ach, Herrgott,
muss ich nun wegen dieser Aufforderung
dir gegenüber aussprechen, was ich je
an Gutem um deinetwillen getan habe?
Hab Mitleid, Herr, mit mir!
Denk an mich Armen und daran,

daz ich ez betwungen tuon [B 18r]
anders durch deheinen ruom.
ditz ist ein alsô strenger man,
daz ich mich niht erweren kan.
ich muoz im sagen ûf daz zil,
swaz er von mir hœren wil.
durch die vorhte muoz ich jehen,
ist von mir guotes iht beschehen.
daz ist dir, süezer got, erkant.«
mit dem gedanke viel er zehant
für den keiser ûf diu knie
in solhem muote, als ob er hie
wolte mit den selben siten
den keiser mit dem munde biten,
daz er der bete wurd erlân.
sîn bete was alsô getân:

Er bat den keiser, daz er in
der bet erliez. ouch bat sîn sin
got, daz er an im verkür,
ob er mit giht aldâ verlür
in rüemlîcher schulde [b]
die süezen gotes hulde.
von tiefes herzen andâht
wart zweier hande bete brâht
für got und für den fürsten guot.
daz herze schiet lîp und muot
mit triuwen gên in beiden,
als ich iu wil bescheiden.
er bouc für got des herzen knie,
des lîbes für den keiser hie.
des herzen muot vor gote lac,
der lîp vor dem keiser phlac [B 18v]

dass ich es unter Zwang tue
und nicht, um mich zu rühmen.
Dies ist ein so unnachgiebiger Mann,
dass ich mich ihm nicht widersetzen kann.
Ich muss ihm alles genau sagen,
was er von mir hören will.
Aus dieser Furcht muss ich von dem sprechen,
was ich an Gutem bewirkt haben könnte.
Das weißt du, guter Gott, genau.«
In diesem Gedanken fiel er sogleich
vor dem Kaiser auf die Knie,
so als wolle er hier
mit diesem Gebaren
den Kaiser darum bitten,
ihm die Aufforderung zu erlassen.
Seine Bitte war folgende:

Er bat den Kaiser, ihm
die Aufforderung zu erlassen. Und bei sich
bat er Gott, ihm nachzusehen,
wenn er mit dem, was er sagte, verlöre
durch die frevelhafte Selbstrühmung
die reine Huld Gottes.
Aus tiefer Andacht des Herzens
wurden zwei verschiedene Bitten vorgebracht
vor Gott und vor den guten Herrscher.
Das Herz trennte Handeln und Wollen
getreulich beiden gegenüber,
wie ich euch erklären will.
Er verbeugte sich innerlich vor Gott
und äußerlich hier vor dem Kaiser.
Der Wille des Herzens lag vor Gott,
der Leib tat vor dem Kaiser nichts anderes,

niht wan, daz er in bat, daz er
lieze sîner vrâge ger.
daz herze was vor got alsam,
ze dem ez rât und urloub nam,
daz er nâch sînen hulden
in von disen schulden
geruochte ledic machen.
wan er an disen sachen
von herzen gar ungerne tete
den ruom durch des keisers bete.

Sît er nû muot, herze und rât
mit bete an sî geneiget hât,
sô wæn ich wol, daz in gewer
sîner herzenlîchen ger,
des güete in rehter güete wert,
swes iemen rehtes an in gert:
der süeze, der gewære Krist,
der aller güete ein urhab ist.
des güete was vil bezzer dâ
alsam dâ vor ie anderswâ,
danne menschlîche güete.
mit blüendes bluomen güete
bluote genædeclîche güete
für keiserlich gemüete. [8v]
got mit güete in werte,
des er hinz ime gerte.
der keiser in entwerte,
des er an in gerte.
got der schulde an im vergaz
durch sîn bete sunder haz.
der keiser niht an im vergâz,
sîn gelîchsender haz

als ihn darum zu bitten,
seine Frage zurückzuziehen.
Das Herz lag gleichermaßen vor Gott,
um Rat und Erlaubnis zu erlangen,
so dass er seiner Gunst gemäß geruhte,
ihn aus dieser Verstrickung
zu befreien.
Denn dieser Taten
rühmte er sich nur widerwillig und
auf des Kaisers dringende Aufforderung hin.

Da er nun Willen, Herz und Ratschluss
mit Flehen ihnen beiden anheimgestellt hatte,
so denke ich doch, dass seine
innige Bitte ihm der erfüllt,
dessen Güte in rechter Güte das gewährt,
was immer jemand rechtschaffen erbittet:
Der reine, der getreue Christus,
der der Ursprung aller Güte ist.
Dessen Güte war da viel größer
als jemals zuvor anderswo
und als menschliche Güte.
Mit der Güte blühender Blumen
blühte gnädige Güte
im Unterschied zur Haltung des Kaisers.
Gott entsprach in seiner Güte
der Bitte, die er an ihn herangetragen hatte.
Der Kaiser entsprach der Bitte nicht,
die er an ihn herangetragen hatte.
Gott sah ihm die Schuld,
aufgrund seiner Bitte bereitwillig nach.
Der Kaiser aber verzichtete nicht darauf,
ihn durch seine unerbittliche Unnachgiebigkeit

twunge in, daz er müeste jehen,
swaz er wolte an ime spehen.

Dô der guote Gêrhart [B 19r]
an dem keiser innen wart,
daz sîn bete niht vervie,
er müeste sagen, wie ez ergie,
er sprach: »vil rîcher herre mîn,
durch iuwer güete, müg ez sîn,
sô lânt iu durch got gezemen,
daz ir von mir geruochet nemen
tûsent marke, die gib ich,
daz ir der bete erlâzent mich.«
dem keiser nôten began.
er sprach: »Gêrhart, nû sag an,
wie ist daz guot sô lîhte dir,
daz dû sô ringe biutest mir
tûsent mark, daz ich dich
der bete erlâze? des muoz ich
immer mêre in wunder sîn.«
»daz sag ich iu, herre mîn,
durch waz ich iuz geboten hân.
hæt ich iht guotes getân
durch mînen schephære,
daz wurde unlobebære,
swenn ich mich des vlizze,
daz ich ez im verwizze.
er weiz wol, ob ich inder hân [b]
guotes iht durch in getân.
des kan er mir gelônen wol.
dar umb ich michs niht rüemen sol.«

dazu zu zwingen, preiszugeben,
was er von ihm hören wollte.

Als der gute Gerhart
an dem Kaiser erkannte,
dass seine Bitte nicht erfolgreich war
und er den Hergang erzählen musste,
sagte er: »Mein mächtiger Herr,
um Eurer Güte willen, wenn es sein kann,
so lasst Euch um Gottes willen damit zufriedenstellen,
dass Ihr von mir annehmt
tausend Mark, die gebe ich Euch,
auf dass Ihr mir die Bitte erlasst.«
Der Kaiser stutzte.
Er sagte: »Gerhart, nun sag mir,
warum bedeutet dir dein Geld so wenig,
dass du so leichtfertig mir
tausend Mark anbietest, nur damit ich
dir die Bitte erlasse? Darüber
bin ich zutiefst erstaunt.«
»Ich sage Euch, mein Herr,
warum ich es Euch angeboten habe.
Hätte ich irgendetwas Gutes getan
um meines Schöpfers willen,
hörte dies auf, lobenswert zu sein,
wenn ich mich anschickte,
es ihm gegenüber geltend zu machen.
Er weiß sehr wohl, wenn ich je irgendetwas
Gutes um seinetwillen getan habe.
Das wird er mir sicher lohnen.
Deshalb muss ich mich dessen nicht rühmen.«

Dô der keiser hôrte daz,
sîn vreude wart ein teil ze laz.
er dâhte in sînem muote: [B 19v]
»ach, herre got der guote,
wie komt ez sô, daz dirre man
sich baz dan ich versinnen kan
und ich ze rehte bin genant,
keiser über rœmisch lant?
daz sich ein koufman baz verstât,
dan mîn keiserlîcher rât,
daz muoz immer müen mich.
herre got, nû bitt ich dich,
daz dû nû vergebest mir,
swaz ich hân missetân gên dir.
swâ ich mich versprochen hân,
dâ wil ich dir ze buoze stân
ûf die grôzen güete dîn.«
er sprach: »Gêrhart, nû lâ sîn.
sage mir, des ich an dich ger.
ich bin alsô bewîset her,
daz dû gar sunder valschen ruom
ez maht gewærlîchen tuon.«
der guote man sprach aber dô:
»herre mîn, wær ez alsô,
daz gotes wille wære dran
– des ich niht rehte wizzen kan –,
ez wær iu niht biz her verseit,
daz wizzent von der wârheit.«
»ez ist niht wider gotes gebote.
wan ich bitte dich in gote,
daz dû mir es niht verdagest
und mir die rehten wârheit sagest.« [9r] [B 20r]
»herre, sît ez nû muoz sîn,

Als der Kaiser das hörte,
wurde seine Freude sehr getrübt.
Er dachte bei sich:
»Ach, guter Gott,
wie kommt es nur, dass dieser Mann
so viel besonnener ist als ich
und ich rechtmäßig genannt werde
Kaiser über das römische Reich?
Dass ein Kaufmann größere Umsicht besitzt
als mein kaiserliches Urteilsvermögen,
lastet für immer schwer auf mir.
Herrgott, nun bitte ich dich,
dass du mir jetzt vergibst,
worin ich dir gegenüber falsch gehandelt habe.
Wo ich überheblich war,
da will ich Buße leisten in Hoffnung
auf deine große Güte.«
Er sagte: »Gerhart, lass es nun gut sein.
Sag mir, was ich von dir wissen will.
Ich bin auf solche Weise hergesandt,
dass du es ohne sündhafte Selbstrühmung
wahrhaftig tun kannst.«
Da erwiderte der gute Mann:
»Mein Herr, wenn es so wäre,
dass es mit Gottes Billigung geschieht
– was ich nicht sicher wissen kann –,
dann wäre es Euch nicht bis jetzt vorenthalten worden,
dessen seid wahrlich sicher.«
»Es ist nicht gegen Gottes Gebot.
Denn ich bitte dich um Gottes willen,
dass du es mir nicht verschweigst
und mir die ganze Wahrheit sagst.«
»Herr, da es nun sein muss,

sô weiz doch got den willen mîn,
daz ich ez betwungen tuon
und niht durch weltlîchen ruon«,
sprach der guote Gêrhart,
dô er der bete erbeten wart.

Sît ez ist komen ûf daz zil,
daz er ez selbe sagen wil,
sô lânt der rede mich gedagen.
lâzen wir in selben sagen
der rehten wârheit urhab hie,
wâ von er den namen gevie,
daz er der guote wart genant.
ûf daz gestüele saz er zehant,
als in der keiser hiez,
der in der bete niht erliez.
alsus begund er sagen dô:
»herre, ez fuogte sich alsô:
dô der vater mîn verdarp
und in der werdekeit erstarp,
daz er in sîner genôzschaft
an lobe erwarp alsolhe kraft,
daz man in wîte erkande
und er in dem lande
den liuten was vil wert erkant,
dô wart sîn erbe mir benant,
wan ez ouch ze rehte mîn
von rehtem erbe solte sîn.
des was in solher mâze vil, [B 20v]
daz ich für got ez dulden wil,
und ouch genuoc dô dûhte mich.
lieber herre, dô tet ich,
als ieglîcher gerne tuot:

so kennt Gott doch meinen Willen,
dass ich es unter Zwang tue
und nicht für weltlichen Ruhm«,
sagte der gute Gerhart,
als er sich der Bitte fügte.

Da es nun so weit gekommen ist,
dass er es selbst erzählen will,
so lasst mich schweigen.
Lassen wir ihn hier selbst
wahrheitsgemäß erzählen, woher es kam,
dass er diesen Namen erhielt
und der ›Gute‹ genannt wurde.
Er setzte sich sogleich auf den Sitz,
wie ihm der Kaiser befohlen hatte,
der ihm die Bitte nicht erließ.
Folgendermaßen begann er da zu erzählen:
»Herr, es begab sich so:
Als mein Vater verschied
und in so hohem Ansehen starb,
dass er unter seinesgleichen
solch großes Lob erlangte,
dass er weithin bekannt war
und im ganzen Land
die Leute um seine Rechtschaffenheit wussten,
da wurde mir sein Erbe zuteil,
das mir auch dem Erbrecht gemäß
rechtmäßig zustand.
Das war so groß,
dass ich es bei Gott gerne annahm
und es mir auch reichlich schien.
Lieber Herr, da tat ich,
wie jeder bereitwillig tut:

ich vleiz mich des, daz ich mîn guot
ze bezzerunge kêrte [b]
und mit gewinne mêrte,
durch einen sun, den gab mir got.
an dem vand ich sîn gebot
gehœhet nâch dem willen mîn.
got tet mir minneclîchen schîn
an ime sîne güete.
daz trôste mîn gemüete,
wan ich wol sach an im, daz er
wuohs nâch mînes herzen ger.

Dô der began in sîner jugent
minnen manlîche tugent,
des was ich herzenlîchen vrô.
in mînem muote dâhte ich dô,
daz ich wolte durch in lân
mîn guot an einer wâge stân,
ob ich erwerben möhte mite,
daz man in durch die alten site
den rîchen Gêrhart hieze
und man in niht verstieze
des namen, den mîn vater liez,
den man den rîchen Gêrhart hiez,
von sîner rîcheit, der er phlac
wirdeclîchen manigen tac. [B 21r]
ditze wolte ich lâzen an ein heil.
ich lie mînem sun ein teil
guotes, daz er solte hân,
dâ mit er möhte sich begân,
wolt er sîn ein wîser man.
silbers nam ich von im dan,
daz fünfzic tûsent marke wac.

Ich schickte mich an, meinen Besitz
zu vergrößern
und mit Gewinn zu mehren
zugunsten eines Sohnes, den Gott mir geschenkt hatte.
An ihm erkannte ich Gottes Gebot
meinem Wunsch gemäß verwirklicht.
Gott zeigt mir an ihm
auf das schönste seine Güte.
Das verlieh mir Zuversicht,
denn ich erkannte an ihm, dass er ganz
den Wünschen meines Herzens entsprechend heranwuchs.

Als er in seiner Jugend
männliche Tugenden anzunehmen begann,
freute mich das von Herzen.
Bei mir fasste ich da den Entschluss,
meinen Besitz um seinetwillen
einzusetzen und zu sehen,
ob ich es damit zuwege zu bringen könnte,
dass man ihn der alten Gewohnheit entsprechend
den ›reichen‹ Gerhart nannte
und man ihm den Namen beließ,
den mein Vater hinterlassen hatte,
den man den reichen Gerhart genannt hatte,
seines Reichtums wegen, über den er
lange ehrenhaft verfügt hatte.
Das war ich bereit zu riskieren.
Ich überließ meinem Sohn einen Teil
des Besitzes, den er brauchte,
um seinen Lebensunterhalt zu bestreiten,
wollte er zu einem umsichtigen Mann werden.
Ich nahm von ihm Silber
im Wert von 50 000 Mark.

swâ gewin an koufe lac,
des fuorte ich vil rîcher kraft
mit mir in die heidenschaft.
dô ich des ze râte wart,
dô hiez ich spîsen ûf die vart [9v]
mîn schif ze drîen jâren.
in mîner phlege wâren
wîse marnære guot,
den was erkant des wâges fluot.
ein schrîber ouch bî mir beleip,
der mîn zerung ane schreip
und der durch got mir âne strît
begie die siben tagezît.

Dô ich nâch mînem willen wart
wol bereit ûf mîn vart,
als mich mîn herze lêrte,
mit mînem guote ich kêrte
hin über mer gên Riuzen,
ze Liflant und Priuzen,
dâ ich vil manigen zobel vant.
von dannen fuor ich gên Sarant,
ze Damascô und ze Ninivê. [B 21v]
dâ vand ich rîches koufes mê
von manigem rîchen phelle dâ
danne in der welte ie anderswâ,
der ich sô vil an mich gewan,
daz ich mich des vil wol versan,
swenn ich wider kæme,
daz ich zwivaltic næme
mîn silber wider und dannoch mê.
dô huob ich mich dan ûf den sê
und wolte wider wenden.

Womit auch immer sich ein gutes Geschäft
machen ließ, nahm ich in großer Menge
mit mir in die Heidenschaft.
Nachdem ich das beschlossen hatte,
ließ ich mein Schiff zurüsten
zu einer dreijährigen Reise.
Ich nahm in meine Dienste
erfahrene und gute Matrosen,
die sich mit den Seewegen auskannten.
Auch einen Schreiber nahm ich mit,
der meine Kosten verwaltete
und der zur Ehre Gottes für mich bereitwillig
die sieben Gebetszeiten beging.

Als meinen Anordnungen entsprechend
alle Reisevorbereitungen
wunschgemäß abgeschlossen waren,
fuhr ich mit meinem Besitz
über das Meer Richtung Russland,
nach Lifland und Preußen,
wo ich viel Zobel erwarb.
Von dort aus fuhr ich nach Sarant,
nach Damaskus und Ninive.
Dort boten sich mir mehr gute Handelsmöglichkeiten
mit vielen kostbaren Pelzen
als irgendwo sonst in der Welt,
von denen ich so viele erstand,
dass ich davon ausgehen durfte,
wenn ich wieder nach Hause käme,
mein Silber mehr als
zu verdoppeln.
Dann stach ich wieder in See
und wollte nach Hause zurückkehren.

mir was mit manigen enden
mîn dinc sô gar ze wunsche komen,
daz mir niht fürbaz mohte vromen
ein wunsch, in dem ich solte
erdenken, swes ich wolte.
mîn wille was sô volbrâht,
solt ich es immer hân gedâht,
ich hæte niht erwünschet baz, [b]
ûf mîn triuwe sprich ich daz.

Nû wând ich, daz der wille mîn
alsô verendet solte sîn,
als er von êrst begunde.
dô huob sich an der stunde
mit ungewitter winde vil.
die jagten uns an dem zil
mit grôzer kraft in starker maht
zwelf tage und zwelf naht,
daz wir die wîl gewunnen
nie wintstille noch sunnen, [B 22r]
wan uns vil manic ungemach
von winden sunder twâl geschach.
dô kâmen wir, als ich iu sage,
an dem drîzehenden tage
für ein gebirge, daz was hôch,
daz sich gên solher vrömde zôch,
daz ich dâ bî mir niemen vant,
dem daz gebirge wær erkant
und der mir des verjæhe,
daz er ie mê gesæhe
in allen sînen jâren
die wilde, in der wir wâren.
nû begund daz weter linden.

Meine Geschäfte waren für mich in jeder Hinsicht
so gut und wunschgemäß gelaufen,
dass mir darüber hinaus
kein Wunsch offenblieb,
der mir erfüllt werden konnte.
Meine Ziele hatten sich so erfüllt,
dass ich, auf mein Wort,
es mir nicht besser hätte wünschen
oder ausdenken können.

Nun glaubte ich, dass mein Vorhaben
so enden würde,
wie es zuerst begonnen hatte.
Gerade da erhoben sich
starke Winde und Unwetter.
Die trieben uns von dort, wo wir waren,
mit ungeheurer Kraft und Macht
zwölf Tage und Nächte,
in denen uns niemals
Windstille oder Sonne vergönnt waren,
sondern wir großes Ungemach
von den Winden ohne Unterlass erlitten.
Da kamen wir, wie ich Euch sage,
am dreizehnten Tag
an ein hohes Gebirge,
das sich in einer solchen Fremde erstreckte,
dass niemand von uns
das Gebirge kannte
und keiner mir sagen konnte,
dass er jemals
in seinem Leben gesehen hatte
die unbekannte Gegend, in die wir geraten waren.
Nun begann sich das Unwetter zu legen.

nâch den vil starken winden
wart der tac schœn und klâr.
dâ wart vergezzen, daz ist wâr,
swaz uns leides ie geschach.
doch liten wir grôz ungemach
durch vorhte der unkünde.
uns hâten brâht die ünde
für daz gebirge in eine habe.
dô sante ich einen marner abe
ûf daz gebirge und hiez in spehen,
ob er indert möhte sehen [10r]
dekeiner slaht erbouwen lant,
daz er uns tæte daz bekant.

Ditz geschach. der schifman
huob sich ûf daz gebirge dan
und wolte sehen, ob im erkant
indert wurde ein bûhaft lant. [B 22v]
dô sach er vor den bergen stân
ein breit gevilde wol getân,
ze wunsch erbouwen, als er jach.
er seite, daz er nie gesach
ein lant, daz im geviele baz.
swie verre erz mit den ougen maz,
daz lant sich im entseite
an wîte, an lenge, an breite,
daz im ninder wart erkant,
wâ diu gegend und daz lant
an wîte, an lenge ein ende nam.
dô er ûf die hœhe kam
der berge, als ich in dâ vor bat,
dâ sach er ligen eine stat
vor dem gebirge bî dem mer.

Nach den starken Stürmen
wurde der Tag schön und klar.
Da vergaßen wir wahrlich,
was uns je an Leid widerfahren war.
Und doch litten wir sehr
aus Angst vor der Fremde.
Die Wellen hatten uns
vor das Gebirge in eine Bucht getrieben.
Da schickte ich einen Matrosen
auf das Gebirge und hieß ihn ausschauen,
ob er erblicken könne
in irgendeiner Form besiedeltes Land
und uns das mitteilte.

Dies geschah. Der Matrose
erstieg das Gebirge
und wollte sehen, ob er irgendwo
besiedeltes Land erblicken könne.
Da sah er am Fuße des Gebirges gelegen
eine schöne breite Ebene,
aufs vortrefflichste wirtschaftlich erschlossen, wie er sagte.
Er sagte, dass er nie ein Land gesehen habe,
das ihm besser gefallen hätte.
Wie weit er seine Blicke auch schweifen ließ,
so entzogen sich ihm doch seine Grenzen
in der Weite, der Länge, der Breite,
so dass er nicht erkennen konnte,
wo Gegend und Land
an Weite und Länge endeten.
Als er die Höhe des Gebirges
erklommen hatte, wie ich ihm zuvor aufgetragen hatte,
da sah er eine Stadt
vor dem Gebirge am Meer liegen.

diu dûht in wol bereit ze wer
mit werlîchen türnen vil.
die grœze ich ebenmâzen wil
ze dirre stat ze Kölne hie.
daz mer ein teil ir umbe vie,
anderhalp ein wazzer vlôz,
daz was schifmæze unde grôz,
des wârn die burggraben vol.
diu stat was gevestent wol
für vîentlîchen ungewin.
drîe strâze truogen drin
koufes von dem lant genuoc.
daz mer zer vierden porte truoc
koufschatz von der heidenschaft. [b] [B 23r]
der marner sach mit grôzer kraft
die liute von dem lande varn
gegen der stat mit grôzen scharn,
mit karren genuogen,
die gên der veste truogen
von koufe manige rîcheit.
im wart der strâze slac verseit
von manigen olbenden.
er sach ze den drin enden
sô manigen mûl, ros und wagen
geladen ûf den strâzen tragen
von der veste und wider in,
sô grôzen koufschatz durch gewin,
daz er mir vil tiure swuor,
swar er des landes ie gefuor,
daz er gesach nie anderswâ
sô grôzen market alse dâ
noch alsô maniger hande kouf.
von liuten was der zuolouf

Die schien ihm gut befestigt
und mit zahlreichen wehrhaften Türmen versehen.
Ihre Größe will ich
mit der Stadt Köln hier vergleichen.
Das Meer umschloss einen Teil von ihr,
auf der anderen Seite befand sich
ein schiffbarer und großer Fluss,
der die Burggräben füllte.
Die Stadt war gut befestigt
gegen feindliche Angriffe.
Auf drei Straßen wurde eine Fülle von
Handelswaren aus dem Umland hineingeführt.
Durch ein viertes Stadttor am Meer
kamen Handelsgüter aus der Heidenschaft.
Der Matrose sah eine Masse an
Leuten aus dem Umland
zur Stadt ziehen in großen Scharen,
mit zahlreichen Karren,
die zur Stadt
viele reiche Handelswaren führten.
Die Straße wurde versperrt
von vielen Kamelen.
Er sah in allen drei Richtungen
so viele Maultiere, Pferde und Wagen,
die vollbepackt auf den Straßen
aus der Stadt und wieder in sie hinein
so viele Handelsgüter zum Verkauf transportierten,
dass er mir lebhaft versicherte,
wohin auch immer er bisher gefahren sei,
nirgendwo anders habe er
einen so großen Markt gesehen wie dort,
noch so viel Handel.
Es gab ein so großes Gedränge,

sô grôz, daz er bî gote jach,
daz er nie grœzer her gesach.

Dô dem marner wart erkant
diu stat, diu gegend und daz lant,
er kam und seite mære,
wie ez ergangen wære
und waz er hæt ersehen dâ.
dô fuoren wir des endes sâ
gên der guoten vesten dan.
swaz mir der selbe schifman [B 23v]
hâte von der stat geseit,
des vand ich eine wârheit
zwir als vil nâch wunsche gar,
dô ich kam in die veste aldar.
die burger wâren heiden
und doch sô wol bescheiden, [10v]
daz sî mich wol gruozten,
dâ mit sî mir buozten
mîner herzenswær genuoc,
die ich durch nôt von vorhten truoc.
dâ von ich einen trôst gewan.
dô sach ich her, hin und dan,
ob ich iemen möhte hân,
an den ich mich getörste lân
geleites mînem guote,
des vride mich behuote.
dô sach ich vil schier einen man,
des ich trœsten mich began,
dort her vil hêrlîchen gân.
der was sô manlîch getân,
daz mich dûhte an sînen siten,
ich solte in geleites biten.

dass er bei Gott versicherte, er habe
nie eine größere Menschenmenge gesehen.

Als der Schiffsmann
die Stadt, die Gegend und das Land gesehen hatte,
kam er zurück und berichtete,
wie es gewesen war
und was er da gesehen hatte.
Da begaben wir uns sogleich dorthin
zu der prächtigen Stadt.
Was mir dieser Matrose
über die Stadt berichtet hatte,
fand ich dort bestätigt
doppelt wunschgemäß,
als ich dorthin in die Stadt kam.
Die Bürger waren Heiden
und dennoch so kultiviert,
dass sie mich freundlich grüßten
und mich damit mehr als entschädigten
für das Ungemach, das ich
notgedrungen aus Furcht hatte.
Das tröstete mich.
Da sah ich hin und her, her und hin,
ob ich jemanden fände,
an den ich mich wenden könnte,
um meinem Besitz Rechtssicherheit zu verschaffen
und der mich unter seinen Schutz stellen könnte.
Da sah ich sogleich einen Mann,
dessen Anblick mir Hoffnung machte,
der dort herrlich einherschritt.
Der sah so stattlich aus,
dass ich aufgrund seiner Ausstrahlung meinte,
ihn um Gewährung von Rechtssicherheit bitten zu sollen.

dem drungen edel ritter nâch
und knappen vil. dô was mir gâch
durch daz gedranc gên im dort hin
und wolt im sagen mînen sin.

Der edel werde wîgant
begund grüezen mich zehant
in heidensch, als er mich gesach. [B 24r]
dô er gruozes mir verjach,
ich neig im, sam man gruoze sol,
doch dûhte in des, er sach vil wol,
sam die wîsen dicke tuont,
daz ich die sprâche niht verstuont.
dô sprach der fürste kurtoys:
›sagent an, verstât ir franzoys?‹
›jâ, herre, mir ist wol erkant,
beidiu sprâch und ouch daz lant.‹
›sô sint gesalûieret mir.‹
ich sprach: ›gramarzî, bêâ sir!‹
von herzen vrœlîche. [b]
dô sprach der fürste rîche:
›lieber herre gast, nû saget,
waz hât iuch in ditz lant verjaget?
sint ir ein franzoys oder wer?
von welhem lande koment ir her?‹
dô seit ich im ze mære,
daz ich ein koufman wære
von tiutschen landen verre.
dô vrâgte mich der herre,
waz ich in dem lande dâ
suochte. ich antwurte im sâ:
›dâ wart mir von wârheit
in der heidenschaft geseit,

Hinter ihm drängten sich viele edle Ritter
und Knappen. Da schob ich mich
eilig durch das Gedränge ihm entgegen
und wollte ihm mein Anliegen vortragen.

Der edle vornehme Herr
begrüßte mich sogleich
auf Heidnisch, als er mich erblickt hatte.
Als er mich begrüßt hatte,
verneigte ich mich, wie man es zur Begrüßung tut,
doch es schien ihm und er merkte dann genau,
wie es bei Gebildeten oft der Fall ist,
dass ich seine Sprache nicht verstand.
Da fragte der höfliche Herr:
›Sagt, versteht Ihr Französisch?‹
›Ja, Herr, beides ist mir vertraut,
die Sprache und das Land.‹
›So seid mir gegrüßt.‹
Ich sprach: ›Vielen Dank, lieber Herr!‹
und war von Herzen froh.
Da sagte der mächtige Fürst:
›Lieber Herr Gast, sagt mir nun,
was hat Euch in dieses Land verschlagen?
Seid Ihr Franzose?
Aus welchem Lande kommt Ihr her?‹
Da erzählte ich ihm,
dass ich ein Kaufmann sei
aus den fernen deutschen Landen.
Da fragte mich der Herr,
was ich in diesem Lande
suchte. Da antwortete ich ihm:
›Mir wurde wahrhaftig
in der Heidenschaft gesagt,

hie wære ein market jæriclich
ze dirre zît. dô huob ich mich
mit mînem koufschatz in ditz lant.
den grœsten kouf, den ich vant,
den hân ich endelîche [B 24v]
mit mir brâht in ditz rîche.‹
dô der herre hôrte daz,
dô vrâgte er mich fürbaz,
ob man mich kristen nande
und ob ich iht erkande
den touf nâch der kristen got.
ich jach, daz ich nâch gotes gebot
von Kristo kristen wær genant.
dô sprach der fürste sâ zehant:
›sît daz ir an dirre zît
her alsô verre komen sît
ze êren mînen herren,
sô sol iu hie niht werren
an lîbe noch an guote.
in mînes herren huote
wil ich enphâhen iuwer guot.
swer iu hie iht leides tuot, [11r]
der schade sî ûf mich gezelt.
swaz ouch ir verkoufen welt
oder koufen hie, daz sol
belîben gar âne zol
durch mînes herren êre.
noch wil ich fürbaz mêre
iuch êren baz durch iuwer vart.
daz iu mîn herre sô liep ie wart,
daz ir den market hânt gesehen,
des sol iu sælde hie beschehen
sunder herzeclîchez leit.

dass hier jährlich ein Markt stattfände
zu eben dieser Jahreszeit. Da machte ich mich auf
mit meinem Kaufschatz in dieses Land.
Die kostbarste Ware, die ich finden konnte,
habe ich schließlich mit mir
in dieses Reich gebracht.‹
Als der Herr das hörte,
da fragte er mich weiter,
ob ich ein Christ sei
und ob ich getauft sei
auf den christlichen Gott.
Ich bekannte, dass ich Gottes Gebot gemäß
in Christi Namen Christ sei.
Da sagte sogleich der Herr:
›Da Ihr nun
von so weit her gekommen seid,
um meinem Herrn die Ehre zu erweisen,
so soll Euch hier kein Leid geschehen
an Leib noch an Besitz.
Unter meines Herrn Schutz
will ich Euer Gut stellen.
Sollte Euch hier irgendjemand ein Leid zufügen,
so übernehme ich die Verantwortung dafür.
Was auch immer Ihr hier verkaufen
oder kaufen wollt, das soll
ganz frei von Abgaben bleiben
um der Ehre meines Herren willen.
Darüber hinaus will ich Euch
für Eure Fahrt noch weiter ehren:
Dafür, dass Ihr meines Herren wegen
diesen Markt besucht habt,
dafür soll Euch hier ungetrübtes
Glück zuteilwerden.

ich wil durch iuch der kristenheit
ein habe machen vrî, [B 25r]
diu ist gelegen hie nâhen bî.
die lêch mir mînes herren hant.
swaz guotes wirt dar in gesant
ân urloub, daz sol immer sîn
hinnen für von rehte mîn.
daz lêch mir lediclîche
der edel künic rîche
von Marroch mit sîner hant.
dar zuo bevalch er mir ditz lant.
daz hât in mîn gebot gesworn.
swaz mir kinde wirt geborn,
der sol ez ouch ze rehte sîn,
mit dem rehte, als ez ist mîn.

Sô der market sol ergân,
sô sî diu habe vrî verlân
durch iuch der kristenheite gar.
nû kêrent hin und nement war,
waz herberge ir geruochent.
als ir die wol versuochent,
sô wirt sî iuwer sâ zehant
sunder zins und âne phant
biz dirre jârmarket wert. [b]
dâ bî wizzent, swes ir gert
durch deheine nôt an mich,
ûf mîn triuwe, daz tuon ich.‹
der geheize wart ich vrô.
ich sagte dem herren dô
genâd unde grôzen danc.
sîn trôst mit vreuden under swanc, [B 25v]
swaz mir leides ie geschach

Ich will um Euretwillen allen Christen
eine Anlegestelle zur Verfügung stellen,
die hier in der Nähe liegt.
Die habe ich als Lehen von meinem Herrn erhalten.
Was auch immer dort
unerlaubt hingerät, das wird immer
und rechtmäßig mir gehören.
Dieses Recht verlieh mir zur freien Verfügung
der edle mächtige König
von Marokko mit seiner Hand.
Außerdem verlieh er mir die Herrschaft über dieses Land.
Das ist meinem Gebot unterstellt.
An alle meine Kinder
wird es rechtmäßig vererbt,
mit dem gleichen Recht, mit dem es jetzt mir gehört.

Wenn der Markt vorüber ist,
dann soll der Hafen offenstehen
der ganzen Christenheit um Euretwillen.
Nun geht und sucht Euch
eine Herberge, die Euch gefällt.
Und wenn Ihr sie wollt,
dann wird sie Euch umgehend zur Verfügung gestellt
ganz ohne Zins und Pfand,
solange dieser Markt währt.
Wisst außerdem, was immer Ihr von mir erbittet,
welches Anliegen Ihr auch habt,
bei meinem Wort, das wird Euch von mir bewilligt.‹
Über diese Versprechen freute ich mich.
Ich bedankte mich bei dem Herrn
mit großem Nachdruck.
Seine Hilfe vertrieb mit Freude
das Leid, das mir je widerfahren war

durch vorhtlîchez ungemach
in dem vrömden lande dâ.
mich fuorten sîne knappen sâ
hin, dâ ich herberge nam,
eine, diu mir wol gezam,
die man dâ vor zer besten
nande ie allen gesten.
die rûmden sîne knappen mir
gar nâch mînes herzen gir.
dô vrâgte ich sî der mære,
wie er geheizen wære,
der dise zuht an mir begie,
daz er mich sô wol enphie.
dô tet ein knappe mir bekant,
daz er Stranmûr wære genant.
er was lantgrâve überz lant,
burggrâve in der stat genant.
er was sô wol bescheiden,
swie er doch wær ein heiden,
daz ich im immer sunder spot
wünsche heiles umbe got.

Nû lobt ich got den guoten,
daz er mich ungemuoten
sô gar ze vreuden kêrte
und mîne vreude mêrte
sô sæliclîch an einem man,
des ich ê künde nie gewan, [11v]
wan dô an der einen stunt,
dô mir wart von ime kunt [B 26r]
sîn reht an der selben habe
und ich sô sæliclîchen drabe
was gescheiden âne wanc.

durch Furcht und Schrecken
in diesem fremden Land.
Seine Knappen führten mich sogleich dorthin,
wo ich Herberge nahm,
eine, die mir angemessen war
und die man schon immer als die beste
bezeichnet hatte allen Gästen gegenüber.
Die machten seine Knappen für mich frei,
wie ich es mir wünschte.
Da fragte ich sie danach,
wie er heiße,
der mir gegenüber so zuvorkommend war,
mich so gut zu empfangen.
Da sagte mir ein Knappe,
dass er Stranmur heiße.
Er war Graf über dieses Land
und der Burggraf dieser ausgezeichneten Stadt.
Er war so kultiviert,
wenn er auch ein Heide war,
dass ich ihm immer ohne jede Einschränkung
Gottes Segen wünsche.

Nun lobte ich den guten Gott dafür,
dass er mir Unglücklichem
so große Freude bereitete
und meine Freude mehrte
auf so beglückende Weise durch einen Mann,
von dem ich vorher noch nie gehört hatte
bis zu dem Moment,
als ich von ihm erfuhr,
welche Macht er über den Hafen hatte,
und ich so glücklich aus dieser
Sache herausgekommen war ohne Schaden.

des seite ich gote grôzen danc,
der die genâde an mir begie.
dô ich an mîn gemach mich lie,
der herre bôt mir êren vil
und ûf sîner vriuntschaft zil
gebôt er, swaz ich wolte,
daz ich daz sprechen solte.
sîn zuht mich fürbaz werte,
mê danne ich an in gerte
gesellecl îcher triuwe.
sîn triuwe was mir niuwe,
unz ich mit bete in treip dar an,
daz er mich dutzen began.
sus leist er mir in lieber kraft
getriulîch gesellesc haft.
nû bat er eines tages mich
in der gesellesc haft, daz ich
in mînen koufschatz lieze sehen.
daz was mir liep. ich lie in spehen,
swaz ich koufes brâhte dar.
den begund er schouwen gar.
er dûht in edel unde rîch,
und daz im nie niht gelîch
in solher rîcheit wurd erkant
über elliu heidnischiu lant.

Sus kêrte er wider dan ze mir. [B 26v]
er sprach: ›Gêrhart, ich sag dir,
dû hâst die grœsten rîcheit brâht,
der hie ze lant ie was gedâht
enkeinem einigem man. [b]
niemen in vergelten kan
in disem lande âne mich.

Dafür sagte ich Gott großen Dank,
der mir diese Wohltat erwiesen hatte.
Als ich mich zurückzog,
erwies mir der Herr viel Ehre
und um seiner Freundschaft willen
ermunterte er mich, ihm alles zu
sagen, was ich wollte.
Seine feine Haltung gewährte mir mehr
an freundschaftlicher Verbundenheit,
als ich selbst von ihm erwartet hatte.
Seine Treue wuchs,
bis ich ihn durch meine Bitte dazu brachte,
dass er mich duzte.
So war er mir in freundschaftlicher Zuneigung
treu verbunden.
Nun bat er mich eines Tages
aus dieser Verbundenheit heraus, dass ich
ihn meine Handelswaren sehen ließe.
Das war mir recht. Ich ließ ihn sehen,
was ich an Waren mit mir hergeführt hatte.
Die begann er aufmerksam zu betrachten.
Sie schienen ihm so vornehm und kostbar zu sein
und so, dass er vergleichbare
in ebensolcher Kostbarkeit nirgends
in allen heidnischen Ländern gesehen hatte.

So wandte er sich wieder an mich.
Er sagte: ›Gerhart, ich sage dir,
du hast den größten Reichtum hergebracht,
den hierzulande je ein
einzelner Mann besaß.
Niemand kann ihn aufwiegen
in diesem Land außer mir.

wil dû, sô lâz ich schouwen dich
mînen koufschatz, den ich hân.
behagt dir der, ez sol ergân
ein wehsel von uns beiden hie.
ich wil dir rehte sagen, wie
ez ist umb disen kouf gewant.
bringest dû in in dîn lant,
dû maht sîn wol geniezen vil.
hie frumt er niht. dâ von ich wil
mit dir koufen, ob dû wilt.
ob dich gewinnes niht bevilt,
sô maht dû wol gewinnen dran.‹
ich sprach: ›swâ ich gewinnen kan,
dâ tuon ich gar swaz iemen tuot
umbe reht gewinne guot.‹
›ditz ist ein reht gewunnen guot.
gulte ez mir als ez dir tuot
in dînem lande, ez wurde mir
vergolten nimmer gar von dir.‹

Nû wând ich, daz ich solde
von silber und von golde
schouwen kouflîchen gewin.
dô fuorte mich der wirt dort hin
in eine kemenâten.
die wând ich wol berâten
von grôzer rîcheit funden hân. [B 27r]
der was sî gar an guote erlân.
doch beslôz sî guotes vil,
als ich iu bescheiden wil.
sî was mit guote und ân guot,
mit rîcheit und mit armuot
bewart vil vesteclîche.

Wenn du möchtest, lasse ich dich sehen
meine Waren, die ich besitze.
Gefallen sie dir, dann soll zwischen uns
hier ein Tauschgeschäft stattfinden.
Ich will dir näher beschreiben, was für eine Bewandtnis
es mit dieser Ware hat.
Bringst du sie in dein Land,
kannst du großen Nutzen daraus schlagen.
Hier bringt sie nichts. Deshalb bin ich bereit,
mir dir zu tauschen, wenn du interessiert bist.
Wenn du nichts gegen Gewinn hast,
kannst du viel daran verdienen.‹
Ich antwortete: ›Wo ich Gewinn machen kann,
da halte ich es, wie es jeder macht,
wenn es um guten, ehrlichen Gewinn geht.‹
›Hier handelt es sich um ehrlich erworbene Handelsware.
Brächte sie mir so viel wie dir
in deinem Land, gelänge es dir nie,
sie mir abzukaufen.‹

Nun erwartete ich, dass ich
Handelsware in Form von
Gold und Silber sehen würde.
Da führte mich der Gastgeber
in einen Raum.
Diesen glaubte ich, mit großen Schätzen
ausgestattet vorzufinden.
Nun: Er war ganz ohne Waren.
Und doch beschloss er viel Gutes,
wie ich Euch erklären möchte:
Er war voll des Guten und doch ohne Güter,
gleichermaßen voller Mangel
wie auch voller Reichtum.

dâ vand ich jæmerclîche [12r]
zwelf ellenthafte ritter guot
mit starken banden wol behuot,
die alle in boyen lâgen
und unvreude phlâgen.
ie an zwein ein boye lac,
diu sêre und niht lîhte wac,
dâ sî versmidet inne wâren.
vil bî gên drîzic jâren
was ir ieglîches jugent.
sî wâren êrst von kindes tugent
gewahsen nâch manlîcher art.
die êrsten grane truog ir bart
die man nie dâ vor versneit.
swie sî trüegen herzenleit,
sî wâren alsô minneclich,
daz des begunde dunken mich,
in wær der wunsch an schœn ergeben,
ob sî mit vreuden solten leben.
diu was mit jâmer in benomen,
ûz vreuden was ir herze komen
in klagender swære ûf sorgen zil,
der sî mit jâmer truogen vil. [B 27v]

Sus was diu kemenâte
gar âne guot mit râte.
dâ was niht guotes in geleit,
wan diu reine werdekeit,
diu an den edlen rittern lac,
der diu vancnüsse phlac.
ir nôt began mîn herze klagen,
mit klage ir bürde mit in tragen,
daz sî mit solher armekeit

Ich fand dort in elendem Zustand
zwölf tapfere edle Ritter,
eingesperrt,
die alle angekettet
und unglücklich waren.
Je zwei waren an eine Kette gefesselt,
die sehr schwer war,
und an die sie festgeschmiedet waren.
Ungefähr dreißig Jahre alt
waren sie alle.
Gerade erst waren sie von Kindern
zu jungen Männern geworden.
Ihr Bart hatte erst begonnen zu wachsen
und war noch nie zuvor geschnitten worden.
Obwohl sie unglücklich waren,
waren sie so schön,
dass ich den Eindruck gewann,
ihre Schönheit müsse unübertrefflich sein,
wenn sie erst fröhlich wären.
Freude aber war ihnen durch Leid genommen,
und freudlos musste ihr Herz sein
aufgrund der Angst und des Kummers,
die sie in ihrem großen Unglück erduldeten.

Auf diese Weise war der Raum
in der Tat an Gut leer.
Nichts Gutes befand sich darin
als die reine Würde,
die die vornehmen Ritter besaßen,
die in Gefangenschaft lagen.
Mein Herz begann, ihre Notlage zu beklagen
und unter Klage ihre Last mitzutragen,
dass sie in dieser Ärmlichkeit

liten sô grôz herzenleit.
des herzen vreude ich senke,
swenn ich an sî gedenke.
ir klagendez leit mich immer swirt. [b]
dô nam mich bî der hant der wirt.
er hiez mich fürbaz mit im gân.
er wolde mich noch schouwen lân
grôzen koufschaz anderswâ.
dô gieng ich mit im aber sâ
und wânte des. sus volget ich
durch schouwen. fürbaz fuort er mich
in ein ander kemenâten.
dô wir dar in geträten,
dâ begunde ich umbe sehen,
wâ und wenne ich solte spehen
den grôzen kouf, den er mir bôt.
dô vand ich in gelîcher nôt
den selben funt den ich dort vant,
an dem ich leides wart ermant.

Der funt was mir sô swære [B 28r]
und alsô klagebære,
daz in mîn herze kûme truoc.
ob ich ê vreuden ie gewuoc,
diu muoste mir dô verren.
ich sach zwelf alte herren
ouch dort in boyen sitzen,
die mit vil guoten witzen
wol volkomen wâren
wol nâch gên sehzic jâren,
die wâren grâ und wol gevar.
an houbte und an barte gar
was in daz hâr ergrîset.

so großes Ungemach erleiden mussten.
Noch jetzt bedrückt es mein Herz,
wenn ich an sie zurückdenke.
Ihr jammervolles Leid schmerzt mich noch immer.
Da nahm mich der Herr bei der Hand.
Er hieß mich, mit ihm weiterzugehen.
Er wollte mir noch anderswo
kostbare Waren zeigen.
Da ging ich sogleich mit ihm weiter
in deren Erwartung. Ich folgte ihm,
um mehr zu sehen. Er führte mich weiter
in einen anderen Raum.
Als wir ihn betraten,
begann ich mich danach umzusehen,
wo und wann ich sehen würde
die wertvollen Waren, die er mir angeboten hatte.
Da fand ich in demselben Elend
das Gleiche, das ich zuvor gesehen
und das mich so traurig gemacht hatte.

Was ich hier fand, setzte mir zu
und bedrückte mich so sehr,
dass mein Herz es kaum ertrug.
Wenn ich je fröhlich gewesen war,
so war nun jede Freude von mir gewichen.
Ich erblickte dort zwölf alte Herren,
ebenfalls in Fesseln sitzen,
die mir klug, gebildet
und ganz und gar vollkommen erschienen,
wohl um die sechzig Jahre alt,
die waren ergraut und doch von schöner Farbe.
Ihr Haupt- und Barthaar
war schon vollständig grau geworden.

sî dûhten mich geprîset,
als ich ez an in mohte sehen.
mîn herze in des begunde jehen,
in wær des wunsches vlîz bereit,
wæren sî ân herzenleit.
des jach mir ir gebâren.
ie zwên und zwên wâren [12v]
in einen boyen geleit.
ir klegelîche arebeit
klagte ich für der jungen pîn,
wan sî geêret solten sîn
durch ir alter für die jugent.
wan junges herzen frechiu tugent
dicke wirt versêret,
daz sich doch schier verkêret.
diu jugent überwindet
dâ von daz alter swindet. [B 28v]
diu jugent lîdet manic nôt
dâ von das alter nimt den tôt.
durch daz was mir ir arebeit
von herzen durch ir alter leit.

Dô ich ir klagendez ungemach
mit klagelîcher swære ersach,
ez tet mir von herzen wê.
dô sûmde sich der wirt niht mê
und ich mit im. wir giengen dan.
dô fuorte mich der vil werde man
fürbaz von der armen schar,
dô ich gesach ir kumber gar.
der wirt gelie mich von im nie.
an sîner hant ich mit im gie
in eine kemenâten hin.

Nach allem, was ich an ihnen sehen konnte,
schienen sie mir frei von jedem Makel.
Mein Herz sagte mir über sie,
dass sie alle Wünsche übertreffen würden,
wenn sie nur frei von Kummer wären.
Das konnte ich an ihrem Verhalten erkennen.
Immer zwei und zwei waren
an eine Kette gelegt.
Ihre beklagenswerte Mühsal
bedauerte ich noch mehr als die Not der Jungen,
weil sie mehr Ehrerbietung verdient hatten
aufgrund ihres Alters als die Jungen.
Denn die Verletzung
jugendlichen Übermutes
wird schnell wiedergutgemacht.
Die Jugend verkraftet,
was dem Alter zusetzt.
Die Jugend kann viel ertragen,
was dem Alter den Tod bereitet.
Deshalb tat mir ihre Mühsal
ihres Alters wegen von Herzen leid.

Als ich ihr beklagenswertes Ungemach
unter mitleidvoller Betrübnis angesehen hatte,
schmerzte es mich zutiefst.
Da hielt sich der Herr nicht länger auf,
und ich folgte ihm. Wir gingen fort.
Da führte mich der edle Mann
weg von der Schar der Unglücklichen,
nachdem ich ihre Not ganz gesehen hatte.
Der Herr wich mir nicht von der Seite.
An seiner Hand ging ich mit ihm
in einen Raum hinein.

dâ vand ich süezen gewin,
der wol an mannes muote,
an lieb, an vreude, an guote,
an wirden und an sælden treit
manlîcher vreuden sælikeit,
der al der welde zaller zît
mit hôhem muote vreude gît.
der koufschatz in dem lande was
an zuht, an sælde ein spiegelglas,
an triuwe, an güete ein adamas, [b]
wan daz im getrüebet was
sîn liehter schîn von swære grôz.
wan in vil dicke begôz
ein regen, der ûz jâmer ran [B 29r]
von herzen, daz in jâmer bran.

Nû begund ich umbe schouwen.
dô sach ich werder vrouwen
fünfzehen sitzen dort.
daz was der kouflîche hort,
von dem ich hie gesprochen hân.
sî wâren alsô wol getân,
daz mich des immer wunder hât,
wie got sô wunschelîchen rât
an sî nâch wunsche kêrte,
dô er mit kunste mêrte
an ir lîp alsolhen vlîz.
guot gelimpfe ân itewîz
und wîbes prîs an güete,
zuht in hôchgemüete
mit werendes willen stætekeit,
was den vrouwen ie bereit
mit des wîbes klârheit gar,

Da fand ich süßen Gewinn,
der, was männliches Streben,
Liebe, Freude, Besitz,
Würde und Glück anbelangt,
vollkommene Mannesfreuden birgt
und der der ganzen Welt zu jeder Zeit
mit Hochgestimmtheit Freude schenkt.
Der Kaufschatz in diesem Land war
an Erziehung und Glück ein Vorbild,
an Treue, an Güte ein Edelstein,
außer dass sein helles Strahlen getrübt war
durch großen Kummer.
Denn ihn begoss heftig,
ein Regen, der aus dem Schmerz
des Herzens rann, das im Schmerz brannte.

Nun begann ich umherzusehen.
Da sah ich dort fünfzehn
edle Damen sitzen.
Das war der Kaufschatz,
von dem ich hier gesprochen habe.
Sie waren so schön,
dass ich ewig darüber staune,
wie Gott sie nach seinem Ratschluss
so wunschgemäß gemacht hatte,
als er kunstfertig seine ganze Sorgfalt
auf ihre Erscheinung legte.
Feine Haltung ohne Tadel,
vorbildliche weibliche Güte,
vornehme Erziehung bei edler Ausstrahlung
mit der Beständigkeit unverbrüchlichen Willens
war stets den Damen zuteil
im Einklang mit weiblicher Schönheit,

an den der wunsch mit kiusche bar
sîne süeze lebende fruht
mit schœne in wîplîcher zuht,
mit güete sunder gallen.
von disen vrouwen allen
wil ich nemen eine.
diu edel und sô reine
was ob in gar sô schœne
mit des wunsches krône.
ir minneclîcher varwe glanz [B 29v]
truog an schœne alsolhen kranz,
daz sî der vrouwen schœne truoc,
die sî mit schœne undersluoc. [13r]
ir lîp sô hôhe schœne truoc,
daz ir schœne undersluoc
aller vrouwen schœne.
durch die schœne ich krœne
ir lîp, ir süeze werdekeit.
an ir schœne was geleit
des minneclîchen gotes vlîz.
ir munt was rôt, ir kele wîz,
ir hiufel rôselohtez brehen
bî lilien varwe liezen spehen
an ir liehten wengeln gar.
sî wâren missewende bar.
ir ougen lûter unde klâr,
lieht reideloht ir hâr,
sleht in rehter wîze val,
wol geschicket unde smal
was ir minneclîcher lîp.
daz edel wolgeborne wîp
was nâch wunsche vollekomen
und valschem wandel gar benomen.

an denen der Inbegriff des Schönen
seine süße, lebendige Frucht mit Reinheit erblühen ließ,
mit Schönheit bei weiblicher edler Bildung,
mit Güte ohne Bitterkeit.
Von allen diesen Damen
will ich eine herausnehmen.
Die Edle, Reine
war schöner als sie alle
und Krone jeden Wunsches.
Der liebliche Glanz ihrer Farbe
war in solchem Übermaß schön,
dass sie die Schönheit aller Frauen krönte,
die sie mit ihrer Schönheit weit übertraf.
Sie war so wohlgestaltet,
dass ihre Schönheit die Schönheit aller
anderen Frauen weit überragte.
Um ihrer Schönheit willen kröne
ich ihren Leib und ihre liebreizende Herrlichkeit.
Gott hatte an ihre Schönheit
alle hingebungsvolle Sorgfalt gelegt.
Ihr Mund war rot, ihr Hals weiß,
der Glanz ihrer rosigen Wangen
zeigte sich vermischt mit lilienweißer Farbe
auf ihrem strahlenden Antlitz.
Sie waren ohne Fehl und Makel.
Ihre Augen waren hell und klar,
glänzend und lockig ihr Haar,
ganz und gar im schönsten Blondton,
wohlgeformt und zierlich
war ihre anziehende Gestalt.
Die edle, vornehme Dame
übertraf jeden Wunsch
und war frei von jedem Makel.

an schœne, an güete, an kiuschen siten
was niht an ir geburt vermiten.
swie ein wol gelobtez wîp
sol sîn geprîset und ir lîp,
des hâte sî den besten teil.
ich wart es trûric unde geil,
daz ich die guoten ie gesach.
ich trûrte durch ir ungemach
und vreut in mînem herzen mich, [B 30r]
daz ich sî sach sô minneclich.

Dô ditz alsus gar geschach
und ich die vrouwen reht ersach
und ouch die armen ritterschaft
in alsô kumberlîcher kraft,
dô fuorte mich hinwider dan [b]
Stranmûr, der ellenthafte man.
er sprach: ›hâstû ditz wol gesehen?‹
ich seite ›jâ.‹ ›nû solt dû jehen,
ob dû wilt koufen.‹ ich sprach: ›waz?‹
›hâst dû niht gesehen daz?‹
›ich wart hie anders niht gewar,
wan einer nôtigen schar,
diu hât ein angestlîchez leben.‹
›die wil ich dir ze wehsel geben.‹
›waz sol mir diu?‹ ›daz sag ich dir.
möht ich sô vil geniezen ir,
ob dû wilt, alsame dû,
ich gæb ir niht sô lîhte nû.
swer rehter lôsung an sî gert,
der ist wol an in gewert
hundert tûsent marke.
er möht in sîner arke

An Schönheit, Güte und Betragen
fehlt ihr nichts im Hinblick auf ihre Abstammung.
Wenn eine hochgelobte Frau
und ihre Erscheinung je Lob
verdient haben, dann sie.
Ich wurde traurig und froh darüber,
dass ich die Gute je erblickte.
Ich trauerte ihres Unglücks wegen
und freute mich von Herzen
über ihren Liebreiz.

Als dies also geschehen war
und ich die Damen genau betrachtet hatte
und auch die arme Ritterschaft
in so erbarmungswürdigem Zustand,
da führte mich wieder fort
Stranmur, der kühne Mann.
Er sagte: ›Hast du das alles genau gesehen?‹
Ich sagte: ›Ja.‹ ›Nun sollst du sagen,
ob du kaufen willst.‹ Ich fragte: ›Was?‹
›Hast du das nicht gesehen?‹
›Ich habe hier nichts anderes wahrgenommen
als eine notleidende Schar,
die in Angst leben muss.‹
›Die will ich dir zum Tausch anbieten.‹
›Was soll ich mit der?‹ ›Das sage ich dir.
Hätte ich so großen Nutzen von ihr
wie du, wenn du nur willst,
dann überließe ich sie dir nicht so bereitwillig.
Wer angemessenes Lösegeld von ihnen fordert,
der kann von ihnen gut und gern verlangen
hunderttausend Mark.
Seine Schatzkiste könnte

niht gewissers guotes hân,
wil er sî mit gedinge lân.
wær mir gelegen baz ir lant,
ich hæte an in vil rîchiu phant
für hundert tûsent marke gar;
sô wol erkenne ich dise schar.‹

Dô vrâgt ich in sâ zehant, [B 30v]
wie ez wær umb sî gewant.
er sprach: ›daz wil ich sagen dir,
wie sî von êrste wurden mir.
sag an, weistû Engellant?‹
›jâ, daz ist mir wol erkant.‹
›von dem lande sint geborn
die werden ritter ûzerkorn.‹
›waz hât sî denne her gesant
ze vancnüsse in ditz vrömde lant?‹
›dâ fuoren sî von lande
mit einem wîgande, [13v]
der was Willehalm genant,
ein junger künic von Engellant,
ze Norwæg in daz rîche.
dem antwurte êlîche
des landes künic die tohter sîn,
die hôchgemuoten künigîn,
die man dich dort lie schouwen
bî vierzehen vrouwen,
daz sî diu fünfzehende waz,
an der got wunsches niht vergaz.
daz ist Reinmundes kint.
sî und ir ritter warf der wint
in eine habe, diu ist mîn.
des müezen sî ze rehte sîn

kein sichereres Gut umschließen,
wenn er ihnen dies auferlegt.
Wenn ihr Heimatland für mich näher gelegen wäre,
hätte ich mit ihnen reiche Pfänder
im Wert von hunderttausend Mark;
so hoch schätze ich den Wert dieser Schar ein.‹

Da fragte ich ihn sogleich,
was es für eine Bewandtnis mit ihnen hätte.
Er sprach: ›Ich will dir sagen,
wie ich an sie kam.
Sag, kennst du England?‹
›Ja, das kenne ich sehr gut.‹
›Von dorther stammen
diese edlen und vornehmen Ritter.‹
›Was hat sie denn hergebracht
in die Gefangenschaft in diesem fremden Land?‹
›Sie waren unterwegs
mit einem Helden,
genannt Willehalm,
einem jungen König aus England,
in das Reich nach Norwegen.
Diesem hatte seine Tochter zur Ehe
gegeben der König des Landes,
die stolze Königstochter,
die man dir dort zeigte
bei vierzehn anderen Damen,
von denen sie die fünfzehnte ist
und an der Gott nichts zu wünschen übrig ließ.
Das ist Reinmunts Tochter.
Sie und die Ritter trieb der Wind
in einen Hafen, der mir untersteht.
Deshalb stehen sie rechtmäßig

hinnen für hinz ûf daz zil,
swie ich in gebieten wil.
daz lêch mînes herren hant
als ich dir tet hie vor bekant.

Wilt dû die koufen umbe mich, [B 31r]
die gib ich dir und trœste dich,
daz sî zwivalt gelten dir,
swie dû lœsest sî von mir.
doch mac der kouf niht anders sîn,
wan swaz ich in dem schiffe dîn
dînes guotes hân gesehen.
dâ mit muoz der kouf geschehen.
hât der künic sînen lîp,
der giltet tiure dir sîn wîp.
ist er tôt oder ungesunt,
sô lât der künic Reinmunt
verderben niht sîn liebez kint.
die dâ bî ir gevangen sint,
der sint ouch eteslîche
vil werde fürsten rîche.
ê daz die lægen lange
mit solhem getwange, [b]
sî gæben dir ê gar ir guot,
alsô weiz ich sî gemuot.
des wilden wâges ünde
und diu vil grôz unkünde
hât in mînen banden sie
verborgen von ir mâgen hie.
nû ist rîcheit und ir lant
dir baz gelegen und erkant.
durch daz biut ich sî veile dir.
wilt dû sî koufen niht von mir,

und bis auf weiteres
in meiner Verfügungsgewalt.
Diese verlieh mir die Hand meines Herrn,
wie ich dir zuvor gesagt habe.

Willst du sie mir abkaufen,
so gebe ich sie dir, und sei zuversichtlich,
dass sie dir doppelt lohnen,
welchen Preis auch immer du mir zahlst.
Doch kommt der Handel nur zustande
unter Einsatz all dessen, was ich
an Handelsware auf deinem Schiff gesehen habe.
Diese muss die Grundlage des Handels sein.
Wenn der König noch lebt,
bezahlt er dir teuer seine Frau.
Ist er tot oder krank,
dann lässt doch der König Reinmunt
seine liebe Tochter nicht im Stich.
Unter denen, die mit ihr gefangen sind,
sind auch einige
vornehme, reiche Fürsten.
Ehe sie lange Zeit
in dieser Gefangenschaft lägen,
gäben sie dir lieber ihr ganzes Vermögen,
ich weiß, dass sie das täten.
Die Wellen des wilden Meeres
und die völlige Abgelegenheit
haben sie hier in meiner Gefangenschaft
vor ihren Angehörigen verborgen.
Nun sind ihre Herrschaft und ihre Heimat
dir leichter zugänglich und bekannt.
Deshalb biete ich sie dir zum Kauf an.
Wenn du sie nicht kaufen willst,

sô beleit ich doch dîn guot,
swar es gert dîn selbes muot
und wil gern stæte lân, [B 31v]
swaz ich dir geheizen hân.‹

Ditz dûhte mich vil wunderlich,
daz er dâ für erkande mich
in sînem wâne alsô gemuot,
daz ich gæbe sô grôz guot
niht wan umb ein blôzen wân.
ich sprach: ›herre, ich wil es hân
guoten rât biz morgen fruo.‹
er sprach: ›daz ist mir liep, nû tuo.‹
mit urloub ich dô von im schiet.
des herzen muot mir dicke riet
nû sus, nû sô, nû her, nû hin.
ze jungest kam mir in den sin,
daz ich got râtes bæte,
waz ich dar an getæte,
daz er in daz herze mîn
sande nâch den hulden sîn,
daz mir ze herzen kæme,
ob ez im wær genæme,
daz ich die armen lôste
von solhem untrôste.
mit disem zwîvel was bedaht
mîn herze biz gegen mitternaht, [14r]
ob ich lôste sî durch got,
ob daz wære sîn gebot.
von herzen ich got ane rief,
unz ich mit dem gedanc entslief:
ob ez almuosen wære
oder ob ich ez verbære.

wird deine Ware dennoch frei von Abgaben bleiben,
wie du es dir wünschst,
und ich halte bereitwillig an allem fest,
was ich dir zugesichert habe.‹

Dies schien mir erstaunlich,
dass er mich in seiner Vorstellung
für jemanden hielt,
der einen so großen Besitz eintauschte
für nichts als eine bloße Hoffnung.
Ich sagte: ›Herr, ich möchte es mir
bis morgen früh überlegen.‹
Er sprach: ›Das ist mir recht, tu das.‹
Ich verabschiedete mich und zog mich zurück.
Mein Herz riet mir oft
mal so, mal so, mal hierhin und mal dorthin.
Schließlich kam mir in den Sinn,
Gott um Rat darüber zu bitten,
was ich in dieser Sache tun sollte,
damit er in meinem Herzen kundtäte
nach seinem Wunsch und Willen,
dass mir im Herzen klar würde,
ob es in seinem Sinne wäre,
dass ich die Armen auslöste
aus solchem Elend.
Mit diesem Zweifel rang mein Herz
bis gegen Mitternacht,
wenn ich sie um Gottes willen auslösen sollte,
ob das sein Gebot sei.
Mit ganzem Herzen rief ich Gott an,
bis ich mit diesem Gedanken einschlief:
Ob es barmherzig wäre
oder ob ich es unterlassen sollte.

dô ich in solhem zwîvel lac [B 32r]
und mîn des slâfes süeze phlac,
dô kam ein engel und wachte mich,
des dûhte mich und dô wachet ich.
vil ungern ich des jæhe,
daz in mîn ouge sæhe.
mîn herze in in dem slâfe sach,
als mir mîn troum dô verjach.
mich dûhte, daz er ruofte mir
und nande mînen namen zwir:
›Gêrhart, wache! slâfest dû?
got vil sêre zürnet nû,
daz dû sô wîse sinne hâst
und doch sô wênic dich verstâst
ze gote rehter wîsheit.
dîn herze einen zwîvel treit,
der wider dînen schepher ist.
der süeze got, der reine Krist
mit sîn selbes munde sprach,
dô man in menschlîchen sach,
in menschlîchem bilde gân:
»swaz einem armen wirt getân
ze guote, ob ez durch mich geschiht,
der tuot mir guot, den armen niht.
ich bin der arme. swâ man siht
den armen, ob im iht geschiht
ze guote, daz ist mir getân.«
durch den trôstlîchen wân
solt dû âne zwîvel leben,
dir selben vestez herze geben. [b]

Als ich in diesem Zwiespalt lag
und sanft schlummerte,
da kam ein Engel und weckte mich,
wie mir schien, und da erwachte ich.
Ich würde nur ungerne behaupten,
dass ich ihn mit eigenen Augen gesehen hätte.
Mein Herz sah ihn im Schlaf,
wie mir mein Traum da sagte.
Mir schien, dass er mich rief
und zweimal meinen Namen nannte:
›Gerhart! Wach auf! Schläfst du?
Gott ist nun sehr erzürnt darüber,
dass du so weise bist
und doch gegenüber Gott so wenig
wirklich weise zu handeln verstehst.
Dein Herz ist in einem Zweifel befangen,
der wider deinen Schöpfer ist.
Der gute Gott, der reine Christus,
sprach mit seinem eigenen Mund,
als er Mensch geworden war
und als Mensch unter den Menschen lebte:
»Was einem Armen an Gutem
getan wird, wenn es um meinetwillen geschieht,
der tut mir Gutes, nicht den Armen.
Ich bin der Arme. Wo auch immer man
den Armen sieht, wenn ihm Gutes getan wird,
ist das mir getan.«
Dieser Zuversicht wegen
sollst du nicht daran zweifeln
und fest entschlossen sein.

Ez was an dir ein tumber wân, [B 32v]
daz dû verlorn wândest hân
deheiner slahte guottât.
nû habe vestes herzen rât.
wan guottât wart nie verlorn,
diu got ûf dienst wirt erkorn.
in swelhem lande dû lôstest
die armen und sî trôstest,
des næme lôn dîns herzen gir.
tuost duz durch gelt, sî geltent dir.
tuost aber duz durch êre,
man lobt dich immer mêre.
tuost duz durch gotes gebot,
sô wizzest reht daz dir got
gît umb sî ze lône
die immer wernden krône.‹
dô der engel ditz gesprach,
mînen slâf ich durch in brach
und wolt in sehen. dô was er hin.
dô ich erwachet was durch in,
dô lobte ich got den guoten,
daz er in mîn gemüete
nâch sînen hulden sande,
daz ich ze rehte erkande
sîne grôze hulde gar
an der kumberhaften schar.
ich sprach: ›vil süeziu gotheit,
dû hâst mirs genuoc geseit,
des sî dir, süeziu gotheit,
immer lob und êr geseit.‹

Es war ein törichter Irrtum von dir,
geglaubt zu haben, dass
irgendeine gute Tat vergeblich sein könnte.
Nun fasse einen Entschluss aus festem Herzen.
Denn eine Wohltat war noch nie vergebens,
zu der man sich im Dienst Gottes entschließt.
In welchem Land auch immer du
die Armen freikaufen und trösten würdest,
immer würde das Streben deines Herzens dafür belohnt.
Tust du es des Geldes wegen, bezahlen sie dich.
Tust du es aber der Ehre wegen,
so wird dir immer Lob zuteil.
Tust du es aus Gehorsam gegenüber Gottes Gebot,
so sei gewiss, dass dir Gott
ihretwegen als Lohn
die ewigwährende Krone verleihen wird.‹
Als der Engel dies gesagt hatte,
rang ich meinen Schlaf nieder
und wollte ihn sehen. Da war er fort.
Als ich seinetwegen erwacht war,
da lobte ich den guten Gott dafür,
dass er in meinem Verstand
gemäß seiner Gnade angeregt hatte,
dass ich wahrhaftig erkannte
seine große Gnade ganz und gar
gegenüber der unglücklichen Schar.
Ich sprach: ›Heiliger Gott,
du hast mir genug davon gesagt,
dafür sei dir, heiliger Gott,
ewig Lob und Ehre zugesprochen.‹

Sust rûmd ich mîne slâfstat. [B 33r]
mînen schrîber ich dô bat
daz er durch got und durch mich
sung eine messe, die hôrt ich,
und bat den süezen gotes segen
lîbes, sêle und êren phlegen [14v]
mit sîner süezen huote,
daz ich mit mînem guote
daz beste alsô getæte,
daz ich es inder hæte
verkêre und missewende.
dô ich unz an ein ende
vernam daz gotes ampt hie,
von mîner herberge ich gie
und gab mich in gotes phlege.
dô bekam mir ûf dem wege
Stranmûr von Castelgunt.
der bôt mit gruoze mir zestunt
guoten morgen, senften tac.
mit lachen er des gruozes phlac.
des seite ich im genâde dô.
dar nâch vrâgte er mich alsô:
›sage, wes hâst dû dich bedâht?
waz lêre hât dir dîn sin brâht?
daz solt dû mir verswîgen niht,
wan ich mit dîner vergiht
gern wizzen wil den rât,
den dir dîn sin gegeben hât.‹

Ich sprach: ›vil lieber herre mîn,
waz sol mîn rât hier über sîn? [B 33v]
mir ist der kouf ze rîche.
sô enweiz ich endelîche,

Damit verließ ich meine Schlafstätte.
Meinen Schreiber ließ ich da
im Namen Gottes und für mich
eine Messe lesen, der ich beiwohnte,
und bat den heiligen Segen Gottes,
für Leib, Seele und Ehre zu sorgen
mit seinem heiligen Schutz,
damit ich mit meinem Gut
das Beste so vollbrächte,
dass mir daraus nicht erwüchse
Unheil und Schaden.
Nachdem ich hier
der Messe ganz beiwohnt hatte,
verließ ich meine Herberge
und übergab mich der göttlichen Fügung.
Da begegnete mir auf dem Weg
Stranmur von Castelgunt.
Der wünschte mir sogleich grüßend
einen guten Morgen und einen angenehmen Tag.
Er strahlte, als er mich grüßte.
Da dankte ich ihm für seinen Gruß.
Dann fragte er mich Folgendes:
›Sag, wofür hast du dich entschieden?
Zu welchem Entschluss bist du gekommen?
Das sollst du mir nicht verschweigen,
weil ich durch deine Äußerung
gerne erfahren möchte,
welche Entscheidung du getroffen hast.‹

Ich sprach: ›Mein lieber Herr,
was soll meine Entscheidung in dieser Sache sein?
Mir ist das Geschäft zu groß.
Außerdem weiß ich gar nicht,

ob ez ir wille ist oder niht.
swie ez ân ir danc geschiht,
sô frumet mir niht, daz ist wâr,
dirre kouf als umb ein hâr.
welt ir des geruochen,
daz ir mich lânt versuochen,
wie ir wille sî getân,
sô kan ich iuch wizzen lân,
mînen sin und mînen rât, [b]
wes mîn herze willen hât.‹
›daz ist mir liep. gesprich sî wol.
vil gern ich dir des gunnen sol.‹
›sô sulnt sî mîn geniezen,
daz ir sî lânt entsliezen,
daz ich sî âne bant gesehe
unz ich ir rehten willen erspehe.‹
›daz sî ouch durch dich getân.
und wizzest âne valschen wân,
daz mir niemen ist erkant
über elliu heidenischiu lant,
dem ich sî gæbe âne bant,
wan mînes herren hant,
von dem ich guot und êre hân.
nû wil ich dich sî schouwen lân
erlôst und ungebunden,
wan ich wol hân bevunden,
daz dû mit ganzem volleist [B 34r]
getriuwes herzen triuwe treist.‹

›**M**în vil lieber herre,
ir lobent mich ze verre.
ich bin niht solhes lobes wert,
wan iuwer zuht des gert,

ob sie damit einverstanden sind oder nicht.
Wenn es ohne ihre Einwilligung geschieht,
dann bringt mir dieses Geschäft
wahrlich überhaupt nichts.
Wenn Ihr damit einverstanden seid,
mich ihren Willen
herausfinden zu lassen,
dann kann ich Euch
meine Absicht und die Entscheidung mitteilen,
zu der ich gekommen bin.‹
›Das ist mir recht. Sprich nur mit ihnen.
Das gestehe ich dir gerne zu.‹
›Dann sollt Ihr ihnen um meinetwillen
die Fesseln abnehmen lassen,
so dass ich sie ungefesselt sehen
und ihren wahren Willen in Erfahrung bringen kann.‹
›Das sei auch deinetwegen erlaubt.
Und sei gewiss,
dass ich niemanden kenne
in allen heidnischen Ländern,
dem ich sie ungefesselt gäbe
außer meinem Herrn,
von dem ich Besitz und Ehre habe.
Nun will ich dich sie
frei und ungebunden sehen lassen,
denn ich habe an dir durchaus wahrgenommen,
dass du in ganzer Fülle
größte Aufrichtigkeit im Herzen trägst.‹

›Mein allerliebster Herr,
Ihr lobt mich zu sehr.
Solch großen Lobes bin ich unwürdig,
nur Eure feine Erziehung drängt Euch

daz sî genâde an mir begê
swie ich es ungedienet stê,
sprach ich zuo dem herren dâ.
dô hiez er sîne knappen sâ
mit mir zuo den herren gân.
die hiez er ûz ir banden lân.
dô wurden ûzgeslozzen
die helde unverdrozzen,
jene dort und dise hie.
zuo einander man sî lie
lediclîch enbunden gân.
dô liezen mich die knappen stân. [15r]
sî giengen von uns stân hin für.
vil werlîchen vor der tür
sî mit kreften huoten
der werden hôchgemuoten.
nû wâren sî dâ – daz ist wâr –
gevangen mê dan ein jâr,
daz man sî doch einander nie
mit ougen an gesehen lie.
daz was ir grœstiu herzenklage
in der vancnüsse alle tage.
dô sî zuo einander wâren komen,
dô wart ein schal von in vernomen, [B 34v]
der mich immer mêre
erbarmet alsô sêre.
sî begunden weinen beide
von liebe und ouch von leide,
daz in was daz heil geschehen,
daz sî solten einander sehen,
daz dûhte sî ein michel heil.
sî wârn in sender swære geil.

zu Wohlwollen mir gegenüber,
das ich nicht verdient habe«,
erwiderte ich dem Herrn.
Da wies er sogleich seine Knappen an,
mich zu den Herren zu führen.
Die ließ er aus ihren Fesseln nehmen.
Da wurden die kühnen Helden
von ihren Fesseln befreit,
jene dort und diese hier.
Man ließ sie ungebunden
frei zueinander gehen.
Die Knappen ließen mich dort mit ihnen allein
und zogen sich von uns zurück.
Sie bewachten
die würdigen Edlen
scharf und wehrhaft vor der Tür.
Nun lagen sie dort – das ist wahr –
schon länger als ein Jahr gefangen
und hatten einander in der ganzen Zeit
nie sehen dürfen.
Das war ihre größte, von Herzen kommende Klage,
die sie in der Gefangenschaft täglich erhoben.
Als sie zueinandergekommen waren,
da konnte man von ihnen hören,
was mich für immer
heftig mit Mitleid erfüllen muss.
Sie begannen zu weinen
sowohl aus Freude wie aus Kummer:
Dass ihnen das Glück zuteilwurde,
einander sehen zu dürfen,
das schien ihnen ein großer Segen.
Sie waren inmitten schmerzlichen Unglücks froh.

Dô sî sô minneclîche
einander al gelîche
mit ir gruoz enphiengen
und sendiu reht begiengen,
in franzoys gruozt ich sî zehant.
diu sprâche was in niht erkant
sô wol als englisch. die kund ich.
dô sî die zunge unde mich
verstuonden, dô geneic mir gar
diu arme vreudelôse schar.
sî sprâchen: ›herre vater got,
nû wis gelobt, daz dîn gebot
uns vil armen hât gesant
ieman, dem kristen lant
ist und unser sprâche kunt, [b]
des sîstû geêret und der munt
des vernunstic wîsheit
die sprâche und unser zungen treit.
lieber herre, sagent durch got
uns vil armen âne spot,
sît ir kristen?‹ ich sprach: ›jâ.‹ [B 35r]
dô wart ich enphangen sâ
sô minneclîche, daz ich nie
sô güetlîchen gruoz enphie.
dô half ich in ir kumber klagen
und mit in gemeine tragen
ir gesêrtes herzen pîn,
dô mir wart ir jâmer schîn
und ir herzeclîchez leit,
daz in von nœten was bereit.

Als sie so freudvoll
sich alle gleichermaßen
begrüßt hatten
und angemessen geklagt hatten,
grüßte ich sie sogleich auf Französisch.
Diese Sprache kannten sie nicht
so gut wie Englisch. Das konnte ich.
Als sie diese Sprache und damit mich
verstanden, da verneigte sich vor mir
die arme, freudlose Schar.
Sie sprachen: ›Herr und Gottvater,
nun sei gelobt, dass dein Gebot
uns Ärmsten jemanden gesandt hat,
dem das Land der Christen
und unsere Sprache vertraut sind.
Dafür sei Ehre dir und dem Mund,
dessen vernünftige Weisheit
uns und unsere Sprache versteht.
Lieber Herr, sagt um Gottes willen
uns Ärmsten aufrichtig,
seid Ihr Christ?‹ Ich antwortete: ›Ja.‹
Da wurde ich sogleich
so freudig willkommen geheißen
wie niemals zuvor.
Da beklagte ich mit ihnen ihr Unglück
und trug mit ihnen gemeinsam
den Schmerz ihres verwundeten Herzens,
als sich mir ihr Unglück erschloss
und ihr großes Herzensleid,
das ihnen durch die Bedrängnis zuteilgeworden war.

Dô ich ein wîle gesaz
mîner rede ich niht vergaz.
ich sprach: ›ir herren, iuwer nôt
ist mir leider dan der tôt.
möht ich sî wol erwenden,
sî müeste sich verenden.
mich müet sêre iuwer klage.
nû hœret mê, waz ich iu sage.
ich wil iuch rehte wizzen lân,
wie mîn geverte ist getân.
dô ich von mînem lande schiet
in mînem muote ich mich beriet,
daz ich von rîcheit grôze kraft
mit mir in die heidenschaft
wolte füeren durch gewin.
dô geriet mir mîn sin,
daz ich ûz einer arke
nam fünfzic tûsent marke
mit mir in die heidenschaft.
daz hân ich gar behaft [15v]
an alsô grôzen kouf, [B 35v]
daz ich vil nâch ûf mînen touf
getar wol sprechen, daz nie man
vor mir grœzern kouf gewan.
den brâht ich mit mir in daz lant,
dô mir der market wart erkant.
nû hât mich werdeclîche
der burggrâve rîche
enphangen und geêret.
er hât an mir gemêret
mit zühten vil manige wîs
sînen manlîchen prîs.

Als ich eine Weile bei ihnen gesessen hatte,
begann ich zu sprechen.
Ich sagte: ›Ihr Herren, eure Not
schmerzt mich mehr als der Tod.
Könnte ich etwas dagegen tun,
dann müsste sie ein Ende finden.
Eure Klage bedrückt mich sehr.
Nun hört zu, was ich euch sagen will:
Ich will euch meine Umstände
ganz genau erklären.
Als ich mein Land verließ,
hatte ich den Entschluss gefasst,
ein großes Vermögen
mit mir in die Heidenschaft
zu nehmen, um Handel zu treiben.
Ich beschloss,
meiner Schatulle
fünfzigtausend Mark zu entnehmen,
um sie mit in die Heidenschaft zu nehmen.
Die habe ich allesamt in
ein so großes Geschäft investiert,
dass ich wahrlich bei meiner Taufe
sagen darf, dass niemals jemand
vor mir ein größeres Geschäft gemacht hat.
Die erstandene Ware brachte ich mit mir in dieses Land,
als ich von diesem Handelsplatz erfuhr.
Nun hat mich würdig
der mächtige Burggraf
willkommen geheißen und geehrt.
Er hat seinen edlen Ruf
durch sein vornehmes Handeln an mir
auf vielfältige Weise gemehrt.

Dô ich her ze lande kam
in sîne huote er mich nam
und bôt mir michel êre.
dar nâch bat er mich sêre,
daz ich in lieze schouwen gar
mînen kouf. dô nam er war,
daz er was alsô grôzlich.
dô begunde er bitten mich,
daz ich ze wehsel kæme
mit im und daz ich næme
sînen kouf – den gab er mir.
der kouflich wehsel daz sît ir,
und mîne lieben vrouwen,
die er mich lie schouwen,
gester, dô ich iuch gesach.
nû bin ich iu ein teil ze swach
und an wirde gar ze kranc,
daz ich iu koufe durch getwanc. [B 36r]
ob aber ich iuch getrôste,
daz ich iuch hinnen lôste,
woltent ir mich danne krenken
mit vîentschaft beswenken,
alsô, daz ir woltent jehen, [b]
mir wære niht von iu geschehen
ze leide, ich sol iuch lâzen vâren,
sô möht ich gerne ê bewâren
mîn guot, ê daz ich hinnen für
iuwern haz mit schaden kür.
welt ir, ich wil in wâge lân
durch iuwern willen allez, daz ich hân,
und wil gewin und ouch schaden
ûf mich gerne durch iuch laden,
mit mînem gedinge, daz ir

Als ich in dieses Land kam,
nahm er mich unter seinen Schutz
und erwies mir große Ehre.
Später bat er mich sehr,
dass ich ihn alle meine Handelsgüter
sehen ließe. Da erkannte er,
wie kostbar und erlesen sie waren.
Da bat er mich,
in ein Tauschgeschäft mit ihm
einzuwilligen und seine Waren
anzunehmen – die bot er mir an.
Gegenstand dieses Tausches seid ihr
und meine liebe Herrin,
die er mich sehen ließ
gestern, als ich auch euch sah.
Nun bin ich aber etwas zu niedrig
und mein Rang ist zu gering,
um euch ohne euer Einverständnis zu kaufen.
Wenn ich euch aber befreien würde,
indem ich euch loskaufte
und ihr mich dann schädigen würdet
und mir als Feinde gegenübertreten
solcherart, dass ihr behaupten würdet,
dass ich für euch keinen Verlust erlitten hätte
und ich euch gehen lassen müsste,
dann wollte ich lieber
mein Vermögen behalten, als dass mir später
aus eurer Feindschaft Schaden entstünde.
Doch wenn ihr wollt, dann bin ich bereit, für euch
alles, was ich habe, aufs Spiel zu setzen
und das Risiko von Gewinn und Verlust
um euretwillen zu übernehmen
unter der Bedingung, dass ihr

mînen schaden geltent mir.
mag ich des gewis sîn,
daz ir ân den willen mîn
nimmer wanc von mir getuot,
sô hân ich des vil guoten muot,
daz ich iu hinnen lœsen wil
und machen iuwer sorgen ein zil.‹

Die herren dô ûfsprungen,
die alten zuo den jungen,
und vielen für mich ûf ir knie.
swâ ieglîcher mich gevie,
dâ habt er mich vil sêre.
mit trûreclîcher lêre
ir ieglîcher an mich schrê [B 36v]
anders niht dan ›wê, ôwê!
genâde, lieber herre!
uns ist genâde verre.
næhe an uns genâde und trôst,
daz wir werden noch erlôst
von disem grôzen sêre.
noch bitten wir dich mêre
durch den got, der in den tôt
sich menschlîchen durch uns bôt,
daz dû an uns erkennest
daz dû dich kristen nennest [16r]
mit des reinen toufes kraft.
hilf uns von der heidenschaft
wider in die kristenheit!
gedenk an unser herzenleit
und gelîhter unsern hôhen pîn.
durch got und durch die güete dîn,
durch aller ritter werdekeit,

mir meine Aufwendungen vergeltet.
Wenn ich mich darauf verlassen kann,
dass ihr euch ohne meine Einwilligung
nicht von mir entfernt,
dann bin ich voll und ganz dazu bereit,
euch von hier auszulösen
und eurer Not ein Ende zu machen.‹

Da sprangen die Herren auf,
die alten mit den jungen,
und fielen vor mir auf ihre Knie.
Wo auch immer sie mich zu fassen bekamen,
da hielten sie mich ganz fest.
Traurig flehte ein jeder
von ihnen mich an
nicht anders als: ›Weh, o weh!
Hab Erbarmen, lieber Herr!
Fern sind wir jeder Hilfe.
Verschaff uns Hilfe und Zuversicht,
so dass wir bald aus diesem großen
Leid erlöst werden.
Wir bitten dich darum,
dass du auch um des Gottes willen, der
als Mensch für uns starb,
an uns handelst
entsprechend deinem christlichen Glauben
und kraft deiner reinen Taufe.
Hilf uns aus der Heidenschaft
zurück in die Christenheit!
Gedenke unseres Herzensleides
und mindere unsere schreckliche Qual.
Um Gottes und deiner Güte willen,
um der Würde aller Ritter willen,

lâ unser nôt dir wesen leit
und lâ uns immer mêre sîn
durch got in den banden dîn.
swie joch dir gevalle,
wir sweren dir des alle,
daz wir zwigülten dir dîn guot
sunder daz mîn vrouwe tuot
und ir vater, der von dir
lœset sie nâch dîner gir.
und ob mîn herre hât den lîp,
der zwigültet dir sîn wîp.‹

Nû muote mich und was mir leit, [B 37r]
daz sie mit klagender arebeit
sô lange vor mir lâgen
und unvreude phlâgen.
ich sprach: ›ir lieben herren guot,
stânt ûf. sam mir got, ir tuot
anders den iu wol gezeme
oder ich an iu für fuoge neme.
ir habt unfuoge ein teil gephlegen,
daz ir sô lange sint gelegen
vor mir in klagender swære.
vil gerne ich es enbære.‹
›genâde, herre, daz tuot nôt.
hilf uns, wir sîn an vreuden tôt.
uns trœste dîn vil süezer trôst,
wir sîn immer unerlôst.‹
›nû gangen wir zuo der vrouwen mîn. [b]
wil ez in ir willen sîn,
daz sî mit mir ze lande var
und mit ir triuwe daz bewar,
daz ez sî ir wille, ir muot,

hab Mitleid mit unserer Notlage
und lass uns für immer sein
um Gottes willen in deiner Gewalt.
Auf welche Weise auch immer du willst,
wir schwören dir alle,
dass wir dir deine Aufwendungen doppelt erstatten
zusätzlich zu dem, was unsere Herrin dir gibt
und ihr Vater, der sie dir
auslösen wird deinen Forderungen gemäß.
Und wenn unser Herr noch lebt,
wird auch er dir den zweifachen Preis für seine Frau zahlen.‹

Nun war es mir unangenehm und verdross mich,
dass sie mit Klage und Mühsal
so lange vor mir knieten
und ihre Trauer zum Ausdruck brachten.
Ich sagte: ›Liebe, gute Herren,
steht auf! Bei Gott, ihr handelt
anders, als euch angemessen wäre
oder ich es für euch schicklich fände.
Es war durchaus unpassend von euch,
so lange zu liegen
vor mir in Klage und Schmerz.
Ich würde gerne darauf verzichten.‹
›Verzeih, Herr, das kommt von der Not.
Hilf uns, wir sind trostlos.
Wenn du uns keine Zuversicht schenkst,
bleiben wir für immer gefangen.‹
›Lasst uns nun zu meiner Herrin gehen.
Wenn es ihr Wille ist,
dass sie mit mir heimfährt
und sie sich aufrichtig darum bemüht
und es ihre Absicht, ihr Wunsch ist,

und daz sî gelte mir mîn guot,
sô sî müge und ich es ger,
sô bin ich alsô komen her,
daz ich wil in wâge lân
umb iuch allez daz ich hân.‹
sî sprâchen alle gelîche dô:
›genâde, herre, sî ist es vrô.‹

Dô gie diu ritterschaft mit mir. [B 37v]
zuo den vrouwen giengen wir
dort hin zuo in besunder.
dô nam sî michel wunder,
durch waz ditz wunder wær geschehen,
daz sî die ritter solten sehen.
dô muost ich aber schouwen
von rittern und von vrouwen
nâch gruoz in jâmer weinen.
ich sach sî wol erscheinen,
daz ir klagelîcher pîn
von herzenleide müeste sîn.
nû fuort ein alter herre mich
an sîner hant. den vrâget ich,
in welher sprâche wær erzogen
mîn vrouwe an sælden unbetrogen.
›kan sî franzoys?‹ er sprach: ›jâ‹.
dô gruozte ich mîne vrouwen sâ
sô mir was gebære,
swie ez unzuht wære.
des was ir danc mir gar bereit
mit wîplîcher hübscheit.
mit vollen ougen daz geschach.
zuo dem herren ich dô sprach: [16v]
›herre, sprechent an mîn wort.‹

mir meine Aufwendungen zurückzuerstatten,
wenn sie kann und ich es verlange,
dann bin ich dafür hergekommen,
für euch alles aufs Spiel zu setzen,
was ich habe.‹
Da sagten sie alle zusammen:
›Danke, Herr, sie wird es gern tun.‹

Da gingen die Ritter mit mir.
Wir begaben uns zu den Damen,
dorthin, wo sie waren.
Da fragten sie sich erstaunt,
wodurch dieses Wunder bewirkt worden sei,
dass sie die Ritter sehen dürften.
Da musste ich erneut miterleben,
wie die Ritter und die Damen
nach der Begrüßung jammervoll weinten.
Ich sah ihnen deutlich an,
dass ihre Klage und Qual
von Herzen kamen.
Nun führte mich ein alter Herr
an seiner Hand. Den fragte ich,
welche Muttersprache
meine segensreiche Herrin sprach.
›Kann sie Französisch?‹ Er antwortete: ›Ja.‹
Da grüßte ich meine Herrin sogleich,
so höflich ich konnte,
obgleich es unangemessen war.
Dafür wurde mir ihr Dank zuteil
in weiblicher Höflichkeit.
Mit Tränen in den Augen geschah das.
Da sagte ich zu dem Herrn:
›Herr, richtet Ihr meine Botschaft aus.‹

er sprach: ›nein, der selb hort
zieret dîn gemüete.
nâch witzerîcher blüete
ist komen dir der sælden fruht.
got was in güetlîcher zuht,
dô er dir menschlîchez leben [B 38r]
geruochte in solhen tugenden geben.
dû bist sô reiner wîsheit vol.
dîn munt selber sprechen sol.‹

Mîner red ich dô began.
ich sprach: ›vrouwe, ich bin ein man,
der sich koufes muoz begân.
mit kouf ich mich begangen hân,
swâ ich den ie vant veile.
ich hân an einem teile
guotes vil an kouf bewant.
den hân ich brâht her in ditz lant.
den hât des burggrâven gir
mit iu gemachet veile mir.
er wil mir iuch ze wehsel lân,
gib ich im allez, daz ich hân,
und wil die ritter widergeben,
die hâten ein angestlîchez leben.
nû ist mir nemelîche
der kouf ein teil ze rîche,
in dem ir mîn gülte sît.
ein tuoch oder ein samît
möht ich wol vergelten baz,
swâ ich funde veile daz,
dan alsô grôze hêrschaft.
ob ich nû hæte alsolhe kraft
an guote, daz ich hinnen

Er sagte: ›Nein, dein Vermögen zu sprechen
ziert dich nicht weniger als mich.
Der Blüte deines Geistes
folgt der Spross deines Glücks.
Gott verlieh dir in seiner ganzen Güte,
als er dir das Leben gab,
solche Tugenden.
Du bist voll reiner Weisheit.
Du sollst selbst sprechen.‹

Da begann ich zu sprechen.
Ich sagte: ›Herrin, ich bin ein Mann,
der sich dem Handel verschrieben hat.
Stets habe ich Handel getrieben,
wo auch immer Geschäfte zu machen waren.
Ich habe bei einer bestimmten Gelegenheit
viel Geld in Handelsware investiert.
Die habe ich in dieses Land gebracht.
Die will der Burggraf mir
im Tausch gegen euch abkaufen.
Er will mir euch als Tausch dafür geben,
dass ich ihm alles gebe, was ich habe,
und will die Ritter frei lassen,
die ein Leben in Bedrängnis führen mussten.
Nun ist mir allerdings ein Geschäft
etwas zu groß,
in dem ihr meine Ware seid.
Tuch oder Samt
könnte ich sicher besser bezahlen,
wo auch immer ich das zum Kauf angeboten fände,
als so hohe Adlige.
Wenn ich nun ein solches
Vermögen hätte, dass ich euch

iuch möhte wol gewinnen,
liebiu vrouwe, woltent ir [b]
mîn guot danne gelten mir, [B 38v]
ich lôste iuch hinnen sâ zehant.
daz künicrîch ze Engellant
lît mir wol sô nâhen,
wil ez iu niht versmâhen,
ich behalt iuch sicherlîchen
benamen sô güetlîchen,
daz ez iuch ninder missezimt,
biz man für wâr und wol vernimt
und ûf ein ende rehte ersiht,
ob indert lebet oder niht
der junge künic von Engellant
der iu ist ze man benant.‹

Diu vrouwe ab ir gestüele gie.
sî wolte für mich ûf ir knie
gevallen sîn. daz was mir leit.
dô was ich sâ gên ir bereit
und bat sî durch ir tugent site
daz sî ez lieze und ez vermite.
dô wurden ir diu ougen vol.
sô kintlîch und alsô wol
kunde sî mit zühten biten
daz ich wol sach an iren siten
daz sî vil ernstlich gedanc
ûf die bete sêre twanc,
des ich mich vil wol an ir versach.
ir jugent ûz alten witzen sprach:
›genâde, süezer reiner lîp.
lâ mich geniezen, daz ein wîp [B 39r]
dich an dise welt gebar.

von hier loskaufen könnte,
liebe Herrin, würdet ihr
mir dann meine Aufwendungen vergelten wollen,
dann würde ich euch sogleich befreien.
Das Königreich England
liegt meiner Heimat so nahe,
dass ich Euch, wenn es Euch nicht unangenehm wäre,
sicher und zweifellos
so freundlich aufnehmen würde,
dass es Euch in keiner Weise kompromittiert,
bis man verlässlich und sicher weiß
und deutlich erkennen kann,
ob der junge König von England
lebt oder nicht,
der Euch zur Ehe versprochen ist.‹

Die Dame erhob sich von ihrem Sitz.
Sie wollte sich vor mir
auf die Knie fallen lassen. Das war mir unrecht.
Da ging ich sogleich auf sie zu
und bat sie um ihrer Tugend willen,
dass sie dies ganz und gar unterließe.
Da füllten sich ihre Augen mit Tränen.
So unverfälscht und so gut
vermochte sie höflich zu bitten,
dass ich an ihrem Verhalten deutlich erkennen konnte,
dass sie überaus ernste Gedanken
sehr zu dieser Bitte gedrängt hatten,
was ich klar an ihr erkennen konnte.
Ihre Jugend sprach mit reifer Besonnenheit:
›Erbarme dich, du Liebster, Reiner!
Lass mir zugutekommen, dass es eine Frau war,
die dich auf die Welt gebracht hat.

des nim genædeclîchen war
an mir durch elliu werden wîp.
genâde, sældebernder lîp.
lâ dir mîn angest sîn geklagt
durch die hœhsten magt, [17r]
diu aller megde spiegel ist,
diu den vil heiligen Krist,
aller keiser keiser, truoc,
als ir der engel zuo gewuoc,
diu maget muoter âne mein
nâch der geburt magt erschein,
als sî vor der geburte was.
der sunnen schîn durch ganzez glas
schein von ir magetuome.
der magetlîche bluome
beleip an ir mit zühten ganz,
swie sî der hœhsten sunnen glanz
ze einer muoter magt erkôs,
der megde namen nie verlôs
diu himelische künigîn hêr.
durch die spreit ich mîns herzen sêr,
süezer reiner lîp, für dich,
daz dû gedenkest des, daz ich
ir gename bin genant,
wan ich ein maget bin erkant
und dise vrouwen, die hie sint.
nû lâze uns werden dîniu kint,
süezer vater, lieber trôst, [B 39v]
mache uns von leide erlôst.

Genâde, herre, sît dû treist
kristenlîchen volleist,
sô êre an uns kristennamen

Bedenke das voller Wohlwollen
um aller edlen Damen willen auch an mir.
Erbarme dich, du Segensreicher!
Lass dir meine Bedrängnis geklagt sein
um der höchsten Jungfrau willen,
die das Vorbild aller Jungfrauen ist
und die den heiligsten Christus,
den Kaiser aller Kaiser, in sich trug,
wie ihr der Engel verkündete,
die Jungfrau und Mutter ohne Makel,
die nach der Geburt noch Jungfrau war,
wie sie es vor der Geburt war.
Der Sonnenstrahl fällt durch das heile Glas,
ihre Jungfräulichkeit bezeichnend.
Die Blüte der Unberührtheit
blieb ihr in Keuschheit erhalten,
obgleich sie doch der höchste Glanz der Sonne
zur jungfräulichen Mutter auserwählte,
hörte doch die himmlische, herrliche Königin
nie auf, Jungfrau zu sein.
In ihrem Namen breite ich meinen Herzensschmerz,
du Reiner, Lauterer, vor dir aus,
auf dass du daran denken mögest, dass ich
diesen Namen mit ihr teile,
denn auch ich bin Jungfrau,
wie diese Damen, die hier sind.
Lass uns nun deine Kinder werden,
guter Vater, lieber Trost,
erlöse uns vom Leid.

Erbarme dich, Herr, da du doch die Fülle
christlicher Barmherzigkeit besitzt,
so ehre an uns den göttlichen und lobwürdigen

gotlîchen und lobesamen
und des reinen toufes kraft.
lœse uns von der heidenschaft!
sît dich got hât her gesant,
ich var mit dir in dîn lant.
swaz dû wilt, daz wil ouch ich,
mîn vater gerne lœset mich,
des ich im getriuwen sol. [b]
sô weiz ich von wârheit wol,
lebt der künic von Engellant,
wirde ich im lebendic erkant,
daz er mich niht lange lât,
ob er gesunt sîn leben hât.
sint sî aber alle tôt,
die mir helfen sulnt von nôt,
sô lebt doch got, der lônet dir
swaz dû begâst genâde an mir.
hilf mir in die kristenheit
durch got und lâ dir wesen leit,
daz ich ân alle schulde
sô grôzen kumber dulde
und ouch die edlen vrouwen.
owê, sol ich niht schouwen
vater, vriund noch kristen lant?
wie danne got sîniu bant
mit zorne het an mich geleit [B 40r]
in ungelückes arbeit.‹
der vrouwen weinen daz was grôz.
ir liehter ougenschîn begôz
den gotes reinen meienvlîz.
der rôsenrôt, der lilienwîz
blüegende ûf ir wengel lac.
der spilenden wunne sældentac

Namen der Christenheit
und die Kraft der reinen Taufe.
Befreie uns von der Heidenschaft!
Da Gott dich hergesandt hat,
fahre ich mit dir in deine Heimat.
Was du willst, das will auch ich.
Mein Vater wird mich bereitwillig auslösen,
darin vertraue ich ihm ganz.
Und ich weiß ganz sicher,
lebt der König von England,
und erlangt er von mir Kunde,
dass er mich nicht lange warten lässt,
wenn er wohlauf ist.
Sollten aber alle tot sein,
von denen ich Hilfe in der Not erwarten darf,
so lebt doch Gott, der dich belohnen wird
für das, was du mir an Hilfe zuteilwerden lässt.
Verhilf mir zurück in die Christenheit
um Gottes willen und hab Mitleid damit,
dass ich ohne jede Schuld
so großen Kummer erdulde
und ebenso die edlen Damen.
Ach, soll ich nie wieder erblicken
Vater, Verwandte und Christenland?
Wie hätte dann Gott seine Bande
zornig um mich gelegt
mit Unglück und Mühsal!‹
Die Dame weinte heftig.
Das helle Strahlen ihrer Augen begoss
den göttlich reinen Maienglanz.
Das Rot der Rose, das Weiß der Lilie
lagen blühend auf ihren Wangen.
Der Glückstag strahlender Wonne

begôz ir tou des herzen hie,
daz von ir senden herzen gie.
ir klagendez herze vreuden vlôch,
ein wolken trüebe ir jâmer zôch
für ir liehten sunnenglanz
des schœne an ir was ê sô ganz,
daz er bî der sumerzît
mit ebenschœne hielt den strît.
ein regen ûz dem wolken vlôz,
der ûf des wunsches ouwe gôz [17v]
sô heizen regen, daz verswein
der schœne ein teil, diu ê dâ schein.
ir weinen was sô güetlîch,
daz munt und ougen beide mich
baden hiezen sunder danc.
ir kintlich weinen mich betwanc,
daz ich mit ir dô weinde.
mîn wille sich vereinde,
daz ich vil gerne tæte
swes mich diu guote bæte.
ir weinen in mîn herze dranc,
ir wîplich bete mich betwanc,
daz ich ir rôtem munde [B 40v]
niht mê verzîhen kunde.
wan ich an der guoten sach,
daz ir klagendez ungemach
von ernstlîchem muote gie.
dô sî die bete an mich gevie,
ir was ernst, daz tet nôt.
ir süeziu bete mir gebôt,
daz ich ir kumberlîche nôt
mit klage mînem herzen bôt.

wurde hier benetzt durch den Tau ihres Herzens,
der von ihrem schmerzenden Herzen ausging.
Ihr klagendes Herz war freudenleer,
ihr Jammer zog eine trübe Wolke
vor ihren hellen Sonnenglanz,
dessen Schönheit zuvor so vollkommen an ihr gewesen war,
dass er mit der Sommerzeit
im Wettstreit der Schönheit lag.
Ein Regen floss aus der Wolke,
der auf die Aue der Vollkommenheit so heißen Regen goss,
dass die Schönheit fast verschwand,
die zuvor an ihr sichtbar gewesen war.
Ihr Weinen war so anrührend,
dass mir durch ihren Mund und ihre Augen
meine Wangen ohne mein Zutun benetzt wurden.
Ihr kindliches Weinen brachte mich dazu,
dass ich mit ihr weinte.
In mir entstand der Entschluss,
sehr gerne tun zu wollen,
worum die Gute mich bitten würde.
Ihr Weinen drang in mein Herz,
ihr weibliches Flehen überwältigte mich so,
dass ich ihrem roten Mund
nichts versagen konnte.
Denn ich erkannte an der Guten,
dass ihre Klage und ihr Ungemach
aus tiefem Ernst hervorgingen.
Als sie die Bitte an mich richtete,
war es ihr notgedrungen ernst.
Ihre aufrichtige Bitte gebot mir,
dass ich ihre jammervolle Bedrängnis
unter Trauer in mein Herz aufnahm.

Nû sach ich wol daz arbeit,
angest, nôt, jâmer, leit,
dicke lêret wîsiu wort,
dâ hôhiu wîsheit kleinen hort
an rehten witzen vindet.
kintlich rede verswindet,
swâ jâmer unde herzeleit
phlegent einer stætekeit.
des wart mir an der vrouwen mîn
alsô kuntlîchen schîn,
daz ich es gihe, als ich dô jach:
mîn vrouwe ûz alten witzen sprach
in blüegender kintheit.
ir jungen kintheit was verseit [b]
sô sinnerîchiu wîsheit
wan daz sî angestlîchez leit,
daz sî het in nôt bekort,
wîste ûf disiu wîsen wort,
daz sî mit sô wîsen siten
mich sô tiure kunde biten. [B 41r]
ich sprach: ›vil liebiu vrouwe guot,
habent vreudenrîchen muot.
lânt iuwer klagende swære sîn.
sît ich iuwern hôhen pîn
mit mînem guote erwenden mac,
sô wirt ez nimmer mê tac
vor iu gehalten noch gespart.
wol mich, daz mir daz guot ie wart
dâ mit ich iuwer arbeit
vertrîben mac und iuwer leit.
nû wil ich mit mîner habe
iuwer nôt iu koufen abe
und bitte got, daz er mich wer,

Nun sah ich deutlich, dass Mühsal,
Bedrängnis, Entbehrung, Jammer und Leid
oft zu weiser Rede führen,
selbst dort, wo große Weisheit nur
auf ein geringes Maß an Verstand trifft.
Die unreife Rede schwindet,
wo Jammer und Herzensleid
sich fest verbinden.
Das konnte ich an meiner Herrin
so augenfällig erkennen,
dass ich es so sage, wie ich es damals sagte:
Meine Herrin sprach aus reifer Einsicht
mitten in ihrer blühenden Jugend.
Ihrer zarten Jugend war versagt
so tiefe Einsicht,
außer dass sie das angstvolle Leid,
welches sie in der Not kennengelernt hatte,
zu diesen weisen Worten bewegte,
so dass sie mich mit so kundigem Betragen
so inständig zu bitten wusste.
Ich sagte: ›Meine liebe, gute Herrin,
seid frohgemut.
Gebt Eure beklagenswerte Betrübnis auf.
Da ich Eure große Qual
mit meinem Besitz beenden kann,
so wird er Euch keinen Tag länger
vorenthalten oder verweigert.
Wohl mir, dass ich je den Reichtum erlangte,
der mir jetzt erlaubt, Eure Mühsal
zu beenden und Euer Leid.
Nun will ich mit meinem Hab und Gut
Euch aus Eurer Notlage freikaufen
und bitte Gott, dass er mir gewähre,

swes ich dran ze lône ger,
daz mir der lôn beklîbe,
daz ich es niht belîbe
âne lôn, daz welle got.
nû ger ich an iuch sunder spot:
swenn ich von mînem guote
geltes an iuch muote,
daz ir danne geltent mir
swes ich hie durch iuch enbir.‹
dô wart gehœhet ir der muot.

Die ritter und die vrouwen guot
weinden mich von vreuden an
sô sêre, daz ez mich began
in mînem muote erbarmen
die vil edlen armen. [18r]
mîn trôst alsô getrost ir nôt, [B 41v]
daz ich in mînen trôst gebôt.
ich kêrte von in sâ zehant,
dâ ich den burggrâven vant.
dô gruozte mich güetlîche
mit zuht der zühterîche.
er sprach: ›wie dô? nû sage mir,
ob dirre kouf gevalle dir
wol.‹ ich sprach: ›jâ, herre, wol.
den kouf ich gerne lœsen sol
als ich iu sag.‹ ›nû sage wie.‹
›ist iht mêre ir guotes hie?‹
›jâ, ez ist alsô bewart,
daz sîn nie phenninc wart verschart.‹
›sô wil ich nû den guoten
mit iuwern hulden muoten,

was ich dafür als Lohn wünsche,
so dass mir dieser Lohn auch zuteilwerde
und ich nicht ungelohnt bleibe,
das wolle Gott.
Nun wünsche ich mir in allem Ernst von Euch:
Wenn ich von Euch die Bezahlung
meines Gutes einfordere,
dass Ihr mir dann vergeltet,
was ich hier um Euretwillen aufwende.‹
Da hellte sich ihr Gemüt auf.

Die Ritter und die edlen Damen
weinten mich aus Freude an,
so sehr, dass ich
in meinem Herzen
die überaus edlen Armen bemitleidete.
Mein Trost schenkte ihnen in ihrer Not solche Zuversicht,
dass ich ihnen meine Hilfe antrug.
Ich verließ sie sogleich
und ging zum Burggrafen.
Da grüßte mich der Vornehme
höflich und freundlich.
Er sprach: ›Also, nun sag mir,
ob dir dieser Handel gut gefällt.‹
Ich antwortete: ›Ja, Herr, sehr.
Ich schließe den Handel gerne ab,
wie ich Euch jetzt sagen will.‹ ›Nun sag, wie.‹
›Befinden sich noch weitere Güter von ihnen hier?‹
›Ja, die werden so aufbewahrt,
dass kein Pfenning davon verlorengegangen ist.‹
›Dann will ich nun für die Guten
mit Eurem Einverständnis erwirken,

daz man in widergebe ir guot
und aber ûf des wâges fluot
ir schif bereite, als ez was ê,
und daz ir hab hie niht bestê
weder grôz noch kleine,
daz man ez al gemeine
in ir gewalt bereite gar,
und daz ir mir die lîpnar
an spîse gebent wider hein.
welt ir werden des enein
daz ir daz tuont, ich hân gedâht
swaz ich guotes her hân brâht, [B 42r]
daz ich daz wil mit willen lân,
mac ditz gedinge alsus ergân.‹

Sô êrte sîne zuht an mir
des werden burggrâven gir.
er sprach durch sîne hübscheit:
›daz sol allez sîn bereit. [b]
dû hâst vil wol besprochen dich.
ich tuon, swes dû gerst an mich.
sô sî der kouf gestætet hie.‹
von sînen handen ich enphie
die ellenden geste dâ
und er mîn guot, daz gab ich sâ
dem burggrâven in sîne hant.
ein stætiu sicherheit uns bant
ûf den kouf mit stæte dô,
der wart aldâ gestætet sô,
daz er muoste stæte sîn.

dass man ihnen ihren Besitz zurückgebe
und ihr Schiff wieder seetüchtig mache,
wie es zuvor gewesen ist.
Außerdem soll von ihrem Eigentum nichts hierbleiben,
weder groß noch klein,
sondern alles zusammen
an sie zurückgegeben werden,
dazu sollt Ihr mir für den Rückweg
Verpflegung und Nahrung geben.
Wenn Ihr damit einverstanden seid,
das zu tun, dann, so habe ich beschlossen,
werde ich Euch alles, was ich an Waren hergebracht habe,
bereitwillig überlassen,
wenn diese Übereinkunft so zustande kommt.‹

Folgendermaßen ehrte das Streben des edlen Burggrafen
an mir seinen höfischen Anstand.
Er sprach aus seiner Höflichkeit heraus:
›Das soll alles geschehen.
Du hast einen guten Entschluss gefasst.
Ich tue, was du von mir verlangst.
So sei der Handel hiermit bestätigt.‹
Ich empfing da aus seiner Hand
die fremden Gefangenen
und er meine Waren, die übergab ich
sogleich dem Burggrafen.
Uns verpflichtete eine verbindliche Vereinbarung
den Handel betreffend, so unverbrüchlich,
dass dieser auf einer so festen Grundlage stand,
dass er garantiert sein musste.

sus nam er al die habe mîn
und ich die gevangen gar.
dô besand er zuo im dar
vil der liute von der stat.
die giengen mit mir, als er bat,
vrœlîch ûf den palas,
dâ diu hêrschaft ûffe was.
die antwurt er in mîne hant.
swaz in guotes was bewant,
daz hiez er in widerlân.
ein suone wart aldâ getân,
diu mich sêre und manigen man [B 42v]
durch nôt erbarmen began.
dâ was von vreuden jâmers vil.
diu vreude stiez der swær ein zil,
die klagendes herzen urhap
dâ vor mit jâmers nôt begap.

Dô wart in wider sâ zehant,
swaz sî guotes in daz lant
brâhten ûf dem mer mit in. [18v]
dirre kouflîche gewin
dem burggrâven vil wol geviel.
ir schif unde mînen kiel
hiez er laden und entladen.
er benam in gar ir schaden
an guote, niht an pîne.
dô hiez er gar daz mîne
hin tragen al gemeine.
sant und dar zuo steine
híez er mir ze laste geben,
daz mîn kiel wol möhte sweben
âne wanken ûf dem mer.

So nahm er meinen ganzen Besitz,
und ich nahm alle Gefangenen.
Da beorderte er viele Leute
aus der Stadt zu sich.
Die gingen mit mir, wie er anordnete,
frohen Mutes in das Gebäude,
in dem sich die Herrschaften befanden.
Die übergab er in meine Hand.
Was ihnen an Gut abgenommen worden war,
ließ er ihnen zurückgeben.
Es fand eine Aussöhnung statt,
die mich und viele andere
sehr rühren musste.
Da mischten sich Freude und Schmerz.
Die Freude setzte dem Schmerz ein Ende,
die der Ursache der Herzensklage wegen
zuvor mit Jammer und Not erloschen war.

Da wurde ihnen zurückgegeben,
was sie über das Meer an Besitz
in das Land mit sich gebracht hatten.
Der Gewinn aus diesem Handel
gefiel dem Burggrafen sehr.
Ihr Schiff und meines
ließ er laden und räumen.
Er nahm ihnen den Verlust ganz
an Gut, nicht an Schmerz.
Meine Waren ließ er dann
alle fortschaffen.
Sand und Steine
ließ er mir als Last geben,
damit mein Kiel sicher,
ohne zu wanken, über das Meer gleiten könne.

dô hiez mich spîsen und daz her
Stranmûr, der degen wîse,
mit frischer niuwer spîse,
die man an diu schif dâ truoc.
dar zuo hiez er uns genuoc
koste geben ûf die vart,
ob wir nâch der wilden art
der unde wurden gesant
in ein unkundez lant, [B 43r]
daz uns ir spîse wurde ein wiht,
daz wir doch verdurben niht
und daz wir hæten spîse
genuoc in rîcher wîse.

Ditz schuof der werde rîche.
mich dûhte wærlîche,
daz ich wære ein sælic man.
dô fuorte ich mîne vrouwen dan,
ir vrouwen und die ritterschaft. [b]
dâ was rîcher vreuden kraft
mit vreude in hôhem muote,
daz der vil armen huote
mit güete was gescheiden.
dâ weinden joch die heiden
von liebe durch die vrouwen hêr,
von leide durch ir langez sêr.
wan swer ir ougen weinen sach,
der muoste klagen ir ungemach.
ouch kunde ir güetlich lachen
wol an den liuten machen,
daz sî mit vreuden wâren.
swer sî sach gebâren
vrœlîch und in vreuden leben,

Da ließ Stranmur, der umsichtige Held,
mich und die anderen mit Proviant ausstatten,
mit frischer, guter Nahrung,
die man in die Schiffe brachte.
Außerdem ließ er uns ausreichend
Verpflegung für die Überfahrt bringen,
damit wir, falls wir von den
unberechenbaren Meereswogen
in ein fremdes Land verschlagen würden
und die Nahrung knapp würde,
dennoch nicht verhungern müssten
und genügend an Vorräten
in Fülle hätten.

Dies veranlasste der edle Mächtige.
Mir schien wahrhaftig,
dass ich ein glücklicher Mann sei.
Da führte ich meine Herrin von dannen,
ihre Damen und die Ritterschaft.
Da war eine Fülle an reicher Freude
in freudiger Hochgestimmtheit
darüber, dass die Gefangenschaft der Ärmsten
ein gutes Ende gefunden hatte.
Da weinten fürwahr selbst die Heiden
aus Verbundenheit zu der edlen Dame,
aus Leid über ihren langen Schmerz.
Denn wer sie weinen sah,
der musste ihr Unglück beklagen.
Und auch ihr gütiges Lächeln
konnte die Leute veranlassen,
voller Freude zu sein.
Wer sie in ihrer Fröhlichkeit
und Freude sah,

der muost ir phliht an vreuden geben,
ob joch im vreuden niht gezam.
von ir schœne er vreude nam.
swenn aber sî wesen wolte
mit vreuden als sî solte,
sô tet ir rôsen varwer munt [B 43v]
den ungemuoten vreude kunt,
die sî mit vreuden sâhen,
als ir die besten jâhen.

Die naht beliben wir aldâ.
dô hiez man den gesten sâ
bereiten ein bat. sî wuoschen sich.
ohteiz, wie rehte minneclich
die geste wurden nâch dem bade!
als ich daz sach, mir swein der schade,
den ich hâte an sî geleit.
dô sî gewunnen niuwiu kleit,
dô truoc des wunsches krône
in liehter varwe schône [19r]
mîn vrouwe, ein bluome reiner tugent.
ouch truoc daz alter und diu jugent
nâch ir rehte liehten schîn.
swaz der jugent solte sîn
ze rehte in liehter schœne gar,
dar nâch was ir lîp gevar.
die dâ in junger ritterschaft
truogen jugent unde kraft,
daz schein an ir lîbe sâ.
schœne, klâr, wîz und grâ
wâren gar die alten
mit zühten manicvalten.
der vrouwen schœne was sô vil,

der musste an ihrer Freude teilhaben,
auch wenn er selbst nicht fröhlich war.
Er erfreute sich an ihrer Schönheit.
Immer wenn sie so fröhlich war,
wie sie sein sollte,
dann steckte ihr rosenroter Mund
die, die verdrossen waren und sie
in ihrer Fröhlichkeit sahen, mit Freude an,
wie die Besten ihr zugestanden.

Die Nacht über blieben wir noch dort.
Da ließ man den Landesfremden
ein Bad bereiten. Sie wuschen sich.
Oh, wie bezaubernd schön
sie nach dem Bad wurden!
Als ich das sah, verringerte sich für mich der Preis,
den ich für sie bezahlt hatte.
Als sie neue Kleider bekommen hatten,
da trug meine Herrin, die eine Blüte reiner Tugend war,
in heller, strahlender Schönheit
die Krone der Vollkommenheit.
Und auch die Alten und die Jungen
waren strahlend schön, wie es ihnen zukam.
So, wie es den Jungen
ansteht, strahlend schön zu sein,
so war auch ihre Erscheinung.
Die, die als junge Ritter
Jugend und Kraft besaßen,
denen sah man das an ihren Körpern deutlich an.
Wohlgestaltet, schön, weiß und grau
waren fürwahr die Alten
mit in jeder Hinsicht vorbildlicher Haltung.
Die Schönheit der Damen war so groß,

wan daz mîn vrouwe truoc daz zil
in loberîcher werdekeit,
sô wær den vrouwen unverseit [B 44r]
mit hôchgemüete schône
an lob des wunsches krône.

An dem andern morgen fruo,
dô bereit ich mich dar zuo
als ich von dannen wolte varn.
dô bat ich vil wol bewarn
die vrouwen und die degne
mit dem gotes segne,
wan sî daz reine gotes wort
hæten nie vernomen dort,
die wîle daz sî lâgen dâ.
nâch messe kêrten wir sâ
enbîzen vil vrœlîche.
dô kam der zühterîche
Stranmûr, der burggrâve hie,
der manic zuht an mir begie,
für den tisch an dem zil [b]
mit rittern und mit knappen vil.
er lie sîne zuht dâ schouwen.
den rittern und den vrouwen
bôt der getriuwe reine
den becher al gemeine
und gab in güetlîchen gruoz,
des ich im heiles wünschen muoz,
daz in der zuht gegen mir gezam.
dô der imbîz ende nam,
wir nâmen urloub ûf die vart.
›ich wil dich, lieber Gêrhart,

dass nur meine Herrin sie übertraf
in ihrer lobenswerten Würde.
Abgesehen von ihr müsste den Damen
mit Freuden bereitwillig die Krone
jedes Wunsches an Lobwürdigkeit zugestanden
werden.

Am nächsten Morgen früh
machte ich mich bereit,
weil ich aufbrechen wollte.
Dann bat ich darum, die Damen
und die Männer unter den Schutz
des göttlichen Segens zu stellen,
denn sie hatten das reine Wort Gottes
dort niemals vernehmen können
in der ganzen Zeit, die sie dort gefangen lagen.
Nach der Messe gingen wir sogleich
fröhlich zum Essen.
Da kam der noble
Stranmur, der hiesige Burggraf,
der mir viele Wohltaten erwiesen hatte,
mit vielen Knappen und Rittern
zu uns an den Tisch.
Da erwies er seine gute Erziehung.
Allen Rittern und den Damen
bot der Rechtschaffene
den Becher
und grüßte sie freundlich.
Dafür wünschte ich ihm Heil und Segen,
weil er mir dadurch Ehre erwies.
Als die Mahlzeit beendet war,
nahmen wir Abschied, um abzufahren.
›Ich überlasse dich, Gerhart,

in dînes gotes phleg ergeben, [B 44v]
daz er behüete dir dîn leben.
sî aber iemen bezzer dan er sî,
des helfe sî dir stæte bî.

Mîn lieber got Jûpiter
dich sæliclîcher vart gewer.
Pallas unde Jûnô
machen dich mit sælden vrô.
Machmet und Mercûrius,
Thêtis und Neptûnus,
die der wazzer hânt gewalt,
in der helfe sî gezalt
dîn hinvart mit disem her.
mit ringer franspuot ûf dem mer
helfe dir durch sîn gebot
Êolus, des windes got,
mit vil süezem nâchwinde,
daz dir und dem gesinde
sô wol gelingen müeze,
daz dîn vart werde süeze‹,
sprach des burggrâven munt.
dô neig ich im sâ zestunt. [19v]
er gab mir sîn kleinode dô.
dar nâch sprach er aber alsô:
›dir sî für wâr von mir geseit,
daz ich alle die kristenheit
durch dich immer êren wil.
wan dir got sælden hât alsô vil
in dirre welte hie gegeben,
daz dîn lîp und ouch dîn leben [B 45r]
immer geêret müeze sîn.
des wünschet dir daz herze mîn.‹

der Obhut deines Gottes,
der dein Leben behüten möge.
Sollte es einen Besseren als ihn geben,
so möge dir dessen Hilfe beständig nahe sein.

Mein verehrter Gott Jupiter
gewähre dir eine glückliche Fahrt.
Pallas und Juno
mögen dich mit Glück erfreuen.
Mahmet und Merkur,
Thetis und Neptun,
die über das Wasser herrschen,
in deren Schutz sei gestellt
deine Fahrt mit dieser Schar.
Mit gutem Glück auf dem Meer
helfe dir durch sein Walten
Äolus, der Gott des Windes,
mit tüchtigem Rückenwind,
auf dass es dir und deinen Mitreisenden
so wohlergehe,
dass deine Reise angenehm werde‹,
sprach der Burggraf.
Ich verneigte mich sogleich vor ihm.
Da gab er mir seine Geschenke.
Danach sagte er noch:
›Ich will dir sagen, dass ich fürwahr
die ganze Christenheit
stets um deinetwillen ehren werde.
Denn dir hat Gott hier in dieser Welt
so viel Segensreiches verliehen,
dass deine Person und dein Wirken
immer geehrt zu werden verdienen.
Das wünsche ich dir von Herzen.‹

sus weinde er von jâmer mich,
daz wir weinden, er und ich,
daz wir uns solten scheiden.
uns wart von jâmer beiden
vil senelîchiu triuwe kunt.
dô schieden wir uns sâ zestunt.

Er vreute sich des koufes dô.
ouch was ich des wehsels vrô.
er versach gewinnes sich
ouch dinget ich des, daz ich
mîn gewin dran iht vergê.
der lôn ûf gotes genâde stê
nâch den grôzen hulden sîn
und nâch den nôtdurften mîn.
wir dûhten beide uns unbetrogen.
dâ wurden balde ûf gezogen
die segel in der hab aldâ.
sus kêrten wir von dannen sâ
mit grôzer vreude ûf unser wege.
wir gâben uns in gotes phlege
für des tiuvels kraft ze wer.
dô huob sich bald ûf dem mer
starker nâchwinde vil.
für wâr ich iu bescheiden wil, [b]
daz wir nâch dem wunsche mîn
niht sæliclîcher möhten sîn,
noch mit heile baz gevarn [B 45v]
und gab der reinen megde barn
guot geverte, liebe vart,
der uns mit sælden tet bewart.
wan der gelie in nœten nie,
swer sînen trôst an in verlie.

Er beweinte mich aus Schmerz,
so dass wir beide weinten, er und ich,
darüber, dass wir uns trennen mussten.
Aus Traurigkeit empfanden wir beide
wehmütige Verbundenheit.
Daraufhin trennten wir uns sogleich.

Er war froh über den Handel.
Und auch ich war zufrieden mit dem Tausch.
Er rechnete fest mit dem Gewinn,
und auch ich hoffte darauf,
meinen Gewinn daran nicht zu verlieren.
Der Lohn sei in Gottes Gnade gestellt
gemäß seiner großen Huld
und entsprechend meiner Bedürftigkeit.
Beide betrachteten wir uns als Gewinner.
Da wurden im Hafen
die Segel rasch aufgezogen.
So fuhren wir sogleich unserer Wege
von dannen in großer Freude.
Wir gaben uns in die Fürsorge Gottes
zum Schutz vor der Macht des Teufels.
Da erhob sich bald auf dem Meer
ein kräftiger Fahrtwind.
Ich will Euch ehrlich sagen,
dass wir meinem Wunsch gemäß
nicht glücklicher noch wohlbehaltener
hätten fahren können,
und der Sohn der Muttergottes,
der uns glücklich behütete,
schenkte uns eine gute Fahrt und angenehme Reise.
Denn der, der sich auf ihn verließ,
den ließ er niemals in Not allein.

sus gab uns sîn süeziu phlege
mit franspüete ringe wege.

Dô treip uns der winde maht
mit kreften zwelf tag und naht
hinwider ûf die rehten vart,
dâ sî uns ê genomen wart.
diu beleip uns stæte dô.
dar nâch fuogt ez sich alsô,
daz wir muosten gâhen
dâ wir kuntlîche sâhen
gebirge unde lant,
der künde mir was wol erkant.
als ich diu gebirge ersach
zuo dem schifman ich sprach:
›sag mir, ist dir iht erkant
ditz gebirge und ditz lant?‹
›jâ, wol, ich erkenne mich.‹
›wâ scheident aber die wege sich
gên Ûztrieht und gên Engellant
daz merke. kêren dar zehant.‹
›hie nâhen bî an dirre sît,
dâ ditz hôchgebirge lît,
dâ ist den strâzen beiden
gezilt und underscheiden [B 46r]
diu slihte an beiden strâzen gar.‹
dô kêrten wir vil balde dar
gegen den selben enden.
dô hiez ich balde lenden
in eine habe, diu sich zôch
nâhen an diu gebirge hôch,
diu disen beiden strâzen
ir underscheide mâzen.

So bereitete uns seine milde Fürsorge
glückliche und rasche Überfahrt.

Da trug uns die Kraft der Winde
zwölf Tage und Nächte kraftvoll
zurück auf den rechten Kurs,
dorthin, wo wir ihn seinerzeit verloren hatten.
Auf ihm blieben wir beständig.
Danach fügte es sich so,
dass unser Weg
uns rasch vorbeiführte
an Gebirge und Land,
die mir gut vertraut waren.
Als ich das Gebirge erkannte,
sagte ich zu dem Steuermann:
›Sag mir, kennst du denn dieses
Gebirge und dieses Land?‹
›Ja, durchaus, ich kenne mich hier aus.‹
›Achte darauf, wo sich die Wege
nach Utrecht und nach England trennen.
Lenke das Schiff sogleich dorthin.‹
›Hier nahe an dieser Seite,
wo das Hochgebirge liegt,
da sind beide Routen
klar und deutlich
markiert und unterscheidbar.‹
Da fuhren wir sogleich
in diese Richtung.
Da ließ ich rasch landen
in einer Bucht, die nah
bei dem Hochgebirge lag,
durch das die beiden Wege
unterschieden werden konnten.

Dô unser anker mit kraft
wurden in den sant behaft,
dô hiez ich unser spîse
gelîche in einer wîse
in beidiu schif teilen hie.
gelîchen teil ich beiden lie,
in einen teil, den andern mir.
ich sprach: ›ir herren, ich und ir
suln uns scheiden hie zehant.
sagent, wer ist von Engellant
ûf dise vart mit iu gevarn?
mit den wil ich daz schif bewarn
daz iu wart ûf der vart genomen.
wer ist mit mîner vrouwen komen
von ir vater lande her?
daz sagent mir, daz ist mîn ger.‹
daz sagte ir einer mir alsô:
›mîn vrouwe und der vrouwen zwô
von Norwæge sint genant.
die zwelfe sint von Engellant
und die andern al gelîche. [B 46v]
von ir vater rîche
fuor mit uns ein michel her.
die sint verdorben ûf dem mer,
dâ mînes herren schif versanc;
wærlîche er selbe ertranc.‹
dô schiet ich von dem herren gar
die vrouwen und die ander schar,
diu mit im dâ von lande kam.
mîne vrouwen ich dô nam
und ir juncvrouwen zwô
in mîn schif besunder dô.

Als unsere Anker kraftvoll
in den Sand gesenkt wurden,
da ließ ich unseren Proviant
zu gleichen Teilen
auf beide Schiffe verteilen.
Ich beließ beiden Schiffen den gleichen Anteil,
ihnen den einen, mir den anderen.
Ich sprach: ›Ihr Herren, ich und ihr
werden uns jetzt hier trennen.
Sagt, wer ist von England aus
zu dieser Fahrt mit euch aufgebrochen?
Die sollen das Schiff erhalten,
das euch auf der Reise genommen worden war.
Wer ist mit meiner Herrin
vom Lande ihres Vaters gekommen?
Sagt mir das, das ist mein Wunsch.‹
Einer von ihnen sagte mir dies:
›Meine Herrin und zwei der Damen
kommen aus Norwegen.
Diese zwölf kommen aus England
und auch alle anderen.
Vom Reich ihres Vaters
fuhr ein großes Heer mit uns.
Die sind alle im Meer ertrunken,
als das Schiff meines Herrn versank.
Wahrlich, auch er selbst ertrank.‹
Da schied ich von dem Herrn
die Damen und die andere Gruppe,
die mit ihm dort aus diesem Land gekommen war.
Einzig meine Herrin
und ihre beiden Hofdamen
nahm ich da in mein Schiff.

Als ich die herren guote
besand nâch mînem muote
besunder in ir schif hin dan
und ich die vrouwen gewan
mit ir juncvrouwen zwein,
dô wart ich des mit mir enein,
daz ich in urloub wolte geben,
wider sâ ze lande streben.
ich sprach: ›vil lieben herren mîn,
wir scheiden uns, daz muoz sîn.
kêrent heim in iuwer lant
und sint des von mir gemant,
hab ich iu gedienet iht,
daz ir des vergezzent niht,
ir nement es mit triuwe war.
ich wil, daz mîn vrouwe var
mit mir heim ze lande dan.
ob inder lebende ist ir man, [B 47r]
dem wil ich sî behalten,
mit solhem prîs ir walten,
daz ez sî nimmer krenket.
ob er ir gedenket,
ir vater, künic Reinmunt,
dem behalte ich sî gesunt
mit êren âne missetât,
ob sî got mit vreuden lât
gesunt und âne swære.‹
die helde unwandelbære
klagten unser scheiden dô.
sî sprâchen al gelîche alsô:
›nein, vil süezer herre mîn,
lâz uns immer bî dir sîn
biz wir dîn guot vergelten dir.

Als ich die guten Herren
nach meinem Willen
getrennt in ihr Schiff gewiesen
und ich die Dame zu mir genommen hatte
zusammen mit ihren beiden Hofdamen,
da beschloss ich,
dass ich sie verabschieden
und selbst sogleich wieder heimwärts fahren wollte.
Ich sagte: ›Meine lieben Herren,
wir trennen uns, das muss sein.
Kehrt in euer Land zurück
und seid von mir daran erinnert:
Wenn ich euch eine Wohltat erwiesen habe,
dass ihr nicht vergesst,
getreulich daran festzuhalten.
Ich will, dass meine Herrin
mit mir nach Hause fährt.
Für den Fall, dass ihr Mann noch leben sollte,
will ich mich für ihn um sie kümmern
und in solcher Weise für sie sorgen,
dass sie keine Ehrminderung dadurch erleidet.
Wenn er an sie denkt,
ihr Vater, der König Reinmunt,
für den behüte ich sie unversehrt,
in Ehrhaftigkeit und ohne Makel,
wenn Gott sie bei guter Gesundheit lässt
und voller Freude, ohne Beschwernis.‹
Die treuen Helden
beklagten da unsere Trennung.
Sie sagten allesamt:
›Nein, mein liebster Herr,
lass uns immer bei dir sein,
bis wir dir deinen Verlust vergelten.

dîn beste phant, daz sîn wir.
hab uns in dîner huote,
biz wir nâch dînem muote
dir vergelten gar dîn guot,
dâ mit dîn vil reiner muot
uns von banden lôste
und in unvreuden trôste.‹

Dô gedâht ich mir zehant:
›ich wil burgschaft und phant
an sîn selbes güete lân,
durch den ich ez hân getân.‹
ich sprach: ›hin vart in gotes phlegen.
iu ist ein teil ze sêre entlegen
iuwer lant und iuwer guot. [B 47v]
ich weiz iuch wol alsô gemuot,
daz iuwer wort mir ist ein phant.
ir habent sô lang erliten bant
daz iuch mîn bant niht twingen sol.
ez zœme anders danne wol
swer ouch in bant iuch leite.
nâch sô grôzer arbeite
vart ruowen. lânt iu baz geschehen,
daz iuwer vriund doch mügen sehen,
daz ir doch sint gesunt als ê.
ir langez beiten tuot in wê.
dâ bî sô sint mîn gemant,
werden iu mîn boten gesant
nâch mîner gülte, ob ez geschiht,
sô geltent mir und anders niht.
ich hân in mînem muote

Dein bestes Pfand, das sind wir.
Behalte uns in deiner Obhut,
bis wir nach deinem Willen
dir deine Aufwendungen vollständig vergelten,
mit denen deine lautere Absicht
uns aus der Gefangenschaft löste
und in tiefster Verzagtheit tröstete.‹

Da dachte ich sogleich:
›Ich will Bürgschaft und Pfand
der Güte dessen anheimstellen,
um dessentwillen ich es getan habe.‹
Ich sagte: ›Fahrt in der Obhut Gottes.
Euer Land und euer Vermögen
sind euch doch zu weit entfernt.
Ich kenne euch als so aufrichtig,
dass euer Wort ein Pfand für mich ist.
Ihr habt so lange unter Banden gelitten,
dass euch durch meine Bande kein Zwang angetan werden soll.
Derjenige handelte anders, als er sollte,
der euch erneut in Bande legte.
Nach so großer Mühsal
fahrt dorthin, wo ihr ruhen könnt. Lasst es euch besser ergehen,
damit eure Angehörigen endlich sehen können,
dass ihr gesund seid wie zuvor.
Ihr langes Warten schmerzt sie.
Seid bei all dem gemahnt,
wenn euch meine Boten
wegen meiner Bezahlung gesandt werden,
dann bezahlt mich, sonst aber nicht.
Ich habe in mir selbst

phant und bürgen guote,
die niht untriuwen gernt
und tûsentvalt mich wider wernt,
swaz ich hân umb iuch gegeben.
habe iuwer herre noch sîn leben
und vrâge nâch der vrouwen sîn,
sô sagent im von der künigîn,
daz ich sî sô behalten habe,
daz ir nimmer sliffe abe,
swaz ê mit wîbes werdekeit
zühte was an sî geleit.‹

Die herren vielen für mich dô, [B 48r]
sî weinden unde wâren vrô.
von vreuden was ir weinen grôz,
daz ich in mînem muot entslôz,
daz ich sî wolte lâzen.
ir leides sî vergâzen,
sî wurden vreudenrîche.
sî sprâchen gemeinlîche:
›der got, des kunst uns werden liez,
des gewalt von himel stiez
hôchverteclich gemüete,
der lône dir mit güete,
des dû ze lieb uns hâst getân.
wan solten wir von erbe hân
zehen künicrîche,
wir möhten nemelîche
dir dînes herzen muot
niht vergelten noch dîn guot.
wir ergebenz dir in dîn gebot,
und lône dir der rîche got,
der ist rîcher danne wir.

Pfand und gute Bürgen,
die keine Untreue im Schilde führen
und tausendfach mir zurückerstatten,
was ich euretwegen aufgewendet habe.
Wenn euer Herr noch leben sollte
und nach seiner Frau fragt,
dann sagt ihm in Bezug auf die Königin,
dass ich sie so bewahre,
dass ihr niemals Schaden zugefügt werde an dem,
was ihr zuvor an weiblicher Würde
und Zucht zugemessen worden war.‹

Die Herren fielen vor mir nieder,
sie weinten und waren froh.
Sie weinten sehr vor Freude darüber,
dass ich beschlossen hatte,
sie gehen zu lassen.
Sie vergaßen all ihr Leid
und wurden frohgemut.
Sie sprachen alle miteinander:
›Der Gott, dessen Schöpferkunst uns werden ließ
und dessen Macht aus dem Himmel
den Hochmut verbannte,
der lohne dir mit Güte das,
was du uns zuliebe getan hast.
Denn sollten wir
zehn Königreiche erben,
so vermöchten wir dir doch
weder deine Herzensgüte
noch deine Aufwendungen zu vergelten.
Wir überlassen es deinem Urteil,
und der mächtige Gott möge dir lohnen,
der ist mächtiger als wir.

der lône dîner güete dir
mit immer werndem lône.
ze himelrîche krône
gebe er dir mit stætekeit.
unser gülte ist dir bereit,
süezer vater, sô dû wilt.
der gülte uns nimmer mê bevilt,
wan dû uns wider hâst gegeben
êre, guot, lîp und leben. [B 48v]

Nû phlege dîn got der guote
mit sîner süezen huote;
des heiligen kriuzes kraft
prüeve dich mit vreuden sigehaft
an menschlîcher sælikeit,
und daz dîn leben sunder leit
sich alsô verende,
daz dich got sende
mit sælden vrœlîche
zuo dem hôhen himelrîche.‹
sus kusten sî mich und ich sie.
wir schieden uns mit jâmer hie,
und doch mit vreuden âne haz.
dô twelten sî niht fürbaz
ze kêren von mir zehant
ir rehten vart gegen Engellant,
und ich dar heim ze lande,
dâ ich mich wol erkande.
dô wîste mich diu strâze mîn
ze berge von dem mer zem Rîn,
ze Kölne hin gegen der stat.
mînen vriunden ich dô bat
künden vil vrœlîche,

Er vergelte dir deine Güte
mit immerwährendem Lohn.
Er gebe dir im Himmelreich
in Ewigkeit die Krone.
Unsere Erstattung steht dir zur Verfügung,
liebster Vater, wann immer du willst.
Niemals wird unsre Bereitschaft dazu erlahmen,
denn du hast uns
Ehre, Besitz, Leib und Leben zurückgegeben.

Nun schütze dich der gute Gott
und nehme dich in seine gnädige Obhut.
Die Kraft des heiligen Kreuzes mache dich
freudig siegreich
an menschlichem Glück,
dein Leben soll ohne Leid
so zu Ende gehen,
dass Gott dich
froh und glücklich
in sein hohes Himmelreich aufnehme.‹
So küssten sie mich und ich sie.
Wir trennten uns dort unter Klagen
und doch in Freuden, ohne jede Feindseligkeit.
Da säumten sie nicht länger,
sogleich von mir zu kehren
und den richtigen Weg nach England einzuschlagen.
Ich fuhr wieder heim in mein Land,
wo ich mich gut auskannte.
Da führte mich mein Weg
hinauf aus dem Meer in den Rhein,
hin zu der Stadt Köln.
Da ließ ich meinen Angehörigen
die frohe Kunde ausrichten,

daz ich ê nie sô rîche
kæme wider noch sô vrô,
und daz ich rîcher wære dô
dan in allen mînen tagen.
ich hiez mînem wîbe sagen,
mîn koufschatz wær alsô grôz, [B 49r]
daz nie dekein mîn genôz,
der koufes ie gedæhte,
sô grôzen koufschatz bræhte.

Des vreuten mîne vriunde sich.
ir vreude was sô grôzlich,
dô sî vernâmen daz ich kam.
mîn wîp ir vriunde zuo ir nam
und ouch mîn sun. sî kâmen dô
und wâren mîner kunfte vrô
und mînes grôzen heiles geil.
der burger ein vil michel teil
riten gegen mir an den Rîn.
ich und diu liebe vrouwe mîn
wurden wol enphangen dâ.
dô giengen mîne vriunde sâ
durch schouwen dar ûf mînen kiel.
der koufschatz in niht wol geviel:
sî funden niht wan steine.
er dûhte sî ze kleine
und an guote ein ringiu habe.
mînen koufschatz fuort ich abe
ze einer stunt an mîner hant.
dô niemen anders dâ niht vant
wan mîner lieben vrouwen lîp.
›lieber Gêrhart‹ sprach mîn wîp,
›sag an durch got, wâ ist dîn guot?

dass ich nie zuvor so reich
heimgekehrt sei, noch so glücklich,
und dass ich reicher geworden sei
als jemals zuvor in meinem Leben.
Meiner Frau ließ ich sagen,
mein Kaufschatz sei so groß,
dass niemals einer meiner Standesgenossen,
der je Handelsgeschäfte unternommen hatte,
einen so großen Kaufschatz erworben hatte.

Darüber freuten sich meine Angehörigen.
Ihre Freude war riesig,
als sie vernahmen, dass ich kam.
Meine Frau nahm ihre Angehörigen und Freunde mit
und auch meinen Sohn. Sie kamen gleich
und freuten sich über meine Ankunft
und über mein großes Glück.
Sehr viele Bürger ritten
mir an den Rhein entgegen.
Ich und meine liebe Herrin
wurden dort gut empfangen.
Da kamen meine Freunde sogleich
aus Neugier auf mein Schiff.
Der Kaufschatz sagte ihnen nicht zu:
Sie fanden nichts als Steine.
Das schien ihnen zu wenig zu sein
und wenig Wert zu haben.
Ich führte sogleich meinen Kaufschatz
an meiner Hand vom Schiff herab.
Da fand niemand etwas anderes
als allein meine liebe Herrin.
Meine Frau fragte: ›Lieber Gerhart,
sag um Gottes willen, wo ist deine Ware?

dîn bote vreute mir den muot.
der sagte mir von guote vil.
des hân ich funden hie ein zil.‹ [B 49v]
›jâ sich, ich lie die vrouwen mîn
wol für mîne habe sîn
mîn gülte.‹ ›daz ist niht dîn spot?‹
›ez ist wâr, sô helf mir got.
ouch weiz ich niht wie ez dir behage.‹
›Gêrhart, lieber vriunt, nû sage
durch got die wârheit mir,
wie ist sî worden danne dir?‹
›daz sag ich dir vil wol:
sich, niemenz unbilden sol,
der mîne vriuntschaft welle hân.‹
›sô sol ouch sî ir zürnen lân‹,
sprach Gêrhart, mîn vil liebez kint,
›und ouch alle die bî uns sint.
ez ist mit vriuntschaft, ebensleht,
wan ez ist billich unde reht,
daz sî mit vriuntschaft eben habe,
swaz dînem herzen wol behage.
daz sol mit irem willen ouch sîn.
got wol weiz, lieber vater mîn,
swaz dû hâst hier an getân,
des solt dû mîne gunst hân.
gebreste uns niht muotes,
wir haben immer guotes
genuoc, und sol ez uns bestân,
daz wir von gotes gnâden hân.
nû sî gelobt der süeze Krist,
daz dû gesunt mir komen bist‹,
sprach ouch mîn vil liebez kint. [B 50r]
›mîn vrouwe und ouch die mit ir hie sint,

Dein Bote hat mich hoch erfreut.
Der erzählte mir von einer Menge an Waren.
Davon habe ich hier nichts gefunden.‹
›Ja, sieh, ich ließ meine Herrin hier
Pfand all meines Besitzes sein.‹
›Ist das dein Ernst?‹
›Es ist die Wahrheit, so wahr mir Gott helfe.
Ich bin mir aber nicht sicher, wie dir das gefällt.‹
›Gerhart, lieber Freund, nun sag mir
um Gottes willen und wahrheitsgemäß:
Wie ist sie dir denn zuteilgeworden?‹
›Das sage ich dir ganz genau:
Schau, niemandem soll das missfallen,
dem an meiner Freundschaft gelegen ist.‹
›Dann soll auch sie ihren Zorn fahren lassen‹,
sagte Gerhart, mein lieber Sohn,
›und auch alle, die bei uns sind.
Es ist Freund- und Verwandtschaft angemessen,
denn es ist billig und recht,
dass sie freundschaftlich mittrage,
was deinem Herzen gut gefällt.
Damit soll auch sie einverstanden sein.
Gott weiß wohl, mein lieber Vater,
was du hierin bewirkt hast.
Dafür sollst du meine Gunst haben.
Wenn es uns nicht an Willen fehlt,
dann werden wir immer genug Geld haben,
und uns soll das bleiben,
was wir durch Gottes Gnade besitzen.
Nun sei der gute Gott dafür gelobt,
dass du gesund zu mir zurückgekommen bist‹,
sagte außerdem mein vielgeliebtes Kind.
›Meine Herrin und auch ihre Begleiterinnen

die sulnt willekomen sîn
gote und dem herzen mîn.‹
des gnâdet im diu guote
mit vreudenrîchem muote,
wan ir tet ungemüetes buoz
wîbes unde sunes gruoz.

Ob des koufes stætekeit
was iemen liep oder leit,
daz liez ich sîn. ich was sîn vrô.
mîne vrouwen fuort ich dô
mit ir juncvrouwen zwein
vrœlîch in mîn hûs hein
und schuof ir gemache guot,
schœne unde wol behuot
in einer kemenâten,
die hiez ich vil wol berâten
mit guotem gerœte.
sô ritterlich gewæte,
daz sî mit guoten êren truoc,
gab ich ir mêre dan genuoc.
nâch ir selber muote
ir willen ich ir huote,
wan mîner vrouwen süeziu jugent
sô gar mit kintlîcher tugent
in süezer kintheit truoc ir spil.
dô dûhte mich des niht ze vil,
ich næme von den vriunden mîn
schœne juncvröwelîn, [B 50v]
kintlich nâch wunsche und wol getân,
mit den sî kurzwîl solte hân.
wan sî mit süezer kintheit

sollen Gott und mir
willkommen sein.‹
Dafür dankte ihm die Gute
in großer Freude,
denn der Gruß von Sohn und Ehefrau
war Trost für ihre Betrübnis.

Ob der Abschluss des Kaufes
jemandem lieb oder leid war,
das kümmerte mich nicht. Ich war froh über ihn.
Dann führte ich meine Herrin
mit ihren beiden Edeldamen
fröhlich heim in mein Haus
und schuf ihr feine Bequemlichkeit,
nobel und komfortabel,
in einem Gemach,
das ich sorgfältig einrichten ließ
mit bester Ausstattung.
Von höfischer Kleidung,
die sie mit großer Ehre tragen konnte,
gab ich ihr mehr als genug.
Ihrem eigenen Wunsch gemäß
nahm ich sie in meinen Schutz,
denn die süße Jugend meiner Herrin
fand in jugendlicher Art,
in reizender Jugendlichkeit Vergnügen.
Da schien es mir nicht zu viel zu sein,
von meinen Angehörigen
schöne Mädchen zu mir zu nehmen,
die, wie man es nur wünschen konnte, kindlich und reizend
waren und mit denen sie sich die Zeit vertreiben konnte.
Denn sie waren mit lieblicher Kindlichkeit

wâren kintlîch gemeit,
den ich edliu kindes kleit
durch mîner vrouwen liebe sneit
durch zieren wol ir kintheit.
sî wâren stolzeclîch gemeit.

Dô vreute sich mit lieber kraft
der kintlîchen gesellescaft
mîn vrouwe in süezen sinnen.
sî hiez mich ir gewinnen [20r]
golt und liehter sîden vil.
ich dâhte, swaz diu guote wil,
daz sol nâch ir willen sîn.
dô gab ich der vrouwen mîn
swes sî bedurfen wolde
von sîden und von golde.
dô kunde sî wol machen
von keiserlîchen sachen,
swaz man von sîden würken sol.
sî kunde liehte borten wol
edele wæhe rîche
würken meisterlîche.
daz lêrte sî diu vröwelîn.
ir werc daz gab sô liehten schîn,
daz nie bezzers wart getragen
von berlen rîch und underslagen
von edlem gesteine. [B 51r]
ir werc was alsô reine,
daz ez mir vil tiure galt.
baldekîn und plîalt,
die besten, die man ie getruoc,
des gab diu guote mir genuoc.

auf kindliche Weise fröhlich,
denen ich um meiner Herrin willen
edle Kleider anfertigen ließ,
um ihre Jugendlichkeit zu schmücken.
Sie waren stolz und frohgemut.

Da freute sich von ganzem Herzen
meine liebreizende Herrin
über die gleichaltrige Gesellschaft.
Sie hieß mich, ihr Gold
und viel glänzende Seide zu beschaffen.
Ich dachte mir, was immer die Gute möchte,
das soll ihrem Willen gemäß geschehen.
Da gab ich meiner Herrin,
was sie haben wollte
an Seide und an Gold.
Sie verstand gut herzustellen
alles an herrlichen Dingen,
was man aus Seide machen kann.
Sie vermochte glänzende Borten
edel, zierlich und kostbar
auf meisterhafte Weise zu sticken.
Darin unterwies sie auch die jungen Damen.
Ihre Handarbeit war so glänzend,
dass niemals eine bessere getragen worden war,
reich mit Perlen besetzt und
mit Edelsteinen.
Ihre Stickerei war so fein,
dass ich sie teuer verkaufen konnte.
Brokat- und Seidenstoffe,
die besten, die man je getragen hatte,
davon gab die Gute mir viel.

Dar an ich dicke vil gewan.
dô diu vrouwe alsus began
ruowen nâch der arebeit,
zâhî, wie wîplich klârheit
an ir süezen lîbe lac!
ir lîp sô hôher sælden phlac,
daz mîn sælden wunsch an ir
rîche sælde fuogte mir,
sô grôze sælde, daz mir nie
an mînen sachen missegie.
swes ich begund, daz geschach.
der wunsch ie mînen werken jach [b]
des wunsches, als ich wolte
und als ich wünschen solte.
swenne mir ein leit geschach,
dâ von ich truog ungemach,
ich gienc für sî und sach sî an.
zehant schiet ich mit vreuden dan,
wan ich von leide sâ genas,
swie grôz mîn ungemüete was.
swer ir schœne solte sehen,
swaz im leides was geschehen,
der muoste sâ mit vreuden wesen
und von unvreuden sîn genesen
und von ir tragen hôhen muot.
hæt ich gar wider brâht mîn guot, [B 51v]
ich weiz von wârheit sunder wân,
ich möht es niht genozzen hân
den halben teil als vil als ir,
sô rîche sælde fuogte mir
got durch die hôhen sælikeit,
die er hâte an sî geleit.

Daran verdiente ich oft viel Geld.
Wenn die Herrin dann
nach ihrer Arbeit ruhte,
ach, welch weibliche Schönheit lag
dann auf ihrer reizenden Erscheinung!
Sie war so beglückend,
dass mein Glücksverlangen durch sie
auf das reichste befriedigt wurde
und sie mir so viel Glückseligkeit schenkte,
dass meine Angelegenheiten mir nie misslangen.
Was ich anpackte, fand ein gutes Ende.
Jeder Wunsch, den ich mit meinen Taten verband,
erfüllte sich wunschgemäß
und stets so, wie ich es gewollt hatte.
Widerfuhr mir doch ein Leid,
das mich belastete,
ging ich zu ihr und sah sie an.
Sogleich kehrte ich freudvoll von ihr zurück,
weil ich alsbald vom Leid befreit wurde,
wie groß mein Ungemach auch gewesen war.
Wer ihre Schönheit ansehen durfte,
was immer dem an Leid widerfahren war,
der musste froh werden
und von Freudlosigkeit befreit werden
und durch sie guter Dinge sein.
Hätte ich meine Aufwendungen zurückerhalten,
ich weiß ohne jeden Zweifel,
ich hätte davon nicht
halb so viel Nutzen haben können wie durch sie,
so großes Glück bereitete mir Gott
mit der Glückseligkeit,
die er ihr verliehen hatte.

Sus was mîn vrouwe, daz ist wâr,
bî mir mêre dan ein jâr,
daz ich von dem künic, ir man,
gewissen boten nie gewan,
noch gewæriu mære,
wie ez ergangen wære.
von muoter noch von vater ich nie
gewisse botschaft enphie.
dar zuo wart mir von Engellant
der selben zît nie bot erkant. [20v]
des nam mich dicke wunder
und dâhte alsô besunder:
›benamen, ich weiz von wârheit wol,
daz ich des niht zwîveln sol,
daz der künic von Engellant
verdorben ist. wan ich bevant
von im gewæriu mære nie.
ê daz er mîne vrouwen hie
sô lange lieze ungesehen,
er lieze im ê ein leit geschehen,
des er verdorben læge.
der künic von Norwæge
ist ouch verdorben, daz ist wâr,
wan ez ist wol drithalp jâr,
daz er von sînem lande
mînẹ vrouwen sande.
west er die bî mir gesunt,
ich hæt ze etslîcher stunt
sîne boten hie gesehen.
sî sint et tôt. des muoz ich jehen.‹

Auf diese Weise war meine Herrin fürwahr
mehr als ein Jahr bei mir,
ohne dass ich je von dem König, ihrem Mann,
einen zuverlässigen Boten empfangen, noch
eine verlässliche Nachricht erhalten hätte
darüber, was geschehen sei.
Ich erhielt auch weder von ihrer Mutter noch von ihrem Vater
je eine verlässliche Botschaft.
Auch aus England wurde mir
damals nie ein Bote geschickt.
Das wunderte mich sehr,
und ich dachte bei mir:
›Fürwahr, ich weiß ganz sicher,
dass ich nicht daran zweifeln darf,
dass der König von England
umgekommen ist. Denn ich erhielt nie
von ihm verlässliche Nachricht.
Ehe er meine Herrin hier
so lange allein ließe,
hätte er sich eher ein Leid zugezogen,
und wenn er dadurch sein Leben verloren hätte.
Der König von Norwegen
ist fürwahr auch umgekommen,
denn es ist zweieinhalb Jahre her,
dass er von seinem Land
meine Herrin verabschiedete.
Wüsste er sie in guter Gesundheit bei mir,
dann hätte ich schon längst
seine Boten hier gesehen.
Doch ich muss sagen: Sie sind tot.‹

Nû truoc mîn herze zaller zît
mit im selben manigen strît,
ob sie lebten oder niht.
ich lie dem wâne mîn phliht
und wânde des von wârheit.
nû sach ich, daz mîn vrouwe ir leit
sô rehte wîplîchen truoc,
swie vrô sî was, sô man gewuoc
ir vriundes namen an einem man, [b]
des sî doch künde nie gewan.
sô erweinde sî der name zehant,
sô sî des genamen vant,
der in ir herze was behaft
mit lieplîcher gesellechaft.
in weinden dick ir ougen
mit klagender swære tougen,
wan diu vil strenge minne
ir kintlîchem sinne
den jungen degen hât ergeben.
ein herze truog ir beider leben,
er truog ir leben, sîn herze ir lîp,
swie sî nie worden was sîn wîp.
diu minne leit vil dicke ir bant [B 52r]
zwein herzen, den vil unbekant
der minnen werc an minnen ist.
diu minne füeget einen list,
daz zwei einander liebes jehent
der êrsten stunt, sô sî gesehent
einander minneclîche.
diu minne wirt vil rîche,
daz sî mit solher liebe stât,
daz diu minne niht zergât
an den gelieben beiden.

Nun trug mein Herz unentwegt manchen Streit
mit sich selbst darüber aus,
ob sie noch lebten oder nicht.
Ich gab mich der Hoffnung hin
und hielt diese für die Wahrheit.
Nun sah ich, dass meine Herrin ihr Leid
einer Frau angemessen trug,
wenn sie auch stets froh war, wann immer man mit dem
Namen ihres Geliebten einen Mann bezeichnete,
selbst wenn sie den gar nicht kannte.
Der Name brachte sie gleich zum Weinen,
wenn sie auf einen Namensgenossen dessen traf,
der in ihrem Herzen
mit lieblicher Gemeinschaft eingeschlossen war.
Sie beide mussten oft
verstohlen in klagender Kümmernis weinen,
denn die gestrenge Liebe
hatte den jungen Helden
ihrem kindlichen Sinn unterworfen.
Ihr beider Leben war in einem Herzen vereint,
er besaß ihr Leben, ihr Leib sein Herz,
obwohl sie doch nie ganz seine Frau geworden war.
Die Liebe legt oftmals zwei Herzen
in Fesseln, denen das Werk der Liebe
unbekannt ist, das die Liebe schafft.
Die Liebe bewirkt mit einem Kunstgriff,
dass zwei sich einander ihre Liebe bekennen,
sobald sie einander
liebevoll erblicken.
Die Liebe wird dadurch mächtig,
dass sie in solcher Hingabe besteht,
so dass die Liebe an den zwei
Liebenden nicht vergeht.

diu liebe ist ungescheiden,
diu an zwei gelieben leben
alsus mit liebe wirt gegeben.

Diu minne mir der wârheit jach,
die ich an mîner vrouwen sach.
wan sî dem edlen herren guot
an minnen truoc sô stæten muot,
und doch an sînem arme nie [21r]
mit kusse süeziu lieb enphie.
der minne werc in vrömde jach,
wan daz diu minne an in geschach,
von der ich hân gesprochen hie:
ietwederz von dem andern lie
sich sliezen in der minnen stric,
dô der êrste minnen blic
von in beiden was geschehen,
dô sî einander solten sehen
mit ougen an der êrsten stunt,
dô in wart herzenliebe kunt. [B 52v]
des wart ich an der vrouwen gar
kuntlich und wol gewar.
ich nam ez in mînen sin
und dâhte her dicke und hin:
›jâ herre, wie sol ez ergân,
sît ich mîn edel vrouwen hân
erlôst von grôzer arebeit,
wie sol ich nâch ir werdekeit
ir dinc gefüegen dan alsô,
daz sî niht immer wese unvrô?
wan ir muoz leider sîn bereit
grœzer leit und armekeit,
dan ir von arte wol gezeme,

Die Hingabe ist untrennbar,
die zwei liebenden Leben
so mit Liebe gegeben wird.

Die Liebe bestätigte mir als wahr,
was ich an meiner Herrin beobachten konnte.
Denn sie liebte den edlen, guten Herrn
so aufrichtig und beständig
und hatte an seinem Arm doch nie
mit Kuss zärtliche Liebe empfangen.
Das Werk der Liebe war ihnen beiden unbekannt,
außer dass die Art von Liebe sich an ihnen vollzog,
von der ich hier bereits gesprochen habe:
Beide ließen sich voneinander
mit den Fesseln der Liebe binden,
als sie einander zum ersten Mal
liebend angesehen hatten,
als sie sich erstmals getroffen
und mit Augen einander angesehen hatten –
da wurde ihnen bewusst, was Herzensliebe ist.
Das bemerkte ich an der
Herrin unzweifelhaft und deutlich.
Ich nahm es in mir auf
und dachte immer wieder darüber nach:
›Ach Gott, wie soll es weitergehen?
Da ich nun meine edle Herrin
aus großer Not erlöst habe,
wie soll ich für sie ihrem Rang gemäß
ihre Lebensumstände so ordnen,
dass sie nicht für den Rest ihres Lebens unglücklich ist?
Leider kommen auf sie
größeres Leid und größere Entbehrung zu,
als ihr von Standes wegen angemessen ist,

ez sî daz, ich es ir beneme
sô vil, als ich ez verenden mac.
swaz aber ich hinz an disen tac
rîches guotes ie gewan,
dâ mit möhte ich einen man
gewinnen mîner vrouwen niht,
der lêhens von ir vater giht.
sît mir nû ist daz guot verseit, [b]
daz wol gezæme ir edelkeit,
sô wil ich sî versuochen,
ob sî welle geruochen,
daz sî ein rîchez koufwîp
immer sî, ê daz ir lîp
müeze lîden armekeit
in dienstlîcher arebeit.‹

Dar nâch gedâht ich alsô: [B 53r]
›ich müeste et immer sîn unvrô,
schied ich die lieben stætekeit,
die sî ir trûtgesellen treit.
ach, wênc, daz ist niht anders doch
wan ein wân. den hât sî noch
mit triuwen in ir herze ergeben.
nû zwîvel ich des, daz sîn leben
noch lebe. nein, der herre ist tôt.
des hât sî dester grœzer nôt.
wan ez ist ein blôzer wân,
dar an sî vreude wænet hân.‹
sus klagte ich sî mit maniger klage.
ich gie zuo ir an einem tage.
dô gruozte diu vil guote mich
mit ir gruoze minneclich.
ich sprach: ›vil liebiu vrouwe mîn,

es sei denn, ich wende es von ihr ab,
so gut ich vermag.
Was ich aber bis auf diesen Tag
an Reichtum erworben habe,
reicht nicht einmal dazu aus,
meiner Herrin einen Ehemann zu verschaffen,
der Lehensmann ihres Vaters ist.
Da es mir nun an Reichtum mangelt,
der ihrem Adel angemessen wäre,
will ich die Frage an sie herantragen,
ob sie sich darauf einlassen will,
eine reiche Kauffrau
künftig zu sein, bevor sie
Mangel und Armut leiden muss
in mühevollem Dienst.‹

Dann wieder dachte ich so:
›Ich müsste immer unglücklich sein,
wenn ich die innige Verbundenheit zerstören würde,
die sie ihrem Geliebten gegenüber empfindet.
Ach, leider ist das doch nichts anderes
als eine trügerische Hoffnung. An der hält
sie noch beständig fest in ihrem Herzen.
Doch ich bezweifle, dass er
noch lebt. Nein, der Herr ist tot.
Dadurch ist ihr Unglück umso größer.
Denn es ist nichts als eine bloße Einbildung,
von der sie glaubt, Freude zu haben.‹
So bemitleidete ich sie mit mancher Klage.
Eines Tages ging ich zu ihr.
Da empfing mich die Gute
mit ihrem Gruß auf liebliche Weise.
Ich sprach: ›Liebste Herrin,

möht ez mit iuwern hulden sîn,
daz ir geruochtent hœren mich?‹
›jâ, herre vater mîn, nû sprich,
swaz dînem willen wol behage,
daz hœr ich gern. trût, nû sage.‹
›vrouwe, daz vergelt iu got.
daz ist ein sæliclich gebot
iuwer werden süeze. [21v]
nû gedinge ich, ob ich müeze
gegen iuwern hulden sprechen iht,
daz ir mir daz verkêrent niht
und ez mit iuwern hulden stê,
swaz ich bete an iu begê.‹ [B 53v]
›daz tuon ich, vater, sammir got.
dîn bete, daz ist ein gebot,
an dem ich gerne leisten sol,
swaz dir behagt von herzen wol.
daz ist mir liep, ich bin es vrô.‹
zuo mîner vrouwen sprach ich dô:
›ich spriche, sît ich urloup hân.
vrouwe, ir sult iuch wol entstân,
waz an iu wunders ist geschehen.
ich hân leider reht ersehen,
daz nieman lebender ist erkant,
der iu ze vriunde sî benant.
sî sint leider alle tôt.
nû hân ich umb iuwer nôt
vil dicke in dem herzen mîn
grôze sorg und hôhen pîn,
wie ez sol umb iuch ergân.
diu grœste sorge, diu ich hân,
got weiz wol, vrouwe, daz diu lît
an iu mit sorgen zaller zît.

wollt Ihr mir Eure Gunst schenken,
dass Ihr geruht, mir zuzuhören?‹
›Ja, mein Herr Vater, nun sag alles,
was dir gefällt und was du sagen willst,
das nehme ich wohlwollend auf. Mein Bester, nun sprich.‹
›Herrin, das lohne Euch Gott.
Das ist eine segensreiche Antwort,
die Eurem edlen Liebreiz entspringt.
Nun hoffe ich, dass Ihr mir, falls ich
etwas sagen muss, das Eure Gunst verletzt,
das nicht übel nehmt,
sondern freundlich aufnehmt,
worum ich Euch bitten möchte.‹
›Das tue ich, Vater, so wahr mir Gott helfe.
Deine Bitte ist mir ein Gebot,
dem ich gerne auf die Weise
entsprechen werde, die dir von Herzen gefällt.
Das ist mir recht und angenehm.‹
Zu meiner Herrin sprach ich da:
›Ich spreche, da ich nun die Erlaubnis habe.
Herrin, macht Euch genau bewusst,
was Euch Erstaunliches widerfahren ist.
Ich habe leider feststellen müssen,
dass von Euren Angehörigen
gewiss niemand mehr am Leben ist.
Leider sind sie alle tot.
Nun habe ich aufgrund Eurer Notlage
sehr oft in meinem Herzen
große Sorge und starke Qual,
was aus Euch werden soll.
Die größte Sorge, die ich habe,
richtet sich, weiß Gott, Herrin, stets
kummervoll auf Euer Wohlergehen.

die hât mich dick in sorgen brâht.
nû hân ich dicke des gedâht,
ê daz ir duldent armuot,
daz ir rîcheit unde guot
in grôzer rîchlîcher kraft
næment in der genôzschaft,
in der ich koufman bin genant. [b]
mîn sun, der ist iu wol erkant,
daz der mit rîcher werdekeit [B 54r]
vil wirde in sînem namen treit –
der wirde, der ein man sol hân,
der sich koufes sol begân.

Des wolt ich muoten, möht ez sîn,
mit iuwern hulden, vrouwe mîn,
daz ir den næment zeinem man,
wan ich des niht erdenken kan,
wie iu wider werde erkorn
diu hêrschaft, die ir hânt verlorn
an dem künic werde erkant,
Willehalm von Engellant.
dem hât leider nû sîn leben
ein ende mit dem tôde geben.‹
mîn vrouwe sprach mit zühten dô:
›herre vater, ich bin vrô,
daz dû versuochet hâst an mich.
swaz dû wil, daz wil ouch ich,
wan daz ist billich unde reht.
hiezest dû mich dînen kneht
ze man mit dînem râte hân,
daz wurd sâ durch dich getân
mit guotem willen sunder spot.
wan dû und unser herre got

Die hat mich in größte Unruhe gestürzt.
Nun habe ich öfter darüber nachgedacht,
dass Euch, bevor Ihr Armut erdulden müsstet,
Reichtum und Wohlstand
in großer, reichlicher Menge
im Kreise derer zuteilwerden könnten,
zu denen auch ich als Kaufmann gehöre.
Mein Sohn, der Euch genau bekannt ist,
besitzt höchstes Ansehen und
hat sich durch Ehre einen Namen gemacht –
jene Ehre, die der Mann haben muss,
der sich dem Handel widmet.

Deshalb will ich vorschlagen, wenn es möglich wäre,
mit Eurem Einverständnis, meine Herrin,
dass Ihr diesen zum Mann nehmt,
denn ich kann mir nicht vorstellen,
wie Ihr die Hoheit zurückerlangen könntet,
die Ihr verloren habt
mit dem als ehrenhaft bekannten König
Willehalm von England.
Der ist nun leider
aus dem Leben geschieden.‹
Meine Herrin sprach da mit Würde:
›Herr Vater, ich bin froh,
dass du diese Frage an mich herangetragen hast.
Was auch immer du willst, das will auch ich,
denn das ist billig und recht.
Hießest du mich, deinen Knecht
nach deinem Willen zum Manne zu nehmen,
dann geschähe das sogleich um deinetwillen
bereitwillig und ohne Murren.
Denn du und unser Herrgott

hânt mir den lîp und ouch daz leben
mit vreuden wider gar gegeben.
ich enwil niht sprechen umb dîn kint;
die swechsten, die dâ bî dir sint,
die sint mir alle gelîche wert.
als es an mich dîn bete gert,
dest wâr, der juncherre ist wert [22r]
der besten sælden, der man gert.
daz tuot er mit gebærden schîn.
ich wil sîn vrô mit willen sîn.

Süezer lîp, nû tuo ouch dû,
des ich an dich muote nû.‹
›gerne, vrouwe mîn, dest wâr.‹
›sô lâ mich beiten noch ein jâr
mit dînem willen âne haz,
– ob unser herre füege, daz
mîn gemahel inder lebe –
daz er mir in widergebe.
ich weiz ez reht und zwîvels niht,
lebt er, daz er mich gesiht,
ê ditz jâr verende sich.
geschiht ez niht, sô muoz ich mich
vertrœstet sînes lîbes hân.
nû lâ mich beiten ûf den wân,
sô leist ich gar den willen dîn.‹
›gerne, vrouwe, daz sol sîn.
ich wil iu gern bîten,
wan got in manigen zîten
nie geschuof sô ganze tugent
in alsô kintlîcher jugent
noch lîp sô sældenrîchen.
daz ir sô minneclîchen

habt mir mit Freuden
Leib und Leben ganz zurückgegeben.
Nicht zu sprechen von deinem Sohn
haben bereits die Geringsten, die bei dir sind,
in meinen Augen allesamt den gleichen Wert.
Was du von mir erbittest,
das ist gut begründet: Der junge Herr ist würdig
des höchsten Glückes, das man erlangen kann.
Das macht er durch sein Benehmen deutlich.
Ich bin bereit, ihn freudig zum Gatten zu nehmen.

Liebster Vater, nun tu auch du,
worum ich dich nun bitten will.‹
›Gerne, Herrin, fürwahr.‹
›So lass mich noch ein Jahr warten
mit deiner Zustimmung, ohne Missgunst,
damit, falls es unser Herrgott so fügt,
dass mein Gemahl irgend noch am Leben ist,
er ihn mir wiedergebe.
Ich weiß ganz sicher und zweifle nicht daran,
dass er, sollte er noch leben, mich findet,
noch ehe dieses Jahr vorüber ist.
Geschieht das nicht, dann muss ich mich
über ihn hinweggetröstet haben.
Nun lass mich noch ein Jahr warten in dieser Hoffnung,
dann will ich deinem Willen ganz entsprechen.‹
›Gerne, Herrin, das soll geschehen.
Ich bin gerne bereit, auf Euch zu warten.
Denn Gott hat in allen Zeiten noch nie
eine so vollkommene Tugendhaftigkeit geschaffen,
in derart zarter Jugendlichkeit,
noch einen so glückspendenden Leib.
Dass Ihr so freundlich

die bet enphangen hânt von mir,
sô gar nâch mînes herzen gir,
des muoz ich in dem herzen mîn
dester sældenrîcher sîn [B 54v]
immer mêr, diu wîl ich lebe.
daz iu got mit vreuden gebe
immer sæliclîchez leben! [b]
swaz ich hân umb iuch gegeben,
daz liebet mir baz unde baz
an iu mit liebe sunder haz.‹

Ich gie von mîner vrouwen dô.
sî was trûric und ich vrô,
daz sî ir liebes was ermant.
mich vreute, daz ich an ir vant
antwurt nâch dem willen mîn.
ir minneclîcher ougen schîn
von jâmer was ir worden naz
nâch dem, des sî nie vergaz.
ich meine ir vil werden man.
diu zît mir lieben began,
daz ich diu guoten ie gesach,
diu wîbes güete nie gebrach
durch unwîplîchen sin.
daz jâr gie nâch dem andern hin,
daz ich vernam für wârheit nie
mit gewissen mæren, wie
ez umb den künic von Engellant
und umb ir vater wær gewant.
der zît wart mit sô guoten siten
von der vrouwen mîn gebiten,
daz ez ir sæliclîchen prîs
mit lobe zierte manige wîs.

meine Bitte aufgenommen habt,
so ganz nach meinem Wunsch,
dafür muss ich in meinem Herzen
umso glücklicher sein
immer bis ans Ende meiner Tage.
Gott möge Euch ein seliges Leben
in immerwährender Freude schenken!
Das, was ich für Euch aufgewendet habe,
das erfreut mich immer mehr
an Euch mit ungetrübter Liebe.‹

Da schied ich von meiner Herrin.
Sie war traurig darüber und ich war froh,
dass sie an ihren Geliebten erinnert worden war.
Mich freute, dass sie meinem
Wunsch gemäß geantwortet hatte.
Das wunderschöne Strahlen ihrer Augen
war ihr aus Jammer nass geworden
um den, den sie nie vergessen hatte.
Ich meine ihren edlen Mann.
Ich begann, den Tag immer mehr zu ehren,
an dem ich die Gute zum ersten Mal gesehen hatte,
die weibliche Güte nie verletzte
durch etwas, was einer Frau unangemessen war.
Das Jahr folgte dem vorherigen,
ohne dass ich fürwahr je
verlässliche Nachrichten darüber erhielt, wie
es um den König von England
und um ihren Vater bestellt wäre.
Während dieser ganzen Zeit
wartete meine Herrin so vorbildlich,
dass es ihren seligen Lobpreis
lobwürdig auf vielfältige Weise schmückte.

mîn heil begunde rîchen,
mîn ungelücke entwîchen. [B 55r]
von ir sælden dûhte mich
mîn vreude wart vil grôzlich,
wan mîn gedinge und ouch mîn wân
was an diu guoten gar verlân,
wan ich mich des versach an ir [22v]
sî solte immer sîn bî mir.

Dô daz jâr ein ende nam
und daz zil an ein ende kam,
ich gie aber sâ zehant
hin, dâ ich mîn vrouwen vant.
ich sprach: ›vrouwe, ir wizzent wol,
wes ich iuch aber bitten sol.
unser beider zil ist komen,
daz von uns beiden wart genomen.
verendet hât sich unser jâr.‹
sî sprach: ›vater, dû hâst wâr.‹
›nû sagent mir, liebiu vrouwe guot,
wie stât aber iuwer muot?‹
›wol. ich wil nû stæte lân,
swaz ich dir geheizen hân.
swaz dû, lieber vater mîn,
wilt von mir, daz sol et sîn.‹
des vreute mîn gemüete sich.
ir geheize vreute ich mich
und seite es ir von gote danc,
der sî sô hôher güete twanc,
daz sî sich niht wolte schamen
sî lieze küniginne namen
durch mich und hieze ein koufwîp. [B 55v]
des sî ir sældebernder lîp

Mein Glück begann zu wachsen,
mein Unglück zu schwinden.
Ich glaubte bei all ihrem Segensreichtum,
dass meine Freude sehr groß würde,
denn meine Hoffnung wie meine Zuversicht
ruhten ganz und gar auf der Guten,
denn ich hoffte darauf,
dass sie für immer bei mir bleiben würde.

Als das Jahr vorüber
und die Frist abgelaufen war,
ging ich alsbald wieder dorthin,
wo ich meine Herrin fand.
Ich sprach: ›Herrin, Ihr wisst genau,
worum ich Euch erneut bitten will.
Unsere Frist ist abgelaufen,
die wir miteinander vereinbart hatten.
Unser Jahr ist vergangen.‹
Sie sprach: ›Vater, du hast recht.‹
›Nun sagt mir, liebe, gute Herrin,
wie steht es nun um Eure Absicht?‹
›Gut. Ich werde nun halten,
was ich dir versprochen habe.
Was du, mein lieber Vater,
von mir willst, das soll auch geschehen.‹
Darüber war ich froh.
Über dieses Versprechen freute ich mich
und dankte ihr bei Gott dafür,
der sie zu so großer Güte drängte,
dass sie sich nicht dafür schämte,
um meinetwillen den Namen einer Königin
aufzugeben und Kauffrau zu werden.
Dafür sei ihr glückspendender Leib

geêret immer mêre
mit vreudenrîcher lêre.

Dô ich, als ich gedâhte,
in mînen willen brâhte,
mîne reinen vrouwen guot,
sô daz ir herzeclîcher muot
mîner bete was bereit,
willeclîcher stætekeit
ich vreute mich der sælden grôz,
wan nie dehein mîn genôz [b]
sô grôze werdekeit gewan,
sô diu, der ich mich versan
an mîner vrouwen werdekeit.
zuo mînem herren ich dô reit,
ze hove für den palas,
dâ er heimlich ûffe was.
ich erbeizte für in.
durch sînen herzeclîchen sin
hiez mich der liebe herre mîn
güetlîch wilkomen sîn.
des seite ich im grôz genâde dô.
dar nâch vrâgte er mich alsô:
›waz meinet, Gêrhart, daz dû bist
zuo mir komen an dirre vrist?
ist dir iht arges?‹ ich sprach: ›niht!
wan daz ein heimlich geschiht
mich an iuch gewîset hât,
herre mîn, umb iuwern rât.‹ [B 56r]
er sprach: ›benamen, den vindestû
an mir nâch mînen witzen nû.
sag mir, waz dir werre.‹
dô hiez mich mîn herre

für immer geehrt
mit freudenreicher Vorbildlichkeit.

Als, wie ich gehofft hatte,
meine edle, gute Herrin
sich meinem Willen fügte,
so dass sie innerlich
bereit war, meiner Bitte
willentlich und beständig zu entsprechen,
freute ich mich über das große Glück,
weil nie einer meiner Standesgenossen
so große Würde erlangt hatte
wie die, der ich nun entgegensah
mit dem hohen Rang meiner Herrin.
Ich ritt zu meinem Herrn, dem Bischof,
auf den Hof vor den Bischofspalast,
in dem er wohnte.
Ich stieg vor ihm vom Pferd.
Aus seiner Freundlichkeit heraus
hieß mich mein lieber Herr
herzlich willkommen sein.
Dafür dankte ich ihm da sehr.
Danach fragte er mich:
›Was bedeutet es, Gerhart, dass du
jetzt zu mir gekommen bist?
Ist dir etwas zugestoßen?‹ Ich sagte: ›Nein!
Mich hat nur eine persönliche Sache
zu Euch geführt,
mein Herr, in der ich Eures Rates bedarf.‹
Er sagte: ›Wahrlich, den findest du
bei mir nach meinen Möglichkeiten.
Sag mir, was dich beschäftigt.‹
Da hieß mich mein Herr

sitzen an die sîten sîn
und sagen gar den willen mîn.

Ich sprach: ›herre, ich wil iu sagen
durch waz ich rât an iu muoz jagen,
durch den ich her bin zuo iu komen.
ir habent lîhte wol vernomen,
wie ez mir ist ergangen,
wie ich vant gevangen
edel ritter hôchgemuot
und ein küniginne guot
mit starken banden wol behaft
in der wilden heidenschaft,
wie ich die von untrôste [23r]
mit mînem guot erlôste
durch got und durch ir selber danc
– ir jâmer mich des koufes twanc –,
den wolt ich warten beiden.
dô ich von den heiden
erlôste daz vil arme her,
ich lie die ritter über daz mer
ze lande kêren wider hein.
mit ir juncvrouwen zwein
brâht ich die küniginne her.
ez was mîn muot und ouch mîn ger, [B 56v]
daz ich ir man behielte ir lîp,
ob er lebte und er sîn wîp
suochte, daz er funde sî
mit êren gar vor wandel vrî.
sus was sî bî mir, daz ist wâr,
vil nâch mêre dan ein jâr,
daz mir von rehter wârheit
nie von ir manne niht wart geseit.

an seiner Seite Platz zu nehmen
und ihm zu sagen, was ich wollte.

Ich sprach: ›Herr, ich will Euch sagen,
warum ich Euren Rat brauche,
wegen dem ich her zu Euch gekommen bin.
Ihr habt sicher gehört,
wie es mir ergangen ist
und wie ich gefangen genommen fand
edle, stolze Ritter
und eine vornehme Königin,
die in starken Fesseln lagen
in der fernen Heidenschaft,
und wie ich die aus Verzweiflung
mit meinem Vermögen freikaufte
um Gottes willen und ihrem eigenen Wunsch gemäß
– ihre Klagen zwangen mich zum Kauf –,
denen wollte ich beiden entsprechen.
Als ich aus der Heidenschaft
die elende Schar erlöst hatte,
da ließ ich die Ritter über das Meer
wieder heimfahren.
Mit ihren beiden Hofdamen zusammen
brachte ich die Königin hierher.
Es war meine Absicht und mein Wunsch,
sie für ihren Mann zu hüten,
damit er, sollte er leben und seine Frau
suchen, sie hier fände,
ehrenhaft und unbeschadet.
Auf diese Weise war sie bei mir,
wahrlich länger als ein ganzes Jahr,
in dem mir wahrhaftig nie von ihrem
Manne irgendetwas bekannt geworden ist.

Dô rett ich mit der guoten,
ob ich getörste muoten
ob sî sich wolte lân gezemen,
daz sî ze man geruochte nemen
mînen sun. daz lobt ir munt
mîner bete sâ zestunt.
sî lobte mînes willen vil,
gæb ich ir ditz jâr ein zil,
ob ir man inder kæme,
daz sî den widernæme.
daz jâr ein ende hât genomen.
daz zil ist ûf ein ende komen.
noch wil diu liebe vrouwe mîn
an ir geheize stæte sîn
und wil ir megetlîchen lîp
geben unde werden wîp [b]
mînes sunes. des bin ich geil.
daz grôze vreudenrîche heil
mir an iuch gerâten hât,
daz ich lêre, helfe und rât
an iu, herre, überschouwe. [B 57r]
wan mîn vil reiniu vrouwe
hât alsô sældenrîchen lîp,
wirt sî mînes sunes wîp,
sô hân ich immer mêre
sælde, guot und êre.
wan swaz mir sælden ie geschach,
sît ich die guoten êrst gesach,
die hâte ich von der sælikeit,
die got hât an sî geleit.‹

Da sprach ich mit der Guten,
ob ich wagen dürfte, ihr vorzuschlagen,
dass sie sich dazu bereit erklärt,
sich dazu herabzulassen, meinen Sohn
zum Manne anzunehmen. Das versprach sie mir
auf meine Bitte hin sogleich.
Sie versprach, meine Bitte zu erfüllen,
wenn ich sie noch ein Jahr warten ließe,
dass sie, falls je ihr Mann wiederkäme,
ihn dann zurücknehmen könne.
Das Jahr ist nun vergangen.
Die Frist ist abgelaufen.
Meine liebe Herrin ist immer noch bereit,
an ihrem Versprechen festzuhalten
und ihren jungfräulichen Leib
hinzugeben und die Frau
meines Sohnes zu werden. Darüber freue ich mich.
Das große, freudenvolle Glück
hat mich an Euch verwiesen,
um Unterweisung, Unterstützung und Rat
bei Euch, Herr, einzuholen.
Denn meine makellose Herrin
ist so heilspendend,
dass ich, wird sie die Frau meines Sohnes,
für immer reich an Glück,
Besitz und Ehre bin.
Denn was mir auch immer an Glück zuteilwurde
seit ich die Gute zum ersten Mal gesehen habe,
erwuchs mir aus dem Heil,
das Gott ihr verliehen hat.‹

Dô sprach mîn herre: ›sît dîn rât
dich an mich gewîset hât,
sô wend ich dîner sælden niht.
wan got mit sæliclîcher phliht
dîn heil alsô gekrœnet hât,
daz ez geblüemet immer stât
nâch wunschelîchem heile gar.
swer es nimt ze rehte war,
der muoz von schulden jehen dir,
daz got nâch wunschelîcher gir
mit sælden hôher werdekeit
an dich mit vlîze hât geleit
danne an deheinen lebenden man.
wan dir nû got der sælden gan,
diu vor uns nieman geschach,
sô wær mir immer ungemach,
ob ich die solte krenken,
verswachen, neigen, senken.
ich wil sî hôhen, swâ ich kan.
dîn sun, der ist ein koufman [B 57v]
und noch ein harte stolzer kneht. [23v]
der sol dienstmannes reht
enphâhen unde leiten swert
in ritterschefte werden wert.
der welde hœhste werdekeit
bejagt ein man, der wâpen treit.
alsus wil ich dich stiuren
und dîne sælde tiuren.‹

›Herre, daz vergelt iu got
durch sîn gotlich gebot.
daz ist ein grôziu êre,
daz ich bin immer mêre

Da sprach mein Herr: ›Da du dich an mich
mit der Bitte um Rat gewandt hast,
will ich mich deinem Glück nicht in den Weg stellen.
Denn Gott hat mit glücklicher Anteilnahme
dein Heil derart gekrönt,
dass es für immer geschmückt ist,
ganz vollkommenem Glück entsprechend.
Wer richtig zu urteilen vermag,
muss dir mit Recht zugestehen,
dass Gott dir so, dass man es sich
nicht besser wünschen könnte, glücklich
größere Herrlichkeit mit Bedacht verliehen hat
als irgendeinem anderen lebenden Mann.
Da Gott dir nun das Glück verleiht,
das vor uns niemandem zuteilwurde,
würde es mich immer betrüben,
es zu beeinträchtigen,
zu schwächen, zu mindern oder herabzusetzen.
Ich will es erhöhen, wo immer ich kann.
Dein Sohn, der ist ein Kaufmann
und außerdem ein sehr stattlicher junger Mann.
Er soll in den Rang eines Dienstmannes erhoben werden,
die Schwertleite empfangen und
sich in der Ritterschaft auszeichnen.
Nach der höchsten Würde der Welt
strebt der Mann, der Waffen trägt.
Auf diese Weise will ich dich fördern
und dein Glück vergrößern.‹

›Herr, dafür lohne Euch Gott
um seines göttlichen Gebotes willen.
Das ist eine große Ehre,
durch die ich für immer und ewig

gewirdet und gerîchet.
mîn ungelücke entwîchet,
wan iuwer grôziu milte hât
mir gegeben sô hôhen rât,
daz ich bin mit vreuden geil.
ich möhte daz vil grôze heil,
des iuwer milte mir vergiht
unz ûf mîn zil gedienen niht.
sît ich nû muoz von schulden jehen,
daz mir ist von iu geschehen
ein solch genâde, daz nie man
von sînem herren mê gewan
alsô genædeclîchen wân
als ich von iu vernomen hân,
sô krœnet mînen hôhen muot
und daz genædeclîche guot,
des ich mich sol an iu versehen, [B 58r]
des iuwer trôst mir hât verjehen
und ruochent, lieber herre mîn,
die hôchzît bî mir sîn,
diu nû ze phingsten gelît.
wan ich ze dirre hôchzît
mînem sun wil geben swert
und die vil süezen vrouwen wert [b]
ze wîbe, ob es geruochet Krist,
der aller ding schepher ist.‹

Daz lobte mir mîn herre dô.
ich schiet von danne und was vil vrô.
ich reit mit vreuden für die stat
in die gegend unde bat
die lantherren, die ich vant
bî dirre stat über al daz lant,

ausgezeichnet und bereichert bin.
Mein Unglück schwindet,
denn Eure große Freigebigkeit
ist mir mit einem so großzügigen Rat zugutegekommen,
dass ich in höchster Freude juble.
Nie könnte ich dieses große Glück,
das Eure Großzügigkeit mir
zugestanden hat, jemals verdienen.
Da ich nun fürwahr sagen kann,
dass mir von Euch zuteilgeworden ist
eine solche Auszeichnung, dass nie
irgendjemand von seinem Herrn je
ein solch großmütiges Versprechen
wie ich von Euch erhalten hat,
so krönt meine Hochstimmung
und die Auszeichnungen,
die Ihr mir in Aussicht gestellt habt
und die Eure Unterstützung mir angekündigt hat,
und geruht, lieber Herr,
während des Festes mein Gast zu sein,
das nun an Pfingsten stattfindet.
Denn ich will im Rahmen dieser Feier
meinem Sohn das Schwert
und die liebreizende, edle Herrin
zur Frau geben, wenn es Gott gefällt,
der der Schöpfer aller Dinge ist.‹

Das versprach mir mein Herr da.
Ich verließ ihn und war sehr froh.
Ich ritt fröhlich vor die Stadt
in das Umland und bat
die Landherren, die ich antraf
dort und in der ganzen Gegend,

daz sî geruochten sîn bî mir
die hôchzît. des wurden wir
gewert, mîn lieber sun und ich.
mîne herren êrten alle mich,
grâven, vrîen, dienestman,
daz ich ir an mich gewan
mêre dan driu hundert
wol varende und ûzgesundert
an werdekeit zem besten,
die sich geruochten gesten
ûf mînes sunes hôchzît
ritterlîchen widerstrît.
dô kêrte ich wider in die stat.
mîne burger ich des bat, [B 58v]
daz sî gar mit iren wîben
geruochten ouch belîben
bî mir die hôchzît alle hie.
des bat ich. daz gelobten sie,
als ich es hâte an sî gegert.
alle, die des wâren wert,
die bat ich durch den willen mîn
alle gelîche bî mir sîn.
die gelobten ez gemeine gar
und gasten sich mit vlîze dar.

Nû hiez ich gegen der hôchzît
machen ein gestüele wît
und für die hurte veste schragen, [24r]
sô wîten ûf den hof geslagen
– swenn ein ritter rehten sweif
mit hurte durch den rinc begreif –
daz wol sîn puneiz volkam
daz in daz ors mit sprungen nam.

dass sie meine Gäste sein wollten
bei der Feier. Das wurde uns gewährt,
meinem lieben Sohn und mir.
Meine Herren ehrten mich alle,
Grafen, Freiherren, Dienstleute,
so dass es mir gelang,
mehr als dreihundert
vorbildliche Ritter einzuladen,
auserlesen an Würde als die Besten,
die bereit waren, die
Hochzeit meines Sohnes
mit ritterlichem Wettkampf zu zieren.
Da kehrte ich in die Stadt zurück.
Ich bat meine Mitbürger,
mit ihren Frauen
ebenfalls alle meine Gäste zu sein
bei der Hochzeitsfeier.
Darum bat ich sie. Das versprachen sie,
wie ich sie darum gebeten hatte.
Alle, die von Standes wegen verdient hatten,
eingeladen zu werden, die bat ich gleichermaßen,
um meinetwillen zu kommen.
Alle miteinander versprachen es
und kamen bereitwillig.

Nun ließ ich zur Vorbereitung der Hochzeit
lange Stuhlreihen anfertigen
und für das Turnier feste Schranken
auf dem Hof so großzügig bemessen,
dass – wenn ein Ritter mit seinem Pferd
sich umwandte bei einem Angriff auf dem Kampfring –
er beim Anrennen ungehindert war
und das Ross lospreschen konnte.

ouch vleiz ich mich der beider,
ors und rîcher kleider,
mir und dem sune mîn
und knappen, die geruochten sîn
in mînes sunes gesellescaft.
ich vleiz mich, daz ich rîche kraft
an wirtschaft hiez bereiten.
nû moht ich kûme erbeiten,
daz ditz zil ein ende nam
und daz der heilig âbent kam.
daz lieht erschein. des was ich vrô. [B 59r]
nâch mîner bete kâmen dô
die herren von dem lande dar
mit maniger ritterlîchen schar.
mîn sun mit grôzer werdekeit
gegen in für die porte reit
mit den knappen für die stat,
die er mit im dâ rîten bat,
ritterlîch und wol bekleit.
die burger wâren ouch bereit
mit maniger stolzen vrouwen,
an den man möhte schouwen
rîcher gastunge vil,
mit schallîchem seitenspil
nâch dem âbent ûf den hof.
mîn herre, der erzbischof,
kam ouch mit fürstenlîchen siten
mit mir in mîn hûs geriten
mit schalle ûf daz gestüele dar.
sî sâzen und enbizzen gar. [b]

Auch beschaffte ich sowohl
Pferde als auch kostbare Gewänder
für mich und meinen Sohn
und für jene Knappen, die
Gefährten meines Sohnes sein wollten.
Ich gab mir jede Mühe, alles
in Fülle für die Bewirtung herbeizuschaffen.
Nun konnte ich es kaum erwarten,
dass es endlich so weit war
und der Vorabend des Pfingstfestes gekommen war.
Das Licht erstrahlte. Darüber freute ich mich.
Wunschgemäß kamen da
die Herren aus der umliegenden Gegend her
mit einer großen Schar von Rittern.
Mein Sohn ritt ihnen würdevoll,
bis vor das Stadttor entgegen
zusammen mit den Knappen,
die er mit ihm reiten bat,
ritterlich und prächtig gekleidet.
Die Bürger, denen man
die gute Bewirtung ansehen konnte,
waren schon mit
vielen stolzen Damen
und weithin ertönender Saitenmusik
gegen Abend auf den Hof gekommen.
Mein Herr, der Erzbischof,
kam ebenfalls in fürstlicher Aufmachung
mit mir zu meinem Haus geritten
mit Festlärm zu den Sitzen dort.
Sie setzten sich und aßen alle.

Dô der imbîz geschach,
mîn herre sîne man gesprach,
grâven, vrîen, dienestman.
die kôrherren wâren dran
und der burgære vil.
die brâht ich ûf des râtes zil.
mit der râte wart gegeben
mînem sune ein hôhez leben,
ze rehte dienstmannes reht.
mit ir urteilde ebensleht [B 59v]
wart sîn genôzschaft neben in.
dirre hêrlich gewin
als offenbârlîch geschach,
daz in wol hôrt unde sach
manic hôchgemuoter lîp,
phaffen, ritter, werdiu wîp.
des vreut ich mich gar sunder klage
an dem heiligen tage.
dô man messe hie gesanc,
nâch dem segen gie niht lanc,
ê daz ich mîne vrouwen nam,
ich fuorte sî, als ez ir gezam,
gegen mînem herren dort hin dan,
dâ sî manic werder man
sô zühterîche gerne sach,
der ir der hœhsten sælden jach.
waz sol ich dâ von sprechen mê?
mînem sun ze rehter ê
wart gegeben mîn vrouwe sâ
vor manigem edlen ritter dâ.

Als die Mahlzeit beendet war,
sprach mein Herr mit seinen Vasallen,
Grafen, Freiherren, Dienstleute.
Die Chorherren waren dabei
und viele Bürger.
Die brachte ich alle her, um ihre Billigung zu haben.
Durch deren Zustimmung wurde
meinem Sohn eine große Auszeichnung zuteil:
das offizielle Recht eines Dienstmannes.
Mit ihrem einhelligen Beschluss
stellten sie ihn sich gleich.
Dieser herrliche Zuwachs an Ehre
vollzog sich vor aller Augen,
so dass ihn genau hörten und sahen
viele hochgestimmte Menschen,
Geistliche, Ritter, edle Damen.
Darüber empfand ich ungetrübte Freude
an diesem Feiertag.
Als man hier die Messe gesungen hatte,
dauerte es nach dem Segen nicht lange,
bis ich meine Herrin bei der Hand nahm
und sie führte, wie es sich ihr gegenüber gebührte,
meinem Herrn dort entgegen,
wo sie viele edle Herren
in ihrer Vorbildlichkeit gerne ansahen
und ihr das höchste Glück zusprachen.
Was soll ich mehr darüber sagen?
Meinem Sohn wurde dort zur rechten Ehe
meine Herrin sogleich
vor den Augen vieler edler Ritter gegeben.

Sus riten wir mit vreuden dan
mit manigem hôchgemuoten man
an daz gestüel mit schalle.
die werden ritter alle
begunden buhurdieren [24v]
mit liehten banieren.
ir decke wâren rîche.
mit zühten hovelîche
mîn herre in rîcher werdekeit [B 60r]
bî mîner vrouwen schône reit.
an daz gestüele er saz zuo ir.
daz was mîn bete und ouch mîn gir.
nû wâren sî gesezzen.
wir hâten niht vergezzen,
ich reit her und mîn sun hin
und nâmen daz in unsern sin,
wie wol ir wurde war genomen,
die dar wâren durch uns komen.
wir vlizzen uns des in rîcher kraft
mit zühten grœzer wirtschaft.
die gâben wir mit vreuden hie,
des uns jâhen alle, die
dâ wâren an der hôchzît.
ich reit durch daz gestüele wît
und sach – swie kranc et was ein gast –
daz im an wirtschaft niht gebrast.
für mîne werden vrouwen
reit mîn sun, dicke schouwen
sîn herzeclîchez lieb an ir,
daz muost et dicker danne zwir
mit süezen blicken dar geschehen,
wan er sî gern mohte sehen.

So ritten wir mit Freuden fort
mit vielen hochgestimmten Männern
zu den Sitzen mit fröhlichem Lärmen.
Die edlen Ritter begannen
alle den Buhurt
mit strahlenden Fahnen.
Ihre Pferdedecken waren kostbar.
In höfischer Haltung ritt
mein Herr in vornehmer Würde
schön an der Seite meiner Herrin einher.
Er nahm auf dem Sitz neben ihr Platz.
Das war mein Wunsch und meine Bitte gewesen.
Nun hatten sie sich gesetzt.
Wir versäumten nicht,
mein Sohn und ich, hin- und herzureiten
und zu veranlassen,
dass alle gut versorgt wurden,
die um unseretwillen hergekommen waren.
Wir bemühten uns darum mit großem Aufwand,
mit der Vorbildlichkeit größter Bewirtung.
Die ließen wir hier allen freudig zuteilwerden,
wofür uns alle die lobten,
die auf dem Hochzeitsfest waren.
Ich ritt durch die langen Stuhlreihen
und achtete darauf, dass – wie niedrig auch immer
der Rang eines Gastes sein mochte – er gut verpflegt wurde.
Vor das Angesicht meiner edlen Herrin
ritt oftmals mein Sohn, um sie zu sehen
und sich an ihr zu weiden,
das muss wohl öfter als zweimal
mit süßem Hinsehen dort geschehen sein,
da er sie so gerne ansah.

Buhurt – ritterlicher Gruppenkampf

Dô der imbîz ende nam,
swaz dem tage wol gezam
ze kurzewîl, daz was getân.
der tac begunde ein ende hân.
dô kam diu heilige naht.
mîn sun mit vlîziclîcher maht [B 60v]
kêrte dar an sîn gerinc,
wie er der hübschen liute dinc [b]
alsô geschaffen möhte,
daz ez nâch êren töhte.
er hiez diu naht sî schrîben an.
wan er niht worden was ze man
nâch ritterlîchem rehte,
dô wart als einem knehte
sîn gemahel im versaget.
sî was sîn vrî. als ein maget
was sî des morgens genant.
sîn minne was ir unbekant.
daz was billich unde reht.
swie er dannoch wær ein kneht,
ir minne sîn gemüete twanc
sô grôzer nôt, daz sîn gedanc
nâch der vrouwen minne bran.
sô sêre er minnen sî began,
daz er von vreuden gar vergaz,
ob er mit dienste ie gemaz
sîne bete an werdiu wîp.
daz machet im ir reiner lîp.

An dem andern morgen vruo
dô wâren wir bereit dar zuo,
daz wir ze messe kâmen
und gotes ampt vernâmen,

Als die Mahlzeit beendet war,
taten wir, was dem Anlass
an Vergnügungen gemäß war.
Der Tag neigte sich dem Ende zu.
Da kam die heilige Nacht.
Mein Sohn wandte seine ganze Aufmerksamkeit
und seine ganze Mühe darauf,
wie er sich so um die Hofleute
verdient machen konnte,
dass es ehrenhaft war.
Er ließ sie für die Nacht als Gäste aufnehmen.
Weil er noch nicht zum Ritter geworden war
nach ritterlichem Recht,
wurde ihm da als einem Knecht
seine Ehefrau vorenthalten.
Sie blieb allein. Als keusche Jungfrau
erwachte sie am nächsten Morgen.
Sie war noch nicht mit ihm zusammen gewesen.
Das war nur recht und billig.
Obwohl er noch ein Knecht war,
bezwang ihr Liebreiz sein Herz
so heftig, dass seine Gedanken
sich in der Liebe zu der Dame verzehrten.
Er sehnte sich so sehr nach ihr,
dass er vor Glück völlig vergaß,
ob er je zuvor im Minnedienst
um edle Damen geworben hatte.
Das bewirkte ihre anziehende Erscheinung.

Früh am nächsten Morgen
waren wir bereit,
zur Messe zu kommen
und dem Gottesdienst beizuwohnen,

mîn vrouwe und al diu ritterschaft.
in alsô ritterlîcher kraft
truoc mîn vrouwe rîchiu kleit, [B 61r]
daz sî wol nâch werdekeit
möhte tragen ein keiserîn
von samît und von baldekîn.
roc und mantel wâren lanc,
von hermîn gefurrieret blanc
und wîz ein hemde sîdîn,
schappel, fürspan, vingerlîn
und einen borten guot genuoc [25r]
diu edel hôchgemuote truoc
reines herzen kiuschen muot
under rîchen kleidern guot.
ouch truoc nâch ritterlîchen siten
rîche, wæhe, wol gesniten
an der selben hôchzît
mîn sun vil tiuren samît,
der was grüen alsam ein gras.
mit sniten geparrieret was
ein rôter phellôl wæhe dran.
diu kleider truoc mit vreuden an
mîn sun mit zwelf gesellen wert,
die dâ bî im nâmen swert
und mit im truogen disiu kleit
durch in und durch ir hübscheit.

Dô diu messe was gesungen,
die hôchgemuoten jungen
giengen nâch vil werder kür
zuo mînem herren dort hin für.
der segnet in diu swert aldâ.

meine Herrin und die gesamte Ritterschaft.
In dieser ritterlichen Pracht
trug meine Herrin so kostbare Gewänder,
dass sie würdig waren,
von einer Kaiserin getragen zu werden,
aus Samt und erlesener Seide.
Oberkleid und Mantel waren lang,
mit weißem Hermelin gefüttert,
und ein weißes Seidenkleid,
Haarband, Spange, Fingerring
und einen wundervollen Gürtel
trug die Edelgesinnte
und das reine Gemüt eines lauteren Herzens
unter den kostbaren, vorzüglichen Kleidern.
Auch trug in ritterlicher Weise
mein Sohn auf diesem Fest
einen vornehmen, feinen und
gut geschnittenen und sehr teuren Samt,
der grün wie Gras war.
Der war unterlegt
mit edlem rotem Seidenstoff.
Diese Kleider trug frohgemut
mein Sohn gemeinsam mit zwölf vornehmen Gefährten,
die mit ihm zusammen zum Ritter gemacht wurden
und die dieselben Kleider trugen
um seinetwillen und ihrer Vornehmheit wegen.

Als die Messe vorüber war,
gingen die hochgestimmten jungen Männer
in würdiger Art und Weise
zu meinem Herrn.
Der segnete ihnen sogleich die Schwerter.

den jungen niuwen helden sâ
gurten stolze ritter wert [B 61v]
umbe nâch ir rehte ir swert.
nâch dem gotes segene
drungen die swertdegene
mit schalle für des münsters tür.
ir ors verdaht mit rîcher kür
funden sî bereit alhie.
ze orse sprungen alle, die
in ritters namen kâmen dar.
manic banier vor der schar
sach man halten liehten schîn.
ouch muost aldâ mit schalle sîn
tambûr und floyten spil.
süezer videlære vil [b]
huoben nâch ir künst gebote
schelliclîche reisenote
mit süezen hovelîchen siten.
dâ wart mit schœner zuht gebiten
der vil werden vrouwen gar.
mîne vrouwen fuorte dar
mit schœnen zühten ûf den hof
mîn herre, der erzbischof.
dem giengen rîche vrouwen nâch
mit schœner zuht. in was niht gâch.

Die werden vrouwen rîche
die funden alle gelîche
ir phert bereit aldâ. sî riten.
dâ wart niht langer dô gebiten.
die schilde wurden sâ genomen
ze ahsel, dô man sî sach komen. [B 62r]
die ellenthaften jungen

Den jungen, frischgebackenen Helden
gürteten stolze, vornehme Ritter alsbald
standesgemäß ihre Schwerter um.
Nach dem Segen
drängten die jungen Ritter
lautstark vor das Portal des Münsters.
Ihre prächtig ausgestatteten Pferde
fanden sie dort bereitstehen.
Aufs Pferd sprangen alle,
die sich im Namen der Ritterschaft versammelt hatten.
Viele Fahnen sah man vor den Scharen
prächtig leuchten.
Auch durfte dort nicht fehlen lautes Schallen
von Trommeln und Flöten.
Viele galante Fiedelspieler
begannen gemäß ihrer Kunst
klingende Märsche zu spielen
in lieblicher und höfischer Weise.
Da wurde mit vornehmer Sittsamkeit
auf die edle Dame gewartet.
Meine Herrin führte feierlich
und in aller Form auf den Hof
mein Herr, der Erzbischof.
Ihm folgten vornehme Damen
mit edler Haltung. Sie eilten nicht.

Die edlen, vornehmen Damen
fanden dort allesamt
ihre Pferde stehen. Sie ritten.
Da wurde nicht länger dort gewartet.
Die Schilde wurden sogleich
zur Brust erhoben, als man sie kommen sah.
Die tapferen, jungen Ritter

vor den vrouwen drungen
mit senften siten lîse.
in maniger süezen wîse
wart sô gehœhet hie der schal,
daz des dônes galm erhal
über al diu stat mit schalle grôz.
nû wart mit sûse michel dôz,
dô sî riten ûf den rinc:
›nû hin, dar nâher, dringâ, drinc,
wîchâ, wîch, lâ wîchen,
hurtâ zuo, lâ strîchen
für daz gestüele ûf daz sant
manigen ritter wît erkant.‹
daz was ein gemeiner dôn
mit ritters rât ûf minne lôn.
›zayt chêvalier, âvoy, diu wîp!
got halte dich, reiner wîbes lîp!‹
daz was ir krî mit stolzer kraft. [25v]
aldort kam ein gesellеschaft,
diu ander dâ, diu dritte alhie,
nâch der sich aber schouwen lie
ein süeziu schar, diu kam gevarn,
diu ouch vil wênic kunde sparn
daz ors ze beiden sîten.
ûf dem ringe wîten
begunden sî hurtieren.
von den liehten banieren
huob sich ein michel rûschen dâ. [B 62v]
man hôrte ûf dem ringe sâ
von schellen michel klingen.
mit ritterlîchen dingen
wart dâ vreuden vil gedâht
und ûf daz gestüele brâht

drängten sich vor den Damen
mit sanftem und leisem Gebaren.
In mancher süßen Melodie
wurde der Schall hier so erhöht,
dass sein Echo hallte
über die ganze Stadt mit lautem Tosen.
Nun erhob sich unter Sausen ein großer Lärm,
als sie in den Kampfring ritten:
›Nun hierher, dorthin, näher, komm,
weich aus, weich, lass weichen,
nur los, lass uns angreifen
vor den Sitzen auf dem Platz
viele weithin bekannte Ritter!‹
Das war, was sie dort riefen,
womit sie ritterlich um Minne warben.
›Auf, Ritter, schaut die Damen!
Gott schütze dich, du Allerschönste!‹
Das war ihr übermütiger Schlachtruf.
Hier kam eine Schar,
die zweite dort, die dritte da,
nach der sich eine weitere,
stattliche Gruppe zeigte, die herbeipreschte
und die auch das Pferd
auf beiden Seiten wenig schonte.
Auf dem weitläufigen Kampfkreis
begannen sie ihr Kampfspiel.
Die strahlenden Fahnen flatterten
geräuschvoll im Wind.
Man hörte auf dem Platz dort
von den Schellen ein lautes Klingeln.
Mit allem, was zur Ritterschaft gehört,
wurde da zur Freude beigetragen,
und zu den Sitzen geführt

diu hôchgemuote vrouwe mîn,
durch die ez solte sîn.

Dô der werden vrouwen schar
kam an daz gestüele dar,
der buhurt wart verlâzen.
die knappen niht vergâzen
der orse dâ. sî zugen sî hin,
der wart gephlegen wol von in.
dô teilte ich nâch ir wirde kraft
ieglîcher gesellleschaft
daz gestüele als ez gezam.
den einen teil des ringes nam
diu ritterschaft durch hôhen muot,
den andern teil die vrouwen guot.
daz gegengestüele gab ich sâ
vrîen unde grâven dâ.
dannoch was ieglîchem bereit
ein sitz nâch sîner werdekeit.
mîn herre bî der vrouwen saz.
knappen snel und niht ze laz [b]
truogen wazzer dar zehant.
ir ieglîcher tet erkant
sîn ambet mit fuoge, des er phlac
den und ouch den êrern tac. [B 63r]
truhsæzen unde schenken
muosten daz bedenken,
daz man der geste phlæge wol.
der rinc was werder knappen vol,
die mit zühteclîchen siten
ungerne hæten daz vermiten,
sî nâmen ir mit zühten war,
die mîn bete brâhte dar.

wurde meine stolze Herrin,
um deretwegen all das veranstaltet wurde.

Als die Schar der edlen Damen
zu den Sitzen gekommen war,
wurde der Buhurt beendet.
Die Knappen nahmen sich da
der Pferde an. Sie zogen sie vom Platz
und kümmerten sich gut um sie.
Da wies ich einer jeden Schar
ihrem Rang gemäß
einen Platz in der Sitzordnung zu.
Einen Teil der Sitze erhielt
die Ritterschaft ihrer Hochstimmung wegen,
den anderen Teil erhielten die edlen Damen.
Die Ehrenplätze gab ich dann sogleich
den Freiherren und den Grafen.
Schließlich erhielt ein jeder einen Sitzplatz
seiner Vornehmheit entsprechend.
Mein Herr saß bei der Dame.
Flinke und emsige Knappen
brachten rasch Wasser her.
Jeder von ihnen übte sein Amt
umsichtig aus, das ihm übertragen war,
an diesem und auch am vorherigen Tag.
Truchsesse und Mundschenke
mussten sich darum kümmern,
die Gäste aufmerksam zu bedienen.
Der Platz war voll von edlen Knappen,
die mit vorbildlichem Benehmen
nur ungern darauf verzichtet hätten,
sich mit Anstand um die zu bemühen,
die meiner Einladung gefolgt waren.

Nû gab uns got sô liehten schîn,
daz der tac niht mohte sîn
wünneclîcher, dan er was.
liehte bluomen unde gras
hât uns der meie guote
brâht in vil liehter blüete.
des sagte ich genâde gote
unde sînem süezen gebote
mit herzeclîcher vreude breit.
dô ich durch daz gestüele reit
die lieben geste schouwen,
für mîne werden vrouwen
erbeizt ich unde nam ir war.
ich bôt ir daz trinken dar.
als ich von dannen wolte gân,
ich sach an einer sûl dort stân
vor mîner vrouwen einen man,
der truoc vil ermeclîchen an
vil armez kleit mit armekeit.
ein rûher kotze was sîn kleit
und ein hemde, daz was sal. [B 63v]
an sînem antlütz über al
was im diu varwe ersalwet. [26r]
erswarzet und ervalwet
was im ein teil sîn rôter munt.
sîne jugent tet mir kunt
ein dünner bart, der was niht lanc,
wan er dô êrst an im entspranc.
der was an im nie versniten,
daz was von jugent gar vermiten.

Nun schenkte uns Gott so strahlenden Sonnenschein,
dass der Tag nicht schöner hätte
sein können, als er war.
Strahlende Blumen und Gras
hatte uns der liebe Mai
in hellleuchtender Blüte gebracht.
Dafür dankte ich Gott
und seinem gütigen Gebot
mit herzlicher, inniger Freude.
Als ich durch die Sitzreihen ritt,
um nach den lieben Gästen zu sehen,
stieg ich vor meiner edlen Herrin
ab und wandte mich ihr zu.
Ich bot ihr zu trinken an.
Als ich gerade von ihr gehen wollte,
sah ich dort an einer Säule
gegenüber meiner Herrin einen Mann stehen,
der in erbärmlichster Weise
in Armut ein ärmliches Gewand trug.
Er war bekleidet mit einem Gewand aus grobem Wollstoff
und einem schmutzigen Hemd.
Aus seinem ganzen Gesicht
war die Farbe gewichen.
Etwas schmutzig und fahl
war sein roter Mund.
Seine Jugend verriet mir
ein Bartflaum, der noch kurz war,
denn er hatte erst zu wachsen begonnen.
Der war noch nie geschoren worden,
wegen des jungen Alters.

Der arme stuont gar vreuden bar.
arme und bein die wâren gar
vil unberâten unde blôz.
sîn unvreude was vil grôz.
der vreudenlôs ellende
truog ersalwet hende,
erswarzet keln unde bein.
an sînen schœnen liden schein
nâch wunsche gar der gotes vlîz.
noch wîzer dan ein snê wîz
wart mir sîn schœner lîp erkant,
swâ in bedahte daz gewant.
daz was gar nâch wunsche klâr.
ouch was erwîzet im daz hâr.
daz schein in reider wîze val.
ze rehte grôz, ze rehte smal
was er gewahsen unde lanc,
minneclîchen lîp, ze rehte kranc,
starkiu lide wol getân,
sinewel und wol gedrân.
süezes anblickes schîn [B 64r]
hât in daz antlütze sîn
got geleit nâch wunsche gar,
swie er stüende vreuden bar.

Dô ich gesach den guoten man,
ich gestuont und sach in an,
waz sîn gebærde wære.
dô stuont der wallære, [b]
als er von jâmer trüege pîn.
er sach ie an die vrouwen mîn,
dâ sî an dem gestüele saz.

Der Arme stand ganz unglücklich da.
Arme und Beine waren
nackt und bloß.
Seine Traurigkeit war sehr groß.
Der unglückliche Fremde
hatte schmutzige Hände
und schwarz waren ihm Hals und Beine geworden.
An seinen wohlgeformten Gliedmaßen
offenbarte sich die Kunstfertigkeit Gottes.
Weißer als der weiße Schnee
zeigte sich mir sein schöner Leib
dort, wo die Kleidung ihn bedeckt hatte.
Da war seine Haut vollkommen hell, wie man es sich nur wünschen konnte.
Auch war sein Haar ganz weiß geworden.
Das glänzte lockig und weiß.
In rechtem Maße groß, in rechtem Maße schlank,
war er und hochgewachsen,
wohlgeformt und zart,
mit starken schönen Gliedern,
die gleichmäßig und wohlgeformt waren.
Helles, anziehendes Strahlen
hatte Gott in sein Antlitz gelegt,
das man sich nicht schöner wünschen konnte,
obwohl er ganz ohne Freude dastand.

Als ich den guten Mann erblickt hatte,
stand ich da und beobachtete,
wie er sich verhielt.
Da stand dieser Pilger in einer Weise da,
als ob er von Traurigkeit gequält würde.
Er sah stets meine Herrin an,
wie sie da auf ihrem Sitz saß.

als er sî sach, im wurden naz
in klagender nôt diu ougen
mit jâmers swære tougen.
als im diu überwielen
und im die treher enphielen,
er greif ie mit dem vinger dar
unde snalte sî vil gar
von sînen ougen liehtgevar.
vil balde sach er wider dar
mit jâmer dick und dicke.
ie nâch dem ougenblicke
sô wurden im diu ougen vol.
in klagender nôt und sender dol
muost er weinen sâ zehant.
er tet sich under sîn gewant
und wischte sich. er sach her dan.
als er gesach die vrouwen an,
sô muost er weinen aber als ê.
im was von grôzer swære wê.

Do dâht ich: ›owê, süezer got, [B 64v]
durch dîn gotlich gebot,
waz tiutet nû ditz wunder,
daz dirre man besunder
sô herzeclîchen weinet?
jâ herre got, waz meinet,
daz im senelîchez leit
von mîner vrouwen ist bereit?
er nimt von ir sô hôhen pîn.
süezer got, wer mag ez sîn,
daz er sus stât und ist unvrô?‹
zuo dem bruoder sprach ich dô:
›got halte iuch, herre bilgerîn.‹ [26v]

Immer wenn er sie ansah, wurden seine Augen
in beklagenswerter Qual heimlich nass
unter kummervoller Betrübnis.
Wenn ihm die übergingen
und die Tränen herabfielen,
griff er stets mit dem Finger hin
und wischte sie sogleich
von seinen hellen Augen.
Sofort sah er wieder hin
voller Kummer, immer und immer wieder.
Stets nach dem Anblick
füllten sich ihm wieder die Augen.
In trauriger Qual und schmerzlicher Betrübnis
musste er sogleich weinen.
Er wischte sich unter seinem Gewand
die Tränen ab. Dann sah er erneut auf.
Wenn er die Dame anblickte,
dann musste er wieder weinen wie zuvor.
Ihm fügte großer Schmerz Leid zu.

Da dachte ich: ›Ach, guter Gott,
um deines göttlichen Gebotes willen,
was hat nun diese wundersame Sache zu bedeuten,
dass dieser eine Mann
so von Herzen weint?
Großer Gott, was hat es damit auf sich,
dass ihm schmerzliches Leid
von meiner Herrin bereitet wird?
Er empfängt von ihr sehr starke Qual.
Guter Gott, wer mag es sein,
dass er so dasteht und unglücklich ist?‹
Ich sprach zu dem Bruder folgendermaßen:
›Gott schütze Euch, Herr Pilger.‹

›genâde, lieber herre mîn.‹
›süezer man, wie stânt ir sô?‹
›wie, herre mîn?‹ ›ir sint unvrô.‹
›nein ich, lieber herre guot.
ich bin genuoc wolgemuot.‹
›nein ir, bruoder.‹ ›zwâr, ich bin.‹
›durch got, wie stât iuwer sin?
sint ir enbizzen?‹ er sprach: ›jâ.‹
›süezer man, nû sagent mir, wâ?‹
›ninder. und hân doch ze vil.
dâ von ich nû niht ezzen wil.‹
›guoter man, waz meinet daz?‹
›herre mîn, ich weiz wol waz.‹

›Süezer lîp, ir sult mir jehen,
sî iu ze leide iht hie beschehen.‹
›nein ez, herre. hæte ich leit,
daz müeste mir ê sîn bereit, [B 65r]
ê daz ich her kæme.
swem leides wol gezæme,
der müeste doch wesen hie vrô.‹
den ellenden bat ich dô
von dem gestüele mit mir gân.
›lieber herre, lânt mich stân‹,
sprach der nôthafte man.
›lieber bruoder, nû gânt dan.‹
des wolt er gerne ledic sîn,
doch gie mit mir der bilgerîn.
von dem gestüel fuort ich in
in eine kemenâten hin.
ich sprach: ›lieber bruoder guot,
des ich iuch bitten wil, daz tuot.‹
›gern, herre, daz tuon ich.‹

›Danke, mein lieber Herr.‹
›Guter Mann, warum steht Ihr so da?‹
›Wie denn, mein Herr?‹ ›Ihr seid unglücklich.‹
›Nein, lieber, guter Herr.
Mir geht es gut genug.‹
›Nein, Bruder, das stimmt nicht.‹ ›Tut es doch.‹
›Sagt mir um Gottes willen, was ist mit Euch?
Habt Ihr denn gegessen?‹ Er sagte: ›Ja.‹
›Guter Mann, sagt mir doch, wo?‹
›Nirgends. Und habe doch zu viel.
Darum will ich nun nichts essen.‹
›Guter Mann, was bedeutet das?‹
›Mein Herr, ich weiß es genau.‹

›Mein Lieber, Ihr sollt mir sagen,
ob Euch hier etwas zu Leide getan worden ist.‹
›Nein, Herr. Hätte ich Leid,
dann wäre mir das zugestoßen,
bevor ich hierher kam.
Wer Leid zu tragen hätte,
der müsste doch hier frohgemut sein.‹
Den Fremden bat ich da,
von den Sitzen weg mit mir zu gehen.
›Lieber Herr, lasst mich hier stehen bleiben‹,
sagte der Unglückliche.
›Lieber Bruder, geht mit mir mit.‹
Darauf hätte er gerne verzichtet,
dennoch ging der Pilger mit mir mit.
Von den Sitzen fort führte ich
ihn in ein Gemach.
Ich sagte: ›Lieber, guter Bruder,
tut bitte, worum ich Euch bitten will.‹
›Gern, Herr, tue ich das.‹

›bruoder, sô bewîsent mich,
wer ir sît. daz sagt durch got [b]
in rehter wârheit, sunder spot.‹
›herre, ich bin ein armer man,
der nie in maniger zît gewan
herzelieb. mîn herze treit
kumber, nôt, jâmer, leit
gar mit des lîbes armuot.
ir seht wol, herre, daz ich guot
noch lîp in rîcher ahte hân.
ir mugent wol iuwer vrâge lân.
ich bin der ermiste man,
der mannes namen ie gewan.‹

Sus vrâgte ich den bruoder dô: [B 65v]
›guoter man, wie kam daz sô,
daz iu sô herzeclîche nôt
mîner vrouwen schœne bôt?
ich sach iuch jæmerclîchen stân,
vil grôzer klage jâmer hân.
waz was iu dô? waz klagtent ir?
durch got, daz sult ir sagen mir.
ich nim ez ûf mîn kristenheit,
swaz mir hie wirt von iu geseit,
daz iu daz niht ze schaden kumt
und iu doch lîht an vreuden frumt.‹
dô sprach der wallære:
›sît ich in grôzer swære
sô lange her gelebet hân,
sô wil ich ûf die wâge lân
den lîp, sît ich doch herzeleit
dulden muoz und arebeit.
verlius ich in, sô sî verlorn,

›Bruder, dann sagt mir,
wer Ihr seid. Das sagt mir um Gottes willen
in aufrichtiger Wahrheit, ganz im Ernst.‹
›Herr, ich bin ein armer Mann,
der schon lange Zeit keine
Freude mehr erlebt hat. Mein Herz ist voll
von Kummer, Not, Verzweiflung und Leid.
Dazu kommt der Mangel, den der Leib leidet.
Ihr seht ja, Herr, dass ich weder
Geld besitze noch meinem Leib große Beachtung schenke.
Ihr solltet Eure Frage lassen.
Ich bin der ärmste Mann,
den es je gab.‹

Da fragte ich den Bruder:
›Guter Mann, wie kam es denn,
dass Euch die Schönheit meiner Herrin
so herzzerreißende Not bereitete?
Ich sah Euch in Jammer dastehen
und große Klage führen.
Was war da mit Euch? Worüber habt Ihr so geklagt?
Bei Gott, das sollt Ihr mir sagen.
Ich nehme es auf meinen Glauben,
was mir hier von Euch gesagt wird,
dass Euch daraus kein Schaden erwächst,
es Euch aber zur Freude verhelfen kann.‹
Da sagte der Wanderer:
›Da ich in großer Betrübnis
nun so lange schon gelebt habe,
will ich mein Leben in die Waagschale
werfen, da ich ja doch Herzenskummer
erdulden muss und Mühsal.
Verliere ich es, so sei es eben verwirkt,

wan ich doch leider bin geborn
sunder lieb und âne trôst.
ich wurde dan ûz sorge erlôst,
sô ist mir lieber, ich sî tôt. [271r]
durch die vil zwîvellîchen nôt
stâ nû der lîp in wâge.
ich wil nâch iuwer vrâge
mînes namen iu verjehen
und waz mir wunders ist geschehen.
dar nâch ergâ mir, wie got wil.
ich sag iu reht hinz ûf ein zil, [B 66r]
als ich der wârheit mich verstân,
waz ich swære erliten hân.

Ich bin Willehalm genant.
daz künicrîch ze Engellant
sol mîn von rehtem erbe sîn.
dâ truoc der liebe vater mîn
gewalticlîchen schône
des künicrîches krône,
dâ mit er grôzen prîs erwarp.
dô er in werdekeit erstarp,
dô erbte sich daz rîche ûf mich
mit rehtem erbe. dô was ich
ein junger knabe in kindes jugent.
dô mîn nâch fürstenlîcher tugent
des landes herren wielten
und mich vil wol gehielten,
als ez irn êren wol gezam,
ir lêre ich gar ze herzen nam.
daz behagte in wol an mir.
nâch ir und mînes herzen gir
wart uns von rehten mæren kunt,

denn ich bin ja unglücklicherweise doch dazu bestimmt,
ohne Liebe und ohne Trost zu leben.
Wenn ich nicht von meinem Leid erlöst werde,
ist mir der Tod lieber.
Um dieses Zwiespalts willen
will ich mein Leben nun riskieren.
Ich will Eurer Frage gemäß
Euch meinen Namen nennen und Euch erzählen,
was mir Unglaubliches widerfahren ist.
Danach geschehe mir, wie es Gott gefällt.
Ich sage Euch ganz und gar alles
nach bestem Wissen,
was ich Kummervolles erlitten habe.

Ich heiße Willehalm.
Das Königreich von England
steht mir rechtmäßig durch Erbe zu.
Dort trug mein lieber Vater
mächtig und schön
die Krone des Reiches
und erwarb damit großes Lob.
Als er in Würde starb,
erbte ich die Herrschaft über das Reich
rechtmäßig. Da war ich
ein junger Knabe in jugendlichem Alter.
Als sich die Landesherren meiner
gemäß fürstlicher Tugendhaftigkeit annahmen
und mich umsichtig aufzogen,
wie es ihrer Ehrhaftigkeit anstand,
nahm ich mir ihre Unterweisung fest zu Herzen.
Das gefiel ihnen gut an mir.
Ihren und meinen eigenen Wünschen kam es entgegen,
als wir die verlässliche Nachricht erhielten,

daz der künic Reinmunt
hæte ein liebez kint erzogen,
an schœn, an sælden unbetrogen,
diu mir vil wol gezæme
ob ich sî ze wîbe næme.
daz rieten mîne fürsten gar. [b]
dô sand ich mîne boten dar
ir schœne, ir vater willen spehen. [B 66v]
dô sî sî hâten gesehen,
sî kâmen unde sagten mir,
daz der sælden wunsch an ir
mit hôhem prîse læge
und Reinmunt von Norwæge
mîn ze sune wære vrô.
daz sagten mîne boten dô.

Des vreute ich mich. ich kêrte dar
mit einer wünneclîchen schar.
diu hâte sich zuo mir bereit
mit ritterlîcher werdekeit.
ich nam der besten, die ich vant
über al daz rîche ze Engellant.
zwelfe, die gar wâren
vil nâch gên sehzic jâren,
und zwelf, die mit rehter tugent
gegen drîzic jâren truogen jugent.
der wâren ouch sumelîche
vil werde fürsten rîche,
die andern vrîe und dienestman.
ich fuorte zwelf juncvrouwen dan,
die bî der lieben vrouwen mîn
gesellеclîchen solten sîn.

dass der König Reinmunt
eine liebreizende Tochter großgezogen habe,
die an Schönheit und Segensreichtum niemand übertreffe
und die mir als Gattin
wohl angemessen sei.
Das rieten mir alle meine Fürsten.
Da sandte ich meine Boten hin,
um ihre Schönheit und den Willen ihres Vaters in Erfahrung zu bringen.
Als sie sie gesehen hatten,
kamen sie wieder und sagten mir,
dass sie alle Wünsche
in höchstem Maße übertraf
und Reinmunt von Norwegen
über mich als Schwiegersohn froh wäre.
Das sagten meine Boten da.

Darüber freute ich mich. Ich reiste hin
mit einer erlesenen Schar.
Die hatte sich für mich
in ritterlicher Würde ausgestattet.
Ich nahm die besten, die ich fand
im ganzen Reich zu England.
Zwölf, die ungefähr
sechzig Jahre alt waren,
und zwölf, die in tugendhafter Weise
das jugendliche Alter von ungefähr dreißig Jahren besaßen.
Manche von ihnen waren auch
sehr vornehme und mächtige Fürsten,
die andern Freiherren und Dienstleute.
Ich führte zwölf junge adlige Damen mit,
die meiner lieben Herrin
Gesellschaft leisten sollten.

mit disem wünneclîchem her
fuor ich ze Norwæg über daz mer.
dâ wart ich wol enphangen.
dô ditz was ergangen,
mir gab der künic Reinmunt
die juncvrouwen sâ zestunt [B 67r]
Êrênen, die künigîn.
ê daz er mir die tohter sîn,
die ich dâ nemen solte, [27v]
ze wîbe geben wolte,
ich muost im geben sicherheit
und sweren des vil manigen eit,
daz ich im behielt ein reht:
die wîle daz ich wære ein kneht,
daz ich niht bî ir læge
noch ir ze wîbe phlæge.

Daz tet ich, wan ez muoste sîn.
dô gab er nâch dem willen mîn
mir die reinen guoten,
die edlen hôchgemuoten,
und wolgeborner vrouwen zwô.
ein schif hiez ich bereiten dô
mit grôzer rîcheit ûf daz mer.
er hiez mit mir ein michel her
werder ritter kêren heim.
dô wart ich des mit râte in ein,
daz ich die jungen künigîn
in mînem schiffe lieze sîn
bî der engelischen schar,
die ich von lande brâhte dar,
und daz ich mit dem andern her
ze lande füere über mer.

Mit dieser vortrefflichen Schar
fuhr ich übers Meer nach Norwegen.
Dort wurde ich freundlich empfangen.
Nachdem das geschehen war,
übergab mir der König Reinmunt
die junge Dame sogleich,
Erene, die Königstochter.
Bevor er mir jedoch seine Tochter,
die ich heiraten sollte,
zur Frau geben wollte,
musste ich ihm versprechen
und mehrere Eide leisten,
dass ich mich ihm gegenüber an Folgendes halten würde:
Dass ich, solange ich kein Ritter wäre,
nicht bei ihr liegen
noch die Ehe mit ihr vollziehen würde.

Das tat ich, denn es musste sein.
Da vertraute er mir meinem Wunsch entsprechend
die reine Gute,
die edle Stolze
zusammen mit zwei vornehmen Damen an.
Ich ließ da ein Schiff aufwändig
zur Fahrt auf dem Meer vorbereiten und ausstatten.
Er ließ mich von einer großen Schar
edler Ritter auf der Heimfahrt begleiten.
Da beschloss ich bei mir,
dass ich die junge Königin
in meinem eigenen Schiff fahren lassen würde
bei der Schar der Engländer,
die ich aus meinem Land mitgebracht hatte,
und dass ich mit der anderen Schar
heimwärts über das Meer fahren würde.

ditz geschach durch mînen eit:
ich vorhte, daz diu sicherheit,
die ich durch mîne vrouwen bôt, [B 67v]
mîn herze twunge ûf solhe nôt,
daz ich jâmer müeste leben,
mir selben senden kumber geben
mit jâmer durch der vrouwen lîp,
wan sî niht solte sîn mîn wîp
ê daz ich ritter wurde erkant.
dô vorht ich, daz der minne bant
den eit an mir verkêrte [b]
und mich mit sorgen lêrte,
sendez leit von liebe hân.
durch die vorhte muost ergân
von mir, von ir, uns beiden,
ûf dem mer daz scheiden.

Dô kêrt ich mit der vrouwen guot
ûf des wilden wâges vluot.
wir schieden mit dem lîbe.
mînes wânes wîbe
liez ich daz herze und ouch den muot.
ich nam von der vrouwen guot
muot, herze und sinne
mit herzeclîcher minne,
die sî mit manigem kusse mir
bôt mit jâmer und ich ir.
sî nam ein vingerlîn von mir.
daz ander nam ouch ich von ir,
daz trage ich noch an mîner hant.
ez hât mich dicke sît ermant
mit jæmerclîcher herzenôt
der süezen reinen, diu mirz bôt. [B 68r]

Dies geschah aufgrund meines Eides:
Ich fürchtete nämlich, dass das Versprechen,
das ich meiner Gattin wegen gegeben hatte,
mein Herz so bezwingen würde,
dass ich Leid erdulden müsste und
mir selbst schmerzlichen Kummer bereiten würde
mit Sehnsuchtsqualen nach meiner Frau,
denn sie sollte nicht mein werden,
solange ich nicht zum Ritter geworden war.
Ich fürchtete, dass die Fessel der Liebe
mich eidbrüchig werden lassen
und mich mit Sorgen lehren könnte,
schmerzliches Leid durch Liebe zu haben.
Diese Furcht veranlasste
zwischen ihr und mir, uns beiden,
die Trennung auf dem Meer.

Da machte ich mich mit meiner edlen Herrin
auf den Weg übers wilde Meer.
Wir trennten uns körperlich.
Doch ich ließ der Frau, von der ich glaubte,
dass sie meine werden würde, Herz und Hoffnung.
Ich nahm von der Dame entgegen
Mut, Herz und Sinne
zusammen mit herzlicher Liebe,
die sie mit vielen Küssen mir
traurig gab so wie ich ihr.
Sie nahm einen Fingerring von mir an.
Einen solchen nahm auch ich von ihr
und trage ihn noch an meiner Hand.
Seither hat er mich oft
mit schmerzlicher Herzensnot erinnert
an die anmutige Reine, die ihn mir gegeben hat.

dô wir ze lande solten varn,
dô began sich zuo mir scharn
ungemüete und hôhez leit,
jâmer, nôt und arbeit.
diu sint mir stæte bî gewesen.
ich bin von jâmer ungenesen,
wan ich daz grœste ungemach,
daz vor mir ieman geschach,
muoste dulden unde spehen,
dô ich ze rehte solde sehen
mit jâmer an uns beiden
vil riuweclîchez scheiden
und lieber vriunde grôze nôt,
die ich lîden sach den tôt. [28r]

Ditz geschach, als ich iu sage.
ûf dem mer an einem tage
wurden starke winde grôz.
mîn schif an ein gebirge vlôz,
daz in vil grôzer wilde schein.
uns warf der wint an einen stein,
daz unser schif ze stucken brast.
ich sach, daz manic werder gast
bî mir ûf dem mere versanc.
mîn her alsô gar ertranc,
daz ein man dâ niht genas,
der mit mir dar komen was.
dô mîn schif sich gar zerlie,
eine barken ich gevie,
diu truoc mich hinz an daz lant. [B 68v]
dannoch was mir unbekant,
war mîn vil liebiu vrouwe kam.
manigiu lant ich für mich nam

Als wir heimwärts fahren wollten,
da scharten sich um mich
Unglück und tiefes Leid,
Jammer, Not und Mühsal.
Die sind seither nie mehr von mir gewichen.
Ich bin krank vor Gram,
denn ich musste das größte Unheil,
das je ein Mensch erlitten hat,
erfahren und erleiden,
als ich wahrhaftig mit größtem Herzensleid
erleben musste, wie wir beide
auf sehr schmerzliche Weise getrennt wurden
und wie liebe Freunde in große Bedrängnis kamen,
die ich den Tod erleiden sah.

Dies geschah, wie ich Euch sage.
Auf dem Meer kamen
eines Tages starke Winde auf.
Mein Schiff wurde gegen Felsklippen geworfen,
die sehr bedrohlich aussahen.
Der Wind warf uns an einen Felsen,
so dass unser Schiff in Stücke brach.
Ich musste mitansehen, wie viele edle Gefährten
bei mir im Meer ertranken.
Meine ganze Schar ertrank so vollständig,
dass nicht ein Einziger von denen überlebte,
die mit mir gekommen waren.
Nachdem mein Schiff ganz zerstört war,
bekam ich ein Beiboot zu fassen,
das mich ans Land brachte.
Doch ich hatte keine Ahnung,
wohin es meine liebe Herrin verschlagen hatte.
Ich durchquerte viele Länder

und suochte in manigen rîchen
die werden minneclîchen,
daz mir von rehter wârheit
nie von ir niht wart geseit.
des wirt vil schiere, daz ist wâr,
mêr danne vierdehalbez jâr,
daz ich die guoten suoche
und in vil kleiner ruoche
hâte lant, krône und lîp
durch daz vil minneclîche wîp,
diu mir ze kumber wart geborn,
durch die ich nû hân verlorn
lîp, lant unde guot,
herze, vreude, hôhen muot.

Die hân ich nû hie funden.
mich hât gar überwunden
senendes herzen, jâmers klage, [b]
die ich verborgen nâhen trage.
der was ê vil, nû ist ir mê.
mir ist nû vil wirs dan ê.
mich vreut ê trôstes wân.
den muoz ich nû leider lân.
ûf lieben wân was mir ê wol.
daz ich den nû lâzen sol,
dâ von ist mir nû wirs dan ê.
ach owê und immer mê. [B 69 r]
wie sol der sorgen werden rât,
diu mîn sendez herze hât?
owê, wie wunderlîche got
an mir sîn wunderlich gebot
mit wunder hât gezeiget!
sîn wunder hât geneiget

und suchte in vielen Reichen
die edle Liebste,
ohne dass mir doch je wahrheitsgemäß
irgendetwas von ihr berichtet wurde.
So geht das wahrlich bald
mehr als dreieinhalb Jahre,
dass ich die Gute suche
und keine Acht hatte seither
auf Land, Herrschaft und mich selbst
um meiner wundervollen Frau willen,
die geboren wurde, um mir Kummer zu bereiten,
und um deretwillen ich nun verloren habe
Leben, Land und Besitz,
Herz, Freude und Zuversicht.

Die habe ich nun hier gefunden.
Mich haben ganz überwunden
Herzensschmerz, Jammerklage,
die ich verborgen in mir trage.
Waren sie zuvor stark, sind sie nun stärker.
Nun geht es mir viel schlechter als zuvor.
Denn mich freute zuvor Hoffnung auf Trost.
Die muss ich nun leider aufgeben.
Die liebe Hoffnung schenkte mir zuvor Freude.
Weil ich die nun aufgeben muss,
geht es mir nun schlechter als vorher.
Ach o weh und immer weh!
Wie soll ich die Sorgen überwinden,
die mein schmerzerfülltes Herz hat?
O weh, wie wunderlich Gott
an mir seine unbegreiflichen Gebote
auf wundersame Weise offenbart hat!
Seine Unergründlichkeit hat so tief den

sô dicke mînes herzen sin,
nû hin, nû her, nû her, nû hin.
er kan ein wunderær wol sîn.
daz ist an mir wol worden schîn.
daz ich die guoten ie verlôs,
die ich ze herzelieb erkôs,
des hât er mich ergetzet
und wider ûfgesetzet
in hôher sorge dan ieman,
der ie herzelieb gewan.
ich hân gewunnen und verlorn,
von liebe herzeleit erkorn.

Mîn verlusticlich gewin
ist anders niht wan, daz ich bin
komen, daz ich schouwen mac
mîner sælden ôstertac.
daz ist mir ein vil grôzer funt,
daz ich sî noch weiz gesunt.
doch weiz ich wol, ich muoz mîn leben
durch mîne werden vrouwen geben, [28v]
wan ich sî nû verliesen sol.
von der jæmerclîchen dol
muoz ich an vreuden sterben, [B 69v]
in klagender nôt verderben.

Ach owê, gesêrter lîp!
sol ich daz minneclîch wîp
nimmer umbevâhen,
sô muoz mir kumber nâhen
und herzeleit mit jâmers kraft.
wie tiur ich danne die ritterschaft
in knehtes namen gekoufet hân!

Verstand meines Herzens geneigt,
hierhin und dorthin, dorthin und hierhin.
Er kann wahrlich ein Wundertäter sein!
Das ist an mir deutlich geworden.
Dass ich die Gute je verlor,
die ich mir als Herzensliebe erwählt habe,
dafür hat er mich entschädigt
und wieder aufgerichtet
in höherer Sorge als jemand,
der nie innige Liebe empfand.
Ich habe gewonnen und verloren,
von Liebe Herzensleid empfangen.

Mein verlustreicher Gewinn besteht
in nichts anderem als darin, dass ich
hergekommen bin, um
den Tag meines größten Glücks erleben zu können.
Das ist für mich eine sehr große Entdeckung,
dass ich nun weiß, dass sie noch lebt.
Doch weiß ich jetzt auch, dass ich mein Leben
um meiner edlen Gattin willen aufgeben muss,
weil ich sie nun verlieren werde.
An dieser schmerzlichen Qual
muss ich verzweifeln,
in klagender Not umkommen.

Ach o weh, ich Geschundener!
Soll ich die liebreizende Dame
nie mehr umarmen,
dann bin ich dem Kummer anheimgegeben
und dem Herzensleid mit starkem Jammer.
Wie teuer ich dann die Ritterschaft
mir erkauft hätte.

wær niht diu sicherheit getân,
sô wær ich bî der vrouwen mîn
mit süezer trûtschaft gesîn
immer sît und immer mê.
nû tuot mînem herzen wê,
daz ich nû scheiden sol von ir
und ir vil süezer lîp von mir.
wan iuwer sun sî haben sol,
dem ist von herzeliebe wol,
dâ mir von herzeleide muoz
werden aller vreuden buoz.

Sus ist gescheiden unser leben:
im ist mîn herzelieb gegeben,
ze lône ist mir für lieb bereit
von herzeliebe herzeleit.
dâ von sâhent ir mich weinen
und mîne klage erscheinen.
daz wahset hinnen für an mir.
ich muoz mit klegelîcher gir
weinen mînes herzen klage,
die ich von herzeliebe trage. [B 70 r]
ditz ist als ich iu hân geseit.
ich hân die rehten wârheit
iu geseit und mînen sin, [b]
mînen namen und wer ich bin.
waz sol ich fürbaz sprechen mê?
swaz iu behage, daz ergê.
ich muoz nâch iuwerm willen wesen,
ich trûwe leider niht genesen.
sol ich nû hie mîn ende hân,
daz wolte got, ez müez ergân.
swie ir, lieber herre mîn,

Wäre nicht der Eid geleistet worden,
dann wäre ich bei meiner Gattin
in trauter Zweisamkeit geblieben
immerzu und stets seither.
Nun zerreißt es mir das Herz,
dass ich nun von ihr scheiden muss
und ihr anmutiger Leib von mir.
Denn sie gehört nun Eurem Sohn,
der von Herzensfreude erfüllt ist,
während in mir das Herzensleid
alle Freude auslöscht.

So ist unser Leben unterschieden:
Ihm ist die Liebe meines Herzens zugeteilt,
als Lohn der Liebe ist mir
von Herzensliebe Herzensleid beschieden.
Deshalb saht Ihr mich weinen
und klagen.
Fortan wird dieses Leid für mich nur noch größer werden.
Ich muss im Verlangen zu klagen
meine Herzensklage beweinen,
die mir aus meiner Herzensliebe erwächst.
Es ist alles so, wie ich es Euch gesagt habe.
Ich habe Euch die ganze Wahrheit
und mein ganzes Inneres offenbart,
meinen Namen und wer ich bin.
Was soll ich nun noch weitersprechen?
Was Euch beliebt, das geschehe.
Ich bin ganz Eurem Willen unterworfen
und habe leider keine Hoffnung mehr.
Soll ich hier nun mein Ende finden,
wollte Gott, dass es so wäre.
Das, was Ihr, mein lieber Herr,

gebieten welt, sô muoz ez sîn.
ich wart ûf arebeit geborn,
diu hât mir sicherheit gesworn,
dâ von mag ich es wenden niht.
swaz mir ze lîdenne geschiht,
daz geschiht mir durch ein wîp,
durch den sæligisten lîp,
dem got ze lebenne ie gebôt.
dester minner riuwet mich diu nôt,
diu mir von ir hie ist beschert.
ich hân den lîp durch sî verzert.‹

Zuo dem bruoder sprach ich dô:
›süezer man, ez ist alsô,
als ir mir jehent in dirre vrist?‹
›jâ, herre mîn, sô helf mir Krist.
waz töhte mir, ob ich iu lüge,
mich selben alsô hôhe trüge?
wolt ich iu anders iht verjehen, [B 70v]
wan des mir ouch ist geschehen,
sô lüge ich unde trüge mich.
daz wær mir gar unlobelich.
durch waz trüg ich uns beide
ze liebe oder ze leide?
ez muoz doch, wie got wil, ergân.
iuwer sun der sol et hân
herzelieb, ich herzesêr.
daz ist geschehen, waz welt ir mêr? [29r]
ich bin arm, er ist rîche.‹
›gehabent iuch vrœlîche,
herre mîn, sint niht unvrô.
sît ez got hât gefüeget sô,
daz er an iu erzeigen wil

befehlt, das muss geschehen.
Ich bin zum Unglück geboren,
das nicht von meiner Seite weicht,
deshalb kann ich es nicht ändern.
Was ich erleiden muss,
das geschieht mir um einer Frau willen,
der segensreichsten,
die Gott je geschaffen hat.
Umso weniger reut mich die Not,
die mir ihretwegen hier zuteilwird.
Ihretwegen sterbe ich.‹

Zu dem Bruder sagte ich da:
›Liebster Mann, verhält es sich so,
wie Ihr es mir hier gesagt habt?‹
›Ja, Herr, so wahr mir Gott helfe.
Was hülfe es mir, wenn ich Euch anlügen
und mich selbst so sehr betrügen würde?
Würde ich Euch etwas anderes erzählen
als das, was mir tatsächlich geschehen ist,
dann würde ich lügen und mich selbst betrügen.
Das würde mir nicht zum Lob gereichen.
Wozu sollte ich uns beide betrügen
im Guten oder im Bösen?
Es muss ja doch geschehen, wie Gott will.
Euer Sohn soll eben haben
Herzensfreude und ich Herzensleid.
Das ist geschehen, was wollt Ihr mehr?
Ich bin arm, er ist reich.‹
›Seid frohgemut,
mein Herr, seid nicht unglücklich.
Da es Gott nun einmal so gefügt hat,
dass er an Euch seine Macht

mit wunder sîner krefte vil,
sô sult ir niht unvreude phlegen,
ir sult iuch klagender nôt bewegen.
swaz got wil, daz muoz geschehen.
daz wunder lât uns an iu spehen.
daz frumt iu sunder werren.‹
alsus trôst ich den herren,
der mit jâmer hôhen pîn
truog in dem herzen sîn.

Ich sprach: ›herre, beitent hie,
biz daz ich kome.‹ von dan ich gie
und hiez gewinnen von der stat
knappen, schrôter, die ich bat
dem herren snîden guotiu kleit,
diu wol mit küniges werdekeit [B 71r]
einem künige tohten.
sô sî baldest mohten,
hiez ich sî bereiten daz.
dô was ir gâhen niht ze laz.
sî bereiten im zehant
wol gesniten guot gewant,
als ich es niht wolte enbern.
ich hiez, im twahen unde schern,
in niuwez leben zieren wol.
swaz kleider man bedurfen sol,
diu hiez ich im bereiten sâ.
ich reit von dan und liez in dâ
in der kemenâten sîn.
vor dem lieben herren mîn
erbeizt ich vreudenrîche. [b]
ich sprach vil heinlîche:
›vernemt ein wênic, herre mîr!‹

durch Wunder erweisen will,
so sollt Ihr nicht verzweifeln,
sondern Euch der Klage über Eure Not enthalten.
Was Gott will, das muss geschehen.
Lasst uns dieses Wunder an Euch sichtbar werden.
Daraus wird Euch zweifelsohne Nutzen entstehen.‹
So tröstete ich den Herrn,
der mit Jammer starkes Leid
in seinem Herzen trug.

Ich sagte: ›Herr, wartet hier,
bis ich wiederkomme.‹ Ich ging fort
und ließ mir bringen aus der Stadt
Knappen und Schneider, die in meinem Auftrag
dem Herrn gute Kleider schneiderten,
welche an königlicher Würde
einem König angemessen waren.
Ich befahl ihnen, diese so rasch wie
irgend möglich anzufertigen.
Da beeilten sie sich nicht wenig.
Sie schneiderten ihm sogleich
gute, schön geschnittene Kleider,
wie ich es angeordnet hatte.
Ich befahl, ihn zu waschen und ihm die Haare zu schneiden,
so dass er aussah wie ein neuer Mensch.
Was man an Kleidern haben soll,
die ließ ich ihm da machen.
Ich ritt davon und ließ ihn dort
in dem Gemach zurück.
Vor meinem lieben Herrn
saß ich frohgemut ab.
Ich sagte vertraulich:
›Schenkt mir kurz Eure Aufmerksamkeit, Herr!‹

›gerne, sage, waz wirret dir?‹
›lât iu daz grœste wunder sagen,
daz ie geschach in disen tagen,
daz got alhie an disem zil
mit wunder an mir ougen wil.‹

Mîn herre tet sich zuo mir dô
über den tisch. er sprach alsô:
›sage, waz wil dû sagen mir?
waz wunders wil geschehen dir?‹
ich sprach: ›lieber herre mîn,
lât dester müezeclîchen sîn
daz ezzen und daz sitzen hie, [B 71v]
wan ich nû einen gast enphie,
der mit iu noch enbîzen sol,
der bedarf genâden wol.
der kam niuwelîchen her.‹
›lieber Gêrhart, wer ist der?‹
›ein gast, den hât mir got gesant:
künic Willehalm von Engellant
ist iezunt hie.‹ ›ist daz dîn spot?‹
›nein ez, herre, sammir got.‹
›von wannen ist er komen her,
sô dir got, oder wâ ist er?‹
›dort. man snîdet im gewant.‹
›wer kom mit im in ditz lant?‹
›niemen. er ist eine hie.
in einem kotzen vor iu gie
ein unberâten pilgerîn,
der stuont hie für die vrouwen mîn
und weinde sî mit jâmer an.
dô ich daz sach, ich fuort in dan
und vrâgte in, wer er wære.

›Gerne, sag, was hast du?‹
›Lasst Euch vom größten Wunder berichten,
das zu unserer Zeit je geschehen ist
und das Gott hier an diesem Ort
auf wunderbare Weise an mir offenbaren will.‹

Mein Herr lehnte sich mir
über den Tisch entgegen. Er sagte:
›Sag, was willst du mir mitteilen?
Was für ein Wunder soll sich an dir vollziehen?‹
Ich sagte: ›Mein lieber Herr,
lasst um seinetwillen Essen und Geselligkeit
umso bereitwilliger warten,
als ich eben einen Gast empfing,
der später noch mit Euch essen wird
und unserer Zuwendung bedarf.
Er kam gerade erst her.‹
›Lieber Gerhart, wer ist es?‹
›Ein Gast, den Gott mir geschickt hat:
König Willehalm von England
ist jetzt hier.‹ ›Machst du Scherze?‹
›Nein, Herr, so wahr mir Gott helfe.‹
›Von woher ist er denn gekommen,
um Gottes willen, und wo ist er jetzt?‹
›Dort. Man fertigt ihm gerade Kleider an.‹
›Wer ist denn mit ihm in dieses Land gekommen?‹
›Niemand. Er ist ganz allein hier.
In einem groben Wollstoff ging vor Euch
ein Pilger in ärmlicher Erscheinung,
der stand hier meiner Herrin gegenüber
und weinte sie voll Trauer an.
Als ich das sah, führte ich ihn abseits
und fragte ihn, wer er sei.

mir seite der wallære [29v]
rehte, wie er was genant
und wie ez umb in was gewant.

Wie im diu vrouwe gegeben wart.
swaz ich erfuor ûf der vart,
von im in rehter wârheit,
daz hât er selbe mir geseit.
sît got nû sîne güete
mit sô grôzer diemüete [B 72r]
an uns mit wunder tuot erkant,
daz er in hât her gesant,
alsô wunderlîchen mir,
sô ger ich, herre, an iuch, daz ir
mich lernent guoten rât dar zuo,
daz ich an im alsô getuo,
daz ich der gotes güete
mit sælde an im behüete.‹
›wie dû wilt, sô râte ich dir.‹
›herre mîn, sô helfet mir,
daz mîn sun die künigîn,
die lieben gemahel sîn,
die er ze wîbe nie gewan,
lâze güetlîch irem man.
er tuot lîht als die jungen.
im ist sô wol gelungen,
daz er des laster wolte hân,
solt er die küniginne lân.
nû râtent im und sagent im daz,
im gezeme verre baz
ein wîp, die er ze rehte neme,
dan diu ze rehte im niht gezeme.‹

Der Wanderer sagte mir
aufrichtig, wie er hieß und
welche Bewandtnis es mit ihm hatte.

Wie ihm die Dame zur Frau gegeben wurde.

Was ich bei dieser Gelegenheit
wahrheitsgemäß von ihm erfuhr,
das hat er mir selbst gesagt.
Da uns nun Gott seine Güte
mit so großem Wohlwollen
und durch Wunder mitteilt,
dass er ihn mir hergesandt hat
auf so wundersamen Wegen,
so erbitte ich von Euch, Herr, dass Ihr
mich unterweist und beratet,
auf dass ich mich ihm gegenüber so verhalte,
dass ich die Güte Gottes
segensreich an ihm bewahre.‹
›Wie du willst, gebe ich dir meinen Rat.‹
›Mein Herr, dann helft mir,
dass mein Sohn die Königin,
seine geliebte Ehefrau,
mit der er die Ehe nie vollzog,
ihrem vormaligen Mann im Guten lasse.
Er könnte leicht handeln, wie junge Männer es oft tun.
Es ist ihm so glücklich ergangen,
dass er sich einer Verfehlung schuldig machen könnte,
wenn er auf die Königin verzichten soll.
Nun ratet ihm und sagt ihm,
dass für ihn weit angemessener
eine Frau ist, die er rechtmäßig nehmen kann,
als eine, die ihm nicht rechtmäßig zustünde.‹

Dô sprach mîn herre: ›daz tuon ich.
got hât sô sæliclîchen dich
an hôhen sælden gêret,
dîn munt die lêre lêret, [b]
die des heiligen geistes rât
mit witzen dich gelêret hât.
nû brinc mir dînen sun alher. [B 72v]
lâ mich versuochen daz, ob er
uns welle volgen beiden,
swenn ich im hân bescheiden
die rehten lêr der gotes ê.‹
dô sûmde ich mich aldâ niht mê,
nâch mînem sune ich balde reit.
ich fuorte in mit werdekeit
durch daz gestüele für die schar.
für mînen lieben herren dar
erbeizten wir, mîn sun und ich.
zuo uns beiden tet er sich.
ich sprach: ›herre, sprechent an.‹
›niht, sprich dû. dîn munt wol kan
nâch dînem willen sprechen, baz
dan ich. swenn ich gehœre, waz
sîn antwurte wesen sol,
dar nâch kan ich gesprechen wol.
lâ ditz gespræche balde ergân,
wan ich wol gesehen hân,
daz die jungen wolten
vil gern, daz sî solten
durch den rinc pungieren hie.
ich sihe wol, des belanget sie.‹

Da sagte mein Herr: ›Das werde ich tun.
Gott hat dich so segensreich
mit höchstem Glück ausgezeichnet
und dein Mund lehrt die Lehre,
die der Ratschluss des Heiligen Geistes
dich mit Einsicht gelehrt hat.
Bring mir nun deinen Sohn hierher.
Lass mich prüfen, ob er
uns beiden folgen will,
nachdem ich ihn unterwiesen habe
in der wahren Lehre der göttlichen Gebote.‹
Da hielt ich mich dort nicht länger auf
und ritt sogleich zu meinem Sohn.
Ich führte ihn ehrenhaft
durch die Sitzreihen an der Menge vorbei.
Vor meinem lieben Herrn
saßen wir ab, mein Sohn und ich.
Er kam zu uns beiden.
Ich sprach: ›Herr, fangt an!‹
›Nicht doch, sprich selbst. Du kannst sehr wohl
das, was du sagen willst, besser sagen
als ich. Wenn ich höre,
was er antwortet,
kann ich dementsprechend reden.
Lass uns dieses Gespräch rasch führen,
denn ich habe bemerkt,
dass die jungen Ritter
gerne, wie es ihnen ansteht,
Kampfspiele auf dem Kampfplatz austragen wollen.
Ich sehe genau, dass es sie danach verlangt.‹

Dô sprach ich: ›sun, vil lieber man.
disiu rede hœrt dich an.‹
›wie, vater mîn?‹ ›daz sage ich dir.
ich wil dich bitten, daz dû mir
niht verzîhest hie, swes ich
von rehtem herzen bitte dich.‹ [B 73r]
›vater mîn, ez ist gezalt
über mich dîn gewalt. [30r]
swaz dû gebiutest, vater mîn,
daz sol nâch dînen hulden sîn.‹
›des lône dir durch sîn gebot,
lieber sun, der hœhste got
mit süezem lône ân endes zil.
vernim, wes ich dich bitten wil.
dû weist wol, sun, in dirre vrist
waz wunders uns geschehen ist,
wie ich gar von untrôste
mîne vrouwen lôste
mit unser beider guote
und ich nâch dînem muote
dir grôzer sælden urhap
an mîner lieben vrouwen gap.
möhtest dû die ze rehte hân
– des leider nû niht mac ergân –,
des wolt ich immer wesen vrô.
nû hât ez sich gefüeget sô,
daz ir man ist wider komen,
dem sî mit unreht ist genomen.
dem was sî gegeben ê
ze rehter ê. swie ez ergê,
sô hât in got her gesant
uns ze trôste in ditz lant,

Da sagte ich: ›Mein geliebter Sohn.
Bei dieser Sache geht es um dich.‹
›Inwiefern, mein Vater?‹ ›Das sage ich dir.
Ich möchte dich bitten, dass du mir
nicht abschlägst, worum ich dich
aus ganzem Herzen bitte.‹
›Mein Vater, ich stehe
ganz unter deinem Gebot.
Was auch immer du gebietest, mein Vater,
das muss deinem Willen gemäß geschehen.‹
›Dafür gewähre dir um seiner Gebote willen,
lieber Sohn, der höchste Gott
heiligen, unvergänglichen Lohn.
Höre nun, worum ich dich bitten will.
Du weißt jetzt ja genau, mein Sohn,
welche Wunder sich an uns erzeigt haben
und wie ich aus Verzweiflung
meine Herrin loskaufte
mit unser beider Vermögen
und wie ich deinem Wunsch gemäß
dir mit meiner lieben Herrin
zu großem Glück verhalf.
Könntest du sie rechtmäßig heiraten
– was nun leider nicht sein kann –,
dann wäre ich für immer glücklich darüber.
Nun hat es sich so gefügt,
dass ihr Mann wiedergekommen ist,
dem sie unrechtmäßig genommen wurde.
Mit ihm war sie zuvor verheiratet gewesen
in rechtmäßiger Ehe. Was auch immer nun
geschehen mag,
Gott hat ihn hergesandt
zu unserem Trost in dieses Land,

daz wir mit güete in disen tagen
sîne hulde bejagen.

Lieber sun, daz lâ geschehen. [B 73v]
sît unser schepher uns lât spehen
sîniu wunder manicvalt,
und er uns füeget den gewalt,
des uns von im genüegen sol,
daz wir nû übel oder wol
an disem herren mügen tuon,
wir haben dester grœzern ruom,
wellen wir genâde an im begân, [b]
sît wir es nû gewalt hân.
wær uns der gewalt verseit,
sô wær ein ringiu arebeit,
daz wir im danne tæten wol.
swer mit gewalte leben sol,
der sol sîn diemüete
mit diemüetlîcher güete.
sô hœhet in diu hœhste hant,
der daz hœhen ist benant.
nû stât uns lobelîche,
sît wir gewalticlîche
hân des rîchen küniges lîp,
daz wir im sîn êlich wîp
unbetwungen lâzen wider
und neigen diemüetlîchen nider
hôchverteclich gemüete
in diemüetlîcher güete.
sô hœhet uns diu gotes hant,
sô er ze rihter wirt gesant
an dem urteillîchen tage
nâch der prophêten wîser sage. [B 74r]

auf dass wir uns jetzt mit Güte
um seine Gunst bemühen mögen.

Lieber Sohn, das tue!
Da unser Schöpfer uns erfahren lässt
seine mannigfaltigen Wunder
und er uns die Entscheidungsgewalt verleiht
und wir uns darüber freuen sollten,
dass wir nun frei sind, gut oder schlecht
an diesem Herrn zu handeln,
verdienen wir uns auch umso größere Verdienste dadurch,
wenn wir ihm gegenüber Güte zeigen,
da wir nun die Entscheidungsgewalt haben.
Besäßen wie diese Macht nicht,
dann wäre es kein Verdienst,
ihm eine Wohltat zu erweisen.
Wer aber Macht ausübt,
der soll demütig sein
und mit demütiger Güte handeln.
Dann erhöht ihn die Hand Gottes,
der das Erhöhen zusteht.
Nun ist es lobenswert für uns,
da wir entscheiden können
über das Schicksal des mächtigen Königs,
dass wir ihm seine Ehefrau
aus freien Stücken zurückgeben
und wir demütig
das stolze Gemüt
neigen in demütiger Güte.
Dann erhöht uns die Hand Gottes,
wenn er zu richten kommt
am Tage des Jüngsten Gerichtes,
entsprechend der weisen Verheißung der Propheten.‹

Mîn herre sprach an dem zil:
›vernim, waz ich dir sagen wil,
Gêrhart, durch den willen mîn.
lâ ditz mit guotem willen sîn,
wan ez ist daz gotes gebot.
dô al der welde schepher got
geschuof nâch sînem werde
engel, himel und erde
und von Lucifers hôchvart
der zehende kôr vervellet wart
von sîner ebenmâze nider,
dô wolte in got besetzen wider
mit menschlîchem künne.
in des paradîses wünne [30v]
wart Âdâm von im gesant.
dem nam got mit sîner hant
ein rippe und hiez ez sîn ein wîp.
er sprach: »diu beidiu sîn ein lîp,
zwên geiste, ein leben. ein lîp
sî dirre man und ditze wîp
und elliu, diu mit rehter ê
hinnen für und immer mê
zesamne werden gesant
nâch reiner ê. den sî ditze lant
mit êlîcher stætekeit
âne wandel an geleit.«
dar nâch über manige zît
lêrten uns die lêrer sît
des heiligen geistes rât,
dar an alsus geschriben stât:

Da sagte mein Herr dazu:
›Höre, Gerhart, was ich dir
meinerseits sagen will.
Stimme dem bereitwillig zu,
denn es ist das Gebot Gottes.
Als Gott, der Schöpfer der ganzen Welt,
in seiner Erhabenheit,
Engel, Himmel und Erde geschaffen hatte
und durch Luzifers Anmaßung
der zehnte Chor gestürzt wurde
aus seiner Gleichheit mit den anderen,
da wollte Gott den Chor wieder besetzen
durch das Menschengeschlecht.
In die Wonne des Paradieses
wurde Adam von ihm gestellt.
Gott nahm ihm mit seiner Hand
eine Rippe und erschuf aus ihr eine Frau.
Er sagte: »Diese zwei sollen sein ein Leib,
zwei Seelen, ein Leben. Ein Leib
seien dieser Mann und diese Frau
und fortan und auf ewig
alle, die rechtmäßig
zusammengegeben werden
im reinen Stand der Ehe. Ihnen sei dieses Land
mit der Beständigkeit des Bundes
unwandelbar übergeben.«
Später, nach langer Zeit,
verkündeten uns dann die Weisen
die Lehre des Heiligen Geistes,
in der es folgendermaßen heißt:

»Ez spricht der vil wîse bote: [B 74v]
›swaz gefüeget sî von gote,
daz scheide niht des menschen rât.‹
swaz gotes rât gefüeget hât,
hier an solt dû gedenken
und gote niht entwenken,
daz dû im ungehôrsam sîst.«
swie dû hie niht widergîst,
daz got vor dir gegeben hât,
sô übergâst dû disen rât
gotes und der wîssagen.
waz wil dû an dem suontagen
danne sprechen, sô got kumt
und elliu dinc ze rehte drumt
und sîn urteile ist an dich komen?
er sprichet: »dû hâst mir genomen
mîner stæten worte bant.
dâ dir mîn bote wart gesant,
dû næm im, daz ich im gap, [b]
berhaftes lebens stap,
dâ mit er, als ich wolte,
mir widergeben solte
mit iegelîcher bernder genuht
menschlîcher blüete fruht.
dô dir von mir wart kunt getân,
dû möhtest niht ze rehte hân, [B 75r]
daz mînes boten solte sîn,
dô smâhtst dû den boten mîn.
des müezest dû verteilet sîn.«
ditz nim in die sinne dîn.

»Es spricht der weise Bote:
›Was Gott zusammengefügt hat,
das soll der Mensch nicht scheiden.‹
Was Gottes Ratschluss verbunden hat,
an das sollst du denken
und dich Gott nicht entziehen
durch Ungehorsam.«
Wenn du ihm jetzt nicht zurückgibst,
was Gott vor dir zuvor gegeben hat,
so übertrittst du dieses
Gebot Gottes und der Propheten.
Was willst du dann am Tage
des Jüngsten Gerichts vorbringen, wenn Gott kommt
und alle Dinge gemäß der Verheißung zerschlägt
und sein Urteil über dich fällt?
Der weise Bote fährt dann fort: »Du hast den Bund
meiner unverbrüchlichen Worte missachtet.
Als dir mein Bote gesandt wurde,
da nahmst du ihm, was ich ihm gab,
einen fruchtbaren Lebensstamm,
mit dem er mir, wie ich wollte,
in ganzer fruchtbarer Fülle
die Frucht menschlicher Blüte
hätte zurückgeben sollen.
Nachdem dir von mir kundgetan wurde,
dass du nicht rechtmäßig haben konntest,
was meinem Boten gehören sollte,
da schmähtest du diesen.
Dafür sollst du verurteilt sein.«
Nimm dir dies zu Herzen.

Gêrhart, junger, süezer man,
nû gedenk wol dar an
und lâ die vrouwen varn durch got.
überhœrst dû sîn gebot,
sô muost dû immer sîn verlorn
und dulden grôzen gotes zorn.
lâ dirre vrouwen werden lîp.
sî ist des küniges êlich wîp.
dâ von maht dû sî niht genemen,
ir ê mac dir niht wol gezemen.
sît got den künic in ditz lant
hât an sô rehter zît gesant,
sô hât er wunders dran gedâht,
wan er iuch hât ze helfe brâht
dem herren und der vrouwen.
sô lât ouch an iu schouwen,
daz iu mit sælden ist bereit
getriuwes herzen stætekeit.
des bitt ich iuch beide
durch got ân underscheide.‹
zuo mînem herren und zuo mir
sprach mîn sun: ›wes muotent ir?
sol ich mîne vrouwen lân?‹
›jâ, wil dû gotes hulde hân.‹ [31r]
›mac mir diu anders werden niht?‹ [B 75v]
›benamen nein, die wîl man siht
dich ir mit unrehte phlegen,
sô verret dir der gotes segen,
wan sî ein andern man sol hân,
dem dû sî solt ze rehte lân.‹

Gerhart, junger, lieber Mann,
nun bedenke dies genau und gib
die Dame um Gottes willen frei.
Wenn du sein Gebot missachtest,
dann wirst du für immer verloren sein
und den gewaltigen Gotteszorn erleiden.
Verzichte auf diese edle Frau.
Sie ist die Gattin des Königs.
Deshalb kannst du sie nicht haben,
die Ehe mit ihr ist dir nicht angemessen.
Da Gott den König noch
so rechtzeitig in dieses Land geführt hat,
so hat er damit Wundersames bezweckt,
denn er hat euch damit zum Helfer gemacht
des Herrn und der Dame.
So lasst auch an euch sichtbar werden,
dass ihr segensreich verfügt über
die Beständigkeit eines aufrichtigen Herzens.
Dieses erbitte ich von euch beiden
gleichermaßen im Namen Gottes.‹
An mich und meinen Herrn gewandt
sprach mein Sohn: ›Was verlangt ihr da?
Ich soll auf meine Ehefrau verzichten?‹
›Ja, wenn du Gottes Gunst erlangen willst.‹
›Kann mir die nicht anders zuteilwerden?‹
›Wahrlich, nein, wenn du
unrechtmäßig mit ihr verheiratet bist,
dann ist dir Gottes Segen versagt,
denn sie soll einen anderen Mann haben,
dem du sie rechtmäßig überlassen musst.‹

›Owê des rehtes und owê!
nû muoz ich klagen immer mê,
daz got ist alsô wunderlich,
daz er des rehtes gert an mich,
daz ich sol eine vrouwen lân,
von der ich sælde und êre hân.
owê der klegelîchen nôt,
daz mir mîn herze ie gebôt,
von der lieben vrouwen mîn
in alsô rîchen vreuden sîn,
und ich die nû lâzen muoz.
des wirt mir nimmer mêre buoz
herzeclîcher leide.
swenn ich nû von ir scheide,
sô muoz ich liebes mich begeben
und immer mê mit leide leben.‹
ich sprach: ›sun, nû gehab dich wol:
niemen sich untrœsten sol.
ob dir diu vrouwe wære
niht liep und gar unmære,
waz liezest dû dan umbe Krist?
sô daz dinc ie lieber ist,
sô der lôn ie grœzer wirt,
dâ man des lônes niht verbirt. [B 76r]
durch daz solt dû liebe lân,
wilt dû lôn nâch liebe hân.
ie nâch des herzen muote
lônet got der guote.
wil dû durch in daz liebe geben, [b]
er gît dir herzeliebez leben.‹

›Weh über dieses Recht und immer weh!
Nun muss ich ewig beklagen,
dass Gott so unergründlich ist,
dass er rechtmäßig von mir verlangt,
dass ich auf eine Frau verzichte,
durch die mir Glück und Ansehen zuteilwerden.
Weh der schmerzlichen Qual,
dass mir mein Herz je gebot,
meiner lieben Herrin wegen
so voller Freude zu sein,
und ich nun auf sie verzichten muss.
Niemals mehr werde ich fortan
frei sein von Herzensleid.
Wenn ich mich nun von ihr lossage,
dann muss ich auf alle Freude verzichten
und ein Leben in immerwährendem Leid führen.‹
Ich sagte: ›Sohn, nun tröste dich:
Niemand soll verzweifeln.
Wenn die Frau dir
nicht lieb, sondern gleichgültig wäre,
worauf würdest du dann Christus zuliebe verzichten?
Je lieber etwas ist,
desto größer ist auch der Lohn dort,
wo man den Lohn nicht vorenthält.
Deshalb sollst du auf das, was dir lieb ist, verzichten,
willst du einen Lohn gemäß dem, was dir lieb ist, erhalten.
Stets entsprechend der eigenen Wertschätzung
lohnt der gute Gott.
Wenn du um seinetwillen hinzugeben bereit bist, was dir lieb ist,
gibt er dir ein Leben in Herzensliebe.‹

Mîn sun mit schœnen zühten sprach:
›vater mîn, ditz ungemach
wil ich tragen durch dîn gebot.
durch mînen herren und durch got
wil ich die vrouwen lâzen vrî,
swie wê mir immer nâch ir sî.
sî hab ir man, daz sî geschehen.
wol hin und lât mich in gesehen,
der mîne vrouwen haben sol.
durch got gan ich im ir wol.‹
des vreute sich mîn herze dô.
mîn herre was mit mir sô vrô,
daz wir begunden beide,
von lieb und ouch von leide
mit mînem sune weinen dâ.
von dannen kêrten wir dô sâ
hin an den selben stunden,
dâ wir den künic funden.
dem was mit vlîze wol bereit
vil edel kleit und angeleit
was im mit wirden sîn gewant.
vil wol ich in bekleidet vant,
von samît und baldekîn, [B 76v]
von zobel und von hermîn,
mit tiuren berlen wol durchslagen.
ich hiez im dar nâher tragen
einen borten, den er truoc
von sîden. geschüehe guot genuoc
truoc der tugentrîche man.
vor sînen brüsten schône bran
ein durchliuhtic rubîn,
der gab mit rîcheit liehten schîn.

Mein Sohn sprach in vorbildlicher Selbstbeherrschung:
›Mein Vater, dieses Leid
will ich auf dein Geheiß hin auf mich nehmen.
Um meines Herrn und Gottes willen
bin ich bereit, die Dame freizugeben,
wie weh mir auch immer nach ihr sei.
Ihr Mann soll sie haben, das geschehe.
Nun hin zu ihm, lasst mich ihn sehen,
der meine Frau haben soll.
In Gottes Namen gönne ich sie ihm voll und ganz.‹
Darüber freute ich mich.
Mein Herr freute sich mit mir so sehr,
dass wir beide da begannen,
aus Liebe und auch aus Schmerz
gemeinsam mit meinem Sohn zu weinen.
Wir brachen auf und gingen
unverzüglich dorthin,
wo wir den König fanden.
Dem waren mit Sorgfalt bereitet worden
viele edle Kleider, und man hatte ihm
würdevoll sein Gewand angelegt.
Ich traf ihn hervorragend gekleidet an,
mit Samt und Seide,
Zobel und Hermelin,
mit kostbaren Perlen reichlich verziert.
Ich ließ ihm enger schnallen
einen seidenen Gürtel, den er trug.
Hervorragende Schuhe
trug der tugendhafte Mann.
An seiner Brust funkelte
schön ein strahlender Rubin,
der prächtig glänzte.

Ouch was mit hovelîchen siten
sîn hâr geslihtet und gesniten. [31v]
daz hâte schône sich geleit
wîz, val mit krumbe reit
wider ûf daz houbet sîn.
getempert schône liehten schîn
gab sîn antlütze minneclich,
wan daz er ê sô lange sich
muoste genieten arebeit.
dô muost im sîn ein teil bereit
bî liehter schœne ein bleicher schîn.
an dem antlütze sîn
was er sô manlîch gestalt –
wurde ich tûsent jâr alt,
ich möhte nimmer mêre
nâch des wunsches lêre
sô gar geschouwen einen man.
dô er truoc rîchiu kleider an,
ohteiz, wie minneclich er was,
wie gar der sælden spiegelglas [B 77r]
an schœne truoc sîn schœniu jugent!
mit süezer hovelîcher tugent
was er an zühten volkomen.
er hât in sînen muot genomen
der welt prîs mit rîcher zuht.
nâch wunsche gar der sælden fruht
was an sînen lîp geleit.
diu zuht der hœhsten werdekeit
in sînem reinem muote lac.
vil hôher tugent sîn herze phlac,
dar an was er unbetrogen,
milte, kiusche, wolgezogen,
küene, wêrhaft, hôchgemuot,

Auch war auf hofgemäße Weise
sein Haar gescheitelt und geschnitten.
Es hatte sich wieder schön gelegt,
hell, blond und kraus gelockt
auf sein Haupt.
Anmutig gemischt strahlte
die Farbe seines fein geformten Gesichts,
abgesehen davon, dass er, weil er zuvor so lange
Mühsal hatte erdulden müssen,
bei aller strahlenden Schönheit
doch auch ein klein wenig blass war.
Sein Antlitz hatte eine so
männliche Ausstrahlung,
würde ich auch tausend Jahre alt,
erblickte ich doch niemals wieder
einen Mann, der so ganz und gar
jeden Wunsch übertraf.
Er trug kostbare Kleider,
ach, wie wohlgestaltet er war,
wie das Glück ganz und gar durch
die Schönheit seine anmutige Jugendlichkeit spiegelte!
Mit seiner einnehmenden höfischen Tugendhaftigkeit
zeigte er vollkommene höfische Haltung.
Mit vollendetem Adel hatte er
das Lob der Welt verinnerlicht.
Nichts an ihm hätte man sich schöner
wünschen können.
Das Streben nach höchster Würde
war in seinem edlen Inneren verankert.
Sein Herz war vielen hohen Tugenden verschrieben,
die er sich angeeignet hatte:
freigebig, rein, lauter,
kühn, tapfer, hochgestimmt,

gewære, getriuwe unde guot,
wolgespræche unde wîs.
alsô hôhen mannes prîs
hâte got an in geleit [b]
mit des lîbes klârheit.
der sælden wunsch was an im gar.
des wart ich wol an im gewar,
dô ich des tugentrîchen man
bezzer künde sît gewan.
dô in mîn lieber sun gesach,
mit zühten er zuo dem herren sprach:
›got und dem herzen mîn
sult ir willekomen sîn,
herre mîn, her in ditz lant.‹
des genâdet er im zehant,
der herre zühterîche, [B 77v]
mit zühten hovelîche.
nû hâte ich niht vergezzen
dô man êrst was gesezzen.
ich hiez die truhsæzen,
daz sî des niht vergæzen,
sî dienten müezeclîchen dar.
ouch bat ich die werden schar
mit zühten sitzen, beiten mîn.
daz lobten sî. dô muost ez sîn,
biz ditz allez was bereit,
herre, als ich iu hân geseit.

Den künic ich dâ niht lenger liez.
ein phert ich im bereiten hiez,
daz reit er mit uns beiden dan.
der edel reine werde man
zwischen uns beiden mit vreuden reit

aufrichtig, beständig und gütig,
beredt und klug.
Ebenso große Gaben hatte
Gott ihm verliehen
an körperlicher Schönheit.
Seine Vorzüglichkeit übertraf ganz und gar jeden Wunsch.
Das konnte ich genau feststellen,
als ich den tugendhaften Mann
später besser kennenlernte.
Als mein Sohn ihn sah,
sprach er höflich zu meinem Herrn:
›Gott und meinem Herzen
sollt Ihr willkommen sein,
mein Herr, hier in diesem Land.‹
Dafür dankte ihm sogleich
der vorbildliche Herr
mit nobler Höflichkeit.
Nun hatte ich nicht versäumt,
als man sich gesetzt hatte,
die Truchsessen anzuweisen,
dafür zu sorgen,
dass alle aufmerksam bedient würden.
Ich hatte die edle Schar gebeten,
sich zu setzen und freundlicherweise auf mich zu warten.
Das versprachen sie. Das hatten sie getan,
bis dies alles geschehen war,
wie ich es Euch, Herr, erzählt habe.

Ich ließ den König nicht länger warten.
Ich ließ ihm ein Pferd satteln,
auf dem er mit uns beiden fortritt.
Der edle, reine, würdige Mann
ritt zwischen uns beiden mit Freuden,

vrœlîch âne herzeleit.
nû nam sî michel wunder
alhie gar besunder,
wer wære dirre werde man.
er wart vil gekaphet an
von rittern und von vrouwen,
die gerne wolten schouwen, [32r]
wer der ritter möhte sîn.
ich fuort in für den herren mîn.
vor dem erbeizten wir aldâ.
zuo mînem herren sprach ich sâ:
›herre, sitzent hôher baz, [B 78r]
mit urloube gebiut ich daz.
lât disen ritter sitzen dar.‹
des nam mîn herre guot war.
er ruhte ein wênic hôher baz.
der stolze gast dô niht vergaz,
er wolte zuo ir ûf diu banc.
über daz gestüele er dô spranc.
mîn vrouwe blûclîchen sprach,
dô sî in bî ir sitzen sach:
›nû sag mir, liebez vaterlîn,
wer dirre ritter müge sîn.‹
›vrouwe, ist er iu unbekant?
ez ist der künic von Engellant,
iuwer herzelieber man.‹
diu vrouwe weinen dô began.

›Ach süezer vater mîn, durch got,
wâ gediente ich disen spot,
daz sage, wenne oder wie?
dû engetæte mir noch nie
sô rehte leide alse nû.

wohlgestimmt und frei von Sorge.
Nun waren alle sehr neugierig,
alle miteinander, die hier waren,
wer dieser vornehme Mann sei.
Er wurde neugierig angesehen
von Rittern und Damen,
die gerne sehen wollten,
wer der Ritter wohl sein könnte.
Ich führte ihn vor meinen Herrn.
Vor ihm stiegen wir dort ab.
Zu meinem Herrn sprach ich da:
›Herr, rückt ein wenig auf,
erlaubt mir, das zu verlangen.
Lasst diesen Herrn hier sitzen.‹
Das nahm mein Herr wohlwollend auf.
Er rückte etwas zur Seite.
Der stolze Fremde säumte nicht
und wollte zu ihr auf die Bank.
Da stieg er über die Sitze.
Meine Herrin sprach scheu,
als sie ihn bei sich sitzen sah:
›Nun sag mir, liebster Vater,
wer dieser Ritter ist.‹
›Herrin, ist er Euch unbekannt?
Es ist der König von England,
Euer innig geliebter Gatte.‹
Da begann die Dame zu weinen.

›Ach, liebster Vater, um Gottes willen,
womit habe ich diesen Spott verdient,
das sag mir, wann oder wie?
Du hast mich noch niemals
so sehr verletzt wie nun.

reiner lîp, wes spottest dû
der vil armen tohter dîn?
durch got, nû lâ dîn spotten sîn.‹
›vrouwe mîn, sô helf mir got.
mir ist ernst sunder spot.‹
dô sach sî den ellenden man
mit weinenden ougen an.
dô weinde er mit ir sâ zehant.
er sprach: ›bin ich dir niht erkant,
sô sich an ditz vingerlîn, [b] [B 78v]
herzelieb des herzen mîn,
daz ich hie trage an mîner hant.
vrouwe, dû solt sîn gemant,
wie ich nû jungist schiet von dir,
ditz vingerlîn dû gæbe mir
mit sender klage, als dû weist.
ein vingerlîn, daz dû dâ treist,
vrouwe mîn, daz gab ich dir
und bat ez tragen dich von mir,
daz dû dâ bî gedæhtest mîn
und dû geruochtest stæte sîn
mit herzeclîcher lieb an mir.
daz lobtest dû. dô schieden wir
dâ von einander beide
mit klagendem herzenleide.‹

Diu vrouwe sach mit jâmer dar
dicke und dicke und nam sîn war,
ob er ez wære oder niht.
dô began sich ir gesiht
cundewieren under in.
er sach her und sî hin.
sî nam von im und er von ir

Du Guter, warum verspottest du
nur deine arme Tochter?
Lass doch bei Gott dein Spotten sein.‹
›Meine Herrin, so wahr mir Gott helfe.
Es ist mir ganz und gar ernst.‹
Da sah sie den fremden Mann
mit weinenden Augen an.
Da weinte er sogleich mit ihr.
Er sagte: ›Erkennst du mich nicht,
dann sieh diesen Fingerring an,
du liebste Liebe meines Herzens,
den ich hier an meiner Hand trage.
Herrin, erinnere dich daran,
dass du mir, als ich mich zuletzt
von dir trennte, diesen Ring gabst
unter schmerzlicher Klage, wie du weißt.
Den Ring, den du hier trägst,
meine Herrin, den gab ich dir
und bat dich, ihn um meinetwillen zu tragen,
auf dass du so meiner gedächtest
und mir treu bliebest
mit herzlicher Liebe.
Das versprachst du. Da trennten wir uns
beide voneinander
mit klagendem Herzensleid.‹

Die Dame sah ihn mit Jammer an,
wieder und wieder, und betrachtete ihn,
ob er es sei oder nicht.
Da begannen sie
einander prüfend anzusehen.
Er sah her und sie hin.
Sie empfing von ihm und er von ihr

mit jâmer herzeliebes gir
mit stæter liebe stætekeit.
stæte liebe sunder leit
in stæteclîchem sinne
brâht in diu stæte minne,
diu sî mit stæten kreften bant.
dô mîner vrouwen wart erkant [B 79 r]
ir sendes herzen herzentrût, [32 v]
sî sprach von vreuden überlût:
›ach sô wol mich, sælic wîp!
herzeliebes süezer lîp,
wis willekomen tûsentstunt!‹
nâch dem gruoze wart ir kunt
von lieb ein jâmer alsô grôz,
daz sî ûf ir mannes schôz
sich neigte und unversunnen lac.
von vreuden sî sô sêre erschrac,
daz sî niht hôrte noch ensach,
noch niht verstuont, noch niht sprach,
wan als der in troume lît
und im nâch den gedanken gît,
der wân der sinnen hôhen rât,
mit dem er wachend umbegât.

Alsus geschach der vrouwen guot:
niht anders was ir sin, ir muot,
wan daz sî denken began:
›ach herzelieb, ach süezer man,
ey lieber trôst, nû trœste mich,
ey liebez trût, lâ schouwen dich!‹
daz was ir troum und ir gedanc,
der sî ze grôzer liebe twanc.
der übervluz der liebe fruht,

mit Jammer herzensliebes Verlangen
mit der Treue beständiger Liebe.
Unwandelbare Liebe ohne Leid
in unbeirrbarem Sinne
brachte ihnen die unverbrüchliche Liebe,
die sie mit unauflöslichen Kräften band.
Als meine Herrin erkannte
den Liebling ihres schmerzenden Herzens,
da sprach sie überlaut vor Freude:
›Ach wohl mir, ich glücklichste aller Frauen!
Du liebster Schatz meines Herzens,
sei tausendmal willkommen!‹
Nach dieser Begrüßung empfand sie
aus Liebe so großen Jammer,
dass sie sich auf den Schoß ihres Mannes
neigte und ohnmächtig wurde.
Vor Freude erschrak sie so sehr,
dass sie weder hörte noch sah,
noch begriff, noch sprach,
außer wie einer, der träumt
und dem in der Folge seiner Gedanken
die Einbildung starke Sinneseindrücke verschafft,
über die er, wenn er erwacht, nachgrübelt.

So erging es der edlen Dame.
Nicht anders war ihr Sinn, ihr Meinen,
als dass sie dachte:
›Ach Herzensliebster, ach liebster Mann,
ei süßer Trost, so tröste mich doch,
ei liebster Schatz, lass dich ansehen!‹
Das waren ihr Traum und ihr Denken,
die sie zu großer Liebe zwangen.
Der Überfluss der Frucht der Liebe,

diu mit hôher genuht,
mit sô grôzer vreude blüete,
blüete in ir hôchgemüete,
dô sî ir herzelieb gesach, [B 79v]
dem sî sô grôzer liebe jach,
daz ir ze grôzer herzenôt
ir herzeliebez lieb gebôt.
die mâze ir ungelîche wac
diu natûre, diu ir phlac.
sî hâte sô grôz leit erkorn, [b]
dô sî hâte ir lieb verlorn,
daz sî von leide kûme dô
lebte. sît wart sî vrô,
daz ir von liebe geswant,
dô sî ir lieb des herzen vant.
sus kan diu liebe jâmers phlegen,
diu mit unmâze wirt gewegen,
swâ mit ze grôzer liebe stât
ein herzelieb, des liebe ergât
ze alsô grôzer vreuden kraft,
daz der jâmer sigehaft
wirt mit ze grôzen vreuden gar,
swâ lieb liebes wirt gewar,
daz ê mit vrömde was verirt
und danne wider funden wirt.

Der künic nam die künigîn,
die lieben vriundinne sîn,
an sînen arm, er druht an sich
mit süezem küssen minneclich
den süezen lîp, daz reine wîp.
er sprach: ›herzeclîcher lîp
und mîner sælden sunnenschîn,

die mit reichster Fülle,
mit so großer Freude blühte,
blühte in ihrer Hochstimmung,
als sie ihre Herzensliebe sah,
zu der sie so große Liebe hatte,
die ihr zu tiefster Herzensqual
die Liebe ihres Herzensliebsten befahl.
Die Natur ihres Wesens
war im Ungleichgewicht:
Sie hatte so großes Leid erlitten,
als sie ihren Liebsten verloren hatte,
dass sie sich vor Leid kaum
am Leben hielt. Dann wurde sie so froh,
dass sie vor Liebe ohnmächtig wurde,
als sie ihre Herzensliebe wiederfand.
So kann die Liebe Jammer bereiten,
wenn sie unmäßig zugemessen wird,
wo Herzensliebe mit zu großer Liebe
verbunden ist, deren Liebe
mit so großer Freudenkraft einhergeht,
dass der Jammer siegreich wird,
ganz und gar mit allzu großen Freuden,
wo der eine Liebende den anderen erkennt,
der zuvor verloren und verirrt war
und dann wiedergefunden wird.

Der König nahm die Königin,
seine geliebte Gattin,
in seinen Arm und drückte an sich
mit süßem, zärtlichem Küssen
das edle, reine Mädchen.
Er sprach: ›Liebste,
du meines Glückes Sonnenschein,

nû trœste an mir daz herze mîn,
sô daz dû wol gehabest dich. [B 80r]
ich enmac niht trœsten mich,
wil dû mit ungemüete leben.
dû solt mir und dir selben geben
vreude sunder widerstrît.
dîn leit mir ungemüete gît,
dîn vreude vreut mir mînen muot,
dîn leit mir gar unsanfte tuot.
gehab dich wol und sich an mich.
dîn lieber vriunt, der grüezet dich
mit minneclîcher minne.‹
ir mündel und ir kinne [33r]
druhte er an sînen munt.
er kuste ir munt wol tûsentstunt
mit süezem umbevange.
an sînem munde lange
ir rôter munt vil nâhen lac.
mit minne er des kusses phlac,
daz muoste sîn von jâmer gar.
er kust et dar und aber dar.
er suochte vreude und trôst an sî.
sînem herzen nâhen bî
lag ir vil minneclîcher trôst,
wan sî wær immer unerlôst
von herzesender swære,
ob er ir vremde wære.

Sus brâht er, daz ir was genomen:
ir vreude was ir widerkomen
an ir herzelieben man.
dô sî ze rehte sich versan [B 80v]
und ûf ir sinne widerkam,

nun tröste mich,
auf dass es auch dir wohlergehe.
Ich vermag mich selbst nicht zu trösten,
wenn du unglücklich bist.
Du sollst mir und dir selbst
uneingeschränkte Freude geben.
Dein Leid schmerzt mich sehr,
deine Freude macht mir Freude,
dein Leid bereitet mir großen Schmerz.
Freu dich und sieh mich an.
Dein lieber Freund, der grüßt dich
mit zärtlicher Liebe.‹
Ihr Mündlein und ihr Kinn
drückte er an seinen Mund.
Er küsste ihren Mund gewiss tausendmal
mit inniger Umarmung.
Lang verweilte ihr roter Mund
nah bei seinem Munde.
Liebevoll küsste er sie
aus tiefstem Kummer heraus.
Er küsste sie wieder und wieder.
Er suchte Freude und Trost bei ihr.
Seinem Herzen ging
ihr zärtlicher Trost nahe,
denn sie wäre immer der tiefsten
Herzensschwere anheimgegeben gewesen,
wenn er ihr ferngeblieben wäre.

So brachte er ihr, was ihr genommen worden war:
Ihre Freude war zurückgekehrt
mit ihrem herzenslieben Mann.
Als sie ihr Bewusstsein ganz wiedererlangt hatte
und wieder bei Besinnung war,

sîne klage sî vernam,
sîn bete kam ir in den sin.
sî sach ûf und sach an in.
ir rôter munt ûz jâmer sprach:
›ach mînes slâfes, owê ach!
slief ich oder wie was mir,
dô ich, herzelieb, von dir
gescheiden was, wie was mir dô?
mîn klagendiu nôt tet mich unvrô.
owê trût, wâ was dîn lîp,
daz dû mich vreudenlôsez wîp
sô lang in klegelîchen siten
in klagender swære hâst vermiten?‹
ir jâmer sendiu reht begie,
mit armen sî in umbevie.
sî druht in nâhen an ir brust. [b]
ir weinen klagte die verlust,
die sî mit klegelîchen siten
von im sô lange hât erbiten.
ir rôselohter rôter munt
lachte durch den vreudenfunt,
der ir mit vreuden wart erkant,
dô sî ir lieb des herzen vant.
sus kunde ir minneclîcher schîn
weinen und in vreuden sîn.

Sî begunden beide weinen.
von zwein lîben einen
kund in diu liebe machen. [B 81r]
mit lieplîchen sachen
wurden beide lîp ein lîp,
ein wîp, ein man, ein man, ein wîp,
ein sin, ein muot, ein einic ein,

vernahm sie seine Klage,
und seine Bitte drang in ihren Sinn.
Sie sah auf und sah ihn an.
Ihr roter Mund sprach aus Jammer:
›Weh über meinen Schlaf, o weh!
Schlief ich, oder wie war mir,
als ich, Liebster, von dir
getrennt war, was war da mit mir?
Meine schmerzliche Not machte mich unglücklich.
O weh, Geliebter, wo warst du nur,
dass du mich verzweifelte Frau
so lange in kläglichem Jammer
und beklagenswerter Qual allein gelassen hast?‹
Ihr Jammer übte das Recht der Sehnsucht,
sie umfing ihn mit den Armen.
Sie drückte ihn fest an ihre Brust.
Ihr Weinen beklagte den Verlust,
den sie mit großer Klage
von ihm so lange hatte erdulden müssen.
Ihr rosenfarbener, roter Mund
lachte um des Freudenfundes willen,
der sich ihr mit Freude entdeckt hatte,
als sie ihre Herzensliebe wiederfand.
So vermochte ihre strahlende Schönheit
zu weinen und doch in Freude zu sein.

Sie begannen beide zu weinen.
Aus ihnen beiden
machte die Liebe eine einzige Person.
Aus Liebe heraus
wurden beide eins,
eine Frau, ein Mann, ein Mann, eine Frau,
ein Denken, ein Wollen, eine Einigkeit,

ein lîp, ein lieb, ein herze an zwein,
ein minne und ein geselleschaft,
ein stætekeit an lieber kraft
wart an den lieben beiden
ein und ungescheiden.
ir lîp sîn lîp, ir muot sîn muot,
sîn lieb ir lieb, sîn guot ir guot.
ir herze truoc des helden lîp,
sîn herze daz vil reine wîp.
lachte er, des was sî vrô,
was sî mit klag er tet alsô.
kust er sî, sî kuste in.
alsus begunde sich ir sin
parlieren an in beiden,
lieben sunder leiden.
an stæter liebe ân argen wanc
began sich stæten ir gedanc
an stæteclîcher liebe grôz.
ietwederz an sich nâhen slôz [33v]
daz ander mit den armen.
ir jâmer muost erbarmen
vil manigen lîp, der dâ wol sach
ir vreude, diu under in dâ geschach.

In was diu wîl niht ze lanc [B 81v]
süezer druc, senfter umbevanc,
lieplich kus, süez angesiht.
under in was anders niht
wan ›küsse, küsse und küsse mich!
küsse, lieb, ich küsse dich.
sô wol des herzeliebes mich,
daz ich, lieb, hân funden dich.‹
›herzelieb, sô wol mich dîn!

ein Leib, eine Liebe, ein gemeinsames Herz,
ein Verlangen und eine Gemeinschaft,
eine Beständigkeit an süßer Kraft
wurde an diesen beiden Liebenden
eins und untrennbar.
Ihr Leib sein Leib, ihr Wollen sein Wollen,
seine Liebe ihre Liebe, seine Güte ihre Güte.
Ihr Herz schlug im Leib des Helden,
sein Herz in dem der reinen Frau.
Lachte er, darüber freute sie sich,
klagte sie, tat er es auch.
Küsste er sie, dann küsste sie ihn.
Auf diese Weise begannen sie
erneut miteinander vertraut zu werden
in Liebe ohne Leid.
In beständiger Liebe, frei von Unbeständigkeit
begannen sich ihre Gedanken
in großer, unverbrüchlicher Liebe zu festigen.
Jedes schloss das andere
mit den Armen eng an sich.
Ihr Jammer musste Mitleid erregen
bei vielen, die da ihre Freude genau sehen konnten,
die sich da zwischen ihnen vollzog.

Die Zeit wurde ihnen nicht zu lang
mit liebevollem Drücken und sanftem Umarmen,
zärtlichem Küssen und innigem Anblicken.
Zwischen ihnen gab es nichts anderes
als ›Küsse, küsse und küsse mich!
Küss mich, Liebster, ich küsse dich.
Wohl mir der Herzensliebe,
dass ich dich, Liebstes, gefunden habe!‹
›Herzenslieb, wie freue ich mich deiner!

dû bist ein lieb des herzen mîn.
geêret sî der süeze Krist,
in des namen komen ist
mir dîn sældenrîcher lîp.
geêret sî daz reine wîp,
von der dîn lîp mir wart geborn.
owê lieb, ich was verlorn,
dô dû mich verlür an dir.
dîn verlust, diu schein an mir.
ich verlôs, dô dû verlür,
swaz dû schaden ie an mir kür,
der was mit dir gemeine mîn.
dû mîn, ich dîn, ich wil dîn sîn.‹
ietwederz zartlîchen bôt
dem andern dar daz mündel rôt.
dem wart ein süezer kus getân,
daz muoste vriuntlîch ergân.
sîn wengel an ir wengel lac
gedrücket nâhen. ir minne wac
von rôtem munt an rôten munt,
kus gegen kusse tûsentstunt.

Von wârheit ich daz sprechen muoz, [b] [B 82r]
daz ein minneclîcher gruoz
von zwein lieben nie geschach.
ich weiz wol, daz nieman gesach
sô senelich geselleschaft,
sô jæmerlîcher vreuden kraft,
sô ganze liebe an güete,
noch sô güetlich gemüete,
noch alsô stæte triuwe.
mir ist der jâmer niuwe,
swenn ich in daz herze mîn

Du bist die Liebe meines Herzens.
Gelobt sei Christus, in dessen Namen
zu mir zurückgekommen ist
dein glückspendender Leib.
Geehrt sei die reine Frau,
die dich mir geboren hat.
Ach, Schatz, ich war verloren,
als du mich verloren hattest.
Dein Verlust zeigt sich an mir:
Ich verlor, als du verlorst,
was auch immer du an mir entbehren musstest,
dieser Mangel wurde zusammen mit dir auch mir zuteil.
Du mein, ich dein, ich will dein sein.‹
Jeder bot zärtlich
dem andern den roten Mund dar.
Der wurde innig geküsst
auf liebevolle Weise.
Seine Wange lag eng
an ihre Wange gedrückt. Ihre Liebe wog
tausendmal von rotem Mund gegen roten Mund
Kuss mit Kusse auf.

Ich muss wahrheitsgemäß sagen,
dass es eine zärtlichere Begegnung
zwischen zwei Liebenden nie gegeben hat.
Ich weiß sicher, dass niemand je sah
ein so sehnsuchtsvolles Zusammensein,
so jammervolle Freude,
so ganze Liebe voller Güte,
weder ein so liebevolles Begehren
noch so beständige Treue.
Die Klage erneuert sich mir stets,
wenn ich mein Herz

nim ir senendes herzen pîn,
den gruoz, die minne und ouch daz heil,
in dem sî dar nâch wurden geil.
ir vreude bin ich immer vrô.
der gruoz niht langer werte alsô,
ê daz die edlen ritter gar
kâmen für den tisch aldar,
den gruoz, den jâmer schouwen
des herren und der vrouwen.
dô weinde manic stolzer lîp,
dâ was weder man noch wîp
alsô gemüetlîch gemuot,
ez müeste durch die vrouwen guot
und durch den herren weinen
mit ir jâmer scheinen
und durch ir vreude in vreuden leben
ir vreude phliht an vreuden geben.

Die edlen sendenære [B 82v]
fuogten senende swære
mit jâmer senenden smerzen
manigem senenden herzen,
daz nâch liebe sende sich.
ir senen was sô minneclich,
daz maniges herzen senendiu suht
von jâmer dulte vreuden fluht
durch ir zweier senden gruoz.
von senenne sich senen muoz,
swer von sender stætekeit
sende süeze swære treit.
ir senen im senen brâhte,
swer senelîch gedâhte
an daz lieb des herzen sîn:

ihrem jammervollen Herzensschmerz öffne,
ihrer Begrüßung, der Liebe und auch dem Heil,
in dem sie danach glücklich wurden.
Über ihre Freude bin ich für immer froh.
Diese Begegnung währte nicht länger,
als bis die edlen Ritter alle
dorthin zum Tisch kamen,
um die Begegnung und die Klage
des Herren und der Dame mitanzusehen.
Da weinten viele Edle und
da gab es weder Mann noch Frau,
die so unberührt blieben,
dass sie nicht um der Dame und
des Herren willen hätten weinen müssen,
sich ihren Jammer zu eigen machten
und ihrer Freude wegen frohgemut waren
und mit ihrer Freude an der Freude der beiden teilhatten.

Die vornehmen Sehnsuchtsvollen
fügten schmerzlichen Kummer zu
und mit Jammer sehnlichen Schmerz
manch sehnsuchtsvollem Herzen,
das sich nach Liebe sehnte.
Ihr Sehnen war so hingebungsvoll,
dass die Sehnsucht vieler Herzen
von Jammer freudlos wurde
durch die sehnsuchtsvolle Begegnung dieser beiden.
Aus Sehnsucht muss sich sehnen,
wer aus der Beständigkeit des Sehnens
sehnlich süßen Schmerz erleidet.
Ihre Sehnsucht bereitete demjenigen Sehnsucht,
der sehnsuchtsvoll dachte
an sein eigenes Herzenslieb:

dem gab ir senen senden pîn.
ir sender gruoz vil nâhen dranc
in manigen senden gedanc,
der sich nâch liebe sente.
ir senen minne wente.
von sender minnen sender pîn
tet an sumlîchen triuwe schîn.
der herzeliebes liebe jach
und ir zweier triuwe sach,
der nam in sînen gedanc
den minneclîchen umbevanc,
den süezen kus, den senften druc,
der lieben minne snellen vluc,
diu mit sender liebe grôz
in ir beider herze schôz. [B 83r]
ir jâmer und ir minne
enzunde manige sinne,
die sêre muosten brinnen
nâch liebe in senden sinnen,
die von minne wâren wunt.
ir verlust und vreudenfunt
weinde manic werder lîp,
hövesch ritter, stolziu wîp
und ander manic werder man.
daz ich daz guot ie gewan,
dâ von diu minne solte ergân,
des muoz ich immer vreude hân.
für wâr ich iu daz sagen wil,
müest ich zwelfstunt als vil
goldes unde silbers hân,
und hæt ich ez durch sî gelân,
ich wolt ez nimmer erklagen.
ich wil es mînem schepher sagen

Dem bereitete ihre Sehnsucht sehnliche Qual.
Ihre sehnliche Begegnung schlich
sich in den Gedanken manch eines Liebenden,
der sich nach Liebe sehnte.
Ihre Sehnsucht lenkte die Liebe.
Der sehnliche Schmerz der sehnsuchtsvollen Liebe
machte an vielen ihre Treue offenbar.
Wer Herzensliebe Liebe zusprach
und ihrer beider Treue ansah,
der verinnerlichte
die zärtliche Umarmung,
den innigen Kuss, den sanften Druck,
den raschen Flügelschlag verliebter Hingabe,
die mit tiefer, sehnsuchtsvoller Liebe
ihr beider Herz traf.
Ihr Jammer und ihre Liebe
entzündete viele Gefühle,
die heftig brannten
nach Liebesverlangen in sehnsuchtsvollen Gedanken,
die von der Liebe verwundet worden waren.
Über den Verlust des Paares und ihren Freudenfund
weinten viele Edle,
höfische Ritter, stolze Damen
und viele andere Vornehme.
Dass ich je den Besitz erwarb,
der diese Liebe möglich machte,
darüber werde ich immer glücklich sein.
Ich will Euch wahrlich sagen,
hätte ich zwölfmal so viel
Gold und Silber
und hätte ich es für sie hergegeben,
würde ich es doch nie beklagen.
Ich will meinem Schöpfer dafür danken

gnâde, lob und êre
mit vreuden immer mêre,
daz mir diu wirde ie geschach,
die ich von mînem guote sach,
sô minneclîcher minne kraft,
sô lieplîch gesellschaft
an den gelieben beiden,
die dâ vor wâren gescheiden,
unz got die güete an mir begie,
daz ich zesamne brâhte sie
mit mîn selbes guote. [B 83v]
nû was mit hôhem muote
diu werde ritterschaft bereit
ûf den buhurt. sunder leit
wart uns ûf des tages zil
kurzewîl erhaben vil.

Man mohte dâ wol schouwen
von rittern und von vrouwen
maniger hande vreude ganz.
dâ was buhurt unde tanz
mit hôhem muote gar den tac.
swes ieman erdenken mac
ze rehten vreuden, diu was hie.
für mîn hêrschaft ich dô gie,
den künic und ouch die künigîn,
und für den lieben herren mîn.
zuo dem künige sprach ich dô:
›sît ez sich hât gefüeget sô,
herre mîn, daz iuwer eit
hât gegeben sicherheit,
daz ir bî iuwer knehtes zît
mîner vrouwen vremde sît,

und ihn in Freuden ewig
loben und ehren dafür,
dass mir je die Ehre zuteilwurde,
die ich von meinem Vermögen bewirkt sah,
nämlich die Kraft so hingebungsvoller Liebe,
so trauliche Zweisamkeit,
die die beiden Geliebten hatten,
die zuvor getrennt gewesen waren,
bis Gott mir gegenüber so gütig war,
dass ich sie zusammenbrachte
mit meinem eigenen Gute.
Nun hatte sich in ganzer Hochstimmung
die edle Ritterschaft versammelt
zum Buhurt. Ungetrübtes Vergnügen
wurde uns den ganzen Tag über
reichlich zuteil.

Man konnte dort deutlich
an Rittern und an Damen
große, ungeteilte Freude sehen.
Da gab es Buhurt und Tanz
den ganzen Tag über in festlicher Heiterkeit.
Was man sich nur ausdenken kann
an dem, was wirklich Freude bereitet, das gab es hier.
Ich ging zu meinen Herren,
dem König und auch der Königin,
und vor meinen lieben Herrn.
Ich sagte da zu dem König:
›Da es sich so gefügt hat,
mein Herr, dass Euer Eid
Euch das Versprechen auferlegt hat,
in der Zeit, bevor Ihr Ritter geworden seid,
meiner Herrin fernzubleiben,

sô ger ich, lieber herre mîn,
daz ir geruochet bî mir sîn,
biz daz ir geleitet swert
und daz ir hie werdent gewert
êlîches vriundes minne
von der süezen küniginne.‹ [B 84r]
›gerne, vater. daz tuon ich.
got hât sô sælic lîche dich
mit sælden an mir gêret,
swaz dîn munt mich lêret,
daz sol nâch dînem willen sîn,
wan dû, vil lieber herre mîn,
mich senden ungesunden
von liebe hâst enbunden.‹

Nû êrte an mir mîn herre sich.
ich gihe des niht, daz er durch mich
bî mir geruochte leiten swert.
daz ich der bete ie wart gewert,
daz fuogte mir diu minne
der werden küniginne,
diu in ûf hôhe minne twanc.
ich wær ein teil dar zuo ze kranc,
daz der künic von Engellant
bî mir ze ritter wurde erkant,
wan daz got und der vrouwen gir
die grôzen sælde fuogten mir.
der tac gienc mit vreuden hin.
dô diu naht ir trüeben schîn
über al die welt gespreite,
dar nâch vil gereite
des andern tages lieht erschein.
dô wart diu ritterschaft enein,

so wünsche ich, mein lieber Herr,
dass Ihr geruht bei mir zu bleiben,
bis Euch das Schwert umgegürtet wird
und Euch hier gewährt werde
die eheliche Liebe
der edlen Königin.‹
›Gern, Vater. Das will ich tun.
Gott hat auf so glückliche Weise
dich mit Heil an mir geehrt,
dass das, was du mir rätst,
deinem Rat gemäß geschehen soll,
denn du, mein lieber Herr,
hast mich vor Sehnsuchtsschmerz Kranken
aus Liebesnot gerettet.‹

Nun bewies mein Herr an mir seine Ehre.
Ich behaupte nicht, dass er meinetwegen
geruhte, bei mir zum Ritter zu werden.
Dass meine Bitte je erfüllt wurde,
bewirkte für mich die Liebe,
die er zur edlen Königin hatte,
die ihn zu edler Liebe drängte.
Ich selbst wäre doch etwas zu unbedeutend dazu,
dass der König von England
bei mir vor aller Augen zum Ritter würde,
wenn nicht Gott und der Wunsch der Dame
mir zu diesem großen Glück verholfen hätten.
Der Tag verging mit Freuden.
Als die Nacht ihre Düsternis
über die Welt gelegt hatte,
erschien alsbald
der Morgenschein des nächsten Tages.
Da beschlossen die Ritter,

daz man ze messe gienge,
dâ der künic enphienge
ritters namen und ritterschaft. [B 84v]
mit zwivalter vreuden kraft
der tac dem êrern tage galt
mit ritters vreuden manicvalt.
die vreude dô mit vreude alhie
an dem êrern tage ergie.
der tac vil vreuden wart gewert,
dô der künic leite swert.
der herre in knehtes namen kam
und ritters namen alhie genam.

D*ô nâch ritterlîcher art*
mîn lieber herre ritter wart
und der buhurt wart gelân,
dô man solte sitzen gân,
dô wart von uns niht mê gebiten:
mîn lieber sun und ich dô riten
für mînen herren, dâ er saz.
ich sprach: ›herre, sît nû daz
gefüeget hât der süeze Krist,
daz der tac hiut iuwer ist
– diu hôchzît was gester mîn –
sô bitten alle, die hie sîn,
daz sî bî iu belîben hie,
des sult ir mit mir bitten sie,
unz iuwer brûtlouf zergê.‹
mîn herre sûmde sich niht mê,
er reit mit mir ûf den hof.
mîn herre, der erzbischof,
der bete in dô gewerte.

die Messe zu besuchen,
in der der König Ritter werden
und die Ritterschaft empfangen sollte.
Der Tag lohnte dem vorherigen
seine Freude doppelt
mit vielfältigen Ritterfreuden.
Die Freude übertraf da heute
jene des vorherigen Tages.
Der Tag war voller Freude,
an dem der König seine Schwertleite hatte.
Der Herr war als einer gekommen, der noch kein Ritter war,
und wurde hier zum Ritter gemacht.

Als auf ritterliche Weise
mein lieber Herr Ritter geworden war
und der Buhurt beendet worden war,
als man zu Tisch gehen sollte,
säumten wir nicht länger:
Mein lieber Sohn und ich ritten da
zu meinem Herrn, wo er saß.
Ich sprach: ›Herr, da nun
der heilige Christus es so gefügt hat,
dass der Tag heute von Euch ausgerichtet wird
– das Hochzeitsfest gestern war ja von mir ausgerichtet worden –,
so bittet alle, die hier sind,
bei Euch zu bleiben,
bis, darum sollt Ihr sie mit mir zusammen bitten,
Eure Hochzeitsfeier vorüber ist.‹
Da hielt sich mein Herr nicht länger hier auf,
sondern ritt mit mir auf den Hof.
Mein Herr, der Erzbischof,
gewährte ihm die Bitte.

an swen er fürbaz gerte,
der lobtez durch uns sâ zehant. [B 85r]
vil manic stolzer wîgant
gelobte uns die hôchzît
ze leisten âne widerstrît.
des wurden wir von herzen vrô.
an daz gestüele sâzen dô
ritter und dar zuo vrouwen,
die wunder liezen schouwen
an dem künige ir werdekeit
mit grôzen vreuden sunder leit.
dem süezen muotes vesten
und ouch den lieben gesten
wart hie geboten als wol,
daz ich ez immer gedienen sol
umb alle die lantherren mîn.
sî tâten mînem herren schîn
ir zuht, ir rîche hübscheit
mit zühteclîchen vreuden breit,
als er ir herre wære.
swaz vreude was gebære,
daz wart mit ritterlîchen siten
disen tac dâ niht vermiten.
der dûht niemen dâ ze lanc,
ez wære ein man, den minne twanc,
des herzen minne nâhen lac,
der eines wîbes herzen phlac,
diu mit herzeliebe grôz
sîn herze ir herzen nâhen slôz.
ouch sagte mir vrou Minne,
daz mit gelîchem sinne [B 85v]
mit jâmer in ir herzen vaht
ein wîp nâch der næhsten naht,

Wen auch immer er nun bat,
der versprach es ihm um unseretwillen sogleich.
Viele stolze Helden
versprachen, ohne zu zögern,
unsere Festgäste sein zu wollen.
Darüber wurden wir von Herzen froh.
Auf ihren Sitzen ließen sich da nieder
Ritter und Damen,
die dem König gegenüber
ihre Würde auf staunenswerte Weise erwiesen
mit großen und ungetrübten Freuden.
Mit dem liebreizenden treuen Mann
und auch den lieben Gästen wurde hier
so freundlich umgegangen,
dass ich dafür meinen Landesherren
für immer verbunden bin.
Sie erwiesen meinem Herrn
mit freundlichem und großem Zuvorkommen
ihre höfische Erziehung, ihre vornehme Höflichkeit,
als wäre er ihr eigener Herr.
Was an Freuden nur angemessen war,
das wurde nach ritterlicher Art
an diesem Tag nicht versäumt.
Der schien niemandem zu lang zu sein,
außer vielleicht einem Mann, den die Liebe quälte,
dessen Herz der Liebe ergeben war und
in dem das Herz einer Dame schlug,
die mit großer Herzensliebe nahe bei
ihrem Herzen sein Herz bewahrte.
Auch verriet mir Frau Minne,
dass in gleichem Sinne
jammervoll in ihrem Herzen
eine Frau herbeisehnte die nächste Nacht,

niht durch wîplîchen site.
wâ von sî ir kûme bite,
daz hât vrou Minne mir geseit
von ir kluogen wîpheit.
der liebe kraft, der minne bant
ir wîplich herze überwant,
daz sî nâch liebe was versent.
ir man der jâmers was gewent,
des herze lag irem herzen nahe bî.
daz senen sîn, daz twang ouch sî,
daz sî sich sende nâch der naht
mit senelîches herzen maht.

Wer mohten disiu beidiu sîn,
diu für den liehten sunnenschîn
die naht sô gerne wolten hân?
daz hât in der tac getân,
der al der welde vreude gît
mit wünneclîcher sumerzît.
dô jach mir des vrou Minne,
daz ez diu küniginne
und ouch der künic wol mohten sîn.
ir klagendiu nôt, ir sender pîn
wart an der kunft der naht gespart,
dô ir klage verendet wart.
der tac mit vreuden sich zerlie.
dô ez an den âbent gie,
dem künige was gebettet wol, [B 86r]
vlîziclîche, als ez sol,
gebettet einem künige sîn.
dô brâht man im die künigîn,
sîn lieb nâch dem sîn herze bran.
waz er leides ie gewan,

der weiblichen Zurückhaltung nicht ganz entsprechend.
Aus welchem Grunde sie sie kaum erwarten konnte,
auch das hat Frau Minne mir
mit ihrer klugen Fraulichkeit verraten.
Es war die Kraft der Liebe, die Fessel der Minne,
die ihr Frauenherz überwand,
so dass sie sich nach Liebe verzehrte.
Ihr Mann, der so viel Leid erfahren hatte,
dessen Herz lag nahe an ihrem Herzen.
Seine eigene Sehnsucht, die bezwang auch sie,
so dass sie sich nach der Nacht
mit der Macht eines sehnsuchtsvollen Herzens sehnte.

Wer nur konnten diese beiden sein,
die lieber noch als den hellen Sonnenschein
die Nacht so gerne haben wollten?
Das hat ihnen der Tag zugefügt,
der der ganzen Welt Freude schenkt
mit wonnevoller Sommerzeit.
Da sagte mir Frau Minne,
dass es wohl die Königin sei
und auch der König.
Ihre beklagenswerte Not, ihre sehnliche Qual
wurde durch das Herannahen der Nacht beendet,
in der ihre Klage ein Ende fand.
Der Tag verging mit Freuden.
Als der Abend anbrach,
wurde dem König ein gutes
Bett bereitet, wie es sich
für einen König gehört.
Da brachte man ihm die Königin,
seine Liebste, nach der sein Herz brannte.
Was immer ihm an Leid geschehen war,

des hât in got ergetzet wol,
ob man die wârheit sprechen sol.
dô ich ze liebe brâhte
lieb, als ich gedâhte,
ich schiet von dan und was vil vrô.
guoter naht wunscht ich in dô,
der got an in gewerte mich.
ir naht was alsô minneclich,
daz in nie dâ vor wære baz.
wer möhte widerreden daz?

Niemen ez versprechen kan:
wer ie guote naht gewan,
der muoz in jehen guoter naht.
ir jâmers naht hât wol bedaht
ein vreude bernder sældentac.
lieb an liebes armen lac,
geslozzen nâch wunsch an ir brust.
minne phlegen was ir gelust
und jâmer von dem herzen jagen.
als ez dar nâch begunde tagen,
er gab ir minneclîche
ein morgengâbe rîche:
herze, lîp, sinne und muot,
hêrschaft, lant, liut und guot, [B 86v]
vriuntlîcher liebe kraft,
an minne immer geselleschaft,
an liebe stæte,
an triuwen guot geræte
und âne valsches herzen wanc
lieber stætekeit gedanc.
niht über lange zît dar nâch
der sunnen was gên hœhe gâch,

dafür hat ihn Gott voll entschädigt,
wenn man die Wahrheit sagen soll.
Als ich zum Geliebten die Geliebte
so gebracht hatte, wie ich es wollte,
ging ich fort und freute mich sehr.
Ich wünschte ihnen da eine gute Nacht,
ein Wunsch, den Gott mir an ihnen erfüllte.
Ihre Nacht war so erfüllend,
dass es ihnen nie zuvor besser gegangen war.
Wer könnte dem widersprechen?

Niemand kann dagegen Einspruch erheben:
Wer je eine gute Nacht verbrachte,
der muss ihnen diese gute Nacht zugestehen.
Die Nacht ihres Jammers wurde ganz zugedeckt
durch einen freudebringenden Glückstag.
Die Geliebte lag in den Armen des Geliebten,
dem Wunsch entsprechend fest gedrückt an dessen Brust.
Sich der Liebe hinzugeben war ihre Lust
und den Schmerz aus dem Herzen zu vertreiben.
Als es dann Tag zu werden begann,
gab er ihr zärtlich
eine kostbare Morgengabe:
Das Herz, seinen Leib, seinen Verstand und sein Wollen,
Herrschaft, Land, Gefolgschaft und Besitz,
die Kraft inniger Liebe,
in Liebe unverbrüchliche Zweisamkeit,
in der Zuneigung Beständigkeit,
an Treue große Fülle
und ohne falsche Wankelmütigkeit des Herzens
die Beständigkeit liebevoller Gedanken.
Nur wenig später danach
stieg die Sonne rasch auf

ez lûhte ir wünneclîcher schîn.
dô kâmen juncvröwelîn,
schœne, klâr nâch wunsche gar,
in die kemenâten dar.
die buten beiden dar ir kleit.
dô sî wâren an geleit,
sî hôrten maniger gloggen klanc.
wir fuorten sî, dâ man messe gesanc.

D*ô daz ambet was getân,*
swaz von vreuden mac ergân,
daz geschach aldâ vil gar.
ûf daz gestüele wider dar
diu ritterschaft volkomen was,
dâ man die varnden liute las,
die herren al gelîche.
mit werder gâbe rîche
enphienc daz volc dâ gâbe vil.
nâch des imbîzes zil
dô nâmen gar mit vreuden siten
die ritter urloub und riten.
wir fuoren mit der werden schar [B 87r]
für die stat mit vreuden gar
unde dankten in der vart.
mînes herren wort wart ungespart:
er lobte gar der ritterschaft,
swer under in mit überkraft
müeste rûmen sîn lant,
kœme im der, er wær zehant
behalten vridelîche,
ob in got in sîn rîche
hin wider heim ze lande
gesunt mit vreuden sande.

und ihr wundervolles Licht erstrahlte hell.
Da kamen junge Hofdamen,
so anmutig und schön, wie man es sich nur wünschen kann,
in das Schlafgemach hinein.
Die reichten ihnen ihre Kleider.
Als diese angelegt waren,
vernahmen sie den Klang vieler Glocken.
Wir begleiteten sie zur Messe.

Als die Messe vorbei war,
vergnügten wir uns dort
mit allem, was dazu diente.
Zu den Sitzen war erneut
die gesamte Ritterschaft gekommen,
die Herren, alle gleichermaßen,
dort, wo man die Schar der Fahrenden versammelt hatte.
Das Volk empfing dort zahlreiche
und kostbare Geschenke.
Nachdem die Mahlzeit beendet war,
verabschiedeten sich die Ritter
fröhlich und ritten los.
Wir begleiteten die edle Schar
bis vor die Stadt mit großer Freude
und dankten ihnen für ihr Kommen.
Mein Herr gab der Ritterschaft
sein uneingeschränktes Wort und versprach ihr:
Wer von ihnen gewaltsam
aus seinem Land gedrängt würde,
der würde, wenn er zu ihm käme, sogleich
unter seinen Schutz genommen,
wenn Gott ihn
heim in sein eigenes Land
gesund und mit Freuden kommen ließe.

des wurden gar die ritter vrô.
sî sagten im genâde dô
unde buten dem herren guot
an dienste immer stæten muot,
mit triuwe ganze stætekeit
an stæteclîcher arbeit.

Dô ditz allez sus ergie
und diu hôchzît sich zerlie
und alle geste gar zerriten
in sô lieplîchen siten,
sach ich sô gar mit vreuden in,
den künic und ouch die künigin,
daz ich mir selben liebes jach,
swenn ich sî beidiu an sach [34r]
sô gar mit herzeliebe leben.
ir lieplich site muoste geben
den liuten holdez herze an in
unde hôhes muotes gewin. [B 87v]
mîn herre alsam ein sælic man
den liuten lieben began,
die sîne tugende sâhen,
als im die besten jâhen.
der edel tugentrîche
nam mich vil heinlîche
und mînen sun an einem tage.
er sprach zuo mir, als ich iu sage:
›herzenlieber vater mîn,
sît got die grôzen genâde sîn
mit dir begangen hât an mir
und er mit mir daz fuogte dir,
daz dîner sælden stætekeit
ze himel hôhe krône treit,

Darüber freuten sich die Ritter.
Sie dankten ihm dafür
und boten dem guten Herrn
unverbrüchlich beständigen und treuen Dienst,
mit Treue uneingeschränkte Beständigkeit
in beständigem Bemühen.

Als dies alles so geschehen
und die Hochzeit vorüber war
und alle Gäste sich zerstreut hatten,
sah ich in so zärtlichem Gebaren
und in so großer Freude ihn,
den König, und auch die Königin,
dass ich mir selbst gratulierte,
wenn ich sie beide ansah,
wie sie so ganz in Herzensliebe lebten.
Ihr liebliches Auftreten machte
alle Leute ihnen gegenüber geneigt
und machte sie hochgestimmt.
Mein Herr begann als glückseliger Mann
den Leuten zu behagen,
die seine Tugenden wahrnahmen,
die ihm von den Besten zugesprochen wurden.
Der edle Hochherzige
nahm mich und meinen Sohn
eines Tages vertraulich zur Seite.
Er sagte zu mir, wie ich Euch erzählen will:
›Mein liebster Vater,
da Gott seine große Gnade
durch dich an mir erwiesen hat
und er dir mit mir bewirkte,
dass die Beständigkeit deines Heils
im Himmel die höchste Krone trägt,

sô volle dîne güete an mir,
die got hât gegeben dir,
und gib mir dînen rât hie zuo,
wie ich lebe und wie ich tuo.

Dû weist wol gar, wie ez mir stât,
wie sich mîn dinc gefüeget hât
von dînen rîchen sælden grôz,
der ich gên got an dir genôz,
daz mir mîn vreude und mîn lîp
wider wart und ouch mîn wîp,
die ich ê verlorn hâte.
nû stât an dînem râte,
ob ich sol immer wider komen.
ich hân von wârheit vernomen,
sich habent sumelîche [B 88r]
von mînem künicrîche
wider mir gesetzet. sich, [b]
swaz ir dar über lêrent mich,
vater unde bruoder mîn,
des tuon ich iu volge schîn.
mîn lant mit ungerihte stât.
mîn vrömde ez entrihtet hât.
von mînenthalben niemen wert,
swie sêre man daz rîche hert.
ein teil der lantherren mîn
die wellent selbe künic sîn
und hânt sich underwunden dâ
der veste ein teil und anderswâ
vil des rîches urborn.
sî hânt selbe sich erkorn,
ob ich niht kume in kurzen tagen.
ouch hôrt ich von wârheit sagen,

so vervollkommne du die dir von Gott
verliehene Güte an mir
und gib mir deinen Rat,
wie ich handeln und verfahren soll.

Du weißt ja selbst, wie es um mich bestellt ist,
wie sich meine Angelegenheiten gefügt haben
durch deine reiche, große Wohltat,
deren ich durch Gott an dir teilhaftig wurde,
so dass mir meine Freude und mein Leben
und auch meine Frau zurückgegeben wurden,
die ich zuvor verloren hatte.
Nun hängt es von deinem Rat ab,
ob ich jemals nach Hause zurückkommen werde.
Ich habe als wahr vernommen,
dass sich einige
aus meinem Königreich
gegen mich aufgelehnt haben. Sieh,
was Ihr dazu ratet,
mein Vater und Bruder,
darin will ich Euch folgen.
In meinem Lande herrscht Gesetzlosigkeit.
Mein Fernsein hat es in Rechtlosigkeit gestürzt.
Ich kann nicht dagegen einschreiten,
wie sehr auch immer man das Reich verwüstet.
Ein Teil meiner Landesherren
wollen selbst König sein
und haben sich dort unterworfen
einen Teil des Königssitzes und anderswo
zahlreiche zinspflichtige Territorien.
Wenn ich nicht bald komme,
werden sie sich selbst ermächtigt haben.
Ich habe aber auch wahrheitsgemäß gehört,

der beste teil der herren sî
mir mit stæten triuwen bî.‹

Ich sprach: ›vil lieber herre,
sît iu diu vrömde verre,
sô suln wir hie niht beiten.
ich heiz uns wol bereiten
ein schif, daz solhe rîcheit treit,
daz wir wol mit werdekeit
an guote und ouch an êren
ze lande mügen kêren,
daz wir es ninder laster hân.
hab iu dan iemen iht getân, [B 88v]
gegen dem ir bedurfet wer,
wir soldieren über mer
vil manigen edlen ritter guot.‹
dô wart der herre hôchgemuot
herzevreuden rîche. [34v]
er sprach gezogenlîche:
›lieber vater, süezer man,
sô wol ich niht gedanken kan
dîner grôzen güete dir,
daz sô genædeclîchen mir
dîn helfe und ouch dîn süezer rât
geholfen und gerâten hât,
got geb dir des lônes kraft,
der mit wernder meisterschaft
immer stæte ân ende stât.
got durch sîner tugende rât
gewer an solher sælde mich,
daz ich gediene umbe dich,
daz dû mir liebes hâst getân.
gæb ich dir allez, daz ich hân,

dass der beste Teil der Landesherren
mir nach wie vor treu sei.‹

Ich sagte: ›Lieber Herr,
da Euch die Fremde fernhält,
sollen wir nicht länger hier warten.
Ich lasse uns ein Schiff bereiten
und so reich ausstatten,
dass wir würdevoll,
was Versorgung und Ehre betrifft,
ans Ziel kommen können
und uns keine Schande damit machen.
Für den Fall, dass jemand sich gegen Euch aufgelehnt hat,
gegen den Ihr Verteidigung benötigt,
nehmen wir als Söldner für unsere Fahrt übers Meer
viele tapfere, edle Ritter in Dienst.‹
Da wurde der edle Herr
voller Freude.
Er sprach in höfischem Anstand:
›Lieber Vater, edler Mann,
wenn ich dir auch für deine große Güte
nicht danken kann und dafür,
dass mir deine Hilfe und auch dein
kostbarer Rat so gnädig
geholfen und geraten haben,
so gebe doch Gott dir jenen Lohn,
der mit beständiger Vollkommenheit
immer ewig und unverbrüchlich besteht.
Gott möge aus dem Ratschluss seiner Tugenden
mir solches Glück gewähren,
dessen würdig zu werden, was du mir
an Wohltaten erwiesen hast.
Gäbe ich dir alles, was ich habe,

ich möht ez niht gedienen doch
âne gotes lôn dannoch.‹

Wir schieden von dem râte dô.
mîn herre was des râtes vrô
und seiten gar der künigîn.
dô hiez ich tragen an den Rîn
kleider unde spîse vil.
dar nâch in vil kurzem zil
was uns mit grôzer rîcheit, [B 89r]
als ich gebôt, ein schif bereit
mit guotem gewæte.
spîse und geræte,
kulter, teppich, bette genuoc
man an daz schif vil rîche truoc.
dô wir bereiten uns zem wege,
ich gab in mîner vriunde phlege
mîn guot und ouch mîn liebez wîp, [b]
got ergab ich mînen lîp,
des tages dô wir solten varn.
dô bat ich uns vil wol bewarn
mit gebetes volleiste.
von dem heiligen geiste
bat ich durch guot gelingen
uns ein messe singen.
die hôrten wir mit vreuden dâ.
dar nâch dô wir enbizzen sâ,
dô kâmen dar durch jâmers zil
hôchgemuoter vrouwen vil
und segenten mîne vrouwen.
ir ougen liezen schouwen
wîplîch urloub, weinen grôz.
manigen liehten schîn begôz

könnte ich sie damit ohne den Lohn Gottes
doch immer noch nicht verdienen.‹

Wir beendeten unsere Beratung.
Mein Herr war froh über unseren Beschluss
und teilte ihn der Königin genau mit.
Da ließ ich viele Kleider und Proviant
an den Rhein tragen.
Kurz darauf schon
wurde für uns in großer Pracht,
wie ich angeordnet hatte, ein Schiff
mit guter Ausrüstung vorbereitet.
Speise und Ausstattung,
Polster, Teppiche und genügend Betten
trug man in reicher Zahl aufs Schiff.
Als wir bereit zur Abfahrt waren,
übergab ich mein Gut und meine Ehefrau
in die Obhut meiner Angehörigen,
in die Obhut Gottes gab ich mein Leben
am Tag des Aufbruchs.
Mit einem Gebet bat ich da
um Schutz für unsere Fahrt.
Für den Heiligen Geist
ließ ich um unseres guten Gelingens willen
eine Messe singen.
Der wohnten wir mit Freude bei.
Danach, als wir dann aßen,
kamen da viele edle Damen dorthin,
um unseren Abschied zu beklagen
und segneten meine Herrin.
Ihre Augen ließen erkennen
frauliches Abschiednehmen, großes Weinen.
Der Trennungsschmerz, der sich dort vollzog,

daz scheiden, daz aldâ geschach,
als ir wîplich triuwe jach.

Dô sî urloup genâmen,
mîne vriunde kâmen
und riten mit uns für die stat.
mit einem munt heiles bat [B 89v]
weinende vil manic lîp,
beidiu man unde wîp
dem künic und ouch der künigîn.
dô wir kâmen an den Rîn,
man sach dâ michel weinen.
mîn wîp begunde erscheinen,
daz ir sô leide nie geschach,
als dô sî von ir scheiden sach
daz sældenrîchste wîp,
der got ie geschuof den lîp.
mîn vrouwe, diu küniginne,
half ir mit klagendem sinne
weinen, daz sî schieden sich.
ir juncvrouwen minneclich [35r]
kunde ouch jâmers niht beviln.
sî weinden sêr nâch ir gespiln,
als ir wîplich triuwe riet.
ich weiz wol: dô mîn vrouwe schiet
hin von ir vater gesiht,
daz sî sô vil geweinde niht,
des ir gebærde mir sît swuor,
als dô sî von hinnen fuor.
die vrouwen underkusten sich,
mîn sun, mîn herre und ouch ich
nâmen urloup ûf die vart.
mit jâmer uns gegeben wart

begoss viel helles Strahlen,
wie es ihre Treue als Frau wollte.

Als sie sich verabschiedet hatten,
kamen meine Angehörigen
und ritten mit uns vor die Stadt.
Wie aus einem Mund wünschten
weinend viele Leute,
sowohl Männer als auch Frauen,
dem König und der Königin Glück.
Als wir an den Rhein kamen,
sah man da viele Tränen.
Meine Frau begann zu zeigen,
dass ihr nie zuvor so großes Leid widerfahren war
wie da, als sie von ihr scheiden sah
die segenreichste Dame,
der Gott je das Leben geschenkt hatte.
Meine Herrin, die Königin,
stimmte in ihre Klage darüber ein,
dass sie sich trennen mussten.
Ihre anmutigen Hofdamen
konnten ebenfalls nicht genug klagen.
Sie weinten heftig um ihre Freundin,
ihrer weiblichen Treue entsprechend.
Ich weiß sicher: Als meine Herrin
sich von ihrem Vater verabschieden musste,
weinte sie nicht so sehr,
wie ich später klar an ihr erkennen konnte,
wie nun, da sie von dannen fuhr.
Die Frauen küssten einander,
mein Sohn, mein Herr und auch ich
verabschiedeten uns und traten die Fahrt an.
Unter Klagen wurden wir verabschiedet

urloup von den vriunden mîn
ûf die vart. daz muost et sîn.

Sus kêrten wir von unserm her [B 90r]
ze tal den Rîn und über mer
in daz rîch ze Engellant.
schiere wurden wir gesant
in ein wazzer, daz ist grôz.
daz vliuzet noch, als ez vlôz,
ze tal für Lunders durch daz lant,
daz ist diu Lundene genant.
dar in warf uns des wâges vluot.
vertic, tief und harte guot
was im der vluz und ouch der sant.
ûf ze berge hinz in daz lant
warf uns der wint in eine habe.
von mînem herren kêrt ich abe
ze Lunders gên der houbtstat.
den künic ich belîben bat,
unz ich diu mære erfüere aldâ.
mit mînen knappen fuor ich sâ
hin in die stat diu mære spehen.
dô kunde ich nie übersehen
vor der stat den plân, daz velt, [b]
wan als manic rîch gezelt
sach ich ûf daz velt gesat.
ouch was beherbergt diu stat
sô gar, daz ich vil kûme kam
dâ ich herberge nam.
dâ was von gesten michel schal.
in den herbergen über al
was der schal und ouch der dôz
ûf den wîten strâzen grôz.

von meinen Angehörigen und
auf die Fahrt – das musste sein.

So kehrten wir von unseren Leuten
den Rhein abwärts über das Meer
bis in das Reich England.
Rasch kamen wir
in einen breiten, großen Strom.
Der fließt noch wie damals
hinab nach London durch das Land
und heißt die Lundene.
In sie trugen uns die Wellen des Meeres hinein.
Schiffbar, tief und sehr gut
waren der Fluss dieser Wasserstraße und sein Ufer.
Stromaufwärts ins Landesinnere
führte uns der Wind in einen Hafen.
Ich ließ meinen Herrn zurück und wandte mich
nach London in die Hauptstadt.
Ich bat den König, da zu bleiben,
bis ich dort Aufschluss über den Stand der Dinge erlangt hätte.
Mit meinen Knappen machte ich mich sogleich auf
in die Stadt, um Neuigkeiten auszukundschaften.
Da konnte ich nicht überblicken
die Ebene vor der Stadt, das Feld,
denn so viele kostbare Zelte
sah ich auf dem Feld aufgeschlagen.
Auch war die ganze Stadt so voller Gäste,
dass es mir kaum gelang,
eine Herberge zu finden.
Von den vielen Besuchern erhob sich großer Lärm.
Überall in den Unterkünften
herrschte lautes Dröhnen und Getöse
auf den breiten, großen Straßen.

Dô drang ich durch den gedranc. [B 90v]
dar nâch gie dô niht ze lanc,
ê daz ich einen wirt ersach,
der fuorte mich an guot gemach.
dô was mir vil harte gach,
zuo dem wirte ich dô sprach:
›lieber mîn herre wirt, nû saget,
waz hât die geste her verjaget,
die ich nû hân gesehen hie?
ist hie ein turnei oder wie?
ein hof oder ein ritterschaft?
hie lît von her ein michel kraft,
daz ir gevertes wundert mich.
durch waz hânt sî gesammet sich?‹
›daz sage ich iu, herre mîn.
hie sol ein gespræche sîn
durch des landes hœhste nôt.
der künic Willehalm ist tôt
und ist daz lant unberiht.
swaz ungerihtes hie geschiht,
daz rihtet leider nieman.
funden die herren ieman,
der ez verrihten möhte
und uns ze herren töhte,
der wurde sâ von in erkorn.
wær er in dar zuo geborn, [35v]
daz er krône möhte hân, [B 91r]
dem wurden sî gern undertân.

Sus lâgen sî nû lange hie,
daz sî mit ir râte nie
nieman vinden kunden,
an dem sî rehte funden

Da drängte ich mich durch die Menge.
Bald schon fand ich dann
einen Gastwirt,
der führte mich zu einer bequemen Unterkunft.
Ich hatte es da sehr eilig,
den Gastwirt gleich zu fragen:
›Mein lieber Herr Wirt, sagt mir,
was hat all die Fremden hergebracht,
die ich hier überall gesehen habe?
Findet hier ein Turnier statt, oder was?
Ein Hoftag oder ein Ritterkampf?
Hier ist eine solche Menge an Leuten versammelt,
dass ich mich frage, was sie hier wollen.
Wozu sind sie zusammengekommen?‹
›Das sage ich Euch, mein Herr.
Hier soll eine Ratsversammlung stattfinden
wegen der großen Notlage, in der das Land sich befindet.
Der König Willehalm ist tot,
und das Land steht führungslos da.
Was hier an Unrecht verübt wird,
wird von niemandem gerichtet.
Fänden die Herren jemanden,
der die Ordnung wiederherstellen könnte
und uns zum Herrn taugen würde,
der würde sogleich von ihnen gewählt.
Wenn er so hoher Abstammung wäre,
dass er die Krone tragen könnte,
würden sie ihm gerne untertan werden.

Auf diese Weise haben sie sich nun lange hier aufgehalten,
ohne sich durch ihre Beratung
auf jemanden einigen zu können,
an dem sie wahrlich fänden

rât und wîse lêre.
sî hânt zerworfen sêre
durch die kür al under in.
daz wirt des landes ungewin,
solt der rât alsus zergân.
nû hânt sî die kür gelân
an vier und zweinzic herren.
beginnent sich die werren,
sô sitzent dem râte bî
erzbischove drî.
der ein ist hie von dirre stat.
zuo sîner volge sint gesat
von Eberwige, von Santâvît,
zwên erzbischof. âne strît
hânt sî der volge mêrern rât,
diu an dirre kür nû stât.
die hânt an sich den rât genomen
und sint ûf den palas komen.‹
›ist daz wâr?‹ der wirt sprach: ›jâ‹.
dô hiez ich mîne knappen sâ
mîn phert bereiten. ich reit dan.
mîn wirt, ein vil getriuwer man,
gesellecîchen mit mir reit
mit hovelîcher werdekeit, [B 91v]
ze hove für den palas,
dâ der rât ûffe was.

Swie ich niht wære ein rîcher man,
ich truoc sô rîchiu kleider an,
daz man mich doch für rîchen sach [b]
und mir sô grôzer dinge jach,
der leider wênic an mir was.
dô gieng ich ûf den palas.

kluge Besonnenheit und Weisheit.
Sie haben sich wegen dieser Wahl
untereinander ganz überworfen.
Das Land wird Schaden nehmen,
wenn der Rat ergebnislos auseinandergeht.
Nun haben sie die Wahl übertragen
an vierundzwanzig Herren.
Für den Fall, dass die sich nicht einigen können,
sind dem Rat beigesellt
drei Erzbischöfe.
Der eine ist hier aus dieser Stadt.
Außerdem sind es
zwei Erzbischöfe von Eberwich
und Santavit. Zweifelsohne
haben sie mehr Einfluss bei der Wahl des Nachfolgers,
die nun zur Entscheidung steht.
Die haben ihre Beratung bereits aufgenommen
und befinden sich jetzt im Palas.‹
›Ist das wahr?‹ Der Gastwirt sagte: ›Ja.‹
Da ließ ich meine Knappen sogleich
mein Pferd satteln und ritt los.
Mein Gastwirt, der ein sehr hilfsbereiter Mann war,
begleitete mich und ritt
in höflicher Würde
mit mir zum Hof vor den Versammlungssaal,
in dem der Rat tagte.

Obwohl ich kein mächtiger Mann war,
trug ich doch so prächtige Kleider,
dass man mich als mächtig ansah
und große Dinge von mir hielt,
was leider ganz übertrieben war.
Da ging ich in den Versammlungssaal.

dâ wart ich enphangen wol.
ez was dâ werder ritter vol,
die gruozten hovelîchen mich.
den neig ich gar. dô vrâget ich,
daz sî mir sagten mære,
wâ diu hêrschaft wære
die des râtes solten phlegen.
mich wîste manic stolzer degen
durch den palas dort hin für
an einer kemenâten tür.
dô bôzt ich. man lie mich in.
ich gie an den rât dort hin.
die herren êrten an mir sich
und stuonden ûf und gruozten mich.
sî bâten mich, daz ich sæze dar.
die vier und zweinzic vand ich gar,
die ich von der heidenschaft
enbant von grôzer leides kraft.
an die was der rât gelân.
sî enkunden sich des niht verstân,
daz ich ez was, der sî enbant.
ich was in gar unbekant. [B 92r]
doch wart ich vil wol gewar,
daz sî begunden merken gar
mit den ougen dick an mich.
ich was unbekenlich.

Ich sprach: ›lieben herren mîn,
ich weste gern, möht ez sîn,
iuwern rât, daz lât geschehen,
daz ir geruochent mir verjehen,
an welhem râte ir hie sît.
ein tumber man vil dicke gît [36r]

Dort wurde ich gut aufgenommen.
Er war voll vornehmer Ritter,
die mich höflich grüßten.
Vor all denen verneigte ich mich. Da fragte ich,
ob sie mir Auskunft darüber geben könnten,
wo die Herren sich befänden,
denen die Wahl oblag.
Viele edler Ritter wiesen mich
durch den Versammlungssaal hindurch bis
vor die Tür eines Gemaches.
Dort klopfte ich an. Man ließ mich ein.
Ich ging dort zum Rat.
Die Herren erwiesen mir Ehre,
indem sie sich erhoben und mich begrüßten.
Sie baten mich, dass ich mich zu ihnen setzte.
Die vierundzwanzig fand ich da alle,
die ich aus der Heidenschaft
freigekauft hatte und aus großem Leid.
Denen war die Wahl übertragen worden.
Sie bemerkten jedoch nicht,
dass ich es war, der sie freigekauft hatte.
Sie erkannten mich nicht.
Allerdings bemerkte ich genau,
dass sie mich aufmerksam
und eindringlich ansahen.
Doch sie konnten mich nicht erkennen.

Ich sprach: ›Meine lieben Herren,
ich wüsste gerne, wenn es möglich wäre,
was der Stand eurer Beratung ist,
und geruht, mir zu sagen,
welche Sache ihr hier beratet.
Ein einfältiger Mann vermag sehr oft

an einer nôt vil wîsen rât,
der lîhte sæliclîch ergât.
waz, ob uns got der sælden gan,
swie ich doch sî ein tumber man,
daz iu mîn rât ze helfe kumt
und iu vil lîhte an sælden frumt?‹
dô sprach ir einer under in:
›hæt iemen alsô wîsen sin,
daz er gerâten möhte,
waz uns zem besten töhte,
dem wæren wir es vil bereit.
ein zwîvellich unstætekeit
ist uns in die sinne komen
und hât uns wîsen rât benomen.‹
›wie, herre mîn?‹ ›daz lât iu sagen:
man sach hie vor hie krône tragen
einen rîchen herren wîs,
der wol behielt der welde prîs
mit grôzer wird manigen tac. [B 92v]
dô der herre tôt gelac,
dô was von im ein sun geborn,
der hât in sînem muot erkorn
der welde lob in sîner jugent,
der was ein bluome ganzer tugent.

An den hâte got geleit
den vlîz in sîner kintheit,
daz sîn kintlîcher prîs
bluote alsam ein blüendez rîs,
daz man siht in blüete stân.
ez was ein zuoversihtic wân,
daz nâch des bluomen blüete
diu fruht der süezen güete

in einer Notlage einen sehr klugen Rat zu geben,
der durchaus zum Heil gereichen kann.
Was, wenn uns Gott das Glück vergönnt,
dass euch, obwohl ich nur ein einfältiger Mensch bin,
mein Rat hilfreich ist
und euch vielleicht sogar zu Glück verhilft?‹
Da sagte einer von ihnen:
›Hätte jemand so weise Einsicht,
dass er zu raten vermöchte,
was wir am besten tun sollten,
wären wir dem sehr dankbar.
Eine zweifelnde Unentschlossenheit
hat sich unserer Vernunft bemächtigt
und uns um umsichtige Beschlussfähigkeit gebracht.‹
›Auf welche Weise, mein Herr?‹ ›Das lasst Euch sagen:
Man sah früher hier die Krone tragen
einen mächtigen und weisen Herrn,
dem rechtmäßig und lange das Lob der Welt
in großer Würde zuteilwurde.
Als der Herr starb,
da hinterließ er einen Sohn,
der sich in seiner Jugend
dem Lob der Welt verschrieben hatte
und eine Blüte ganzer Tugendhaftigkeit war.

Ihm hatte Gott bereits
in seiner Kindheit den Ehrgeiz verliehen,
seine kindliche Lobwürdigkeit
wie einen blühenden Zweig blühen zu lassen,
den man in voller Blüte stehen sieht.
Es gab die begründete Hoffnung,
dass nach der Blüte
die Frucht edler Güte,

solt nâch wunschlîcher zuht
bringen nâch der blüete ir fruht.
dô viel des liehten bluomen schîn: [b]
daz diu fruht solde sîn
nâch der blüete zuoversiht,
daz was leider anders niht
wan weinen unde klagende nôt.
des bluomen schîn, diu fruht ist tôt.
diu süeze kintlîche jugent,
diu reine wernde mannes tugent
in sîner blüete gar verswant.
er was Willehalm genant,
der unser krône solte tragen.
wie er verdarp, daz lât iu sagen:
er fuorte ein wünneclîchez her
hinz Norwæge über mer [B 93r]
und nam des küniges tohter dâ.
ich vernam nie anderswâ
sô rehte minneclîchen lîp.
dô er fuorte dan sîn wîp,
dô verdarp er ûf dem mer.
unser ein vil michel her
bî der küniginne was,
diu bî uns ûf dem mer genas.

Wir liten bî der vrouwen mîn
von vancnüsse grôzen pîn,
biz daz uns ein vil guoter man
mit sînem guote lôste dan.
der brâhte uns von der heidenschaft.
mit grôzer diemüetlîcher kraft
lie er uns varn her wider heim.
der wart des mit uns enein,

dem Wunsch ganz entsprechend
auf die Blüte folgend, auch Frucht tragen sollte.
Da verging der strahlende Blumenschimmer:
Was die Frucht sein sollte
gemäß der Erwartung, die die Blüte geweckt hatte,
war leider nichts anderes
als Weinen und klagende Not.
Der Blumenschimmer, die Frucht ist tot.
Die anmutige, kindliche Jugend,
die lautere, beständige Tugend eines Mannes,
verschwand mitten in der Blüte.
Er hieß Willehalm,
der unsere Krone tragen sollte.
Wie der umkam, das lasst Euch sagen:
Er führte eine hervorragende Schar
nach Norwegen über das Meer
und heiratete dort die Königstochter.
Ich habe nie anderswo
eine so wunderschöne Frau gesehen.
Als er seine Gattin heimführte,
da ertrank er im Meer.
Unsere eigene große Gruppe
befand sich bei der Königin,
die mit uns zusammen auf dem Meer überlebte.

Wir erlitten zusammen mit meiner Herrin
in Gefangenschaft großes Leid,
bis uns ein herzensguter Mann
mit seinem Vermögen freikaufte.
Der führte uns aus der Heidenschaft.
Mit großer Demut
ließ er uns wieder heimfahren.
Der vereinbarte mit uns,

er wolt die juncvrouwen hân.
wurd uns von wârheit kunt getân
gesunt des juncherren lîp,
er wolde im widerlân sîn wîp.
der hât sî noch. der herre ist tôt.
nû sîn wir durch des landes nôt [36v]
her durch einen herren komen.
sît uns got hât benomen
des wir mit arbeitlîchen siten
nû vil lange hân gebiten,
swie wir doch haben wîsen rât,
unser rât doch niht vervât,
daz wir ieman vinden, [B 93v]
des wir uns underwinden,
der unsers landes krône trage
und uns ze herren wol behage.
einer dunket uns niht guot,
der ist ze lîhtsenfte gemuot,
etlîcher ist ze karc,
genuoge dunkent uns niht starc
an hêrschaft und an rîcheit.
sumlîchen ist verseit
geburt unde hôher muot.
alsus ist uns nieman guot.‹

Dô der herre daz gesprach,
die herren man dô weinen sach,
die an dem râte sâzen,
wan sî sîn nie vergâzen,
von dem ich hie gesprochen hân.
dô disiu rede was getân,
ich sprach: ›vil lieben herren guot,
an einen herren hôchgemuot

dass er die junge Herrin bei sich unterbringen wollte.
Würde uns je vom Verbleib des
jungen Herrn etwas bekannt,
wollte er diesem seine Frau wieder zurückgeben.
Bei dem weilt sie noch. Der Herr aber ist tot.
Nun sind wir aufgrund der Not des Landes
hier zusammengekommen, um einen Herrn zu wählen.
Doch da uns Gott den genommen hat,
auf den wir unter Entbehrungen
nun lange gewartet haben,
führt, obwohl wir doch weise Berater sind,
unsere Beratung zu nichts,
so dass wir niemanden finden,
auf den wir uns einigen könnten,
der die Krone unseres Landes tragen könnte
und der uns gut gefällt als Herr.
Der eine scheint uns nicht passend,
der andere ist in seinem Herzen zu nachgiebig,
viele sind zu verschlagen,
viele scheinen uns nicht mächtig genug,
was Herrschaft und Vermögen angeht.
Andere verfügen nicht über
Abstammung und das angemessene Format.
So scheint uns niemand der Richtige zu sein.‹

Als der Herr das gesagt hatte,
sah man die Herren weinen,
die die Ratsversammlung bildeten,
denn nie konnten sie den ganz vergessen,
von dem ich hier gesprochen habe.
Als dieser Bericht beendet war,
sagte ich: ›Meine lieben, edlen Herren,
ich kann euch einen vornehmen Herrn

kan ich iuch wol gewîsen,
des tugent muoz man prîsen
mit süezem prîs über alliu lant.
mir ist sîn zuht sô wol erkant,
daz er der krône wol gezimt,
ob man in hie ze herren nimt,
ein fürste tugentrîche.‹
sî sprâchen gezogenlîche:
›mit iuwren hulden muoten wir, [b]
daz ir uns sagent, von wannen ir [B 94r]
komen sît in ditze lant
oder wie ir sît genant.
lieber herre, sælic man,
ir hânt iuch genomen an
einer grôzen rede guot.
swie iuwer sældenrîcher muot
die rede volbringen mac,
sô müez geêret sîn der tac
dar in ir wurdent geborn.
wirt uns von iu ein herre erkorn,
sô sît ir sæliclîche
komen in ditz rîche.‹

Mînen namen nande ich dô
den herren al gelîch alsô.
ich sprach: ›ich kom her in ditz lant
von über mer. ich bin genant
von Kölne Gêrhart. daz ist mîn name.
ich muoz daz sprechen sunder schame,
daz ich ein koufman bin genant.‹
die herren sprungen ûf zehant.
sî kusten vrœlîchen mich.

nennen, dessen Tugendhaftigkeit
man im ganzen Land
aufs Höchste preisen muss.
Seine Vorbildlichkeit ist mir so sehr vertraut,
dass ich sagen kann, dass er der Krone würdig ist,
wenn man ihn hier zum Herrn wählt,
den tugendreichen Fürsten.‹
Sie sagten höflich:
›Mit Eurer Erlaubnis möchten wir,
dass Ihr uns sagt, von woher Ihr
in dieses Land gekommen seid
und wie Ihr heißt.
Lieber Herr, seliger Mann,
Ihr habt eine
große und vorzügliche Rede vorgetragen.
Wenn Ihr, Segensreicher,
vollbringen könnt, wovon Ihr gesprochen habt,
dann muss der Tag geehrt sein,
an dem Ihr geboren wurdet.
Wenn es Euch gelingt, uns bei der Wahl eines Herrn zu helfen
dann seid Ihr zu unserem Glück
in dieses Reich gekommen.‹

Da gab ich mich
den Herren allen folgendermaßen zu erkennen.
Ich sagte: ›Ich kam hierher in dieses Land
von jenseits des Meeres. Ich heiße
Gerhart von Köln. Das ist mein Name.
Ich darf ohne Scham sagen,
dass ich ein Kaufmann bin.‹
Da sprangen die Herren sogleich auf.
Sie küssten mich voller Freude

sî sprâchen: ›vater, sît got dich
uns ze herren hât gesant,
sô sol diu krôn und ditz lant
gewalticlîchen wesen dîn.
dû solt unser herre sîn.
uns hât got wol an dir getân.‹
dô wolt ich in gesaget hân,
durch waz ich in daz lant was komen.
dô wart diu rede mir benomen.
swaz ich sprach, daz was enwiht.
sî hôrten mîner rede niht. [B 94v]
dâ was der schal von sange grôz.
der herren einer ûf entslôz [37r]
vor den andern diu tür.
dô truogen sî mich dort hin für
mit vrœlîchem schalle.
die werden herren alle
enphiengen mich vrœlîche.
sî truogen wirdeclîche
mich ûf den stuol mit vreuden dan.
herren, fürsten, dienestman
sazten des rîches krône
mir ûf daz houbet schône.

Dô ich ze künige wart erkorn,
mir wolden hulde hân gesworn
junge, alte, arme und rîche.
ich hiez sî alle gelîche
mich vernemen und gedagen.
ich sprach: ›lât iu ein wênic sagen.‹
der schal vil kûme dô gelac,
des man aldâ mit vreuden phlac.
durch mîne hulde wart geswigen,

und sagten: ›Vater, da Gott dich
uns als Herren gesandt hat,
so sollen Krone und dieses Land
deiner Gewalt unterstellt werden.
Du sollst unser Herr sein.
Gott hat uns mit dir eine große Wohltat erwiesen.‹
Da wollte ich ihnen sagen,
wozu ich eigentlich in dieses Land gekommen war.
Doch ich kam gar nicht zu Wort.
Was auch immer ich sagte, stieß auf taube Ohren.
Sie hörten mir gar nicht zu.
Der Lärm der Freudengesänge war groß.
Einer der Herren schloss
vor den anderen die Türe auf.
Da trugen sie mich hinfort
mit fröhlichem Lärmen.
Die edlen Herren
empfingen mich alle begeistert.
Sie trugen mich würdig
und mit großer Freude auf den Thron.
Herren, Fürsten, Dienstleute
setzten die Krone des Reiches
mir würdevoll auf das Haupt.

Als ich zum König gekrönt worden war,
wollten mir ihre Treue schwören
die Jungen, Alten, die Einfachen und Mächtigen.
Ich ließ sie alle miteinander
schweigen und mich anhören.
Ich sagte: ›Lasst mich kurz zu Wort kommen!‹
Nur mühsam ließ sich der Freudenlärm dämpfen,
der sich da überall erhoben hatte.
Um meinetwillen wurde geschwiegen,

mînen worten dâ genigen,
als ob ich wær ein hôher man.
eine stille ich dô gewan.
dô sprach ich zuo den fürsten guot:
›der hôhen wirden süezen muot,
des süezen guotes überguot,
des reinen willen reinen muot,
der überrîchen werdekeit, [B 95r]
die ir hânt an mich geleit,
der kan ich iu niht als wol
gedanken, sô man danken sol,
sô wirdeclîches guotes,
sô willeclîches muotes,
des mir ist von iu getân.
mit rîcheit ich besezzen hân
von iu ditz künicrîche hie. [b]
daz ich gewan die rîcheit ie,
der genâden dank iu got
durch sîn götlich gebot.
wan der rîcher ist den ich,
der geruoche iu lônen für mich.

Süezen lieben herren mîn,
solt ich des landes künic sîn,
dar zuo wær ich ze kranc ein teil.
iedoch muoz ich daz grôze heil
prîsen immer mêre:
nâch mîner sinne lêre
hân ich iu funden einen man,
dem ich vil baz der krônen gan
und nime daz ûf mînen eit
und ûf die rehten kristenheit,
der ich gelouben jehen sol,

man beugte sich meinen Worten,
als wäre ich ein vornehmer Mensch.
Mir gelang es, Stille herbeizuführen.
Da sagte ich zu den edlen Fürsten:
›Für die edle Absicht der hohen Würden,
für das Glück übermäßigen Gutseins,
für die reine Gesinnung reinen Willens,
für die überreiche Würde,
die ihr mir erwiesen habt,
kann ich euch nicht so gut danken,
wie man danken soll
für so würdiges Gut
und so wohlwollende Absicht,
wie sie mir von euch geschenkt worden ist.
Mir ist in ganzer Machtfülle zuteilgeworden
dieses Königreich hier durch euch.
Dass ich diese Macht je empfing,
für diese Gnade lohne euch Gott
um seines göttlichen Gebotes willen.
Denn derjenige, der mächtiger ist als ich,
möge euch an meiner Stelle belohnen.

Meine lieben, guten Herren,
sollte ich König des Landes sein,
wäre ich dazu doch zu gering.
Jedoch muss ich folgendes große Glück
für immer loben:
Mein Verstand hat mich
in eurer Sache an einen Mann gewiesen,
dem ich die Krone viel mehr gönne,
und ich stehe mit meinem Eid dafür ein
und beschwöre beim wahren Christentum,
dem ich gläubig folge,

daz niemen alsô rehte wol
gezimt dem künicrîche.
niemen ich gelîche
sîn tugentrîchez werdez leben,
den ich iu wil ze herren geben.‹ [B 95v]
dô sprâchen sî alle gelîche:
›sît daz ditz künicrîche
den lieben herren hât verlorn,
der uns ze künige was erkorn,
sô behagt uns ân niemen baz,
– für wâr sult ir gelouben daz –
dan ir, vil lieber herre, tuot.
wan iuwer sælde und iuwer guot
hât uns den lîp und ouch daz leben
mit gotes helfe widergeben.
wær uns diu rîcheit benant,
daz wir iu gæben zehen lant,
wir möhten mit gemeiner phliht
iu dannoch gar vergelten niht.‹ [37v]

Zuo den herren ich dô sprach:
›swaz iu liebes ie geschach
von mir, des bin ich immer vrô.
ouch habt ir mir gelônet sô,
daz vor mînen zîten nie
dehein mîn genôze enphie
sô rîlîches lônes phant.
ich hân nû krône und dâ zuo lant.
daz ist mir worden undertân.
daz sol ich gern widerlân
dem herzelieben herren mîn,
des ez sol ze rehte sîn,
künic Willehalm der junge.‹

dass dem Königreich niemand
so angemessen ist wie er.
Unvergleichlich ist
die tugendhafte und würdige Lebensführung
dessen, den ich euch zum Herrn geben möchte.‹
Da sagten sie alle miteinander:
›Da dieses Königreich
seinen lieben Herrn verloren hat,
der unser rechtmäßiger König war,
so wollen wir niemand anderen
– das sollt Ihr uns sicher glauben –
als Euch selbst, lieber Herr.
Denn Euer Heil und Euer Vermögen
haben uns Leib und auch Leben
mit Gottes Hilfe zurückgegeben.
Verfügten wir auch über so viel Vermögen,
dass wir Euch zehn Königreiche schenken könnten,
so könnten wir selbst mit allem, was wir gemeinsam besitzen
Euch dennoch nicht angemessen lohnen.‹

Zu den Herren sagte ich da:
›Was immer euch an Gutem von mir zuteilwurde,
darüber bin ich froh.
Ihr habt mich bereits in einer Weise belohnt,
dass vor meiner Zeit niemals
einer meiner Standesgenossen je
einen so reichen Lohn empfangen hatte.
Ich habe nun Krone und dazu Land.
Das ist mir untertan geworden.
Ich will es gerne wieder zurückgeben
meinem innig geliebten Herrn,
dem es rechtmäßig gehören soll,
dem jungen König Willehalm.‹

dô wart ein wandelunge
an vrœlîchem muote dâ. [B 96r]
diu schar begunde weinen sâ.
›der lebt doch leider ninder!
owê, lebt er inder?
nein er, leider, er ist tôt‹,
sprâchen dô mit klagender nôt
des landes fürsten über al.
dô getrôste ich ir schal
mit lieben mæren an der stunt.
ich sprach: ›sît vrô, er ist gesunt.
ich lie in hiute morgen
vrî vor allen sorgen,
von den er ungesunt mac sîn.
Êrêne, diu künigîn,
sîn vil sældenrîchez wîp,
hât bî im gesunden lîp.‹

Dô weinden sî von vreuden gar.
›owê‹, sprach diu werde schar.
›süezer lîp, und wær daz wâr!‹
›ich triuge iuch niht als umb ein hâr.
sî sint gesunt, sô helf mir Krist. [b]
hie nâhen bî in nâher vrist
ein habe nâhen ist gelegen,
dar inne ich ir hân gephlegen.
ich lie sî âne herzenleit
hiute, dô ich dannen reit,
alher in dise stat von in.
nû machent iuch ûf mit mir dâ hin.
ich lâz iu mînes herren lîp
und ouch sîn herzeliebez wîp [B 96v]
gesunt mit vreuden schouwen dâ.‹

Da entstanden lebhafte Bewegung
und aufgeregte Freude.
Die Versammelten begannen sogleich zu weinen.
›Der lebt doch leider nicht mehr!
O weh, oder lebt er doch?
Nein, leider, er ist tot‹,
sagten in klagendem Jammer
die Fürsten des Landes gleichermaßen.
Da beruhigte ich ihren Klagelärm
sogleich durch frohe Neuigkeiten.
Ich sagte: ›Seid frohgemut, er ist gesund.
Ich verließ ihn heute Morgen
unbeschwert und frei von allen Sorgen,
die ihn bedrücken könnten.
Erene, die Königin,
seine glückselige Gattin,
ist bei ihm und auch gesund.‹

Da weinten sie vor Freude.
›O weh‹, sagte die edle Schar.
›Du Guter, wenn das wahr wäre!‹
›Ich sage euch nichts als die Wahrheit.
Beide sind gesund, so wahr mir Gott helfe.
Ganz hier in nächster Nähe
liegt ein Hafen,
in dem ich sie zurückgelassen habe.
Es ging ihnen gut, als ich sie
heute verließ und von ihnen weg ritt,
hierher in diese Stadt.
Nun macht euch mit mir zusammen zu ihnen auf.
Ich zeige euch meinen Herrn
und auch seine geliebte Ehefrau
dort gesund und froh.‹

dâ wart ein grôz gesturm sâ.
dâ rief dirre und ouch der
dicke: ›banier und ors her!‹
die knappen balde liefen,
dô die herren riefen
ze den herbergen schiere,
dort sehse, hie viere.
sî brâhten den gehiuren
mit rîchen covertiuren
ir ors verdaht hinz ûf den huof.
der ritter ieglîcher schuof,
daz im wart brâht sîn bestez kleit.
ir bereitschaft was bereit
sô verric, daz ir liehtez brehen
man gerne möhte hân gesehen.

Sus zogten wir vrœlîchen dan
mit manigem hôchgemuoten man
für die stat mit vreuden gar.
wir brâhten mit uns in der schar
zwei tûsent ritter oder mê.
nû hâte ich mînen boten ê
mînem herren dar gesant,
der im diu mære tæt erkant,
wie ez allez was geschehen
unde wie in wolten gesehen [38r]
mit vreudenrîchem schalle
des landes fürsten alle.
des vreute sich der herre mîn. [B 97r]
mit der vil schœnen künigîn
zogte er gegen uns ûf die vart,
dô er unser innen wart.
dô er begunde nâhen,

Da erhob sich ein wahrer Sturm.
Da riefen dieser und jener
immer wieder: ›Fahnen und Pferde her!‹
Die Knappen rannten schnell,
als die Herren riefen,
rasch zu den Herbergen,
dort sechs, hier vier.
Sie brachten den Edlen
ihre Pferde, die mit prächtigen Satteldecken
bis zum Huf bedeckt waren.
Ein jeder Ritter ordnete an,
dass ihm seine besten Kleider gebracht wurden.
Ihre Ausrüstung wurde so aufpoliert,
dass man ihr helles Glänzen
mit Freuden gesehen haben würde.

So machten wir uns frohgemut auf den Weg
mit vielen stolzen Männern
vor die Stadt in freudiger Aufregung.
Wir führten mit uns in der Menge
zweitausend Ritter oder mehr.
Ich hatte zuvor meinen Boten
zu meinem Herrn dorthin gesandt,
der ihm die Nachricht überbringen sollte,
wie sich alles entwickelt hatte
und dass ihn
mit fröhlichem Schall sehen wollten
alle Fürsten des Landes.
Darüber freute sich mein Herr.
Mit der überaus schönen Königin
zog er uns dorthin entgegen,
wo er uns dann sah.
Als er sich uns zu nähern begann,

die herren îlten gâhen
gegen mînem herren dort hin dan,
daz reine wîp, den werden man
lieplîch schône grüezen.
mit lieben worten süezen
wart hie diu unmuoze
sô grôz von dem gruoze,
daz sî mit im und er mit in
von vreuden weinden den gewin,
des sî got an im beriet.
er kuste die getriuwen diet.
der jâmer was von vreuden grôz.
vil manige süeze brust begôz
der süeze lieplich anevanc,
der sî von vreuden jâmers twanc.

Dô der gruoz dâ was getân,
wir kêrten wider ûf den plân
mit vreudenrîcher vreude siten.
dâ wart gên Lunders wider geriten
gên dem ûzern bürgetor.
dô funden wir bereit dâ vor
die burgære rîche,
die enphiengen minneclîche
den künic und ouch die künigîn.
ir kleider gâben liehten schîn, [B 97v]
diu sî in vręuden truogen an.
den herren gruozten sîne man
vil minneclîche und er sie.
wîp und man wâren hie
gastlîche gegen der ritterschaft.
wir riten mit zühteclîcher kraft
durch die stat ûf den hof.

da liefen die Fürsten eilends
meinem Herrn dort entgegen,
um die edle Dame und den vornehmen Mann
freudig und in aller Form zu begrüßen.
Mit liebenswürdigen, freundlichen Worten
wurde hier die Lebhaftigkeit
der Begegnung so groß,
dass sie mit ihm und er mit ihnen
vor Freude den Gewinn beweinten,
den Gott ihnen mit ihm geschenkt hatte.
Er küsste die Getreuen.
Der Jammer war vor lauter Freude groß.
Manch eine edle Brust machte
der rührende, innige Empfang nass,
der sie durch die Freude zum Klagen zwang.

Als die Begrüßung vorüber war,
kehrten wir fröhlich und wohlgemut
zurück auf die Ebene.
Da wurde zurück nach London geritten
zum äußeren Stadttor.
Dort trafen wir auf die bereits versammelte
Schar der vornehmen Bürger,
die freundlich empfingen
den König und die Königin.
Ihre Gewänder, die sie voller Freude trugen,
leuchteten prächtig.
Den Herrn grüßten seine Gefolgsleute
sehr herzlich und er sie.
Die Frauen und Männer waren hier
gastfreundlich gegenüber der Ritterschaft.
Wir ritten in höfischer Haltung
durch die Stadt zum Hof.

dô kam der erzbischof
mit phaflîchem ruome,
mit grôzem heiltuome,
und zwên sîne genôze,
erzbischove grôze,
nâch den vil gar diu phafheit.
geistlîch was an geleit
mit phaflîchem gewande gar
gegen ir vil lieben herren dar
bischof und äbte genuoc.
daz heiltuom man gegen uns truoc.
dar nâch was vil grôz gedranc,
daz die liute und daz gesanc
gab einen alsô grôzen schal,
daz der dôn vil wîte erhal.

Dô wir sô grôzlîche
und ouch sô wünneclîche,
sô schône enphangen wurden dâ,
mîn herre wart gekrœnet sâ
und ouch diu küniginne guot.
von den fürsten hôchgemuot
wart im hulde sâ gesworn. [B 98r]
dô hiez der künic wolgeborn
die herren zuo herberge varn.
er wolte sîn gerihte sparn
biz fruo an dem andern tac.
ûf dem hove nâhen lac
ein wünneclîcher palas.
dar ûf ze herberge was
diu künigîn und ir vrouwen.
nû liezen sich hie schouwen
mit süezer minneclîcher schar

Da kam der Erzbischof
in ganzer geistlicher Pracht,
mit wertvollen Reliquien
und zwei Standesgenossen,
mächtigen Erzbischöfen,
ihnen folgte die Schar der Geistlichen.
In geistlichen Festgewändern
kamen ihrem Herrn
in prächtigem Ornat
die Bischöfe und viele Äbte entgegen.
Die Reliquien trug man uns entgegen.
Danach kam es zu einem so großen Gedränge,
dass die Leute und der Gesang
einen so großen Lärm verursachten,
dass er sich weithin ausbreitete.

Nachdem wir so prächtig
und so wunderbar,
so feierlich dort empfangen worden waren,
wurde mein Herr sogleich gekrönt
und auch die edle Königin.
Die vornehmen Fürsten
schworen ihm alsbald Gefolgschaft.
Da ließ der hochwohlgeborene König
die Herren sich in ihre Herbergen zurückziehen.
Er wollte erst am nächsten Tag
morgens zu Gericht sitzen.
Beim Hof befand sich
ein prächtiger Palas.
Darin wurden untergebracht
die Königin und ihre Damen.
Nun erschienen hier
mit prächtiger, vornehmer Gefolgschaft

von der stat die herren gar,
mit solher rîcheit gegast,
daz in nihtes gebrast
an rîcher gastunge dort.
mit grôzer heimlîche ir wort
buten sî der vrouwen mîn.
sô muost ir bereit sîn
grôzer prêsente vil
mit rîcher gâbe âne zil
von golde und gesteine,
edel, rîch und reine,
von den vrouwen über al.
dô wart ein hovelîcher schal,
dô die vrouwen wolten
ze herberge als sî solten.

Wie minneclîche suoze
mit manigem süezen gruoze
parlierte sich diu liebe alhie
von manigem munde, der enphie [B 98v]
der lieben edlen geste!
mit grôzer liebe veste
wart vrœlîch die naht vertriben.
die vrouwen under in beliben
gepînet wol mit schimpfe.
mit schimpflîchem gelimpfe
tâten sî der vrouwen mîn
ir kurzwîl mit vreude schîn.
in ernstlîchem râte saz
mîn herre, der künic, umbe daz,
wie er möht daz rîche [b]
berihten witzeclîche.
den vrouwen wol gezam der schimpf,

alle Herren der Stadt,
die mit solchem Aufwand bewirtet wurden,
dass ihnen dort nichts fehlte
an üppiger Verköstigung.
Sie sprachen in größter Vertrautheit
mit meiner Herrin.
So wurden ihr
viele Geschenke gemacht
mit größter, unglaublicher Kostbarkeit
von Gold und Edelsteinen,
erlesen, wertvoll und rein,
von all den Damen.
Da erhob sich ein festliches Lärmen,
als die Damen in ihre Herberge
aufbrechen wollten, wie es sich für sie schickte.

Wie reizend anmutig und
mit vielen lieben Grüßen
die Liebe hier überall plauderte
aus vielen Mündern, die
die lieben edlen Gäste empfingen!
Mit großer, freundschaftlicher Freude
wurde fröhlich die Nacht verbracht.
Die Damen blieben unter sich
und vergnügten sich mit Scherzen.
Mit vergnüglicher Ausgelassenheit
unterhielten sie meine Herrin
mit Freude.
Mein Herr, der König,
saß zu ernstem Rate darüber,
wie er das Königreich
umsichtig und klug ordnen könne.
Den Damen war die Kurzweil angemessen,

ouch was dem herren ein guot gelimpf
mit sînen sundern râtgeben
in ernstlîchem râte leben
und umb daz rîche sorgen.
vruo an dem andern morgen,
dô gotes ambet was getân
und man enbîzen solte gân,
mîn herre enbeiz. dar nâch zehant
wurden gar für in besant
die herren von dem rîche.
die enphiengen alle gelîche
ir gerihte, ir lêhen und ir lant
mit vreuden von des küniges hant.

Dar nâch sî swuoren vrides reht,
ez wære ritter oder kneht,
swer den vride bræche, [B 99r]
daz man ez an im ræche
mit etslîchem sêre
nâch des rehtes rehter lêre.
sus wart daz künicrîche
berihtet vridelîche.
des wurden die lantherren vrô.
der künic vrâgte râtes dô,
waz sînes rehtes wære
gegen der vil grôzen swære,
daz sumelîche herren hant
mit gewalte im sîn lant
an vesten und an urborn
hant in ir gewalt erkorn,
daz sî sich underwunden
sînes landes, swâ sî kunden
mit ir gewalte sunder reht.

während der König
sich mit seinen engsten Beratern
ernstem Beschlusse widmete
und sich um das Reich sorgte.
Früh am nächsten Morgen,
nachdem die Messe gelesen worden war
und man zur Mahlzeit gehen sollte,
aß mein Herr. Gleich danach
wurden zu ihm einberufen
die Herren des Landes.
Die empfingen allesamt
Gerichtsbarkeit, ihre Lehen und ihre Länder,
voller Freude aus der Hand des Königs.

Danach beeideten sie einen Frieden und legten fest,
dass an jedem, Ritter oder Knecht,
der den Frieden bräche,
Rache geübt würde
mit schwerer Strafe
entsprechend dem gültigen Recht.
So wurde das Königreich
friedlich geordnet.
Darüber freuten sich die Landesherren.
Da holte der König Rat darüber ein,
wie er ahnden solle
das große Vergehen gegen ihn,
dass einige Herren
mit Gewalt sein Land,
Festungen und zinspflichtige Güter,
in ihren Besitz gebracht
und sich damit seines Landes
so weit bemächtigt hatten, wie sie konnten,
gewaltsam und ohne Rechtsgrundlage.

mit einer urteile sleht [38v]
wart im erteilet sâ zehant,
er solte in geben in sîn lant
ir antwurt für sich ein zil.
als ich iu bescheiden wil,
wart in ein tac gesprochen,
dar nâch ze sehs wochen
nâch unschulde antwurt geben
oder nâch genâden leben
nâch des küniges hulden
und nâch ir rehten schulden.

Dô daz verurteilet wart,
niht lenger was dar nâch gespart,
ê daz der künic besande
in allem sînem lande [B 99v]
die herren zeiner hôchzît.
über al daz künicrîch wît
strichen sîne boten dan
des küniges mâge und dienstman
zuo der hôchzît bringen gar.
durch sîne boten kâmen dar
mit hôchgemuoten rotten
von Wâleis und von Schotten
die beide künige über mer.
ouch kam mit ritterlîchem her
ein werder künic von Kornubâl.
vil wünneclîchen sunder twâl
kâmen stolze fürsten guot
mit edlen rittern hôchgemuot
von Ibern und von Irlant.
ouch wart von Norwæg besant
sîn sweher, künic Reinmunt.

Mit gerechtem Urteil
wurde ihm sogleich die Macht zugesprochen,
ihnen in seinem Land
zu ihrer Rechtfertigung vor ihm einen Termin zu setzen.
Wie ich Euch sagen will,
wurde ihnen ein Gerichtstermin bestimmt,
nach Ablauf von sechs Wochen,
wo sie ihre Unschuld beweisen oder
die Gnade entsprechend der Huld
des Königs erbitten sollten
dem Ausmaß ihres Vergehens gemäß.

Nachdem das festgesetzt worden war,
wurde nicht länger damit gewartet:
Der König lud
aus seinem ganzen Land
die Herren zu einem Fest ein.
Durch das ganze weite Königreich
eilten seine Boten,
um die Verwandten und Gefolgsleute des Königs
alle zu dieser Feier zusammenzubringen.
Aufgrund dieser Einladung kamen
mit stolzen Scharen
von Wales und von Schottland
die beiden Könige übers Meer gefahren.
Mit einem ritterlichen Heer
kam auch der vornehme König von Cornwall.
In prächtigem Aufzug kamen ohne Verzug
stolze, vornehme Fürsten
mit edlen, tapferen Rittern
aus Ibern und aus Irland.
Auch kam aus Norwegen
sein Schwiegervater, König Reinmunt.

dô im diu mære wurden kunt,
er kam mit vreuden rîcher schar
zuo dirre hôchzît aldar.
swer ein ritter was genant [b]
über al diu næhsten lant,
den dûhte des, im wær verseit
ritterlîchiu werdekeit,
solt er die hôchzît niht sehen,
dâ diu solte geschehen.

Nû muost ich durch den herren mîn
bî im in dem lande sîn,
der hôchzît beiten dâ. [B 100r]
dar nâch in kurzen stunden sâ
diu zît begunde nâhen
und balde engegen gâhen,
daz die geste solten komen.
als in was daz zil genomen,
die herren sûmden sich niht mê,
die kunft, die sî lobten ê,
die leisten sî und kâmen gar
in daz lant mit grôzer schar.
über mer und über lant
wart an die hôchzît besant
sô manic edel fürste rîch.
wart ie der hôchzît gelîch
deheiniu vor dirre zît,
daz mac wol lâzen âne nît
künic Willehalm der guote.
mit vreuden rîchem muote
enphie der tugentrîche
die geste minneclîche
ze Lunders in der houbetstat.

Als ihm die Nachricht bekannt wurde,
kam er mit freudiger Schar
zu dem Fest dort.
Jeder, der ein Ritter genannt wurde
im ganzen Umland,
dem schien es ein großer Verlust
ritterlicher Würde zu sein,
wenn er dem Fest fernbleiben müsste,
das dort veranstaltet wurde.

Nun musste ich um meines Herrn willen
bei ihm im Land bleiben
und das Fest mit ihm dort abwarten.
Wenig später
kam die Zeit näher
und es eilte der Moment heran,
dass die Gäste kommen sollten.
Als es endlich so weit war,
warteten die Herren nicht länger,
die Reise, die sie zuvor versprochen hatten,
zu der brachen sie jetzt auf und kamen alle
in dieses Land mit großem Gefolge.
Über Meer und über Land
wurden zum Fest geladen
viele vornehme und mächtige Fürsten.
Dass es nie zuvor irgendein
vergleichbares Fest gegeben hat,
konnte der gute König Willehalm
ohne Anmaßung behaupten.
Voller Freude
empfing der Tugendreiche
freundlich die Gäste
in der Hauptstadt London.

die geste er herbergen bat
in die stat und ûf daz velt.
man sluoc der fürsten gezelt
allenthalben ûf den plân.
daz wart durch hôhen muot getân,
wan diu hôchzît durch rîcheit
ze velde was aldâ geleit. [39r]

Vrœlîch an einem morgen vruo [B 100v]
begunde vaste sîgen zuo
der stolze künic Reinmunt.
dô bereite sich zestunt
mîn herre gegen im ûf die vart.
zuo im hâten sich geschart
tûsent ritter über mer.
daz vil wünneclîche her
was ritterlîchen wol bekleit.
dô reit mit grôzer werdekeit
der künic mit der künigîn
gên dem vil lieben sweher sîn
für daz gestüele ûf daz velt.
sîn sunderrinc und sîn gezelt
was daz gegengestüele hie.
ir lieben vater wol enphie
mit vreuden minneclîche
mîn vrouwe sældenrîche.
daz muost in hôhen vreuden sîn.
dô weinde ir herzeclîchen pîn
der künic und daz reine wîp
und manic hôchgemuoter lîp.
manigem was von jâmer wê,
die ir mâge hâten ê
ûf des wâges vluot verlorn

Er kümmerte sich darum, dass sie
in der Stadt und auf dem Feld beherbergt wurden.
Überall auf der Ebene
schlug man die Zelte der Fürsten auf.
Das wurde aus höfischer Gesinnung getan,
denn das Fest musste seiner Größe wegen
dorthin aufs offene Feld verlegt werden.

Fröhlich nahte sich
früh an einem Morgen
herrlich der stolze König Reinmunt.
Da machte sich mein Herr sogleich auf,
um ihm entgegen zu reiten.
Ihm hatten sich zugesellt
tausend Ritter, die übers Meer gekommen waren.
Das überaus stattliche Heer
war auf ritterliche Weise prächtig gekleidet.
Da ritt in großer Würde
der König mit der Königin
seinem lieben Schwiegervater entgegen
vor die aufgebauten Sitze auf das Feld.
Sein Lagerplatz und sein Zelt
befanden sich in unmittelbarer Nähe dazu.
Ihren lieben Vater empfing
meine glückselige Herrin geziemend
und mit liebreizender Freude.
Das geschah in höchster Freude.
Da weinten über ihren Herzensschmerz
der König und die reine Dame,
zusammen mit vielen anderen edlen Menschen.
Viele empfanden von Jammer Schmerz,
die ihre Angehörigen zuvor
in den Wogen des Meeres

bî dem herren wolgeborn.
diu vrouwe ein ende gab der klage.
dô begunden bald an dem tage
die geste nâhen alle
mit vrœlîchem schalle.

Von Kornubâl und von Wâleis, [B 101r]
von Schotten und von Norgâleis
von Ibern und von Irlant
wurden in daz lant gesant
mit hôchgemuoter ritterschaft [b]
der lande fürsten hœhstiu kraft
durch mînen lieben herren wert,
wan er es hâte an sî gegert.
die wurden alle mit ir schar
sunder geherberget gar
ze ringen wîten ûf den plân.
man sach ûf dem gevilde stân
sô manic rîche pavilûn
– sît Artûs der Britûn
des künicrîches krône wielt –
der künic nie aldâ behielt
sô manigen stolzen werden gast
noch von rîcheit solhen last
als der reine guote,
künic Willehalm der hôchgemuote.
des muoz man im von schulden jehen.
verric glesten, liehtez brehen
sach man durch daz gevilde
die banier und die schilde,
die dâ gestôzen wâren für
in liehter künichlîcher kür

bei ihrem edlen, wohlgeborenen Herrn verloren hatten.
Die Dame setzte dieser Klage ein Ende.
Da begannen im Laufe des Tages
alle Gäste einzutreffen
mit fröhlichem Lärmen.

Von Cornwall und von Wales,
von Schottland und von Nordwales,
von Ibern und von Irland
wurden in dieses Land gesandt
mit stolzer Ritterschaft
die höchsten Landesfürsten
zu Ehren meines lieben, edlen Herren,
denn er hatte die Einladung an sie ausgesprochen.
Die wurden alle mit ihrem ganzen Gefolge
einzeln beherbergt in Zelten,
die ringförmig und weitläufig auf der Ebene
aufgebaut waren.
Man sah auf dem Feld stehen
so viele prächtige Zelte, dass
– seit Artus, der Britone,
die Krone des Reiches getragen hatte –
der König niemals dort
so viele stolze, edle Gäste beherbergt hatte,
noch so reiche Aufwendungen unternommen hatte
wie der reine, gute
König Willehalm, der vornehme.
Das muss man ihm wahrlich zugestehen.
Weithin glänzen, hell strahlen
sah man über das Feld hin
die Fahnen und die Schilde,
die dort aufgestellt waren,
königlich strahlend

allenthalben ûf daz velt
für diu rîchen gezelt
beidiu dort, hie und ouch dâ,
aber dort und anderswâ. [B 101v]

Dô gar die geste wâren komen,
sî hâten herberge genomen
ze velde wünneclîche.
die herren alle gelîche
hâten sich enwiderstrît
ûf die grôzen hôchzît
mit werden rittern vil gemeit
gewant rîch und wol bekleit
mit rîchen kleidern guot genuoc.
man sach nâch edlen fürsten kluoc [39v]
manigen rîchen phellôl guot,
stolze ritter hôchgemuot
von gesteine wol durchslagen
ze wünneclîchem kleide tragen
dem tage mit vreuden sunder leit.
swar iemen gie oder reit
durch die herberg über al,
der hôrte anders niht wan schal
und über schal von schalle grôz
vil galmes unde tambûr dôz
des dôzes galm parrieren,
videln und vloytieren
ze buhurt und ze tanze gar
vor maniger ritterlîcher schar,
die mit rîchen vreuden ganz
huoben buhurt unde tanz
vor den gezelten ûf den plân.
dâ wart mit schalle widertân,

überall auf dem Feld
vor den prächtigen Zelten,
sowohl hier, dort und auch da,
wieder dort und anderswo.

Als die Gäste alle angekommen waren,
nahmen sie Herberge
auf dem herrlichen Feld.
Die Herren hatten sich allesamt
wetteifernd miteinander
zu dem großen Fest mit
würdigen und schönen Rittern aufgemacht,
kostbar und prächtig gekleidet
mit edlen, schönen Gewändern.
Man sah an edlen, vornehmen Fürsten
viele wertvolle, gute Seidenstoffe
und stolze, hochgesinnte Ritter
wundervolle Gewänder tragen
aus Stoff, der mit Edelsteinen besetzt war,
zu Ehren des Tages.
Wo immer jemand
durch die Herbergen ging oder ritt,
hörte der nichts anderes als Lärm
und über diesem Lärm mit großem Lärm
viel Schall und den Klang von Trommeln,
der den Schall des Lärmes unterbrach,
Fiedeln und Flötenklang
zum Buhurt und zum Tanze
vor vielen ritterlichen Scharen,
die sich mit großer, ungetrübter Freude
dem Buhurt und dem Tanz
vor den Zelten auf dem Feld hingaben.
Da wurde mit Schall vergolten von den Rittern,

swes man durch schal ze vreuden phlac [B 102r]
von den rittern gar den tac.

Des nahtes, dô man wolte
ezzen, sam man solte,
und diu ritterschaft gesaz,
mîn herre, der künic, niht vergaz,
er vlizze sich mit rîcher kraft
ritterlîcher wirtschaft.
diu wart mit zühten für getragen.
ein gestüele wart geslagen
den hôchgemuoten vrouwen,
dar an sî mohten schouwen
die ritterschaft mit vreuden sîn.
dô des tages liehter schîn
vlôch die kunft der trüeben naht,
diu edel ritterlîche maht
zogte ze herbergen dô. [b]
die fürsten schuofen ez alsô,
daz diu naht ir trüeben schîn
muoste lûter lâzen sîn
durch manic lieht, daz dâ erschein,
dô des tages lieht verswein.
von grôzen liehten, der man phlac,
erschein aldâ ein ander tac
von der herberge rîche.
man hôrte minneclîche
vor den fürsten vreuden vil
maniger hande seitenspil
in süezer wîse erklingen,
von minnen schône singen, [B 102v]
von âventiuren sprechen wol,
daz man mit zuht vernemen sol

was man den ganzen Tag über aus Freude
gelärmt hatte.

Nachts, als man essen wollte,
wie es sich gehörte,
und die Ritterschaft sich niedergelassen hatte,
da versäumte mein Herr, der König, es nicht,
sich mit großem Aufwand um die angemessene
Bewirtung der Ritter zu kümmern.
Die wurde in edler Gemessenheit aufgetragen.
Sitze wurden errichtet
für die vornehmen Damen,
von denen aus sie
das ausgelassene Treiben der Ritter verfolgen konnten.
Als der helle Schein des Tages
der Ankunft der trüben Nacht wich,
da zog sich die vornehme Ritterschar
in ihre Herbergen zurück.
Die Fürsten ließen
das trübe Licht der Nacht
zur Helligkeit werden,
indem sie viele Lichter entzünden ließen,
als das Licht des Tages verschwand.
Von diesen vielen Kerzen, die man entzündet hatte,
brach ein neuer Tag an
in der prächtigen Herberge.
Man vernahm auf liebliche Weise
vor den Fürsten viele Freuden,
verschiedene Saiteninstrumente
in gefälliger Melodie erklingen,
schönen Minnesang,
guten Vortrag von Rittergeschichten,
dem man sittsam folgen soll,

von minnen und von ritterschaft
sprechen suoze in süezer kraft.

Von der stat hin ûf daz velt
in der fürsten gezelt
hin und her, her unde dar,
geschart mit maniger süezen schar
die ritter mit vil werden siten
ritterlîchen schône riten
die geste salûieren.
dô begunde sich parlieren
wider in vil manic süezer gruoz.
mit süezem schimpfe wart in buoz
sorgen und angestlîcher nôt.
ir werdiu zuht in gebôt
schimpflîch und in vreuden leben,
ein zil der sorg mit vreuden geben.
hie und dort und aber hie
vil manic schimpflich gruoz ergie.
man truog in hovelîcher kür
den edlen rittern schône für [40r]
daz trinken wünneclîche
in manigem kopfe rîche
in der herren herberge gar.
swer es wolte nemen war,
der jach, daz er nie anderswâ
sô manigen ritter als ouch dâ
gesach mit alsô werden siten. [B 103r]
mîn herre und ich mit vreuden riten
zuo den fürsten rîche
vil gesellеclîche
schouwen mit vrœlîcher kraft
die hôchgemuoten ritterschaft.

von Minne und Ritterschaft
schön erzählen in einnehmender Weise.

Von der Stadt bis aufs Feld
in den Zelten der Fürsten,
hin und her, her und fort,
ritten die Ritter mit vielen
edlen Scharen, mit sehr vornehmen Sitten,
in schöner, ritterlicher Haltung,
um die Gäste zu begrüßen.
Da wurden viele süße
Grüße erwidert.
Mit reizendem Scherzen wurden ihnen
Sorgen und Ärger vertrieben.
Ihre höfische Haltung ließ sie
fröhlich und ausgelassen sein,
in Freuden ihre Sorgen enden lassen.
Hier und dort und wieder hier
fanden viele ausgelassene Begegnungen statt.
Man brachte in höfischer, würdevoller Weise
den edlen Rittern
ihre Getränke vornehm
in wertvollen Pokalen
in die Herberge der Herren.
Wer es recht betrachtete,
der musste zugeben, dass er nie anderswo
so viele Ritter mit so vorzüglichem Benehmen
wie eben dort gesehen hatte.
Mein Herr und ich ritten frohen Mutes
zu den vornehmen Fürsten,
um alle gemeinsam
fröhlich am Treiben
der stolzen Ritterschaft teilzuhaben.

Diu naht mit vreuden sich zerlie.
dô der morgen ane vie,
der sunnen wuohs ir liehter glast.
dô fuor vil manic stolzer gast
zuo dem münster, dâ man messe sanc.
dô man gesanc, dô was niht lanc,
ê daz die ritter an dem zil
mit wol verdahten orsen vil
ûf daz gestüele drungen.
die schellen lûte erklungen,
die banier wurren sêre sich.
der buhurt wart sô ritterlich,
daz nie sô schœner wart gesehen.
dar nâch dô ditz was geschehen
und man enbîzen dannen gie,
mîn herre mich des niht erlie,
ich müeste dâ gemazze sîn
der vil werden vrouwen mîn.
mîn sun an sîner sîten saz.
ich weiz von rehter wârheit, daz
nie dehein mîn genôz
gesaz mit êren alsô grôz
noch mit sô grôzer werdekeit. [b]
mir was bereit und unverseit [B 103v]
gemeiniu gunst an sælden gar
von der hôchgemuoten schar.
mir gunden al gelîche,
arme und dar zuo rîche,
daz sich mîn sælde mêrte
und daz got verkêrte
leit an mir mit sîner kraft.
des wunschte mir diu ritterschaft.

Die Nacht verging in Freuden.
Als der Morgen anbrach,
nahm das helle Strahlen der Sonne zu.
Da kamen viele vornehme Gäste
zum Münster, wo man die Messe sang.
Nachdem man sie gesungen hatte,
drangen die Ritter sogleich
mit zum Kampf gerüsteten Streitrössern
zu den Sitzen.
Die Schellen erklangen weithin,
die Fahnen flatterten im Wind.
Der Buhurt wurde so herrlich,
dass nie ein schönerer gesehen worden war.
Nachdem das geschehen war
und man sich zum Essen begab,
verzichtete mein Herr nicht darauf,
mich zum Tischgenossen
meiner lieben, edlen Herrin zu machen.
Mein Sohn saß an seiner Seite.
Ich weiß ganz genau,
dass nie einem meiner Standesgenossen
jemals weder ein so ehrenhafter Platz gegeben worden ist
noch ein so würdevoller.
Mir erwies bereitwillig
ihr Wohlwollen und ihre Gunst
die ganze, freudenreiche Schar.
Mir gönnten alle miteinander,
die Unbedeutenden und die Mächtigen,
dass mein Glück zunahm
und dass Gott mir in seiner Macht
mein Leid ins Gegenteil verkehrte.
Das wünschte mir die Ritterschaft.

Dô diu werde schar enbeiz
und sich ûf hôchgemüete vleiz
mit buhurt und mit tanz aldâ,
nû giengen für den künic sâ
die herren mit geleite,
den er dâ vor verseite
vriuntschaft unde hulde,
den durch ir grôze schulde
für in geteidinget was.
sî vielen für in ûf daz gras
und suochten sîner hulden gunst.
mit weinelîcher klag vernunst
was mit jâmer ir gebâren.
alle, die dâ wâren,
die hulfen mit gemeinen siten
den künic sîner hulden biten
über dise ritter wert.
swie vil des wart an in gegert,
er verseit ie dar und aber dar.
doch wart geholfen diser schar,
daz sî daz künicrîche [B 104r]
verswuoren alle gelîche
und in dem rîche ze Engellant
nimmer wurden mê bekant
âne sîner hulde wort.
des wart dem künige dort [40v]
gesworn manic gewisser eit
mit gewislîcher sicherheit.
daz klagte mit gemeiner klage
manic man an dem tage.

Als die edle Schar gegessen hatte
und sich dort dem Vergnügen widmete
mit Buhurt und Tanz,
da traten sogleich unter Geleit vor den König
jene Herren,
denen er das Wohlwollen
und die Huld entzogen hatte,
die für ihr großes Vergehen
vor ihn geladen worden waren.
Sie warfen sich vor ihm zu Boden
und flehten ihn um die Gunst seiner Gnade an.
Ihr Gebaren war elend,
unter Weinen und Klage.
Alle, die dort waren,
unterstützten sie gemeinsam dabei,
den König um seine Vergebung
für diese würdigen Ritter zu bitten.
Doch wie sehr er auch darum angefleht wurde,
er schlug es wieder und wieder aus.
Immerhin kam man ihnen
so weit entgegen,
dass sie alle gleichermaßen
das Königreich von England verlassen
und es nie wieder betreten sollten
ohne die Erlaubnis des Königs.
Darauf wurden dem König dort
viele sichere Eide
mit verlässlicher Absicherung geleistet.
Das beklagten viele miteinander
an diesem Tage.

Dô diu gewisheit wart gesworn,
der edel künic wolgeborn
beriet mit sînen vriunden sich,
wie er solt ergetzen mich
des schaden, den ich truoc durch in,
wie er mir fuogte den gewin,
dâ ich vergæz des schaden an.
dô rieten ime sîne man
daz er rîchte mich durch ruom
und mir ein herzogentuom
lîhe. daz ist geheizen Kant
und ist gelegen ze Engellant.
dô sich der künic des beriet,
er kêrte wider zuo der diet
mit manigem wîgande.
die fürsten von dem lande
wâren, dâ der rât geschach.
die vier und zweinzic man dâ sach,
die ich von banden hât erlôst
und den ich vreude koufte und trôst.
ditz rieten mâge und ouch man. [B 104v]
sus kêrte er wider zuo mir dan.
er hiez gedagen über al
vor im den dôz und ouch den schal.
sî stuonden gar ze ringe dâ.
mit zühten sprach mîn herre sâ:
›hie sitzet mîner vreuden trôst,
des guot, des muot mich hât erlôst,
mit dem mir got lîp und leben,
guot, sæld und êre hât gegeben.

Als diese Zusicherung durch Eide besiegelt worden war,
beriet sich der edle König
mit seinen Vertrauten darüber,
wie er mir den Schaden
ersetzen sollte, den ich um seinetwillen erlitten hatte,
und wie er mir eine Wohltat erweisen könne,
die mich meinen Verlust vergessen lassen würde.
Da rieten ihm seine Leute,
dass er mich reich machen solle, um meinen Ruhm zu erhöhen
und mir ein Herzogtum
als Lehen übertragen solle. Das heißt Kent
und liegt in England.
Als der König sich beraten hatte,
kehrte er mit vielen Helden
wieder zu seinem Gefolge zurück.
Die Fürsten des Landes waren bei
der Beratung anwesend.
Die vierundzwanzig sah man unter ihnen,
die ich aus der Gefangenschaft freigekauft
und denen ich Freude und Trost verschafft hatte.
Diesen Rat erteilten Verwandte und Gefolgsleute.
So kehrte er wieder zu mir zurück.
Er hieß alle Anwesenden schweigen
und befahl, Lärmen und Unruhe einzustellen.
Sie standen im Kreis um ihn herum.
Würdevoll erhob mein Herr nun das Wort:
›Hier sitzt der Trost meiner Freude,
dessen Vermögen und gute Absicht mich erlöst haben
und durch den mir Gott Leib und Leben,
Besitz, Glück und Ehre gegeben hat.

Ich hât guot, vreud und lîp, [b]
mâge, man, vriund und wîp,
sæld und êre, ditz lant verlorn.
mir hâte sicherheit gesworn
daz grœste unheil, daz ieman
in sînen zîten ie gewan.
daz widerkoufte mir sîn guot.
got, der niht wan wunder tuot,
der fuogte in sîne hant mîn wîp,
vriunde, lant, krône und lîp
alsô gewalticlîche,
daz ich von mînem rîche
was vertriben hinz an in.
durch sînen tugentrîchen sin
minnt er mich für sîn kint.
des kindes lieb was im ein wint
gên der vil grôzen liebe gir,
die sîn herze truoc gên mir.
er schiet durch die liebe mîn
von dem lieben sune sîn
mîn wîp durch sînen guoten muot. [B 105r]
für alles guot über guot
prüev ich die grôzen güete,
die süezen diemüete,
daz er fürbaz minnte mich,
dan er selbe tæte sich.
er stiez von mînem lande sich,
für sich nam er ze künige mich,
dô im diu krône und daz lant
gewalticlîchen was benant.

Ich hatte Besitz, Freude und mich selbst,
Verwandte, Gefolge, Angehörige und meine Frau,
Glück und Ehre, dieses Land verloren.
Mich hatte das größte
Unheil verfolgt, das nur irgendjemand
zu seinen Zeiten je erlitten hatte.
Das löste er für mich mit seinem Vermögen aus.
Gott, der nichts als Wunder wirkt,
gab meine Frau in seine Hand,
meine Angehörigen, mein Land, meine Krone und mein Leben,
so allumfassend,
dass ich von meinem Reich
vertrieben worden war bis zu ihm hin.
Aus Tugendhaftigkeit
liebte er mich mehr als sein Kind.
Die Liebe zu seinem Kind stellte er ganz zurück
zugunsten der starken, tiefen Liebe,
die er in seinem Herzen mir gegenüber hatte.
Er trennte aus Liebe zu mir
von seinem lieben Sohn
meine Frau aufgrund seiner Güte.
Für gut über alles Gute hinaus
erkenne ich die übermäßige Güte,
die edle Demut,
die er bewies, indem er mich mehr liebte
als sich selbst.
Er verzichtete auf die Herrschaft über mein Land
und setzte an seiner statt mich als König darüber ein,
als Krone und Land
in seine Gewalt gestellt wurden.

Nû râten alle, die hie sîn,
sît der vil liebe vater mîn
sîne sælde und sînen prîs
an mir hât sô manige wîs
gekrœnet und gemêret,
geblüemet und geêret, [41r]
wan er geruochte ûf sich laden
durch mich sô grôzlîchen schaden,
wie ich ime ein teil beneme,
alsô daz ez mir wol gezeme,
wie ich vergelte im sîn guot.
sînen tugentrîchen muot
möht ich niht vergelten wol.
got, der güete lônen sol,
lôn im der diemüete
durch sîne grôze güete.
süezer, lieber vater mîn,
die fünfzic tûsent marke dîn
wil ich dir gelten hie zehant.
daz herzogentuom ze Kant [B 105v]
solt dû von mir enphâhen.
dû solt ouch niht versmâhen
von mir den selben gewalt
und dîne gülte zwelfvalt.
dar zuo solt dû sîn gewert
alles, des dîn herze gert
in disem künicrîche.
dû solt gewalticlîche
mit dem lieben sune dîn
mîn heimlîch rât immer sîn.‹

Nun ratet mir alle, die ihr hier versammelt seid,
da mein vielgeliebter Vater
sein Heil und seine Lobwürdigkeit
an mir auf so vielfältige Weise
gekrönt und gemehrt,
geschmückt und geehrt hat,
weil er ja bereit war, um meinetwillen
so große Nachteile auf sich zu nehmen,
wie ich ihm die ein wenig ausgleiche,
so dass mir zur Ehre gereicht,
wie ich ihm seine Aufwendungen vergelte.
Seine Tugendhaftigkeit
kann ich ihm nicht angemessen vergelten.
Gott, der Güte belohnt,
der belohne ihn für seine Demut
kraft seiner großen Güte.
Liebster, guter Vater mein,
deine fünfzigtausend Mark
will ich dir hier sogleich erstatten.
Das Herzogtum Kent
sollst du von mir empfangen.
Du sollst auch nicht zurückweisen
die Herrschaft darüber
und die zwölffache Erstattung des Betrages.
Außerdem soll dir zuteilwerden
alles, was du nur erbittest
in diesem Königreich.
Du sollst auf mächtige Weise
zusammen mit deinem lieben Sohn
mein vertrauter Berater sein.‹

Der geheize wart ich vrô.
zuo mînem herren sprach ich dô:
›lieber herre, süezer degen,
ir habent ze hôhe mich gewegen
mit lobelîchem prîse.
wær ich nû alse wîse,
daz ich gedanken kunde
iuwerm süezem munde
der geheize minneclich,
der süezen worte, in den ir mich
sô lobelîchen habent geseit, [b]
sô wær iu mîn danc bereit.
nû lôn iu der geheize got
durch sîn gotlich gebot
der ir mir, herre, hânt getân.
solt ich grôze hêrschaft hân,
daz wær mir ein grôzer ruom.
daz rîche herzogentuom
sol von art ein fürste hân.
des hât mich mîn geburt erlân.
von Kant des herzogen hant
ist in der werdekeit erkant,
daz grâven, vrîen, herren grôz,
des selben namen manic genôz,
durch manschaft nîgt schône
nâch lêhenschaft ze lône,
die sich von rehte müesten schamen,
daz sî mich in herren namen,
ze herren nanden über sich.
der name wær mir ze grœzlich.

Über diese Versprechungen war ich froh.
Da sagte ich zu meinem Herrn Folgendes:
›Lieber Herr, edler Mann,
Ihr habt mich zu sehr erhöht
mit Eurem Lobpreis.
Wäre ich nun so weise,
dass ich Euch
danken könnte
für die Aussicht auf großzügigen Lohn
und die liebreichen Worte, mit denen Ihr mich
als so lobwürdig bezeichnet habt,
dann würde Euch mein Dank zuteil.
Nun lohne Euch Gott für die Versprechungen,
um seines göttlichen Gebotes willen,
die Ihr mir, Herr, gemacht habt.
Doch sollte ich über große Herrschaft verfügen,
wäre das eine große Anmaßung für mich.
Das reiche Herzogtum
das soll ein geborener Fürst haben.
Eine solche Herkunft ist mir nicht gegeben.
Der Herzog von Kent
ist als so würdig bekannt,
dass sich Grafen, Freiherren und mächtige Adlige
und viele andere, die gleichermaßen vornehm sind,
in seinem Dienst vor ihm verneigen
und Lehen als Lohn empfangen,
die sich alle zu Recht schämen müssten,
sich meinem Namen zu unterstellen
und mich als ihren Herrn ansprechen zu müssen.
Dieser Titel wäre zu groß für mich.

Lieber herre mîn, welt ir
nâch mînem willen gelten mir,
sô geltent mir, als ich iuch bite
durch iuwern tugentrîchen site.‹
›gern, lieber vater mîn.
swes dû bittest, daz sol sîn.‹
›sol ich des gewisheit hân?‹
›jâ, benamen, sunder wân.‹
›sô ger ich, lieber herre guot,
daz ir mir die genâde tuot,
daz ir durch den willen mîn
in iuwern hulden lâzent sîn
die herren hie, der missetât
verworht iuwer hulde hât.
die ger ich, daz ir lâzent sie
mit günsteclîchen hulden hie [41v]
in disem künicrîche
belîben vridelîche
an vriuntschaft unverkrenket [B 106r]
und niht mêr gedenket
mit itewîz ir schulde.
durch iuwer süeze hulde
geruochent mînes herzen gir.
mit dirre bete lônent mir.
sô hânt ir liute unde lant
mir gegeben sâ zehant,
herzogentuom und rîche
alsô gewalticlîche,
daz es mîn muot niht fürbaz gert,
wird ich der bete alsus gewert.‹

Mein lieber Herr, wenn Ihr mich
meinem Wunsch gemäß belohnen wollt,
dann belohnt mich so, wie ich Euch bitten will
um Eurer Tugendhaftigkeit willen.‹
›Gern, mein lieber Vater.
Was auch immer du erbitten magst, soll geschehen.‹
›Darf ich mich darauf verlassen?‹
›Ja, fürwahr, ganz sicher.‹
›So wünsche ich, lieber, guter Herr,
dass Ihr mir die Gnade erweist
und um meinetwillen
in Eure Huld aufnehmt
die Herren hier, deren Vergehen
Eure Gunst verwirkt hat.
Von denen wünsche ich, dass Ihr sie
mit wohlwollender Gunst hier
in diesem Königreich
friedlich leben lasst
in ungetrübter Freundschaft
und nicht mehr gedenkt
mit Schmähung ihrer Schuld.
Um Eurer liebreichen Huld willen,
erfüllt meinen Herzenswunsch.
Lohnt mir durch die Erfüllung dieser Bitte.
Dann habt Ihr mir Leute und Land
verliehen sogleich,
Herzogtum und Reiche,
in so großer Machtfülle,
dass mein Herz nach nichts weiter verlangt,
wenn mir der Wunsch in dieser Weise erfüllt wird.‹

›Daz sî ouch durch dich getân.
ich wil sî hulde lâzen hân
durch den süezen willen dîn.
sî sulnt ir eides ledic sîn.
in sî daz lant erloubet hie.
swaz sî mir getâten ie,
daz sî durch dich gâr verkorn.
disen hezzeclîchen zorn
wil ich geniuwern nimmer mê.
ich bin in holt, als ich was ê.
nû ger ich, daz dû ditz lant
enphâhest hie von mîner hant.‹
›benamen, herre, nein ich.
des lônes wil genüegen mich
des ich von iu enphangen hân.‹
›sô solt dû dînem sune lân
ditz lant, ob es dich bevilt,
ob dû ez niht nemen wilt.‹ [B 106v]
mîn sun sprach: ›swes mîn vater giht,
des gihe ich und anders niht. [b]
ich nime, swaz mîn vater nimt,
niht anders fürbaz mir gezimt.‹
›sô nim durch mîner liebe kraft
von mir eine grâveschaft
und hie ze Lunders dise stat.
swaz ir ze urbor ist gesat
an liuten und an guote,
wil ich nâch dînem muote
dir immer eigenlîchen lân.
daz solt dû ze lône hân.‹

›Auch das sei um deinetwillen gewährt.
Ich will ihnen meine Gunst schenken
um deiner edlen Absicht willen.
Sie sollen des Eides, den sie geleistet haben, ledig sein.
Das Reich stehe ihnen wieder offen.
Was auch immer sie mir angetan haben,
sei ihnen um deinetwillen vergeben.
Diesen feindseligen Zorn
will ich ihnen gegenüber nie erneuern.
Ich bin ihnen gewogen wie zuvor.
Nun aber wünsche ich, dass du dieses Herzogtum
aus meiner Hand empfängst.‹
›Fürwahr, Herr, das werde ich nicht tun.
Mir reicht als Lohn,
was Ihr mir bereits gewährt habt.‹
›Dann sollst du deinem Sohn das Herzogtum
überlassen, wenn es dir übertragen worden ist
und du es nicht behalten willst.‹
Mein Sohn sprach: ›Was mein Vater sagt,
dem stimme ich zu und nichts anderem.
Ich nehme, was mein Vater nimmt,
nichts anderes ziemt sich für mich.‹
›So nimm aus Liebe zu mir
aus meiner Hand eine Grafschaft an
und diese Stadt London hier.
Was ihr zinspflichtig ist
an Leuten und Gut
will ich, so wie es dir gefällt,
dir als dein beständiges Eigentum übertragen.
Das sollst du als Lohn empfangen.‹

Des lieben trôstes was ich vrô.
ich nam in mînem herzen dô
daz lant, die krôn, die hêrschaft,
die grôzen rîcheit und ir kraft,
die stat, daz herzogentuom,
die grâveschaft und ir ruom
und ophert ez dâ durch den got,
der durch der gotheit gebot
durch uns ze opher wart erkorn
unde menschlîch wart geborn
ze trôste sîner kristenheit
und den tôt menschlîch leit
umb alle, die im geloubic sint:
Jêsus, der reinen megde kint.
an des gotlîche kraft
ophert ich die hêrschaft
und wolte gelt und ouch gewin, [B 107r]
phant und bürge lân an in.
ich sprach: ›vil lieber herre mîn,
solt ich landes herre sîn,
diu hêrschaft wære mir ze grôz.
ich hân sô manigen übergenôz
in diser stat gesezzen hie,
des werdekeit sô grôz was ie, [42r]
daz mir niht wol gezæme,
ob ich ir dienest næme,
den er ze rehte solte tuon
durch die hêrschaft, durch den ruom,
daz er mich herre nande
und ze herren mich erkande.‹

Über dieses großzügige Angebot freute ich mich.
Da nahm ich in meinem Herzen
das Reich, die Krone, die Herrschaft,
den großen Reichtum und seine Macht,
die Stadt, das Herzogtum,
die Grafschaft und ihren Ruhm
und opferte es dem Gott,
der durch das Gebot der Gottheit
für uns geopfert
und als Mensch geboren wurde,
um seine Christenheit zu retten
und der als Mensch den Tod erlitt
für alle, die an ihn glauben:
Jesus, den Sohn der reinen Magd.
Seiner göttlichen Macht
opferte ich die Herrschaft
und ihm wollte ich Geld und Gewinn,
Pfand und Städte opfern.
Ich sagte: ›Mein lieber Herr,
sollte ich Landesherr sein,
wäre diese Herrschaft zu groß für mich.
In dieser Stadt ist mir so mancher
vom Stand her überlegen,
dessen Vornehmheit von alters her so groß ist,
dass es mir nicht anstünde,
seinen Dienst anzunehmen,
den er rechtmäßig leisten müsste
aufgrund der Herrschaft und der Würde,
dass er mich seinen Herren nennen
und mich als Herren anerkennen müsste.‹

Dô mîn vil lieber herre sach,
daz ich daz lant, die stat versprach,
er bat mit sînen vriunden mich
durch got, durch in, durch sî, daz ich
stat, drîvalt silber oder lant
næme aldâ von sîner hant.
daz versprach ich gar durch got.
doch durch der künigîn gebot
lobt ich ir rôtem munde, daz
ich wolte nemen etewaz
von silber und von golde,
swenne ich ze lande wolde.
des was mîn werdiu vrouwe vrô.
für daz gestüele drungen dô
gegen mir mit einer grôzen schar
die ellenthaften ritter gar, [B 107v]
den ich des küniges hulde
erwarp, die durch ir schulde
in sîner æhte wâren ê.
sî kunden niht gedanken mê.
sî vielen ûf ir knie für mich,
sî vreuten alsô sêre sich,
daz man sî harte weinen sach.
grôz jâmer in vil vreuden jach.
sî sprâchen: ›süezer vater guot,
reines herzen reinen muot,
sô reinen muot dîn herze treit,
sældenrîche sælikeit, [b]
daz got durch sîner sælden bluot
vil der welde sælden tuot.
got durch sîner sælden trôst
hât manigen man von nôt erlôst.

Als mein lieber Herr erkannte,
dass ich das Land und die Stadt nicht annehmen wollte,
bat er mich gemeinsam mit seinen Angehörigen,
dass ich um Gottes, um seinet- und der Angehörigen willen
die Stadt, die dreifache Summe an Silber oder das Land
von seiner Hand empfangen wolle.
Auch das lehnte ich um Gottes willen ab.
Doch auf Wunsch der Königin
versprach ich ihrem roten Mund,
dass ich ein wenig
Silber und Gold annehmen wollte,
wenn ich abreisen würde.
Darüber freute sich meine edle Herrin.
Zu den Sitzen drangen da
auf mich zu in großer Schar
all die tapferen Ritter,
denen ich die Gunst des Königs
verschafft hatte und die durch ihre Verfehlung
zuvor geächtet worden waren.
Sie hätten nicht lebhafter danken können.
Sie fielen vor mir auf ihre Knie
und freuten sich so sehr,
dass man sie heftig weinen sah.
Großer Jammer wandelte sich ihnen jetzt zu großer Freude.
Sie sprachen: ›Liebster, guter Vater,
eine aufrichtige Haltung eines reinen Herzens,
eine so lautere Haltung trägt dein Herz,
segensreiches Glück,
dass Gott durch die Blüte seines Heils
der Welt großes Glück bereitet.
Gott hat mit dem Trost seines Heils
viele Menschen aus Not erlöst.

Dû bist der triuwen schilt in nôt,
der vreude leben, des leides tôt,
des ungemüetes widerstrît.
dîn trôst gewin an vreuden gît
und swendet ungemüete.
got was in reiner güete,
dô er der stunt gedâhte,
diu dînen sâmen brâhte
in der natûre meisterschaft
diu dir loblîche kraft
an lebender fruht begunde geben,
dô dîn blüejendez leben
von einer kranken blüete gie [B 108r]
dô dîn leben ane vie,
daz nâch der blüete hât dîn fruht
fürbrâht mit sô rîcher zuht,
daz an dir diu gotes kunst
hât volbrâht der sælden gunst.
der got, der an dich kunst
leite und ouch der sælden gunst,
der behüete dir dîn leben
und ruoche dir mit sælden geben
immer sælde, êre und heil
und himelischer genâden teil.
bî der engel süezen schar
ergetz er dich dîner güete gar
und ruoche in sînem muote hân,
daz dû uns liebes hâst getân,
und ruoche geben dir den lôn,
den nie wort noch zungen dôn [42v]
volbringen kunde,
noch der ze herzen grunde
nie durch ôren tor gedranc,

Du bist der Schild der Treue in der Bedrängnis,
das Leben der Freude, des Leides Tod,
der Überwinder allen Unglücks.
Dein Trost verschafft den Gewinn der Freude
und vertreibt alle Unbill.
Gott übte reine Güte,
als er die Zeit bestimmte,
die deinen Samen keimen ließ
durch die Meisterschaft der Natur,
welche dir lobenswerte Stärke
an Lebenskraft verlieh,
als dein blühendes Leben
aus einer schwachen Blüte erwuchs,
als dein Leben begann,
so dass nach der Blüte deine Frucht
in Formvollendung bewirkte,
dass an dir die Kunst Gottes
die Gunst des Glücks erfüllt hat.
Der Gott, der dich kunstfertig schuf
und dich auch mit Glück begabte,
der möge dir dein Leben behüten
und verleihe dir mit Glück
stets Segen, Ehre, Heil
und Anteil an der himmlischen Gnade.
In der Schar der süßen Engel
belohne er dich ganz und gar für deine Güte
und möge daran denken,
dass du uns Wohltaten erwiesen hast,
und geruhe dir den Lohn dafür zu geben,
den nie das Wort oder der Ton einer Zunge
bewirken konnte,
der nie in den Herzensgrund
oder durchs Tor der Ohren drang,

noch in menschlîchen gedanc,
nie geschôz durch ougen sehen,
durch menschlîches ougen brehen.

Wan dû, viel lieber vater guot,
durch dînes herzen süezen muot
verspræche liute unde lant
und lôstest unser sorgen bant,
daz uns mit klagender arbeit
in klagender nôt was an geleit.
dû hâst enbunden uns von nôt. [B 108v]
got durch den menschlîchen tôt,
den er menschlîchen leit
in menschlîcher blœdekeit,
der geb dir wernder sælden trôst.
sîn güete mache dich erlôst
von weltlîchen schanden
und von der helle banden
mit gotlîcher süeze.‹
hende und dar zuo füeze
kusten sî von vreuden mir.
daz was gar âne mîne gir.
sî enwolden es niht lâzen,
doch muosten sî ez mâzen
und machten ir gebærde ein zil.
ir vreuden dankes was sô vil,
daz ich aldâ von manigem man
vrœlîch gunst gewan
mit lieplîcher stætekeit.
swâ ich gie oder reit,
dâ wart ich vil gekaphet an.
mir wunscht manic werder man

noch in menschliche Gedanken,
der nie das Sehen durchschritt
noch das menschliche Augenstrahlen.

Denn du, geliebter, guter Vater,
hast aus der Überfülle deines gütigen Herzens heraus
auf Leute und Land verzichtet
und die Fesseln unserer Sorgen gelöst,
die uns in größtem Unglück
und schwerer Not angelegt waren.
Du hast uns aus dem Unglück erlöst.
Gott möge um seines menschlichen Todes willen,
den er als Mensch erlitt
in menschlicher Hinfälligkeit,
dir die Freude des ewig währenden Glücks schenken.
Seine Güte erlöse dich
von der Lasterhaftigkeit der Welt
und aus den Banden der Hölle
mit göttlicher Süße.‹
Hände und Füße
küssten sie mir aus Freude.
Das war mir ganz und gar nicht recht.
Sie wollten nicht darauf verzichten,
doch mussten sie sich mäßigen
und endlich damit aufhören.
Ihre Dankbarkeit war so groß,
dass mir viele Menschen
wohlgemut ihre Gunst schenkten
mit schöner Treue.
Wo immer ich ging oder ritt,
da staunte man mich an.
Mir wünschten viele edle Männer

durch sîner zühte gebot [b]
sæld und heiles umbe got.

Diu ritterschaft begunde dô
in ritterschefte wesen vrô,
als ez der hôchzît gezam.
ieglîcher an sich nam
sîne fuoge, der er phlac
mit hôchgemüete gar den tac.
dirre lief, jener spranc. [B 109r]
dirre seite, einer sanc.
hie was buhurt, dort was tanz.
diu ritterschaft truoc vreuden kranz.
sus was mit vreuden âne klage
diu hôchgezît drî tage.
daz varnde volc mit vreuden enphie
manige rîche gâbe hie,
die ritter lêhen, silber, golt.
von gesteine rîchen solt
enphiengen von dem künige dâ
die ellenthaften fürsten sâ.
diu hôchzît sich balde schiet.
die fürsten fuoren mit ir diet
hin wider heim alle gelîche.
von dem künicrîche
über mer und über lant
von swannen sî aldar gesant
in daz rîche wâren hin,
dar jagte sî ir herzen sin.
diu vrouwe weinde sâ zestunt,
dô der künic Reinmunt,
ir vater, von dem lande fuor,
der mir ûf sîn triuwe swuor,

um ihrer höfischen Erziehung willen,
dass Gott mir Glück und Segen schenken möge.

Da begann die Ritterschaft
sich an ritterlichen Kampfspielen zu erfreuen,
wie es sich für das Fest geziemte.
Jeder unterhielt sich auf die Weise,
die ihm entsprach
in schönster Heiterkeit den ganzen Tag über.
Dieser lief, jener sprang.
Dieser trug vor, ein anderer sang.
Hier wurde buhurdiert, dort getanzt.
Die Ritterschaft trug den Kranz aller Freude.
So währte das Fest in ungetrübter Freude
drei volle Tage lang.
Das fahrende Volk empfing in großer Freude
viele reiche Gaben hier,
die Ritter erhielten Lehen, Silber und Gold.
Belohnung in Form von kostbaren Edelsteinen
empfingen da von dem König
die heldenhaften Fürsten.
Bald darauf ging das Fest zu Ende.
Die Fürsten machten sich mit ihren Gefolgen
alle wieder auf den Weg heimwärts.
Vom Königreich weg
wieder übers Meer und das Land,
von woher sie auch immer
in das Königreich gekommen waren,
dorthin strebten sie wieder heim.
Die Herrin weinte da sogleich,
als der König Reinmunt,
ihr Vater, das Land verließ,
der mir auf seine Treue geschworen hatte,

daz er immer gerne tæte
durch mich, swes ich in bæte.

Der geheize wart mir vil
mit danke an dem selben zil [43r]
von manigem werden man getân.
ich wart dankes niht erlân [B 109v]
von mînes herren mâgen,
die mînen dienst wâgen
hôher, den er wære.
die geste unwandelbære
schieden von dem lande hie.
dô diu hôchzît zergie,
dar nâch wart ouch ich enein,
daz ich kêrte wider heim.
ich bat urloubes ûf die vart.
dô des mîn herre innen wart
und ouch diu liebe vrouwe mîn,
sî begunden beide trûric sîn.
sî weinden dicke beide
von jâmer und von leide.
swenne ich urloubes wolte gern,
sô muost ich es von in enbern.
iedoch treip ich sî dar an,
daz ich urloub von in gewan.
dô hiez ich mir bereiten gar
mîn schif, als ich ez brâht dar
wider ûf des wâges trân.
swaz ich ze nôt solte hân
her wider heim ze spîse,
des wart in rîcher wîse
mîn schif in grôzer rîcheit
rîlîch und wol bereit.

dass er um meinetwillen stets gerne täte,
worum auch immer ich ihn bäte.

Diese Versprechung wurde mir dort
zusammen mit großem Dank
von vielen würdigen Männern gegeben.
Ihren Dank sagten mir auch
die Verwandten meines Herrn,
die meiner Wohltat viel größeres Gewicht
zuwiesen, als sie hatte.
Die vornehmen Gäste
verließen das Land hier.
Nachdem die Feier beendet war,
beschloss auch ich,
wieder heimzukehren.
Ich bat darum, mich für die Reise verabschieden zu dürfen.
Als mein Herr das hörte
und auch meine liebe Herrin,
wurden sie beide traurig.
Beide weinten heftig
vor Jammer und Leid.
Immer wenn ich mich verabschieden wollte,
schlugen sie es aus.
Doch schließlich brachte ich sie dazu,
mir den Abschied zu gewähren.
Da veranlasste ich, dass mein Schiff für mich
reisefertig gemacht wurde, so wie ich damit angekommen war,
und wieder in See stechen konnte.
Was ich an Proviant brauchte
für die Heimreise,
damit wurde reichhaltig und aufs beste
mein Schiff versehen,
üppig und sorgfältig.

Dô der urloubes tac
unde scheidens zît gelac,
ich gie für mînen herren sâ [B 110r]
und für die künigîn aldâ.
ich sprach: ›herre und vrouwe mîn,
lât mit iuwern hulden sîn,
daz ich heim ze lande var.‹ [b]
dô besande er aber dar
die werden wîgande,
die von der heiden lande
dâ vor mit mir fuoren ê.
den tet unser scheiden wê,
daz aldâ von uns geschach.
mîn herre dô mit zühten sprach:
›herzelieber vater guot,
durch dînen sæliclîchen muot
lâ noch dîn guot dir gelten mich.
des ger ich durch got an dich.‹
dô sprach diu küniginne:
›durch die süezen gotes minne,
lieber vater guoter,
brinc mîner lieben muoter·
mînes guotes etewaz.‹
›gern, vrouwe, tuon ich daz.
nû lânt geschehen, daz iu gezeme,
swaz ich guotes von iu neme,
daz mir vergolten sî dâ mite.
niht anderr gülte ich fürbaz bite.

Wan der dunket mich genuoc.‹
vil balde man dô für mich truoc
gesteine, silber unde golt.
des wart mir sô vil geholt, [B 110v]

Als der Tag des Abschieds
und der Trennung gekommen war,
ging ich sogleich zu meinem Herrn
und zu der Königin dort.
Ich sprach: ›Mein Herr und meine Herrin,
lasst mich mit eurer Erlaubnis
aufbrechen und nach Hause fahren.‹
Da ließ er nochmals
die vornehmen Herren kommen,
die damals aus dem Heidenland
mit mir gefahren waren.
Die schmerzte unser Abschied,
den wir nun voneinander nehmen mussten.
Mein Herr sprach da in würdiger Haltung:
›Herzlich geliebter, guter Vater,
lass mich um deines gütigen Herzens willen
dir noch dein Vermögen vergelten.
Darum bitte ich dich in Gottes Namen!‹
Da sprach die Königin:
›Um der süßen Liebe zu Gott willen,
bring, lieber, guter Vater,
meiner lieben Mutter
etwas von meinem Gut.‹
›Gern, Herrin, tue ich das.
Nun handelt, wie es Euch geziemt,
so dass mir mit dem, was ich
von Euch annehme, vergolten sei.
Ich möchte darüber hinaus keine andere Vergeltung.

Denn diese scheint mir genug zu sein.‹
Sogleich brachte man vor mich
Edelsteine, Silber und Gold.
Man brachte mir so viel davon,

wolt ich ez halbez hân genomen,
mir wær mîn guot wider komen
viervalt oder dannoch mêr.
dô sprach diu küniginne hêr:
›ditz brinc, liebez veterlîn,
der herzelieben muoter mîn.‹
›vrouwe, ich nim uns beiden wol,
daz mich und sî genüegen sol.‹
dannoch dûhte rîcher mich
der gotes lôn. iedoch nam ich [43v]
durch den künic und die künigîn
ein fürspan und ein vingerlîn
und brâhte mînem wîbe daz
und niht anders fürbaz.
daz was leit in beiden.
dô wolt ich dannen scheiden.
mîn herre mit mir schône reit
und ouch diu künigîn gemeit
mit einer wünneclîchen schar
zuo mînem schiffe balde dar
hin in die hab, dâ ich ez lie.
sîn zuht an mir begie
mit klage manic stolzer lîp
beidiu man und ouch diu wîp.

Dô ich von dannen wolte
scheiden, als ich solte,
mîn herre als ein getriuwer man
sêre weinen began.
er sprach: ›owê, sol ich nû sehen [B 111r]
daz scheiden, daz hie sol geschehen,
des muoz ich immer trûric sîn.
jâ hâstû, lieber vater mîn,

dass mir, hätte ich auch nur die Hälfte davon angenommen,
mein Vermögen zurückerstattet gewesen wäre,
vierfach oder sogar noch mehr.
Da sprach die edle Königin:
›Bring dies, lieber Vater,
meiner herzlich geliebten Mutter.‹
›Herrin, ich nehme für uns beide,
was mir und ihr genügen soll.‹
Dennoch schien mir wertvoller
der Lohn Gottes. Ich nahm aber
dem König und der Königin zuliebe
eine Spange und einen Fingerring
und brachte diese meiner Frau,
doch nichts darüber hinaus.
Das tat ihnen beiden leid.
Da wollte ich aufbrechen.
Mein Herr ritt freundlich mit mir
und auch die liebreizende Königin
zusammen mit einer herrlichen Schar
sogleich zu meinem Schiff,
zu dem Hafen, in dem ich es zurückgelassen hatte.
Ihre Ehre erwiesen an mir
viele vornehme Leute durch ihre Klage,
sowohl Männer als auch Frauen.

Als ich aufbrechen wollte,
wie ich musste,
begann mein Herr, wie ein treuer Mann
sehr zu weinen.
Er sagte: ›O weh! Muss ich nun erleben,
wie du mich verlässt,
darüber muss ich ewig traurig sein.
Ja, du hast mir wahrlich, lieber Vater,

mir als veterlîchez guot
durch got und durch dîn selbes muot
alsô lieplîch getân,
des ein vater hæte erlân
sîn kint, daz von im wær geborn.
ze vater hât ich dich erkorn
und hâte des gedâht alsô,
ich solte mit dir wesen vrô
hinz an unser beider zil.
nû tuost dû mir leides vil,
wan dû mir wilt vrömden dich.
ez muoz immer müen mich,
ez tuot mînem herzen wê. [b]
ich gerte guotes niht mê,
wan daz ich, lieber vater, dich
solte sehen und daz ich
müeste vreude hân mit dir.
got weiz, vater mîn, waz mir
herzenleides ie geschach,
daz was hin, swenn ich dich sach,
sît daz ich künde dîn gewan.
wan nie sô sældenrîcher man
dirre welde wart gegeben.
nû muoz ich mit jâmer leben
nâch dir mit klegelîcher dol,
wan ich dîn entwesen sol.‹

Ich sprach: ›herre, möht ez sîn, [B 111v]
sô weiz got wol den willen mîn,
daz mir muoz wesen immer mê
nâch iu herzenlîchen wê
mit jâmer in dem herzen mîn.
ich wolt es immer gernde sîn,

so viel väterliches Wohlwollen
um Gottes wie um deiner eigenen Güte willen
auf so liebevolle Weise erwiesen,
dass ein Vater es seinem leiblichen Kind
gegenüber nicht bezeigt hätte.
Ich hatte dich zum Vater erwählt
und hatte geglaubt,
dass ich mit dir zusammen froh sein dürfte
bis an unser beider Ende.
Nun bereitest du mir großes Leid,
indem du dich von mir entfernen willst.
Es muss mir immer Kummer bereiten
und tut mir im Herzen weh.
Ich habe nichts anderes gewünscht
als dich, lieber Vater, immer
sehen zu dürfen und mit dir
froh sein zu können.
Gott weiß, mein Vater, wann immer
mir ein Herzensleid widerfuhr,
dass das vorüber war, sobald ich dich sah,
vom ersten Moment an, als ich dich traf.
Denn niemals wurde ein so segensreicher Mensch
dieser Welt geschenkt.
Nun muss ich im Jammer verharren
und dich vermissen in schmerzlicher Qual,
denn ich muss auf dich verzichten.‹

Ich sagte: ›Herr, wenn es sein könnte,
dann, das weiß Gott als meinen Willen,
muss es mich immer schmerzlich
und von Herzen nach Euch verlangen
mit Jammer in meinem Herzen.
Ich wollte für immer danach verlangen,

ob ich möht bî iu bestân,
des leider nû niht mac ergân.
nû ruoche iu got mit vreuden geben
immer sældenrîchez leben
und mîner lieben vrouwen guot.
ich wil daz herze und ouch den muot,
swie ich sî doch beslozzen hân,
iu hie mit herzenliebe lân
und wil dem lande immer mê
heimlîcher holder sîn dan ê.
hæt ich iu liebes iht getân,
des ich leider enhân,
des wær ich vrô und vreutes mich,
daz dûhte mich vil zimlich.
lât mich mit iuwern hulden varn.
got, der reinen megde barn, [44r]
gebe iu sælde und êre
mit vreuden immer mêre.‹
sus kuste ich in und er mich.
dô weinde wir, mîn herre und ich,
mîn vrouwe und ouch diu ritterschaft
mit leide in ungemüetes kraft,
als uns von jâmer gezam,
dô ich urloub aldâ genam.

Dô wir bereiten uns ze wege, [B 112r]
in die vil süezen gotes phlege
gab ich die vrouwen und ir man.
ich lie sî dâ und schiet ich dan
ze tal daz wazzer in daz mer,
mîn sun und ich. des küniges her
liez ich aldâ mit jâmer sîn.
der künic und ouch diu künigîn

wenn ich bei Euch bleiben könnte,
doch das kann leider nicht geschehen.
Nun möge Gott Euch
ein stets glückliches Leben voller Freude schenken
und auch meiner lieben Herrin.
Ich will das Herz und meine Gedanken,
obgleich sie doch in mir verschlossen sind,
Euch hier mit meiner Herzensliebe zurücklassen
und will dem Land stets
vertrauter und verbundener sein als je zuvor.
Hätte ich Euch etwas Gutes getan,
was ich leider nicht getan habe,
dann wäre ich darüber froh und freute mich,
und das schiene mir auch sehr angemessen.
Lasst mich nun mit Eurer Erlaubnis fahren.
Jesus, der Sohn der reinen Jungfrau,
schenke Euch Glück und Ansehen
mit Freuden für immer.‹
So küsste ich ihn und er mich.
Da weinten wir, mein Herr und ich,
meine Herrin und auch die Ritterschaft
aus tiefem Leid und tiefem Schmerz,
so wie der Jammer es uns auferlegte,
als ich mich dort verabschiedete.

Als wir uns auf den Weg machten,
befahl ich die Herrin und ihren Mann
in die Obhut des guten Gottes.
Ich ließ sie dort und fuhr davon,
auf dem Wasser bis ins Meer,
mein Sohn und ich. Das Heer des Königs
ließ ich dort in seiner Klage zurück.
Der König und auch die Königin

nie geschieden von dem stade sich,
die wîle daz sî sâhen mich.
alsus fuor ich ze lande wider.
ich hân wol vernomen sider,
daz er mit hôchgemüete
in reiner küniges güete
lebte alsô lobelîche,
daz sîn künicrîche
mit küniclîchen êren sît
ie beleip bî sîner zît.
sîn lant mit vride ie was behuot,
sîn gerihte was sô guot,
daz sîn name wart erkant
mit wirde über manic lant.
sîn und der vroụwen werdekeit
an lobe werde krône treit,
swâ man ir beider werdekeit
ze mære in dem lande seit.
wan ir beider tugent kranz [b]
was an sælden alsô ganz,
daz man ir lob erkennet,
swâ man ir namen nennet.

Dô ich her heim ze lande kam [B 112v]
und ich alsolhen gruoz vernam,
den vriunt sol bieten vriundes kunft
nâch lieplîcher sigenunft
wart ich mit vreude enphangen.
dô ditz was ergangen,
die liute dûhte rîcher
vil grœzer und lobelîcher
diu guottât, dan sî wære.
von disem selben mære

gingen nicht vom Ufer fort,
solange sie mich noch sehen konnten.
So fuhr ich wieder zurück nach Hause.
Ich habe seither gehört,
dass er mit Würde
in höchster königlicher Güte
auf so lobwürdige Weise gelebt hat,
dass sein Königreich
stets in königlichen Ehren seither
für immer bestanden hat in all der Zeit.
Sein Reich war immer mit Frieden behütet,
seine Rechtsprechung war so gut,
dass sein Name bekannt wurde
in ganzer Würde in vielen Ländern.
Seine Würde und die der Dame
tragen an Lob eine würdige Krone,
wo immer man über ihrer beider Ehre
irgendwo im Lande spricht.
Denn der Kranz ihrer beider Tugendhaftigkeit
war an Glückseligkeit so vollkommen,
dass man ihr Ansehen hervorhebt,
wo immer man ihren Namen nennt.

Als ich hierher heimkam
und mir eine solche Begrüßung zuteilwurde,
die der eine Freund bei der Rückkehr dem anderen
nach herrlichem Erfolg entbieten soll,
da wurde ich voller Freude empfangen.
Als das geschehen war,
erschien den Leuten reicher,
viel größer und löblicher
die Wohltat, als sie war.
Wegen eben dieser Begebenheit

wart ich der guote genant.
nû ist mir leider unerkant,
daz reht des namen. ich bin niht guot.
wan daz die liute durch ir muot
mir gâben disen hôhen namen,
ze rîchen und ze lobesamen.
ich bin ein alsô sündic man,
daz ich iu niht verjehen kan,
daz ich ze guote iht hab getân,
wan daz ich iu gesaget hân.
ist ditz guot, daz tet ich.
nû enmag ich niht gezîhen mich
in herzen noch in muote,
daz ich iht mê ze guote
durch got ie mê getæte.
doch wær ich gern stæte,
daz ich getæte etewaz,
dâ mit ich gediente baz
daz er die sünde tilget abe,
in den ich mich verrüemet habe.«

Ê daz des mæres wârheit [B 113r]
dem keiser wurden geseit, [44v]
sîn weinlich jâmer was sô grôz,
daz er ûf sîner brust begôz
vor im in jâmer daz gewant.
dô er der mære wart ermant,
diu guottât erbarmet in.
ouch nam er in sînen sin,
wie sînes mundes rüemlich dôn
verworhte an gote sînen lôn.
des mæres grôz erbermekeit
und diu manlîche süeze breit

wurde ich der ›Gute‹ genannt.
Nun verstehe ich leider nicht
die Berechtigung des Namens. Ich bin nicht gut.
Nur dass die Leute von sich aus
mir diesen hohen Namen verliehen,
der zu erhaben und zu ehrenvoll ist.
Ich bin ein so sündiger Mann,
dass ich Euch nicht sagen kann,
was ich Gutes getan haben soll,
abgesehen von dem, was ich Euch erzählt habe.
Wenn das gut ist – das habe ich getan.
Doch ich vermag nicht von mir zu sagen,
weder im Herzen noch in Gedanken,
dass ich irgendetwas anderes Gutes
um Gottes willen jemals getan hätte.
Doch würde ich gerne beständig sein
darin, etwas zu tun,
womit ich noch mehr verdienen könnte,
dass er die Sünden auslöscht,
durch die ich eine Selbstrühmung begangen habe.«

Noch bevor die Wahrheit der Geschichte
dem Kaiser ganz gesagt worden war,
war sein Weinen und Klagen so stark,
dass er vor Jammer sein Gewand
an der Brust vollweinte.
Als er die Geschichte vernommen hatte,
erbarmte ihn die Wohltat.
Auch machte er sich klar,
wie das Rühmen aus seinem Mund
seinen Lohn bei Gott ganz verwirkt hatte.
Die Erbarmungswürdigkeit der Geschichte
und der umfassende beherzte Edelmut,

an des koufmannes triuwe
erweind in und diu riuwe,
die er von den sünden truoc,
daz er des ruomes ie gewuoc.
sîn sünde im riuwe brâhte,
dô er an sî gedâhte.
got er klagen sî began.
er sprach: »Gêrhart, vil süezer man!
dû bist von rehte guot genant.
dîn guottât ist ouch guot erkant.
dû bist guot. dîn reiner muot
ist vil bezzer danne guot.
dîn tugentrîch gemüete
übergüetet alle güete.
dîn herze ist reiner güete vol.
ez was vil bezzer danne wol,
daz dîn lîp ie wart geborn.
zuo dînen tugenden hât gesworn
der hœhsten tugent werdekeit, [B 113v]
diu aller tugende krône treit.

Vil süezer, reiner, werder man,
dû wândest sünden dich dar an,
ob dû disiu mære seitest mir.
benamen nein! ich gihe dir,
daz ez vil bezzer ist gesagt, [b]
dan ob dû hætest ez verdagt.
hæt ich sô sældenrîchen muot,
ez wær mir immer mê guot
an bezzerung der sælikeit,
an sünden, die mîn schulde treit.
dîn guot und dîner sælden rât
mit guottât übergüetet hât

der die Demut des Kaufmanns auszeichnete,
ließen ihn weinen und auch die Reue,
die er für seine Sünden empfand,
dass er je gewagt hatte, sich zu rühmen.
Seine Sünde bereitete ihm Reue,
sobald er an sie dachte.
Er begann, sie Gott zu klagen.
Er sprach: »Gerhart, du guter Mann!
Du wirst zu Recht gut genannt.
Und deine Wohltat ist auch als gut bekannt.
Du bist gut. Dein reines Herz
ist viel besser noch als nur gut.
Dein tugendreiches Wesen
übersteigt an Güte alle Güte.
Dein Herz ist voll reiner Güte.
Es war viel besser noch als gut,
dass du je geboren wurdest.
Die Würde höchster Tugendhaftigkeit,
die die Krone aller Tugenden trägt,
hat sich mit deiner Tugendhaftigkeit verbunden.

Bester, reiner, edler Mann,
Du glaubtest, dich damit zu versündigen,
mir diese Geschichte zu erzählen.
Sicher nicht! Ich sage dir:
Es ist viel besser, dass du sie erzählt hast,
als wenn du sie verschwiegen hättest.
Wäre ich selbst so gottgefällig,
wäre es immer gut für mich
zur Förderung meines Heils
und für meine Sünden, die aus meiner Schuld erwachsen.
Dein Gut und der Ratschluss deines Heils
haben an Wohltat und Güte übertroffen

die kranken guottât, die ich hân
durch mînen schepher getân.
mîn herze dir der volge giht,
daz ich dîne guottât niht
gehundertvalten möhte,
daz ez dannoch iht töhte.
mînem ruome ist an gesigt
diu wâge uns ungelîche wigt.
der mâze wac mir kûme ein lôt,
dâ dir daz fürgewæge bôt
den zentern an güete,
an reinem hôchgemüete.
stift ich ein gotes hûs durch got
und gab ich dran durch sîn gebot
dienstman und eigenschaft,
daz was dannoch ein ringiu kraft [B 114r]
gên dîner süezen güete grôz.
fürsten, grâven, der genôz
kouftest dû in dîn gebot
und gæb sî dar nâch durch got.

Dû næme durch den schepher dîn
ein edel rîche künigîn
mit triuwen dînem lîbe
und gæbe sî ze wîbe
dîn selbes sun. dâ nâch zehant
wart von gote dir gesant
sîn gewæriu botschaft.
dô minntest dû durch sîne kraft [45r]
got für dich, für kindes lîp.
dû gæbe dînes sunes wîp
irem manne durch den rîchen Krist.
dar nâch in etlîcher vrist

die geringfügige Wohltat, die ich
um meines Schöpfers willen geübt habe.
Mein Herz anerkennt deine Vorbildlichkeit
und dass für mich selbst die
hundertfache Überbietung deiner Wohltaten
dennoch nichts bewirken könne.
Meine Anmaßung ist besiegt,
die Waage zeigt das Ungleichgewicht zwischen uns.
Mein Verdienst hat kaum Gewicht
und deines hat das Gewicht
eines ganzen Zentners an Güte
und lauterem Edelmut.
Dass ich für Gott eine Kirche gestiftet habe
und um seines Gebotes willen
Dienstleute und Vermögen darin eingebracht habe,
das war doch nur ein geringes Verdienst,
gemessen an deiner großen edlen Güte.
Fürsten, Grafen und andere Standesgleiche
hast du dir durch Kauf unterstellt
und danach im Namen Gottes freigelassen.

Du nahmst um deines Schöpfers willen
eine edle, vornehme Königin
aus Aufrichtigkeit zu dir
und gabst sie zur Frau
deinem eigenen Sohn. Da wurde dir
von Gott gesandt
seine wahrhaftige Botschaft.
Da liebtest du durch seine Kraft
Gott mehr als dich und dein Kind.
Du gabst die Frau deines Sohnes
ihrem Mann zurück um des mächtigen Christus willen.
Wenig später nur

gæb dû krône unde lant
durch got von dîn selbes hant,
grâveschaft, herzogentuom,
stete, fürstenlîchen ruom,
weltlîcher êren teil.
dû lieze durch der sælden heil
der welde rîche werdekeit.
sît dir nû ist unverseit
mit immer werndem lône
des himmelrîches krône,
sô bitte got, daz er sich
ruoch erbarmen über mich
vil armen sündære. [B 114v]
ich armer rüemesære
daz kleine guot verrüemet hân,
daz ich hân durch got getân.
daz hilf mir got gebüezen
mit dînen werken süezen.«

Dô sprach der guote Gêrhart:
»got, der durch uns mensch wart,
der gebe uns sælde und êre
und ouge uns solhe lêre,
daz wir in disen kurzen tagen
die êwiclîchen zît bejagen,
diu immer wert und niht zergât,
der vreudenkraft niht ende hât,
dâ tûsent jâr sint ein tac,
die niemen volrecken mac.
dâ mache uns got mit sælden vrô.«
sî sprâchen »âmen« beide dô,
der keiser und der guote man. [b]
sî stuonden ûf und giengen dan

gabst du Krone und Länder
um Gottes willen aus deiner Hand,
eine Grafschaft, ein Herzogtum,
Städte, fürstlichen Ruhm,
Anteil an der Ehre der Welt.
Du verzichtetest für das Heil der Seligkeit
auf die reiche Würde der Welt.
Da dir nun gewiss ist
als ewig währender Lohn
die Krone des Himmelreiches,
so bitte Gott, dass er sich
über mich armen Sünder
zu erbarmen geruhe.
Ich armseliger Selbstrühmer
habe durch Anmaßung zunichtegemacht
das Wenige, das ich Gott zuliebe getan habe.
Hilf mir, dies Gott gegenüber zu büßen
durch deine frommen Taten.«

Da sprach der gute Gerhart:
»Gott, der um unseretwillen Mensch wurde,
der schenke uns Glück und Ehre
und erschließe uns solche Lehre,
dass wir in diesen kurzen Tagen
das ewige Leben verdienen,
das immer Bestand hat und nie vergeht,
dessen Freude niemals endet,
in dem tausend Jahre ein Tag sind
und das niemand ganz erfassen kann.
Dort erfreue uns Gott mit Glück.«
Sie sprachen beide »Amen«,
der Kaiser und der gute Mann.
Sie erhoben sich und gingen hinaus

für der kemenâten tür
ûf den hof dort hin für.
dâ hâten die burgær gebiten
ein teil mit urdriuzen siten.
die nam des michel wunder,
durch waz der rât besunder
sô lange wær geschehen dâ.
mit zühten sprach der keiser sâ:
»vil lieben burgære guot,
mîn geverte und mînen muot [B 115r]
weiz Gêrhart mit wârheit wol.
iuwer rât gelouben sol,
swaz er von mînenthalben seit,
daz wizzent von der wârheit.
sag er iu niht, daz lânt ouch sîn.
daz ist in dem willen mîn.

Nû wil ich iuch bitten mê:
sît mir, als ir wârent ê,
getriuwe in stætem muote gar
und nement mit guoten triuwen war
des rîches, als ir tâtent ie.
ich vand ie niht wan triuwe hie.
daz volbringet ûf daz zil.
ir leistent mir ie triuwe vil.
des lônet iu mit sælden wol
got, der triuwe lônen sol.
der lônet swaz mit stætekeit
sînem herren triuwe treit.
got lêrt den man, daz er sî
mit triuwen sînem herren bî.
hie mit sult ir urloub hân.
ir habent mir dicke wol getân.

vor die Tür des Gemaches
zurück auf den Hof.
Dort hatten die Bürger ausgeharrt
und wurden dessen langsam überdrüssig.
Sie wunderten sich sehr darüber,
warum die Beratung
so lange gedauert hatte.
Würdevoll sprach der Kaiser da:
»Liebe, gute Bürger,
den Grund meiner Reise und meine Absichten
kennt Gerhart nun wahrheitsgemäß.
Euer Rat soll ihm alles glauben,
was er euch über mich sagt,
das wisst fürwahr.
Wenn er euch nichts sagt, dann lasst es auch damit gut sein.
Damit bin ich einverstanden.

Nun möchte ich euch noch um Folgendes bitten:
Seid mir, wie ihr bisher wart,
getreu in ganzer Beständigkeit
und macht euch in Aufrichtigkeit verdient
um das Reich, wie ihr es immer getan habt.
Stets fand ich hier nichts anderes als Treue.
Darin bleibt beständig.
Stets habt ihr mir viel Treue erwiesen.
Dafür lohnt euch durch Heil
Gott, der Treue rechtmäßig belohnt.
Der belohnt denjenigen, der unbeirrbar
seinem Herrn die Treue hält.
Gott lehrt, dass jedermann
seinem Herrn in Treue ergeben sei.
Damit sollt ihr entlassen und verabschiedet sein.
Ihr habt euch um mich sehr verdient gemacht.

des sît stæte noch an mir.«
»gern, herre, daz tuon wir«, [45v]
sprâchen die burgære dô.
»wir wolten immer wesen vrô,
hæten wir iu gedienet iht.«
»des wil ich an iu zwîveln niht«,
sprach dô der keiser rîche. [B 115v]
mit zühten witzeclîche
die burger urloub nâmen,
als sî dâ vor dar kâmen.
sî schieden von dem hove gar.
der keiser fuor mit sîner schar,
dâ im der imbîz was bereit.
er enbeiz, als man mir seit.

Dô der rœmische vogt,
dem nie wart laster ûz erbrogt,
ze Köln enbeiz, er reit von dan.
der bischof und sîne man
leisten im in lieber kraft
mit dienst geselleschaft
für die stat hinz ûf den plân.
dâ sach man gruoz gên gruoz gân.
urloub nam der keiser dâ.
gên Magdeburc reit er sâ
und buozte sîne schulde
der süezen gotes hulde
mit der phafheit râte.
vruo und dar zuo spâte
phlag er mit unmuoze
gên gote sîner buoze.
nû dâhte er, daz ditz mære
ein bezzerunge wære

Seid darin auch weiter beständig.«
»Gern, Herr, das tun wir«,
sprachen da die Bürger.
»Wir würden uns immer darüber freuen,
wenn wir Euch in irgendeiner Weise haben dienen können.«
»Daran will ich euch gegenüber keinen Zweifel hegen«,
sagte da der mächtige Kaiser.
Mit Umsicht und Haltung
verabschiedeten sich die Bürger,
wie sie zuvor dorthin gekommen waren.
Sie verließen alle den Hof.
Der Kaiser ritt mit seiner Schar
dorthin, wo das Essen für ihn vorbereitet war.
Er speiste, wie man mir sagte.

Als der römische Vogt,
der sich nie zu etwas Anstößigem hatte hinreißen lassen,
in Köln gegessen hatte, ritt er davon.
Der Bischof und seine Gefolgschaft
begleiteten ihn freundlich
und leisteten ihm zuvorkommend Gesellschaft
bis vor die Stadt auf die Ebene.
Da sah man gegenseitigen Abschied.
Der Kaiser verabschiedete sich da.
Er ritt sogleich nach Magdeburg
und büßte seine Verfehlung
der heiligen Gnade Gottes
mit Hilfe der Geistlichen.
Früh und auch spät
übte er unermüdlich
seine Buße gegenüber Gott.
Nun fand er, dass diese Geschichte
der Besserung der Christenheit

der kristenheit, ob man ez schribe,
daz ez verborgen niht belibe.
daz mære dô nâch im wart
offenbârlîch enbart [b]
und mit der schrift behalten. [B 116r]
diu phafheit hiez walten
nâch des keisers vergiht,
daz ez uns verdurbe niht.
dô behielt diu schrift den hort,
des mæres wârheit und wort.
der urkünd uns gewisheit gît
diu geschiht der selben zît.

Wie ich ditz selb mær vernam
und wie ez her ze lande kam,
des vernement die wârheit:
ez hât uns ein man geseit,
der ez alsus geschriben las,
daz ez gar behalten was
mit der schrift gewærlîche.
der fuor von Ôsterrîche,
der brâht ez her in ditz lant,
als er ez geschriben vant.
der seit ez ze mære
dem werden Steinachære,
herrn Ruodolf, dem genamen mîn.
der bat mich durch den willen sîn
ditz mær in tiutsch berihten,
in rehte rîme tihten.
dô begund ich durch in.
durch kurzwîle und durch mînen sin
leit ich dar an mîn arebeit
durch werder liute werdekeit,

dienen könnte, wenn man sie aufschriebe,
damit sie nicht verborgen bliebe.
Die Geschichte wurde entsprechend seiner Anweisung
allen offenbar gemacht
und in Schriftform festgehalten.
Die Geistlichkeit ließ sie
der kaiserlichen Anordnung entsprechend bewahren,
damit sie uns nicht verloren gehe.
Da sicherte die Schrift den Schatz,
die Wahrheit und den Wortlaut der Erzählung.
Das Zeugnis für ihre Verlässlichkeit
geben uns die Ereignisse jener Zeit.

Wie ich diese Geschichte erfuhr
und wie sie hierher ins Land kam,
darüber lasst euch wahrheitsgemäß unterrichten:
Ein Mann hat sie uns erzählt,
der sie in einer solchen Weise aufgeschrieben gelesen hatte,
dass sie vollständig und sorgfältig
in der Schrift aufbewahrt war.
Der kam aus Österreich
und brachte sie hierher in dieses Land,
wie er sie geschrieben gefunden hatte.
Er erzählte sie
dem edlen Steinacher,
dem Herrn Rudolf, meinem Namensbruder.
Er hieß mich, um seinetwillen
die Geschichte ins Deutsche zu übersetzen
und in formvollendete Verse zu bringen.
Da begann ich damit in seinem Auftrag.
Zur Unterhaltung und aus eigenem Antrieb
verwandte ich meine Mühe darauf
und würdigen Leuten zuliebe,

durch werde man, durch werdiu wîp.
swer hab alsô getriuwen lîp,
sô diemüeten sin, daz er [B 116v]
des mæres ze kurzewîle ger,
der lâze mîn lôn daz wesen,
ob er ditz mære hœre lesen, [46r]
daz er mir günne alsolher gunst,
genieze ich inder mîner kunst,
daz ich einen danc bejage,
nâch dem ich warp ie mîne tage
und daz er vriuntlîche an mir
rüege, ob ich der kunst enbir,
diu mit wîslîcher wîsheit
kunstlîch lêre witze treit.

Mir ist liep und bin es vrô,
swer mîn unkunst rüegt sô,
daz sîn rât ist sô vriuntlîch,
daz er an witzen bezzert sich.
des râte tuon ich volge schîn.
swer aber welle spotten mîn
und machen mîniu mære
mit spotte wandelbære,
der unêret selben sich.
doch wil er vernemen mich,
sô ruoche sich des wol verstân,
des ich hie vor gesprochen hân:
swaz der man durch guoten muot
ze guote in guotem muote tuot,
daz man es im ze guote jehe
und niht sîn unfuoge spehe
an unkunst. wan ez ist guot,
swaz man durch guot ze guote tuot.

edlen Männern und edlen Frauen.
Wer so rechtschaffen und fromm ist,
dass er sich die Geschichte
zur Unterhaltung anhören möchte,
der mache mir zum Lohn,
wenn er die Geschichte vorlesen hört,
dass er mir die Gunst zuteilwerden lässt,
dass ich, falls er sie kunstsinnig fand,
jenes Dankes für würdig befunden werde,
um den ich mich zeitlebens bemüht habe
und dass er wohlwollend an mir
rügen möge, sollte es mir an jenem Kunstsinn mangeln,
der mit weiser Weisheit kenntnisreiches
Vermögen zur Kunstfertigkeit zur Folge hat.

Mir ist es lieb und ich bin darüber froh,
wenn jemand mein Unvermögen so beanstandet,
dass seine Belehrung so wohlwollend ist,
dass er dadurch an Einsicht gebessert wird.
Dessen Rat entspreche ich gern.
Wer mich aber herabsetzen will
und meine Geschichte
voll Spott verändert,
der verletzt seine eigene Ehre.
Doch wenn er mich zu Wort kommen lässt,
dann möge er genau bedenken,
was ich schon eingangs gesprochen habe:
Was ein Mensch aus guter Absicht
um des Guten willen in guter Absicht tut,
das soll man ihm zugutehalten
und nicht sein Unvermögen in
der Kunstlosigkeit suchen. Denn es ist gut,
was man um des Guten willen an Gutem tut.

an mich selben mein ich daz. [B 117r]
ich spræche, kund ich, gerne baz.
dâ von sol man ez hân verguot.
ich hæte des vil guoten muot,
daz ich gerne spræche wol.
dâ von ez iu behagen sol.
ein ander spruch nâch disem gât,
den gît ouch mîn tumber rât: [b]
daz man daz rüemen lâze sîn
wan an den guoten wirt wol schîn,
swer durch guotes herzen rât
guotes iht geprüevet hât.

Des bin ich unerværet.
ich hân iu hie bewæret
an dirre âventiure wol,
daz niemen sich versprechen sol.
swer sich des kan behüeten niht,
verrüemet er sich, dem geschiht,
als dem keiser geschach,
dô er ze hôhe sich versprach
und des koufmannes güete
mit rîcher diemüete
sîne guottât überwant.
hie bî sult ir sîn gemant,
ob ir guotes iht getuot,
daz ir lâzent ez wesen guot
ân itewîze sunder ruom.
daz sult ir diemüeteclîchen tuon.
sô wirt iuwer diemüete wert,
dâ sî nâch ruome lônes gert. [B 117v]
diu welt des ruomes wol vergiht,

Das beziehe ich auf mich selbst.
Ich dichtete, könnte ich es, gerne besser.
Deshalb soll man es gut aufnehmen.
Ich würde gerne
vollendet dichten.
Deshalb sollt ihr meiner Dichtung gewogen sein.
Und ich sage euch noch etwas anderes,
das auch meiner schlichten Lehre entspringt:
Dass man das Angeben bleiben lassen soll,
denn an den Guten wird vollkommen offenbar,
wer durch die Lehre des guten Herzens
irgendetwas Gutes getan hat.

Dessen bin ich mir sicher.
Ich habe euch durch
diese Geschichte nun belegt,
dass niemand sich ›versprechen‹ soll.
Wer sich davor nicht bewahren kann
und sich in Selbstrühmung verstrickt,
dem geschieht, wie es dem Kaiser geschah,
als er mit seiner Selbstrühmung zu weit ging,
und die Güte des Kaufmanns
mit großer Demut
seine Verdienste übertraf.
Das soll euch zur Mahnung gereichen:
Wenn ihr irgendetwas Gutes tut,
lasst es damit sein Bewenden haben,
ohne Anmaßung und Selbstrühmung.
Das sollt ihr auf demütige Weise tun.
Dann wird eure Demut wertvoll,
wenn sie nach dem Lohn des wahrhaft Rühmenswerten
verlangt.
Die Welt rühmt denjenigen,

dâ guotes iht durch sî geschiht.
ouch wirt von gote im lôn bereit,
swer im an rehter stætekeit
dienet stætelîche.
nû wünschet al gelîche
mit vreuden zühtelîche,
daz uns got in sîn rîche
vrœlîchen sende
ûz disem ellende.
ouch gert der tihtære,
der iu ditz selbe mære [46v]
ein teil durch guotes muotes rât
ze kurzwîl getihtet hât,
daz ir im wünschet heiles,
ze himel werndes teiles,
und ruochent in geniezen lân,
daz er des hât vil guoten wân,
wirt im ein anderz kunt getân,
daz noch mac vil wol ergân,
daz er dâ wil ze buoze stân,
hât er an disem missetân.
des bîtet ûf den selben wân
und lât ditz hie ein ende hân.
got behüet den schrîbære
vor herzenlîcher swære
und muoz uns immer mit im geben
ze himel ewiclîches leben
durch sîn heilige drî namen.
des wunschet alle und sprecht: AMEN.

Wer nit wol schrîben kan,
der gît der veder die schulde dar an.

der zu ihrem Wohle Gutes tut.
Auch Gott bereitet demjenigen seinen Lohn,
der in unverbrüchlichem Dienst
beständig ausharrt.
Nun wünscht alle miteinander
in ehrenhaften Freuden,
dass uns Gott in sein Reich
in Freuden aufnehme
aus diesem Elend hier.
Auch erbittet der Dichter,
der euch diese Geschichte
auch aus dem Ratschluss guter Gesinnung heraus
zur Kurzweil gedichtet hat,
dass ihr ihm Heil und Segen wünscht
und seinen Anteil am ewigen Leben,
und lasst es ihm zugutekommen,
dass er die gute Absicht hat,
hört er von einer anderen Geschichte,
was ja durchaus möglich ist,
dass er bereit ist, es wiedergutzumachen,
sollte er an dieser gefehlt haben.
Das wartet freundlich ab
und lasst es hiermit sein Bewenden haben.
Gott behüte den Schreiber
vor bitterem Leid
und schenke uns mit ihm
im Himmel das ewige Leben
um seiner drei heiligen Namen willen.
Das erbittet alle und sprecht: AMEN.

Wer nicht richtig schreiben kann,
der gibt der Feder die Schuld daran.

Zu dieser Ausgabe

1. Überlieferung des *Guoten Gêrhart*

Der *Guote Gêrhart* Rudolfs von Ems ist in zwei Handschriften überliefert, die beide heute in der Österreichischen Nationalbibliothek Wien aufbewahrt werden: Die ältere Handschrift (Cod. 2699, Sigle A) stammt wohl noch aus dem letzten Viertel des 13. Jahrhunderts,[1] umfasst insgesamt 48 Pergamentblätter und ist in bairisch-österreichischer Schreibsprache aufgezeichnet. Der Codex enthält in der Hauptsache Rudolfs *Guoten Gêrhart* (Bl. 1–46va). Auf den letzten drei Blättern wurde (von demselben Schreiber?) eine Erzählung über ein Hostienwunder mit dem Titel *Von gotz lichnam* eingetragen (Bl. 46vb–48va).[2]

Asher schreibt über diese Handschrift, sie sei

> »eine der zuverlässigsten Handschriften, die wir aus dieser Zeit besitzen. [...] Der Text [sc. der *Guote Gêrhart*] wurde mit größtmöglicher Akribie abgeschrieben und mindestens zweimal (einmal vom Schreiber selbst) sorgfältig korrigiert.«[3]

1 So die Datierung bei Ausg. Asher [3]1989, S. IX, der aber auch das erste Viertel des 14. Jh.s nicht ausschließt. Menhardt datierte pauschal in die erste Hälfte des 14. Jh.s. Vgl. Menhardt 1960, S. 134.

2 Als Autor des kurzen Mirakels nennt sich ein Nikolaus Schlegel, der über sich selbst sagt, er sei *ûz Vinscheu geborn* (V. 257), genauer wohl aus dem Münstertal (heute Müstair, Kanton Graubünden), das im Mittelalter zum Vintschgau gehörte. Über Schlegel ist ansonsten nichts bekannt. Vgl. Kurt Illing, »Schlegel, Nikolaus«, in: [2]VL 8, 1992, Sp. 710 f. Der nur hier und in der Handschrift unvollständig überlieferte Text ist ediert bei Schönbach 1908, S. 3–11.

3 Ausg. Asher [3]1989, S. IX.

Das bedeutet allerdings nicht, dass der Codex keine Fehler oder Lücken aufwiese: Es fehlen zwei Blätter, was einen Verlust von insgesamt 548 Versen bedeutet, zu denen 76 weitere Verse kommen (nach Ausg. Asher [3]1989, S. IX), die an verschiedenen anderen Stellen des Textes gegenüber der zweiten Handschrift fehlen. Die durch Blattverlust entstandenen Textlücken können durch diese (erheblich jüngere) Handschrift geschlossen werden.

Es handelt sich dabei um den Wiener Cod. 2793 (Sigle B), eine Papierhandschrift, die um 1475 entstanden ist und in der der *Guote Gêrhart* in schwäbischer Schreibsprache aufgezeichnet vorliegt.[4] Wir kennen in diesem – ausgesprochen seltenen – Fall sogar den Namen des Schreibers der Handschrift, die nur diesen einen Text beinhaltet: Es handelt sich um Gabriel Sattler-Lindenast von Pfullendorf, der es in der Altgermanistik zu einer gewissen Berühmtheit gebracht hat, denn er nimmt häufig – und so auch im Fall der vorliegenden Handschrift – Eingriffe am Text vor, die den eigentlichen Inhalt karikieren und auf den Kopf stellen.[5] Asher geht davon aus, dass Sattler »nicht viel an den Texten lag, die er kopierte, und daß er – im allgemeinen – außerordentlich nachlässig war«. Mit den Freiheiten, die sich Sattler seinen Vorlagen gegenüber erlaubt, ist er »einzigartig in mittelalterlichen Handschriften«. Seine »grotesken Textverdrehungen haben nirgendwo eine Parallele«.[6] Diese oft skurrilen, manchmal unverständlichen und in ihrem Zusammenhang von der Forschung bislang nicht ganz durchschauten Entstellungen des Textes durch Sattler prägen jedoch nicht alle Teile der von ihm geschriebenen Handschriften gleicherma-

4 Vgl. Menhardt 1960, S. 302 f.

5 Vgl. speziell zum *Guoten Gêrhart* Asher 1972 sowie auch mit Blick auf andere von Sattler geschriebene Texte: Neudeck 2006 und Baisch 2002.

6 Alle Zitate nach Asher 1972, S. 420, 426.

ßen, sondern treten oft nur punktuell auf. Glücklicherweise scheinen gerade jene Abschnitte von B, durch die wir die Lücken in A schließen können, frei davon zu sein.

Abgesehen von den Handschriften A und B existiert eine anonyme Prosafassung des *Guoten Gêrhart*, die unikal in einer Papierhandschrift des Thüringischen Hauptstaatsarchivs Weimar überliefert ist (Ernestinisches Gesamtarchiv, Reg. O 157, Bl. 34r–57v, Sigle P).[7] Diese Prosaauflösung ist in der Forschung erst seit 1997 bekannt und liegt seit 2001 in einer Edition vor.[8] P dokumentiert ein Interesse am Stoff des *Guoten Gêrhart* bis in die Frühe Neuzeit. Die Handschrift, wohl ihrerseits eine Abschrift, wurde »nicht vor 1510, aber wohl noch im ersten Viertel des 16. Jahrhunderts im bairisch-schwäbischen Raum«[9] angefertigt. Worauf die Handschrift zurückgeht, ist nicht bekannt, weder A noch B kommen als direkte Vorlagen in Frage. Die Prosafassung orientiert sich eng an der Versfassung, wenn auch vor allem höfisch-repräsentative Handlungen und religiöse Reflexionen behutsam gekürzt und gerafft werden.[10] Wichtige Unterschiede der Prosabearbeitung gegenüber dem Verstext hinsichtlich der Handlung erläutern wir im Stellenkommentar.

7 Eine ausführliche Beschreibung mit Inhaltsübersicht: Ausg. Bentzinger [u. a.] 2001, S. 13–39.

8 Vgl. Pensel 1997 sowie Ausg. Bentzinger [u. a.] 2001, S. 43–65.

9 Ausg. Bentzinger [u. a.] 2001, S. 3.

10 Zum Verhältnis von Ausgangstext und Prosabearbeitung vgl. Pensel 1997 sowie Ausg. Bentzinger [u. a.] 2001, S. 4–13.

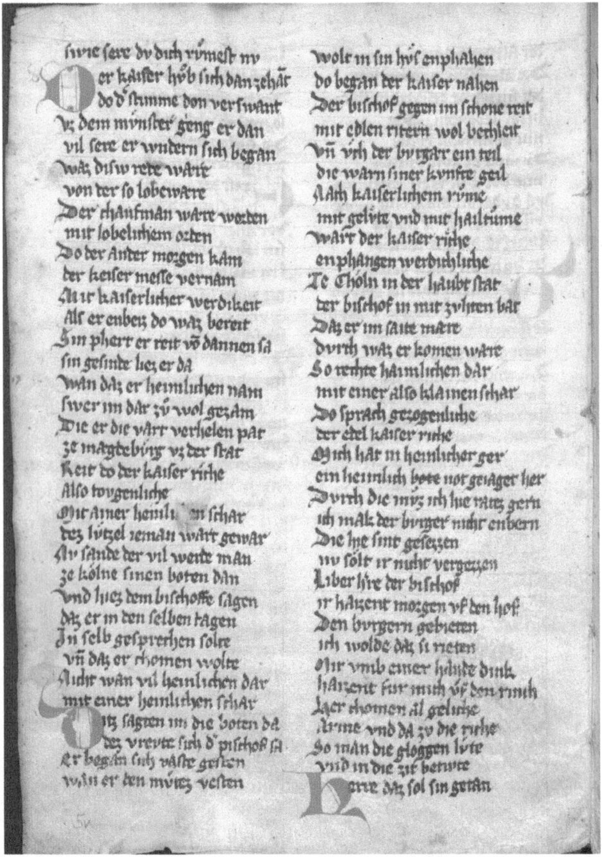

swie sere dv dich rvmest nv
Der kaiser hvb sich dan zehant
do d' stimme don verswant
Vz dem mvnster gieng er dan
vil sere er wndern sich began
waz disw rete wære
von der so lobewære
Der chaufman wære worden
mit lobelichem orden
Do der ander morgen kam
der keiser messe vernam
Mit kaiserlicher werdikeit
Als er enbez do waz bereit
Sin pherit er reit võ dannen sa
sin gesinde liez er da
wan daz er heimlichen nam
swer im dar zv wol gezam
Die er die vart verhelen par
ze magdebvrg vz der stat
Reit do der kaiser riche
also tovgenliche
Mit ainer heimli[illegible]en schar
dez lvtzel ieman wart gewar
Sv sande der vil werde man
ze kolne sinen boten dan
vnd liez dem bischoffe sagen
daz er in den selben tagen
In selb gesprechen solte
vñ daz er chomen wolte
Niht wan vil heimlichen dar
mit einer heimlichen schar
Vntz sagten im die boten da
Dez vrevte sich d' bischof sa
Er began sich vaste gerichten
wan er den mvtez vesten
wol in sin hvs enphahen
do began der kaiser nahen
Der bischof gegen im schone reit
mit edlen ritern wol becleit
Vñ vch der bvrgær ein teil
die warn siner kvnfte geil
Nach kaiserlichem rvme
mit gelvte vnd mit hailtvme
Wart der kaiser riche
enphangen werdichliche
Ze Choln in der haubtstat
der bischof in mit zvhten bat
Daz er im saite mære
durch waz er komen wære
So rehte haimlichen dar
mit einer also klainen schar
Do sprach gezogenliche
der edel kaiser riche
Mich hat in heimlicher ger
ein heimlich bote not getraget her
Durch die mvz ich hie ratz gern
ich mak der bvrger niht enbern
Die hie sint gesezzen
nv solt ir niht vergezzen
Lieber herre der bischof
ir hazent morgen vf den hof
Den bvrgern gebieten
ich wolde daz si rieten
Mir vmb einer hande dink
hazent fur mich vf den rinch
lager chomen al geliche
arme vnd da zv die riche
So man die gloggen lvte
vnd in die zit betwte
Herre daz sol sin getan

Abb. 1: Handschrift A aus dem letzten Viertel des 13. Jahrhunderts. Österreichische Nationalbibliothek Wien, Cod. 2699, Bl. 5v

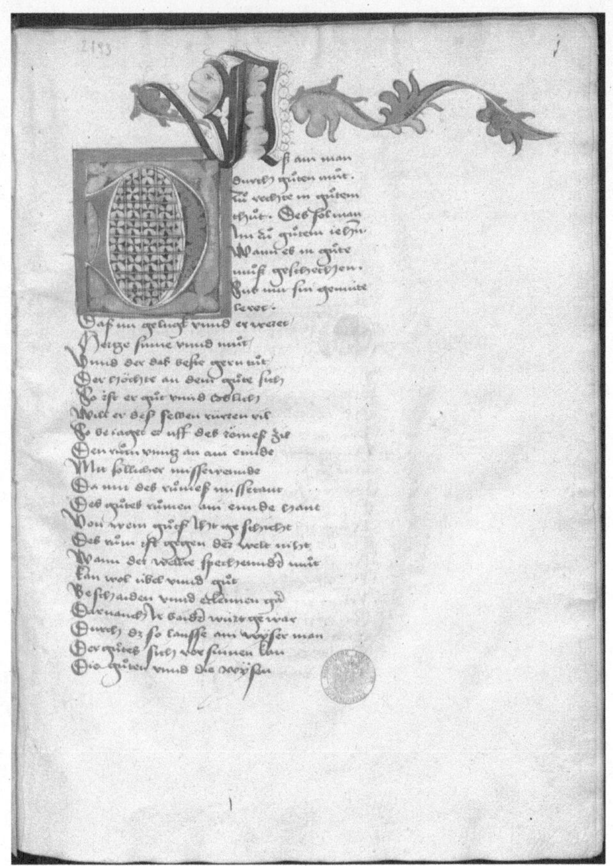

Abb. 2: Handschrift B, um 1475. Österreichische Nationalbibliothek Wien, Cod. 2793, Bl. 1r

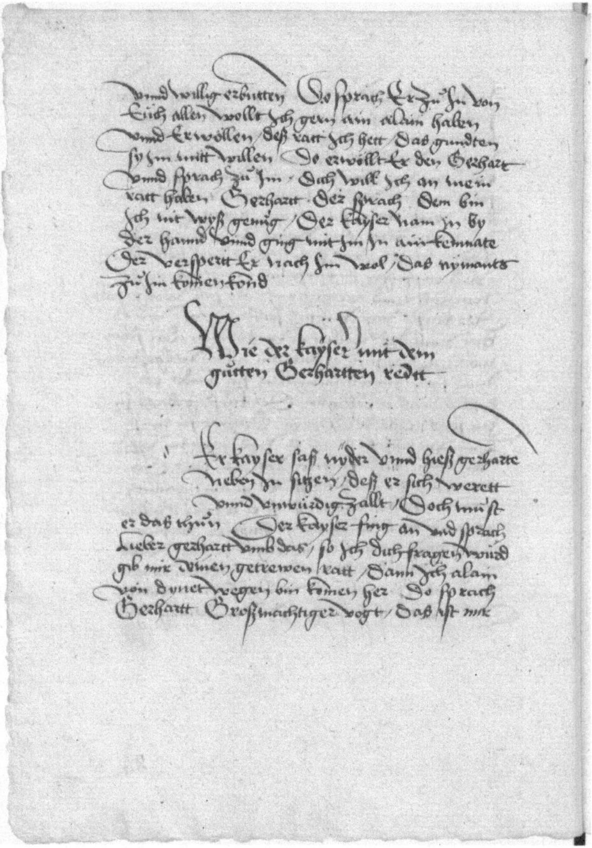

Abb. 3: Prosafassung P aus dem ersten Viertel des 16. Jahrhunderts. Thüringisches Hauptstaatsarchiv Weimar, Ernestinisches Gesamtarchiv, Reg. O 157, Bl. 36v

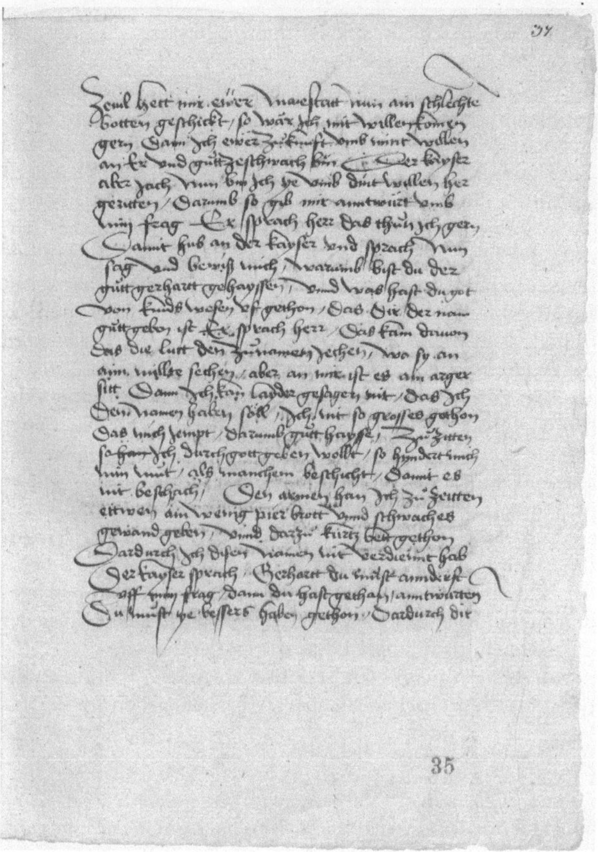

Abb. 4: Prosafassung P aus dem ersten Viertel des 16. Jahrhunderts. Thüringisches Hauptstaatsarchiv Weimar, Ernestinisches Gesamtarchiv, Reg. O 157, Bl. 37r

2. Editionsgeschichte und Editionsgrundsätze

Rudolfs *Guoter Gêrhart* wurde nach der Wiederentdeckung der Handschriften A und B zum ersten Mal 1840 von Moriz Haupt herausgegeben.[11] Haupt kannte allerdings keine der beiden Handschriften aus eigener Anschauung, sondern lediglich vermittelt durch für ihn angefertigte Abschriften. Gemessen daran stellt seine Ausgabe insgesamt eine erstaunliche Leistung dar.[12] Erst John Alexander Asher legte eine Edition mit textkritischem Apparat vor, die auf die Überlieferung selbst zurückgeht. Sie erschien in der ›Altdeutschen Textbibliothek‹ in insgesamt drei Auflagen, 1962, 1971 und 1989, wobei es in der zweiten, revidierten Auflage mehr als 300 Verbesserungen am Text gibt.[13] Asher hat sich über die Grundsätze seiner Edition ausführlich in der Einleitung zu seiner Ausgabe geäußert.[14] Daraus geht hervor, dass sein Editionstext prinzipiell auf der älteren Handschrift A beruht, obwohl er seinen Text – wie er im Vorwort der Edition schreibt – »aus den beiden Handschriften ausgearbeitet«[15] hat. Er nimmt gegenüber den Handschriften Vereinheitlichungen und editorische Eingriffe im Bereich der Schreibungen, der Grammatik, der Syntax, des Sprachgebrauchs und der Metrik vor, an denen auch wir uns bei der Textherstellung für diese Edition orientiert haben.

Um den Weg von Handschrift A zu Ashers Edition an einem Ausschnitt nachvollziehbar zu machen, geben wir im Fol-

11 Vgl. Ausg. Haupt 1840 und Asher 1964, S. 565.

12 Vgl. dazu Asher 1964, S. 565 f.

13 Ausg. Asher ²1971, S. XXVIII, Anm. 28. Bei der 3. Auflage von 1989 wurde der Text erneut durchgesehen, ohne dass die Änderungen gegenüber der 2. Auflage von Asher genau beziffert wurden.

14 Im Folgenden immer nach ³1989, S. VII–XXVIII zitiert. Vgl. auch Asher 1964.

15 Ausg. Asher ³1989, S. VIII.

genden eine zeilen- und buchstabengetreue Transkription von Bl. 5va[16] mit fortlaufender Zeilenzählung wieder, der in unserer Edition und bei Asher ^{3}1989 die V. 626–660 entsprechen:

(1) ſwie ſere dv dich rvͤmeſt nv
Der kaiſer hvͦb ſich dan ʒehāt
do d^{s} ſtimme don verſwant
(4) **V**ʒ dem mvͤnſter geͥng er dan
(5) vil ſere er wndern ſich began
(6) **W**aʒ diſiv rede wære
(7) von der ſo lobewære
(8) **D**er chaufman wære worden
(9) mit lobelichem orden
(10) **D**o der ander morgen kam
(11) der keiſer meſſe vernam
(12) **M**it kaiſerlicher werdikeit
(13) alſ er enbeiʒ do waʒ bereit
(14) **S**in phert er reit vō dannen ſa
(15) ſin geſinde lieʒ er da
(16) **W**an daʒ er heimlichen nam
(17) ſwer im dar ʒvͦ wol geʒam
(18) **D**ie er die vart verhelen pat
(19) ʒe mægdebvͤrg vʒ der ſtat
(20) **R**eit do der kaiſer reͥche
(21) alſo tovgenliche
(22) **M**it ainer heinlichen ſchar
(23) deʒ lvͤtʒel ieman wart gewar
(24) **N**v ſande der vil werde man
(25) ʒe koͤlne ſinen boten dan
(26) **V**nd hieʒ dem biſchoffe ſagen

16 Vgl. Abb. 1 (v = lat. *verso* ›Rückseite‹; r = lat. *recto* ›Vorderseite‹; a = erste/linke Spalte; b = zweite/rechte Spalte).

(27) daȝ er in den ſelben tagen
(28) **I**n ſelb geſprechen ſolte
(29) vñ daȝ er chomen wolte
(30) **N**icht wan vil heinlichen dar
(31) mit einer heinlichen ſchar
Ditȝ ſagten im die boten da
deȝ vrevte ſich d^s piſchof ſa.
(34) **E**r began ſich vaſte geſten
(35) wan er den mv̊teȝ veſten

Ashers und unsere Edition behalten die Struktur der abgesetzten Verse bei, wobei bei uns nur Abschnittsinitialen, nicht auch die rubrizierten Initialen am Beginn jeden Reimpaares markiert sind (in der obigen Transkription fett gesetzt). Interpungierung fehlt in der Handschrift hier praktisch vollständig (vgl. Z. 33 der obigen Probeedition). Abkürzungen oder Kürzel (Z. 2: Nasalstrich ā = an; Z. 3 d^s = der; Z. 29: vñ = und) sind in der Edition aufgelöst; Buchstaben sind in ihrer Form (Z. 1 f.: s- und z-Form) und ihrem Lautwert nach vereinheitlicht (Z. 1: v/u; Z. 23: z/s; Z. 29: ch/k); Superskripte werden aufgelöst und in ihrem Lautwert an Grammatik und Wörterbücher angepasst (Z. 1: vͤ = üe; Z. 2: v̊ = uo).[17] Überhaupt erfolgt die Normalisierung der Schreibungen in Anlehnung an die gängigen Wörterbücher des Mittelhochdeutschen (Längenzeichen, Z. 3: *don* = *dôn*; nicht diphthongierte Formen, z. B. Z. 20: *rͥeche* = *rîche*; dialektale Schreibungen, z. B. Z. 7: *lobewære* = *lobebære*; Z. 11 f.: ei/ai = ei; Z. 18: *pat* = *bat; ch/k,* Z. 8: *chaufman* = *koufman*). Auch Namensformen werden vereinheitlicht und konsequent großgeschrieben (Z. 19: *mægdebvͤrg* = *Megdeburc*) oder grammatikalische Ände-

17 Asher richtet sich dabei nach den großen Wörterbüchern BMZ und Lexer, die online zugänglich sind, sowie der Mittelhochdeutschen Grammatik von Hermann Paul (vgl. Literaturhinweise).

rungen aufgrund inhaltlicher Kohärenz (Z. 25: *sinen boten*, Singular zu *sîne boten*, vgl. Z. 32: *die boten*, Plural) vorgenommen.

Das ist aber nicht alles. Asher greift, wie oben gesagt, zudem auch auf die jüngere Handschrift B dort zurück, wo diese »nachweislich eine bessere Lesart bietet«.[18] Die Grundlage für das, was Asher in solchen Fällen als »besser« ansieht, bilden Vergleichsmöglichkeiten, die sich aus identischen oder ähnlichen Stellen im Text oder dem Gesamtœuvre Rudolfs ergeben. Es handelt sich dabei um Entscheidungen, die im Ermessen des Herausgebers liegen und intersubjektiv nicht immer ohne weiteres überprüfbar sind. Das »Gefühl[] für die Dichtung und ihren Autor«,[19] das sich Asher freilich über Jahrzehnte erarbeitet hat, spielt hier eine wichtige Rolle. In den Worten Ashers:

> »Die Kriterien, von denen ich mich leiten ließ, wenn ich zwischen zwei oder mehr Lesarten wählen mußte, sind aber aus der Ausgabe nur sehr selten zu ersehen, weil die Einleitung und der Apparat sonst ins Uferlose gewachsen wären. Ich glaube aber, daß ich stichhaltige, dem Text entstammende Gründe vorbringen kann, um meine Entschlüsse in jedem einzelnen Fall (auch wenn es sich nur um einen verschliffenen Vokal handelt!) zu rechtfertigen.«[20]

Die vorliegende Edition möchte einen Lesetext anbieten, der sich zwar grundsätzlich an Asher ³1989 orientiert, jedoch einige Akzente in der Orientierung an der Überlieferung anders setzt. Auf der Grundlage einer neu erstellten Transkription von Handschrift A und einem Digitalisat der Handschrift B wurde der Text Ashers Vers für Vers an der Überlieferung kon-

18 Ausg. Asher ³1989, S. XI.
19 Ausg. Asher ³1989, S. XII.
20 Ausg. Asher ³1989, S. XII.

trolliert. Daraus hat sich ergeben, dass man A insgesamt noch stärker als Leithandschrift folgen kann, als Asher es ohnehin tut. Folgende Punkte, die in unserer Edition Berücksichtigung finden, sind dabei besonders zu nennen:

- Die Plusverse der Handschrift A *die sî mit schœne under sluoc. / ir lîp sô hôhe schœne truoc* (V. 1672 f.)[21] werden gegenüber Asher (vgl. seinen Apparat zu V. 1673) in den edierten Text aufgenommen. Die Plusverse von B gegenüber A (es handelt sich dabei um zwei Verse nach 1667, zwei nach V. 4884 und vier Verse nach V. 5288) werden im Unterschied zu Asher nicht in die Edition aufgenommen, sondern im Kommentar wiedergegeben. Dadurch ändern sich die Verszahl und die Zählung unseres Textes minimal gegenüber Asher.
- Abweichungen von A zugunsten von B werden nur dort vorgenommen, wo die Lesart von A unverständlich oder fehlerhaft ist, z. B. V. 1371–76 (in A sind offensichtlich V. 1373 und 1374 vertauscht).
- V. 2325–28: V. 2326 f. fehlen in A, offenbar aufgrund von Zeilensprung, müssen (mit geringfügiger Anpassung, nämlich der Streichung von *sî* in Vers 2328) aus B ergänzt werden, damit ein vollständiger und sinnvoller Text entsteht:

  ir was ernst, daz tet nôt.
  ir süeziu bete mir gebôt,
  daz ich ir kumberlîche nôt
  mit klage mînem herzen bôt.
- Wo der Wortlaut sinnvoll beibehalten werden kann, folgen wir der Handschrift A, z. B.:

  V. 600: *sîn lob ist valscher triuwe bar*, gegenüber Asher: *sîn lîp ist valscher triuwe bar*

21 Die Verszählung bezieht sich hier und im Folgenden – wenn nicht anders angegeben – immer auf unsere Edition.

V. 1457 f.: *Nû lobt ich got den guoten, / daz er mich ungemuoten*, gegenüber Asher: *Nû lobt ich got der güete / daz er mîn ungemüete*
V. 6131: *er stiez von mînem lande sich*, gegenüber Asher: *er stiez von sînem lande sich* (V. 6137)

- Die beiden durch Blattverlust entstandenen Lücken in A können durch B geschlossen werden. Die Passagen von V. 2638–2907 und von V. 4822–5099 sind bei uns kursiv gesetzt, um deutlich zu machen, dass hier B dem Text zugrunde liegt.
- Bei der Vereinheitlichung von Eigennamen (Personen und Orte) sind wir sowohl von Asher als auch von der Überlieferung abgewichen. Dies betrifft z. B. die Vereinheitlichung der handschriftlichen Schreibung *erenin* und *herena* in A zu *Êrêne* (V. 3919 und 5612) oder *magde burk*, *mægdebv̊rg* und *megdeburch* zu *Magdeburc* (in V. 182, 644, 6788). Teils haben wir uns, wie im Falle von *norwege* zu *Norwæge*, an den Wörterbüchern orientiert, teils, wie im Falle von *reimundes* (V. 1753) zu *Reinmundes*, an der Häufigkeit von Namensformen in der jeweiligen Handschrift.
- Weitere Vereinheitlichungen im Bereich der Schreibung sind anders als bei Asher an den Wörterbüchern orientiert, z. B. *schouwen* (V. 1488), ‚nicht *schowen*, *vrouwen* (V. 177), nicht *vrowen*; das gilt auch für die Getrennt- und Zusammenschreibung, z. B. V. 5243: *die vrouwen underkusten sich*, nicht: *die vrowen under kusten sich* (Asher V. 5249).
- Die Abschnittsgliederung durch Majuskel wird entsprechend der Handschrift A (weitestgehend wie bei Asher) beibehalten und bei uns zusätzlich durch Fettdruck markiert.
- Um die Überprüfung des Textes an den beiden Handschriften zu erleichtern, ist im Editionstext fortlaufend die Blattzählung beider Handschriften angegeben, nach dem Muster:

[1r] = Hs. A, Bl. 1r usw.; [B 1r] = Hs. B, Bl. 1r usw.[22] Das Verhältnis zu P ist im Stellenkommentar mitdokumentiert.
– Eine Interpunktion wurde nach modernen Gepflogenheiten eingefügt. Nach Satzschlusspunkt wird klein weitergeschrieben.

3. Zur Übersetzung

Die Übersetzung ins Neuhochdeutsche stellt sich ihrer Aufgabe unter einer zweifachen Perspektive: Zum einen folgt sie – entsprechend dem bewährten Format in der Universal-Bibliothek – weitestgehend dem Prinzip der Zeilentreue von mittelhochdeutschem Original und neuhochdeutscher Übersetzung. Sie möchte auf der Ebene der Syntax so genau wie möglich sein und Rudolfs bisweilen komplizierte hypotaktische Satzkonstruktionen durchschaubar und nachvollziehbar machen. Einen möglichst hohen Grad an Genauigkeit strebt die Übersetzung auch im Bereich der semantisch adäquaten Wiedergabe mittelhochdeutscher Lexeme an, die in Rudolfs Text immer wieder gehäuft vorkommen (*herze*, *sin*, *muot* usw.). Sie möchte insofern zuallererst eine Verständnishilfe darstellen, die den Text im Verbund mit dem Stellenkommentar zu erschließen hilft.

Zum anderen haben wir uns bei der Übersetzung darum bemüht, einen auch für sich gut lesbaren neuhochdeutschen Text vorzulegen, der ohne starke Verfremdungseffekte auskommt und grundsätzlich auch von einem fachfremden Publikum genutzt werden kann. Dazu haben wir uns einige Freiheiten im

22 Volldigitalisate beider Handschriften sind über den Handschriftencensus zugänglich. Vgl. zu den Hss. A und B Abb. 1–2. Zu P vgl. Abb. 3–4 sowie Ausg. Bentzinger [u. a.] 2001, Tafeln I–II.

Umgang mit dem mittelhochdeutschen Text zugestanden, auf die gegebenenfalls im Kommentar eingegangen wird, vor allem gelegentliche Umstellungen von Versen sowie an einigen Stellen Auflösungen von kleineren Syntagmen oder Verbindungen, die nur mit signifikantem semantischen Verlust übersetzbar sind.

Anmerkungen

Der Stellenkommentar setzt es sich zum Ziel, schwer verständliche Textpassagen zu erläutern und Hintergrundinformationen zu kulturhistorischen oder theologischen Begriffen und Konzepten zu geben. Er ist aber auch der Ort, an dem die Zusatzverse aus Handschrift B und vereinzelt wichtige Lesarten verzeichnet sind, komplizierte Übersetzungsentscheidungen begründet und Beispiele für die Eingriffe des Schreibers der Handschrift B, Gabriel Sattler, angeführt werden. Außerdem wird über den Kommentar die Verknüpfung der Handlung mit der Prosaauflösung (P) hergestellt.

[Titel] Der Text trägt in den Handschriften keine mit einem modernen Buchtitel vergleichbare Überschrift, sondern beginnt direkt mit dem Prolog. Der erste Buchstabe (in A: *S*, in B: *D*) ist in beiden Handschriften als Initiale graphisch hervorgehoben, insbesondere in B (vgl. Abb. 2 sowie die Digitalisate). Die Prosaauflösung (P), die den Text in insgesamt 14 mit Zwischentiteln versehene Abschnitte untergliedert, hat als erste Überschrift: *Von kayser Otto dem Rotten und dem gůtten Gerhartt von Kőln* (P, Z. 1 f.).

1–79 [Prolog] Rudolf leitet das Werk mit einem Prolog ein, in dem er zunächst allgemein die Hauptthematik der folgenden Geschichte umreißt: Handeln aus guter Absicht im Verhältnis zu Ruhm und Eigen-/Selbstlob. Er setzt mit einer Exordialsentenz ein, wie sie sich ähnlich am Beginn vieler Texte findet. Die Forschung hat hier besonders den intertextuellen Bezug zum *Tristan*-Prolog Gottfrieds von Straßburg betont: *Gedenket man ir ze guote niht, / von den der werlde guot geschiht, / sô wære ez allez alse niht, / swaz guotes in der werlde geschiht. / Der guote man swaz der in guot / und niwan der werlt ze guote tuot, / swer daz iht anders wan in guot / vernemen wil, der missetuot* (Gottfried von Straßburg, *Tristan und Isold. Mit dem Text des Thomas*, hrsg., übers. und komm. von Walter Haug und Manfred Günter Scholz, 2 Bde., Frankfurt a. M. 2011 [*Bibliothek des Mittelalters*, 10/11], V. 1–8). Rudolf spielt im ersten Abschnitt (*prologus praeter rem*, V. 5–36) mit semantischen Facetten und klanglichen Ähnlichkeiten der mhd. Begriffe *guot* (›gut‹, ›tugendhaft‹, ›redlich‹, ›lauter‹), *muot* (›Gemütszustand‹, ›Gesinnung‹ oder ›Stimmung‹, manchmal ›Absicht‹ oder ›Einstellung‹) und vor allem in V. 11–18 *ruom/rüemen* (›Lob‹, ›Ruhm‹, ›Ehre‹, ›Selbstlob‹, ›Prahlerei‹, ›Überhebung‹). Im zweiten Teil (*prologus ante rem*, V. 37–76) hält er fest, dass er die folgende Geschichte weder selbst erlebt noch selbst erfunden hat, sondern ihm diese über mehrere Vermittlungsinstanzen zugetragen wurde (vgl. dazu den Epilog V. 6809–42). Er kann aus ihr aber eine Lehre für sein eigenes Leben und Handeln ziehen, die sich an alle Menschen (*wîse/tumbe*) richtet. Vgl. auch die Analyse und Interpretation des Prologs bei Haug 1992 (mit nhd. Übers. auf S. 289–291). P hat keinen Prolog und setzt direkt bei der Rahmenerzählung ein (P, Z. 1–18).

4 *muoz*: in Hs. A *mach*. Die Lesart A hat eine inhaltliche Einschränkung zur Folge: »weil es im Guten geschehen kann / könnte.« Wir folgen deswegen an dieser Stelle mit Asher der Hs. B.

9 Der Vers entspricht so (nach Hs. A) nicht dem vierhebigen Versmuster, dem Rudolf ansonsten meist konsequent folgt. Asher macht daraus mit Folgen für die Prolog-Interpretation *der hüete an dem guote sich*. Ausgesprochen wird in jedem Fall eine Warnung, deren Kern dem *guote* gilt. Das Verständnis der Stelle hängt an der Auffassung des Begriffs, der das Gute, aber auch Vermögen, Besitz, Geld, materielles Gut meinen kann. Anders entscheidet sich beispielsweise Haug: »Wen es in seinem Inneren dazu drängt, sein Denken und Fühlen Gott zuzuwenden, so daß er das Beste willig tut, so nehme er sich, was das Gute angeht, in acht: dann ist es gut und lobenswert« (Haug 1992, S. 289).

39–49 Der Prologsprecher bringt sich hier erstmals als Ich explizit zur Sprache und vollzieht den Übergang von der allgemeinen zu seiner eigenen Lehre, die er in konventionalisierter Bescheidenheit als *kranc*, d. h. als einfach und schlicht charakterisiert (V. 40). Dass er mit ihr ausdrücklich auch *tumbe diet*, also Ungebildete und Unverständige adressiert, könnte als Volte gegen den Exklusivitätsanspruch des *Tristan*-Prologes verstanden werden, der sich an die auserlesene Gemeinschaft der *edelen herzen* richtet.

43 Die mhd. Begriffe, die Rudolf hier (*mære*, vgl. auch V. 804 oder 6604 u. ö.) und später (*âventiure*, V. 286, 488, 6875) als Selbstbe-

zeichnungen der Erzählung bzw. seiner Vorlage verwendet, helfen bei der Frage nach der Gattung des *Guoten Gêrhart* nicht weiter. Vgl. dazu den betreffenden Abschnitt im Epilog (V. 6795–6824) sowie das Nachwort, S. 522–527.

50–76 Hier wird erstmals der Bezug zur Figurenebene hergestellt. Kaiser Otto dient im Folgenden als Beispiel für einen Menschen, der die im Prolog weiter oben ausgesprochene Warnung nicht beherzigt, sich der Selbstrühmung schuldig macht und dadurch alles verwirkt, was er bereits erlangt hatte. Positive Gegenfigur der Erzählung ist der Protagonist Gerhart.

52 *geâventiuret: âventiuren* (vom stF *âventiure*, vgl. V. 286) kommt als swV selten vor. Hier in der Bedeutung ›hat … die willkommene gelegenheit verschafft‹ (BMZ, Bd. 1, Sp. 72a). Zu Begriff und Sache vgl. Weddige 1996, S. 95 f., sowie BMZ und Lexer und die entsprechenden Beiträge im Sammelband *Im Wortfeld des Textes. Worthistorische Beiträge zu den Bezeichnungen von Rede und Schrift im Mittelalter*, hrsg. von Gerd Dicke, Manfred Eikelmann und Burkhard Hasebrink, Berlin [u. a.] 2006 (*Trends in Medieval Philology*, 10).

77–79 Die Verse leiten zur Rahmenerzählung über. Angedeutet wird eine Erzählsituation, die auf ›Kommunikation unter Anwesenden‹ (*hie*) basiert, also auf Mündlichkeit ausgerichtet ist (*hœren, verdagen*). Als Quelle der Geschichte wird hier ebenfalls auf das Hörensagen verwiesen (V. 80), vgl. dazu die weiteren Quellenverweise des Erzählers (V. 286, 699, 804 u. ö.), insbes. den Abschnitt im Epilog (V. 6809–42).

80–1129 Die Verse bilden mit V. 6625–6808 die Rahmenerzählung. Das Ich ab V. 80 ist identisch mit dem Ich (V. 39 u. ö. bis V. 79), das zuvor den Prolog präsentiert und den Übergang zu Gerhart als Erzähler später explizit markiert (V. 1121 f.). Der Autor – Rudolf – tritt dennoch als Erzähler der Geschichte auf (vgl. dazu auch die Anm. zum Epilog, V. 6795–6842), in die dann die Binnenerzählung aus dem Munde Gerharts eingelagert ist. Der Rahmenerzählung entsprechen in P die ersten 143 Zeilen, die in der Handschrift in vier Abschnitte gegliedert sind: *Von kayser Otto dem Rotten und dem gůtten Gerhartt von Kǒln* (Z. 1–18) – *Wie er uff ain zeytt gott batt in wyssen zů lassen waß lon im umb solhs wurd* (Z. 19–58) – *Wie der kayser gen Koln zů dem gůtten*

Gerhart kam (Z. 59–86) – *Wie der kayser mit dem gůtten Gerhartten redtt* (Z. 87–143).

80 Die Rahmenerzählung setzt mit der typischen Märchenformel ein (wie auch in P, Z. 1: *Es was vor zeytten* ...), wobei dann hier eine konkrete historische Situierung erfolgt.

86 *Otto:* Historisches Vorbild für Rudolfs Otto ist vor allem Otto I., der Große (912–973). Dieser und andere ottonische Herrscher werden in der deutschsprachigen Literatur mehrfach zum Erzählgegenstand, so schon im ahd. *De Heinrico*, im *Herzog Ernst* oder in Konrads von Würzburg *Heinrich von Kempten*. In die Figur Ottos im *Guoten Gêrhart* fließen auch Züge Ottos II. (955–983) ein, etwa dessen Rothaarigkeit (V. 87, so auch in P, Z. 4: *Ott der Rott*). Otto I. wurde 936 zum König, 962 zum Kaiser des römischen Reiches gekrönt (vgl. V. 112, 1088 und 6779), er gründete 968 das Erzbistum Magdeburg. Vgl. Tilman Struve, Art. »Otto I., der Große«, in: LexMA 6 (1993), Sp. 1563–68; Neudeck 2003.

94 ff. Ottos Verfehlung, von der im Folgenden erzählt wird, kann also nicht auf ›jugendlichen Leichtsinn‹ zurückgeführt werden.

101–108 Viele mittelalterliche Herrscher sehen sich explizit in der Nachfolge Karls des Großen (747–814). Hier wird der Akzent auf Karl als Vorbild in Fragen der Gesetzgebung und Gerichtsbarkeit gelegt. Vgl. Karl-Ernst Geith, Art. »Karl (I.) der Große«, in: LexMA 5 (1991), Sp. 956–966.

118 *Ottogeba:* Der historische Otto I. war zweimal verheiratet, zuerst mit Editha (gest. 946), der Tochter des angelsächsischen Königs Æthelstan, dann mit Adelheid (931–999). Auch hier fließen Elemente beider Frauen in die Erzählung ein: Editha, auch Edgith/Eadgyth (entspricht dt. Ottogeba), erhielt Magdeburg als Morgengabe von Otto I. (beide haben ihre Grablege im Magdeburger Dom), Adelheid wurde heiliggesprochen (vgl. V. 131).

123 B liest statt *ir schepher* an dieser Stelle *ir selber*. Dabei handelt es sich um ein Beispiel für die Eingriffe des Schreibers Gabriel Sattler in den Text. Hier stellt die Änderung die Figurenzeichnung Ottogebas auf den Kopf. Vgl. Asher 1972, hier S. 424.

153–158 Almosen (auch V. 203) – im Sinn von Unterstützung der Armen, noch allgemeiner als Werke der Barmherzigkeit (BMZ, Bd. 1,

Sp. 24a) – spielen auch in der Binnenerzählung (Loskauf der Gefangenen durch Gerhart) eine zentrale Rolle (V. 1819, dazu u. a. Niesner 1998, S. 63 ff.). Bei der Berufung auf die *schrift der wârheit* (V. 153) in den folgenden Versen handelt es sich nach Lutz (1984, S. 168) um ein Kompilat aus Stellen aus dem Alten (Sirach 3,33, Tobias 4,12) und Neuen Testament (Lukas 11,41), die auch in deutschsprachigen Predigten vorkommen (vgl. Regina D. Schiewer, *Die deutsche Predigt um 1200. Ein Handbuch*, Berlin [u. a.] 2008, S. 196–199). Rudolfs theologisches Wissen (und das, das er später Otto in den Mund legt,) ist also offensichtlich ein über mehrere Stationen vermitteltes. Vgl. zur Stelle ausführlich Lutz 1984, S. 167–169.

164 *hœhsten keiserinne:* Gemeint ist Maria, die hl. Mutter Gottes.

174 *erzbistuom:* Das Erzbistum (d. h. Amtsbereich eines Erzbischofs, auch Diözese oder Sprengel) wurde 968 durch Otto. I. begründet (vgl. Anm. zu V. 86), die Stadt wird urkundlich erstmals 805 erwähnt. In der frühen Stadtgeschichtsschreibung wird erzählt, dass Iulius Caesar als sagenhafter Gründer die Stadt zu Ehren der jungfräulichen Göttin Diana *Parthenopolis* (›Jungfrauenstadt‹) genannt habe. Diese Deutung des Namens und seine Übertragung auf die hl. Maria (*maget/ meit* ›Jungfrau‹), wie sie auch hier nahegelegt wird (V. 177), sind Volksetymologien. Vgl. dazu z. B.: *Magdeburger Bischofschronik*, übers. von Hermann Michaëlis, hrsg. von Eckhart W. Peters, Dößel 2006, S. 67–69.

185 Vgl. Ausg. Asher [3]1989: *mit solhen kreften daz ez treit.*

191 / 3474 *kôrherre:* Bezeichnung für Kleriker (auch Kanoniker genannt) am Bischofssitz. »[D]er Begriff ist hergeleitet vom gemeinsamen Gebets- oder Chordienst der Kleriker in dem Chor genannten Teil des Kirchengebäudes und in dem ebenfalls Chor genannten Raum, in dem sich die Chorherren als stimmberechtigte Mitglieder eines Kathedral-, Dom- und Stiftkapitels zu einer Versammlung einfanden« (Manfred Heim, *Kleines Lexikon der Kirchengeschichte*, München 1998, Art. »Chorherren«, S. 82 f., hier S. 82).

194–201 Erster Erzbischof von Magdeburg war seit 968/969 Adalbert (gest. 981), eine wichtige Figur in der Slawenmission, Abt von Weißenburg und selbst Geschichtsschreiber; vgl. Dietrich Claude: Art. »Adalbert«, in: LexMa 1 (1980), Sp. 98 f. Die besondere Beteiligung des Magdeburger Erzbischofs an der Kur/Kür (d. h. der Wahl des dt. Königs; von mhd. *kiesen* ›wählen‹) entspricht nicht den historischen Quellen. Die Beteiligung der Kurfürsten an der Königswahl gibt es erst seit dem 12. Jh.

202 Asher folgt B und liest statt *rîchet* (Hs. A) *zieret.*

205–222 Die betont hervorgehobene Einrichtung und materielle wie rechtliche Ausstattung des Erzbistums spiegelt im Kern Prinzipien des sogenannten Eigenkirchenwesens: Ottogeba und Otto geben *eigen* (V. 175), Otto wird dann selbst als *man* (hier im Sinn von Vasall, Lehensmann) wieder mit Gütern belehnt (vgl. V. 207: *lêhen*, V. 211: *lêhenschaft*), die vormals seine waren. Das hebt auch P, Z. 9–12 hervor. Vgl. Martin Kintzinger, Art. »Magdeburg. B. Erzbistum«, in: LexMA 6 (1993), Sp. 76 f. Zu Lehen, Lehnswesen und Lehnrecht vgl. den Überblicksartikel in LexMa 5 (1991), Sp. 1807–25.

215 *wortzeichen:* ›Wahrzeichen‹. Nach BMZ, Bd. III, Sp. 864a ›ein zeichen, das statt eines wortes dient‹.

277–284 Der bereits in V. 262 f. mit klarem Blick für Ökonomie (*koufen*) geäußerte Anspruch Ottos auf Belohnung (*lôn*) im Jenseits wird laut Erzählerkommentar erst in dem Moment zum Problem, als er diesen explizit äußert. Auch in P ist das so angelegt, vgl. Z. 16 f.: *do gedacht er in im selb* (vgl. auch P, Z. 21).

296 *frônalter:* ›heiliger Altar‹ (BMZ, Bd. I, Sp. 27a); von mhd. *frôn* ›Herr‹ (vgl. noch in ›Fronleichnam‹, lat. *Corpus Christi*, oder in ›Frondienst, -arbeit‹).

300–484 Gebet Ottos; ausführlich dazu mit Übersetzung, Kommentar und Interpretation Lutz 1984, S. 193–241.

300 *alphâ et ô:* erster und letzter Buchstabe des griech. Alphabets, übertragen für Anfang und Ende.

301 *süezer Krist:* Eines der Lieblingsadjektive Rudolfs zur Charakterisierung von Christus mit einem breiten Bedeutungsspektrum von ›angenehm‹, ›gütig‹ bis ›heilig‹. Vgl. Weddige 1996, S. 128, und den entsprechenden Artikel in Wolf 2002, S. 88–90.

303 Entfaltet wird im Folgenden der Glaube an den einen trinitarischen Gott (lat. *trinitas* ›Dreifaltigkeit Gottes‹), der aus den drei Personen Vater, Sohn und Heiliger Geist besteht. Diesen werden bestimmte Eigenschaften (*krefte*, V. 307) zugeschrieben (Vater: *gewalt*,

V. 313/345 ff.; Sohn: *wîsheit*, V. 315/369 ff.: Heiliger Geist: *güete*, V. 317/379 ff.). Sie sind aber doch eine *kraft* (V. 305) als eins (*haft*, V. 322).

325 *Zebaoth:* Gottesbezeichnung im Alten Testament ›(Herr der) Heerscharen‹.

333 *mômente:* im Sinn von ›im rechten Augenblick‹. Vgl. den einzigen weiteren Beleg, der sich in Rudolfs *Weltchronik* (V. 22) findet: *Rudolfs von Ems Weltchronik. Aus der Wernigeroder Handschrift*, hrsg. von Gustav Ehrismann, Berlin 1915 (*Deutsche Texte des Mittelalters*, 20).

337 *niun schar:* Gemeint sind die neun Engelschöre, zu denen Cherubim und Seraphim gehören (vgl. V. 350, 366 und 4334).

383–412 Rudolf setzt in dieser »Stufenleiter der Geschöpfe« (Lutz 1984, S. 215) – Pflanzen, Tierwelt, Menschen – das Stilmittel der *adnominatio* (Wortwiederholung) ein, indem er 18-mal auf den Wortstamm *leb-* zurückgreift.

413 *Âdâmes missetât:* Gemeint ist der Sündenfall, wie er in Genesis 3 erzählt wird.

421 *menscheit:* hier im Sinne von Menschwerdung Gottes.

442 *vierzigisten tage:* Christi Himmelfahrt, 40 Tage nach der Auferstehung an Ostern.

455–457 Lohnerwartung aus dem Mund Ottos, vgl. auch V. 482–484 und Erzähler V. 492 f. Vgl. auch P, Z. 21–26.

487 Otto glaubt, in guter Absicht zu handeln. Vgl. auch seine Gebetshaltung in V. 295.

502 *den jungisten tac:* Das Jüngste Gericht als Abschluss der christlichen, apokalyptischen Endzeiterwartung.

504 *verwîzen:* ›vorhalten‹ ist deutlich negativ konnotiert; vgl. auch V. 983 und 1076.

531 *ruom:* hier im Sinne von Selbstrühmung; vgl. den Prolog und V. 988.

555 Einführung des Vergleichs mit dem Kaufmann und Protagonisten, der wenig später bei seinem Namen genannt (V. 597 ff.) und ausführlich vorgestellt wird (V. 758 ff.). Zu Figur und möglichen historischen Anknüpfungspunkten vgl. das Nachwort, S. 529 f.

559 *lebenden buoche:* auch ›Buch des Lebens‹ (lat. *liber vitae*); Teil der

christlichen Endzeiterwartung, wo beim Jüngsten Gericht jeder Mensch beurteilt wird. Hier und später eng mit dem Gedanken der Buße (*buoze/büezen* vgl. V. 1096, 6794, auch in Bezug auf den Autor V. 6911), verbunden. Mit Otto weiß der Rezipient von diesem Vers an, dass Gerhart im ›Buch des Lebens‹ steht, alle Bewährungsproben also bereits bestanden hat. Jede anschließende Erzählung von ihm kann also keine Spannung dahingehend aufbauen, ob Gerhart sich richtig oder falsch entscheiden wird, sondern nur noch ›Wie‹-Spannung erzeugen. Vgl. Bleumer 2003, S. 98.

582 *namen:* hier wie bereits in V. 556 im Sinne von ›Stand‹, ›Würde‹; vgl. auch V. 3830.

635 Die erzählte Zeit der Rahmenerzählung spielt sich (abgesehen vom Epilog, der von der Verschriftlichung des Geschehens berichtet) in wenigen Tagen ab. Zur erzählten Zeit der Binnengeschichte vgl. Bleck 1985, S. 4.

644 f. Der Aufbruch von Magdeburg nach Köln erfolgt mit kleinem Gefolge und *tougenlîche*, d. h. vor allem, dass es sich nicht um einen offiziellen Besuch im Rahmen der kaiserlich-königlichen Herrschaftsausübung handelt. Daraus resultiert in P explizit ein Überraschungseffekt (vgl. P, Z. 63–65).

665 *burgær:* nicht schon im modernen Sinn von ›Staatsbürger‹ oder ›Mitglied der bürgerlichen Gesellschaft‹, sondern ›Bewohner einer befestigten Stadt‹. Vgl. z. B. Manfred Riedel, Art. »Bürger, Staatsbürger, Bürgertum«, in: *Geschichtliche Grundbegriffe. Historisches Lexikon zur politisch-sozialen Sprache in Deutschland*, Bd. 1, Stuttgart 1972, S. 672–725.

668 *heiltuome:* ›Reliquien‹, die in diesem Fall wohl in Monstranzen (d. h. Schaubehältern) ausgestellt werden und z. B. bei Prozessionen oder in anderen liturgischen Zusammenhängen vorgezeigt und angebetet werden. Das Entgegenreiten, das Glockenläuten und die Reliquienschau sind offensichtlich das Minimum an repräsentativem Aufwand.

719 *vogt von Rôme:* ›der römische Kaiser‹, d. h. der Herrscher über das gesamte Heilige Römische Reich; vgl. V. 6779.

725 *hove:* Gemeint ist der Bischofshof.

781–785 Gerharts prunkvolle Erscheinung (vgl. auch P, Z. 72 f.) hat in der Forschung Anlass zu kontroversen Interpretationen geliefert. Vgl. dazu das Nachwort, S. 538 f.

837 *rât umbe nôt:* ist Teil des Lehenspaktes mit gegenseitiger Verpflichtung auf *auxilium et consilium* ›Hilfe und Rat‹.

848 Hs. A *leben*, Asher mit B *üeben*.

873 *kemenâten:* ›heizbares gemach‹ (BMZ, Bd. 1, Sp. 795a); vgl. auch V. 1523 und 2883. Zu diesem besonderen Raum, auf dessen Abschließbarkeit hier explizit Wert gelegt wird (vgl. auch P, Z. 86) vgl. Gabriele Schichta: »Kemenate, Gemach, Kammer«, in: *Literarische Orte in deutschsprachigen Erzählungen des Mittelalters. Ein Handbuch*, hrsg. von Tilo Renz, Monika Hanauska und Mathias Herweg, Berlin [u. a.] 2018, S. 341–352.

881 *schamel:* Auch Sitzmöbel (*gestüele* vs. *schamel*) markieren den Standesunterschied.

892 *lîp:* bezeichnet den Körper, das Leben, auch den »ganzen Menschen«. Vgl. Weddige 1996, S. 115, und Wolf 2002, S. 49.

910–940 Otto fragt nach der Bedeutung des Beinamens. Gerharts erste Antwort markiert allein schon den Unterschied zu Otto. Seine Weigerung zu erzählen gipfelt in einem besonderen Angebot von ›Schweigegeld‹ an den Kaiser (vgl. V. 1057–62; vgl. auch P, Z. 125–132).

922 Asher: *die sî stæteclîchen sehent.*

1063 *nôten:* swV; BMZ, Bd. II,1, Sp. 416b: »dem kaiser ward die sache immer dringender, es ward ihm noth, sie ordentlich zu verstehen?«

1118–29 Die Verse leiten über zur Binnenerzählung (V. 1130–6624): Kaiser Otto hat Gerhart überredet zu erzählen, darum kann der Erzähler, der die Rahmenhandlung bis zu diesem Punkt erzählt hat, nun schweigen. Er zählt sich nun selbst zum Publikum der Erzählung (*wir*, V. 1122). Gerhart, der Ich-Erzähler, setzt sich zum Erzählen, wie vom Kaiser zuvor (V. 884) gefordert. Vgl. P, Z. 144 f., wo der Übergang durch eine Abschnittsüberschrift und eine knappe Redeeinleitung markiert ist: *Hie sagt der gůtt Gerhartt sin gůttått dem kayser / Der gůtt Gerhartt fing̊ an und sagt: [...].*

1142 *für got:* A liest *für guot*, B liest *verguot*. Asher ediert *für guot.*

1147 *bezzerunge:* ›Besserung, Buße‹, hier ohne moralische Konnotation.

1176 f. Der heutige Gegenwert dieser Summe (identisch in P, Z. 152) lässt sich nicht mehr genau bestimmen. Es kommt darauf an, dass es sich um einen sehr hohen Betrag handelt.

1180 *heidenschaft:* hier rein geographisch im Sinne von »die von heiden bewohnten länder« (BMZ, Bd. 1, Sp. 649a); vgl. V. 1321 ff.

1183 Zu den Zeitangaben der Binnenerzählung, die in P nicht immer übernommen werden, vgl. Bleck 1985, S. 4. Vgl. auch V. 1232, 1962, 2616, 2964 und 2986.

1187–90 Über Schreibfähigkeit verfügen im Mittelalter vor allem Geistliche, daher hier die Wortwahl. Der *schrîber* ist hier nicht nur für buchhalterische Aufgaben zuständig, sondern auch für die spirituelle ›Versorgung‹, wie das Einhalten der Gebetszeiten (d. h. das für Kleriker vorgeschriebene Stundengebet, an dem Gerhart offensichtlich auch teilnimmt) oder das Lesen der Messe (V. 1881–91).

1195–99 Die Reiseroute von Köln aus führt über Russland (*Riuzen*), Livland und Preußen, Sarant (das auch in Wolframs *Parzival* als Produktionsort von wertvollen Stoffen vorkommt) nach Damaskus und Ninive. Die Stadt, in der Gerhart schließlich strandet, gehört zum Eigenbesitz des Königs von Marokko (V. 1413). Der Ländername Marokko (*Marroch*) ist abgeleitet von der Hauptstadt Marrakesch. Zu *Castelgunt* vgl. V. 1897.

1223 ff. Das Schiffbruchmotiv stammt aus dem hellenistischen Roman und kommt etwa auch in vielen der sogenannten mhd. Minne- und Aventiureromane vor.

1231 Zur Erinnerung: *ich* ist der Erzähler Gerhart, *iu* (das sich leicht auf ein größeres Publikum beziehen lässt) ist hier der im Pluralis Majestatis angesprochene Kaiser; vgl. V. 1528, V. 2604.

1343 *wîgant:* eigentlich im Sinne von Krieger, Kämpfer (als Part. Präs. zu *wîc* ›Kampf, Schlacht, Krieg‹). Sein Name lautet, wie Gerhart erst später erfährt, Stranmur (V. 1450), genauer Stranmur von Castelgunt; vgl. V. 1897.

1344 ff. Mit *heidensch* (V. 1345) ist also wohl arabisch gemeint. Beide unterhalten sich auf Französisch, was Rudolf mit einer Reihe von frz. Einsprengseln (V. 1355 f.) veranschaulicht. Dass der Heide Stranmur französisch spricht, ist Teil seiner hohen höfischen Bildung, die immer wieder betont wird; vgl. V. 1453 ff., 2409.

1365 *tiutschen landen:* Die Vorstellung von dem, was man als *tiutsche lant* bezeichnen kann, variiert zwischen dem 10. Jh. (dem Zeitpunkt, an dem die Erzählung historisch situiert ist) und dem 13. Jh. (ihrem Entstehungszeitpunkt) erheblich. Vgl. Uta Goerlitz, *Literarische Konstruktion (vor-)nationaler Identität seit dem Annolied. Analysen und Interpretationen zur deutschen Literatur des Mittelalters (11.–16. Jahrhundert)*, Berlin [u. a.] 2007 (*Quellen und Forschungen zur Literatur- und Kulturgeschichte* N.F. 45 [279]).

1379 Interreligiöse Fragen, wie sie sich hier andeuten, spielen am Rande eine Rolle im Text; vgl. V. 1990–97 und 2548–80.

1387 *mînen herren:* Gemeint ist der (namenlose) König von Marokko (V. 1412 f.)

1396 f. Eine Lüge oder (wie es in der Forschung öfters heißt) Kaufmannslist, die Gerhart und seinen Leuten das Schicksal erspart, das den Rittern und Damen zuteilwurde, von denen im Folgenden die Rede sein wird; vgl. V. 1395 ff., 1756 ff. und 2032.

1414 Stranmur (und seine Nachkommen) wurden also durch den König belehnt und sind von daher *lantgrâve* (V. 1451) und *burggrâve* (V. 1452). Vgl. dazu auch V. 1897 und P, Z. 198 f.

1483–2595 sind in P durch eine eigene Abschnittsüberschrift ausgewiesen: *Wie der graff an Gerhartten begert in sin kaufmanschatz besechen zů lassen* (P, Z. 202–346).

1522 *wirt* kann folgende Bedeutungen haben: Hausherr, Ehemann, Landesherr, Schutzherr, der, der einen Gast bei sich aufnimmt (Gastgeber) sowie den Gastwirt, Inhaber eines Wirtshauses. Stranmur wird vom Erzähler in seiner Eigenschaft, Gerharts Schutzherr zu sein, als Wirt bezeichnet, aber auch, weil er Herrschaftsrechte über das Territorium besitzt (V. 1414).

1529 Der Vers erinnert an den Prolog.

1561 Die Darstellung von Emotionen spielt hier und im Folgenden immer wieder eine wichtige Rolle. Vgl. z. B. auch V. 1971 ff., 2151 ff., 2286 ff., 2476 f., 2751 ff.

1592 B gibt an dieser Stelle statt *sehzic* die Altersangabe *Sehtzehen*. Ein weiteres Beispiel für die »völlig zynisch[e]« Haltung Gabriel Sattlers gegenüber seiner Vorlage (Asher 1972, S. 425).

1646 f. Der Bezug ist an dieser Stelle nicht ganz klar. Ist gemeint, dass nur die Frauen den Gegenstand des folgenden Geschäfts darstellen, oder ist gemeint, dass mit den Frauen nun der gesamte ›Handelsgegenstand‹ von Gerhart erzählerisch dargestellt wurde? Das Folgende spricht für die zweite Möglichkeit.

1664 ff. Eingeführt wird nun mit einer ausgreifenden Beschreibung die norwegische Königstocher Erene. Ihr Vater heißt Reinmunt, ihr Name fällt erst in V. 3919 und danach lediglich ein weiteres Mal in V. 5612.

1671 Die Plusverse *die sî mit schœne under sluoc. / ir lîp sô hôhe schœne truoc* der Handschrift A nach V. 1671 werden im Unterschied zu Asher in den edierten Text aufgenommen. Die Plusverse von B gegenüber A (es handelt sich dabei um zwei Verse nach 1667, zwei nach V. 4884 und vier Verse nach V. 5288) werden im Unterschied zu Asher nicht in die Edition aufgenommen, sondern im Kommentar wiedergegeben. Die Verszählung weicht demnach geringfügig von hier an von Ashers Edition ab (bis 4884: +2, ab 5288: -2). Vgl. dazu auch die editorischen Hinweise auf S. 455–458.

1743 ff. Eingeführt wird nun der englische König Willehalm.

1769 *künic:* Gemeint ist der verschollene Willehalm.

1842–47 Der Engel zitiert ein zentrales Jesuswort, das aus der Rede vom Weltgericht in Matthäus 25,31–46 stammt: »Amen, ich sage euch: Was ihr für einen meiner geringsten Brüder getan habt, das habt ihr mir getan« (Matthäus 25,40; Vulgata: »amen dico vobis: quamdiu fecistis uni de his fratribus meis minimis mihi fecistis«). Diejenigen, die gemäß dieser Devise handeln, erwartet nach Matthäus 25,46 das ewige Leben (*vita aeterna*), die anderen die ewige Strafe (*supplicium aeternum*). Das Diktum ist nicht nur für den vorliegenden Text programmatisch, sondern auch in einem weiteren Sinne, etwa als Motto für die hochmittelalterlichen Bettelorden, die die Nachfolge Christi in einem einfachen, von Armut und Buße geprägten Leben verfolgen (sog. Mendikanten, z. B. Franziskaner oder Dominikaner). Die Gründe, die der Engel im Folgenden für ein Handeln im jesuanischen Sinne anführt (V. 1860–66: materielle Belohnung, Ansehen, Auftrag Gottes), lassen sich in ihrer steigenden Reihenfolge in einen Vergleich zum Handeln Ottos setzen, der nicht über *gelt* und *êre* hinausgekommen ist. Vgl. P, Z. 265: *›Wer dem armen gůts tůtt unnd gibtt, das ist mir beschechen.‹*

1897 *von Castelgunt:* Welcher (nur an dieser Stelle genannte) Ort gemeint ist, ist unklar. In B fehlt die Präposition *von* und somit die klare Bestimmung als Zuordnung zu einer Herrschaft bzw. einem Geschlecht. Liest man es ohne *von*, könnte es sich um eine »[e]igenwillige Transponierung des mhd. *burcgrave* ins Französische (deutsche Wortstellung!)« handeln, wie sie in Wolframs *Parzival* vorkommt bei *Lachfilirost schahtelakunt* (43,16–19). »Die korrekte französische Bildung wäre wohl *conte del chastel* (oder *au chastel*?)« (Wolfram von Eschenbach, *Parzival. Nach der Ausgabe Karl Lachmanns*, rev. und komm. von Eberhard Nellmann, übertr. von Dieter Kühn, 2 Bde., Frankfurt a. M. 1994 [*Bibliothek des Mittelalters*, 8], hier Bd. 2, S. 478). P, Z. 274 bietet: *Stamur von Castelgortt.*

1909 ff. Gerhart stimmt also dem Tauschgeschäft keineswegs einfach und sofort zu, wie man nach der Vision im Traum erwarten könnte. Er will zunächst erfahren, was die Gefangenen beabsichtigen (*rehten willen*, V. 1928) und teilt ihnen später Stranmurs Vorschlag eines Tauschgeschäfts mit (V. 2040 ff.).

1981–85 Wieder wird ein sprachliches Vermittlungsproblem thematisiert (so auch in P, Z. 291); vgl. V. 1344 ff. und 2159 f.

2025 Unser Text folgt A. Asher ediert nach B: *und fuor in heidischiu lant.*

2054 f. Der Standesunterschied wird markiert.

2110 *mîn vrouwe:* bezieht sich auf die Königstochter.

2113 *mîn herre:* bezieht sich auf den englischen König Willehalm.

2120 *got:* fehlt in A, nach B ergänzt.

2136 *gelte mir mîn guot:* Gerhart verlangt wiederholt ökonomische Rückversicherung, die er von Erene schließlich erhält (V. 2270); vgl. 2202 f. Vgl. auch P, Z. 317–322.

2168 Asher folgt vermutlich B: *der sælden hort.*

2236–60 Ein Marienpreis und -vergleich (Jungfräulichkeit, V. 2256), der Gerhart (gewissermaßen in der Rolle des Joseph, V. 2259) zum Tauschgeschäft bewegen soll.

2326 f. Nur in B wegen Zeilensprung des Schreibers von *nôt* zu *nôt.*

2359–70 Entschädigung bleibt ein zentrales Argument.

2385 ff. Die Rückgabe von Hab und Gut an die Gefangenen wird erst hier zum Teil des Geschäftes, das dann rechtsverbindlich (*sicherheit, suone*) abgeschlossen wird.

2553–80 Eine regelrechte Götterparade mit Namen und Zuständigkeitsbereichen, vor allem aus der griechischen (Pallas, Thetis, Äolus) und römischen (Jupiter, Juno, Merkur, Neptun) Götterwelt sowie dem Propheten Mohammed (vgl. Wolfram von Eschenbach, *Willehalm. Nach der Handschrift 857 der Stiftsbibliothek St. Gallen*, mhd. Text, Übersetzung, Kommentar, hrsg. von Joachim Heinzle, mit den Miniaturen aus der Wolfenbütteler Handschrift und einem Aufsatz von Peter und Dorothea Diemer, Frankfurt a. M. 1991 [*Bibliothek des Mittelalters*, 9], 9,8). Stranmurs Gegenüberstellung ist nicht auf Konfrontation angelegt: Besser ist der Gott, der mehr hilft (V. 2551 f.); vgl. V. 1379. In P, Z. 343, bleiben von der Parade Jupiter und Apoll übrig.

2571 Asher ediert mit B (V. 2573): *er gab mir sînen segen dô.*

2595–2801 / 2802–3086 Die Heimfahrt und Rückkehr nach Köln sind in P durch eigene Abschnittsüberschriften ausgewiesen: *Wie der gůtt Gerhartt mit der erlǒßten schar haim kam* (Z. 347–365) / *Wie der gůtt Gerhartt widerumb mit der kunigin gen Kǒln kam* (Z. 366–415).

2614 *franspüete:* im BMZ unter *vramspuot.*

2631 *Ûztrieht*: Utrecht (Stadt, Provinz und Bistum in den Niederlanden, heute am Amsterdam-Rhein-Kanal). B hat stattdessen *Norwegen.* Bei Konrad von Würzburg kommt *Ûztrieht* als Name für einen fernen Ort vor. Vgl. BMZ, Bd. III, Sp. 198a.

2638–2907 Die Verse sind nur in B überliefert, in unserer Edition kursiviert.

2674–76 Nur die Königstochter und die zwei Damen, die sie aus Norwegen begleiten, bleiben also bei Gerhart.

2718–20 Die Verse zeigen Gerharts Motivation zur Befreiung der Gefangenen auf. Gerhart ist aber dennoch nicht bereit, ganz auf *gülte* (V. 2737) zu verzichten.

2732 / 2802 Mit *vriunt* sind primär die Verwandten gemeint.

2822 *liebe vrouwe mîn:* Gemeint ist wie zuvor mit dieser Anrede die Königstochter.

2849 Der erste Herausgeber des Textes, Moriz Haupt, hat an dieser Stelle (bei Haupt V. 2851) eine weitere Lücke angesetzt und diese durch eine halbe Leerseite in seiner Ausgabe angedeutet (Ausg. Haupt 1840, S. 95). Asher, der den Text durchaus verständlich findet, nimmt hingegen keine Lücke an (Ausg. Asher [3]1989, S. XV f.). Er setzt mit Lachmann und Haupt in V. 2848 eine Konjektur von *unbillich* (Hs. B) zu *unbilden* an. Wir folgen Asher hier und auch im folgenden Vers (Relativpronomen *der* anstelle von *daz* [Hs. B]), ergänzen aber ein enklitisches *ez* von *niemen* zu *niemenz*. Zum Inhalt: Gerharts Frau fragt nachvollziehbarerweise irritiert, »scharf[], zornig[] und ziemlich grob[]« (Ausg. Asher ³1989, S. XV) nach. Die Schärfe in Gerharts Antwort, auf die auch Asher hinweist (ebd., S. XV mit Anm. 19), lässt Haupts Ansatz einer Lücke nach wie vor plausibel erscheinen.

2855 Asher ediert gegen B: *eben trage.*

2859 B hat *haust han an getan.* Haupt konjiziert zu *an in*, Asher zu *durch in.*

2893 Asher ediert *daz zil* statt mit B *ir spil.*

2908 ff. Die höfischen Damen betätigen sich im Kunsthandwerk. Mit ihren Erzeugnissen macht Gerhart Geschäfte. Vgl. Anm. zu V. 3146.

3014 Gerhart betont, dass die Ehe zwischen Willehalm und Erene nicht vollzogen worden ist (in P, Z. 403 f.). Schnell 1983 und M. Schulz 1999 stellen in ihren Forschungsbeiträgen zahlreiche verschiedene Ehetheorien, -lehren und -praktiken vor. Monika Schulz weist auf die Konkurrenz zwischen verschiedenen Ehelehren hin: »Nach Gratian waren zum gültigen Eheschluß die sogenannte desponsatio und die copula erforderlich« (S. 18). Gemeint ist mit *desponsatio* das Verlöbnis und mit *copula* der Beischlaf. »Nach Petrus Lombardus [...] bewirkt dagegen ausschließlich der ›consensus de praesenti‹ die Ehe, die copula habe dagegen keinen Einfluß auf das Zustandekommen einer gültigen Ehe. Analog dazu wird auch die Frage der Lösbarkeit unterschiedlich beantwortet. Für Gratian ist das ›coniugium initiatum‹, also die nichtkonsummierte Ehe, durchaus lösbar, während das ›coniugium ratum‹ [...] eine sakramentale Ehe vorstelle und damit absolut unauflöslich sei« (S. 19). Für Petrus Lombardus ist demgegenüber bereits die durch Konsens unter Anwesenden (*consensus de praesenti*) eingegangene Ehe unauflöslich.

3029 / 4993 *Diu minne / vrou Minne:* Gerhart personifiziert die Minne. »Die Darstellung von unbelebten, außermenschlichen oder abstrakten Sachverhalten als menschliche Gestalten« (Christoph Huber, Art. »Personifikation«, in: *Reallexikon der deutschen Literaturwissen-*

schaft, Bd. 3, Berlin [u. a.] 2003, S. 53–55, hier S. 53) ist in der mhd. Literatur extrem verbreitet.

3060 ff. Der Text ist an dieser Stelle uneindeutig und schwer verständlich. Wir haben versucht, in der Übersetzung einen Deutungsvorschlag zu machen: Gemeint ist offenbar die Aussteuer, die der Vater der Braut aufzubringen hat. Es ist aber selbst dem reichen Gerhart nicht möglich, Erene mit einer standesgemäßen Aussteuer zu versehen. Er formuliert das so: Sein ganzes Vermögen würde nicht einmal dazu ausreichen, ihr zu einem Mann zu verhelfen, der auch nur Lehensnehmer ihres Vaters, also weit unter ihrem Stand, wäre.

3072 Gerhart entwirft eine Zukunftsaussicht, in der Erene für ihren Lebensunterhalt selbst arbeiten muss (in P, Z. 406 f. und 421). Er geht also davon aus, dass sie nicht für immer bei ihm bleiben kann. Das widerspricht allerdings der Hoffnung, der er in V. 3226 Ausdruck verleiht, dass nämlich Erene für immer bei ihm bleibt. Offenbar ist das aber nur als Ehefrau seines Sohnes denkbar.

3074 Gabriel Sattler verkehrt den Sinn dieses Verses in der Handschrift B in sein exaktes Gegenteil, indem er schreibt: »*Ich müste immer wesen fro*«.

3092 *herre vater:* Erene spricht Gerhart nun als ihren Vater an. »Mit dem Übergang in die rechten Gewere im Falle Erenes und des alten Gerharts scheinen parallel dazu die Gewere zu rechter Vormundschaft zu greifen: Die Königin Erene wird jetzt gleichsam zum Mündel Gerharts!« (M. Schulz 1999, S. 11). Die Antwort Erenes auf Gerharts Vorschlag findet sich in P, wo Erene Gerhart jedoch nicht als Vater, sondern als Herr anspricht, vgl. P, Z. 427.

3100–04 Gerhart ist sich – das machen seine mehrfachen Einleitungen und Gunstversicherungen gegenüber Erene, die er konstant als *vrouwe* anspricht und kontinuierlich ihrzt, deutlich – dessen wohl bewusst, dass sein Vorschlag, seinen Sohn zu heiraten, eigentlich ungeheuerlich ist. Er bedeutet eine beispiellose ständische Erniedrigung ihrer Person, die sich allerdings in einem unklaren gesellschaftlichen Status befindet. Warum Erene nicht ihrem Vater zugeführt werden kann (der später umstandslos von Willehalm zur Feier nach England eingeladen werden kann und auch kommt) und warum Gerhart gar davon ausgeht, Reinmunt müsse tot sein (V. 2985), weil er seine

Tochter (von der er ja glauben muss, sie sei wohlbehalten in England) nicht sucht oder benachrichtigt, ist nicht recht zu verstehen. Fast könnte der Eindruck entstehen, Gerhart lege sich die Sache so zurecht, wie sie für ihn und seine Pläne vorteilhaft ist.

3118 *sorg:* Asher ediert an dieser Stelle mit B *kumber.*

3146 Erene weiß, dass sie keine andere Möglichkeit hat, als Gerharts Vorschlag zuzustimmen, weil sie ohne Familie und Gefolge, folglich ohne adligen Status, Schutz und Ressourcen ist, und überdies tief in seiner Schuld steht. M. Schulz 1999 bezeichnet Erene mit Verweis auf den *Schwabenspiegel* als Schuldnerin Gerharts: »Die Königin ist aufgrund des schon genannten Entschädigungsanspruchs Gerharts Schuldnerin« (M. Schulz 1999, S. 7). Aus dieser Perspektive deutet sie Erenes »Seidenstickerei in Heimproduktion« als Versuch, ihre »Schuld zur Gänze oder wenigstens zum Theile abzutragen« (ebd., S. 9, mit Zitat aus Ernst Weisl, *Deutsches Pfandrecht bis zur Reception des römischen Rechtes,* Wien 1881, S. 33). Die deutlichen Zeichen ihrer Ablehnung, u. a. die Bitte um ein Jahr Aufschub und ihre Tränen, dokumentieren demgegenüber unverkennbar ihre unverminderte Bindung an Willehalm: »Vor allem entscheidend ist jedoch hinsichtlich der ersten Ehe der außerordentlich auffällig markierte Konsensusgedanke, der bei der zweiten Verbindung schlichtweg fehlt [...]. So wird im Text mehrfach betont, daß die eigentliche Stifterin der desponsatio von Willehalm und Erene die Minne ist« (M. Schulz 1999, S. 15).

3198/3203 Die Szene lässt keinen Zweifel an Erenes Unglück über die bevorstehende Ehe mit dem Kaufmannssohn, das sich in Tränen äußert, die Gerhart regelrecht lakonisch zur Kenntnis nimmt. Ihm ist bewusst, dass er sie »*in [s]înen willen*« (V. 3254) gebracht, also seinem Willen unterworfen, hat. Wie sehr seine offene Freude über eine Ehe, die Erenes unverhohlenen Schmerz erregt, seine Tugendhaftigkeit schmälert, ist eine offene Interpretationsfrage. Vgl. das Nachwort, S. 539. P streicht in dieser Szene Erenes Tränen und lässt sie am Ende des Gesprächs mit Gerhart sogar *fro* sein. (P, Z. 437).

3269 *der liebe herre mîn:* Der Bischof ist der Herr Gerharts: »Die *soziale Stellung* der Einwohner jener frühen Städte war nicht wesentlich anders als die Sozialstruktur der ländlichen Bevölkerung; es gab dort freie und unfreie Leute, deren wirtschaftliche Betätigung mehr von

Handel und Gewerbe geprägt war, als dies auf dem Land der Fall war. Diese Städte standen unter der Herrschaft eines Stadtherrn; in den meisten Fällen waren dies die Bischöfe« (Volkert 1991, S. 39–42, hier S. 39). Der Bischof ist Gerhart in auffälliger Weise wohlwollend und regelrecht freundschaftlich verbundenen.

3329 *ir megetlîchen lîp:* Gerhart macht dem Bischof gegenüber mit diesem Hinweis eine Andeutung darauf, dass ihre Ehe mit Willehalm noch nicht vollzogen wurde.

3338–42 In der Begründung dem Erzbischof gegenüber, warum Gerhart eine Ehe zwischen Erene und seinem Sohn anstrebt, ist jetzt nur noch von der Vermehrung und Befestigung seines Glücks, Gutes und seiner Ehre die Rede, nicht mehr von der Versorgung Erenes, der, wie Gerhart ihr gegenüber in V. 3120–22 behauptet hatte, seine ganze Sorge gelte. Vgl. hierzu auch das Nachwort, S. 539 f. Es ist also zweifelhaft, dass »nur die Absicht, Erêne Hilfe anzubieten, [...] Gêrharts Entschluß [motiviert], der *küniginne* die Heirat mit seinem Sohne nahezulegen«, wie Walliczek (1973, S. 48) meint. P weist diese Begründung Gerharts gar nicht auf.

3347 Je nachdem, welche Rechtsauffassung man für die Beurteilung der nicht vollzogenen Ehe zwischen Erene und Willehalm zugrunde legt (und dass sie nicht vollzogen ist, deutet Gerhart dem Bischof gegenüber durch den Hinweis auf Erenes *megetlîchen lîp*, V. 3329 an), muss die Bereitschaft des Bischofs, an der Herstellung der neuen Ehe mitzuwirken, überraschen oder auch nicht. Denn unter der Maßgabe der Rechtskräftigkeit der Ehe ungeachtet ihres Vollzugs müsste Willehalm zunächst für tot erklärt werden, damit Erene erneut heiraten kann. Unabhängig davon erstaunt die kurze Zeitspanne, die auf Willehalms Rückkehr gewartet wird. Darauf macht auch Schnell aufmerksam: »Offensichtlich wollte unser Dichter jeder möglichen Kritik am Verhalten seiner Romangestalten den Boden entziehen. Mit seiner Darstellung bewegt sich Rudolf im Rahmen der kanonistischen Überlegungen des 12./13. Jhs. [...] Lediglich die Betonung der 2½-jährigen Abwesenheit Willehalms überrascht. Eine so kurze Wartezeit gehört eher in den Bereich der frühmittelalterlichen Bußbücher und der römischrechtlichen Bestimmungen« (Schnell 1983, S. 194 f.).

3366 Der Bischof stellt Gerhart in Aussicht, dass sein Sohn zum Ritter gemacht werden soll. Bemerkenswert ist, dass in P Gerhart seinerseits darauf hinweist, dass sein Sohn vor der Heirat mit Erene erst zum Ritter gemacht werden müsste: *Doch wo̊lt ich die* [die Hochzeit] *zů pfingsten haben, dann min sůn můst vor ritter werden* (P, Z. 459 f.) Dass der junge Gerhart, der ja ein Kaufmann ist, Ritter wird, ist so ungewöhnlich nicht: »In einigen Städten [...] bestanden die Gemeinden, z. T. bis zum Ausgang des Mittelalters, aus ›Rittern und Bürgern‹; auch galten die Bürger vielfach als rittermäßig und lehensfähig und erwarben adelige Güter. Der Rechtsbegriff des Bürgers erwies sich als sehr vielschichtig und von Stadt zu Stadt verschieden« (Manfred Riedel, Art. »Bürger, Staatsbürger, Bürgertum«, in: *Geschichtliche Grundbegriffe. Historisches Lexikon zur politisch-sozialen Sprache in Deutschland*, Bd. 1, Stuttgart 1972, S. 672–725, hier S. 676).

3450 *der heilig âbent:* Es muss der Abend vor Pfingsten gemeint sein, offenbar ein besonders beliebter Termin für Schwertleiten: »Mit Vorliebe stellten die Veranstalter von Rittererhebungen einen Bezug zur Kirche bereits durch die Wahl des Termins her: Durchaus üblich war es, die Zeremonie an einem kirchlichen Feiertag zu begehen, bevorzugt zu Pfingsten« (Elsbet Orth, »Formen und Funktionen der höfischen Rittererhebung«, in: *Curialitas. Studien zu Grundfragen der höfisch-ritterlichen Kultur*, hrsg. von Josef Fleckenstein, Göttingen 1991, S. 128–170, hier S. 141).

3479 *dienstmannes reht:* Mit dem offiziellen Recht eines Dienstmannes ist der Status der Ministerialität gemeint, also eine spezifische Rechtsinstitution, die sich durch Bindungen und Verpflichtungen konstituiert, aber auch starke Formen der Symbolisierung aufweist. In welche konkreten Rechtsverhältnisse der junge Gerhart hier einbezogen wird, bleibt unklar. Zentral ist die öffentliche Ehrung, die ihm zuteilwird. Anders als der Verstext handelt der Prosatext diesen Rechtsakt beiläufig in einem Satz ab: *Min sůn ward ritter unnd laytt schwertt* (P, Z. 469 f.).

3498 f. Die Eheschließung zwischen Gerhart und Erene wird angesichts dessen, was sie für Gerhart bedeutet, auffällig beiläufig erzählt (P, ansonsten allen Ausschmückungen abhold, schildert diese Szene immerhin in drei Sätzen, Z. 470 f.).

3505 *buhurdieren:* aus dem afrz. *behourt* und mlat. *bohordicum* ›ritterliches Lanzenspiel‹ entlehnt. Es bezeichnet »ein Reiterspiel in geschlossenem Verband, eine Art Schaureiten oder Parade zu Pferd, ein Formationsritt also, bei dem es im Unterschied zur Tjost, welche zwischen zwei Einzelkämpfern ausgetragen wird, auf die reiterliche Geschicklichkeit ankommt« (Wolf 2002, S. 14 f.). Der Buhurt wird ohne Waffen und mit dem Ziel, die Gegner abzudrängen, ausgetragen und ist oft Bestandteil der Feier von Schwertleiten.

3543 Asher versteht diese schwierige Stelle anders als wir und ediert: *êr hiez die naht sî schrîben an.* Damit macht er die Ehre (*êr*) zum bewirkenden Subjekt des Handelns Gerharts. Zu übersetzen wäre das mit »Die Ehre veranlasste den jungen Gerhart dazu ...«. Doch wie das Verb in diesem Zusammenhang mit ›Ehre‹ zu übersetzen wäre, ist unklar, zumal kein Zusammenhang mit dem Aufschub des Beilagers besteht. Wir fassen *er* nicht als Nomen, sondern als Pronomen auf. Gemeint ist der junge Gerhart, der die Hofleute als Gäste aufnimmt (vgl. BMZ, Bd. 3, Sp. 205b). Dass dieser Sachverhalt der Bewillkommnung nichts mit der Begründung dafür zu tun hat, warum Gerhart das Beilager mit Erene noch nicht vollziehen kann (weil er nämlich, wie seinerzeit Willehalm, noch nicht zum Ritter geworden ist), wird erst im nächsten Vers zur Sprache gebracht (*wan er niht worden was ze man*) und lässt sich folglich grammatikalisch sauber abtrennen.

3546 *kneht:* »Die Bezeichnung *Ritter* war kein rangmäßig differenzierter Titel, sondern kam dem ›ehrbaren‹ (d. h. der ritterlichen Standesehre unterworfenen) und dem ›festen‹ (d. h. mit ritterlicher Waffenfähigkeit ausgestatteten) Mann zu, der formal durch den Ritterschlag gesellschaftlich anerkannt war. Fehlte der Ritterschlag, so trug der Betreffende die Bezeichnung ›Knecht‹, was so viel wie ›Edelknecht‹ (Knappe) bedeutete« (Volkert 1991, S. 104 f., hier S. 105).

3547 Sattler entstellt den Text in B und schreibt an dieser Stelle: *Sitz gemaches mier versaget.*

3588 »Dem geselligen Charakter des Festes [der Schwertleite] fügte man oft noch eine besondere Note hinzu, indem man zu Ehren des neuen hochadligen Ritters und zusammen mit ihm eine Vielzahl von Altersgenossen, von *comilitones* erhob. [...] sie werden beschenkt –

wenigstens mit Kleidern, meistens auch mit Rüstung und Pferd« (Orth 1991 [vgl. Anm. zu V. 3450], S. 162).

3595 Der Bischof vollzieht eine Ritterweihe: »Bezeugt ist sie seit dieser Zeit [10./11. Jh.] durch Benediktionen, die vor allem über das Schwert, aber auch über den neuen *miles* selbst oder während der Verleihung von Fahne, Lanze, Schwert, Schild und Sporen gesprochen wurden. Genau wie beim Krönungsfest wurde auch bei der Ritterweihe das Schwert vom Altar genommen und zu den Worten des Schwertsegen dem Kandidaten umgebunden – u. U. vom Geistlichen, der den Ritus alleine vollziehen konnte« (Orth 1991 [vgl. Anm. zu V. 3450], S. 143 f.). »Offensichtlich hat sich also in der Traktatliteratur in den Jahrzehnten zwischen 1165 und 1200 die *miles*-Weihe-Argumentation weiter- und in eine neue Richtung entwickelt. Diese Entwicklung entsprach der [...] Aufwertung des ›Ritter‹-Begriffs, des ›Ritter‹-Namens – bzw. folgte ihr nach. Schon 1184 konnte der Kaiser seine Söhne in das Rittertum einführen, aber erst um 1200 gehörte die *miles*-Weihe [...] nicht mehr in eine dem Hof ferne, rein militärische Sphäre. Auch für den hohen Adel wurde sie interessant, im eigentlichen Sinne ›hoffähig‹« (ebd., S. 150 f.).

3597 f. *stolze ritter:* Es sind Ritter, die den jungen Männern die Schwerter umgürten.

3643 Das höfische Rittertum orientiert sich stark an Frankreich, deshalb spornen sich die Ritter hier gegenseitig mit frz. Schlachtrufen an.

3685 Truchsess und Mundschenk sind ehrenvolle Hofämter. Vgl. zu ›Truchsess‹: »Seit fränkischer Zeit war das Amt des Truchseß mit dem des Seneschalls, des obersten Hofbeamten, identisch. Zu dessen Pflichten gehörte die Hof- und Güterverwaltung, die Aufsicht über das Personal und die kgl. Tafel. In der Folgezeit trat der Tafeldienst in den Vordergrund« (Sebastian Kreiker, Art. »Truchseß«, in: LexMA 8 (1997), Sp. 1069). Hofämter existierten auch an weltlichen und geistlichen Fürstenhöfen, so dass davon auszugehen ist, dass es sich um die Hofämter des Bischofs handelt.

3750 *wallære:* Der Begriff kann außer mit ›Wanderer‹ auch mit ›Pilger, Wallfahrer‹ oder ›Umherziehender, Fahrender‹ übersetzt werden. Willehalm ist seit Jahren auf der Suche nach Erene und deshalb eigentlich eher Umherziehender als Wanderer. In P bezeichnet Gerhart ihn als *ain armen bettler* (P, Z. 483) und duzt ihn.

3789 In Willehalms Verschlossenheit gegenüber Gerhart spiegelt sich dessen bescheidene Zurückhaltung Otto gegenüber. Und so wie Otto Gerhart erst zum Reden gebracht hatte, muss Gerhart Willehalm dazu bringen, ihm gegenüber seine Identität zu enthüllen.

3870 ff. Mit der Erzählung Willehalms wird die Vorgeschichte der Gerhart-Handlung, von der Gerhart und der Rezipient nur das Nötigste durch Stranmur erfahren hatten, ausführlich erzählt (in P, Z. 511–524).

3887 Dass die Ratgeber dem Herrscher zu einer Braut raten und der Herrscher diesen Rat beherzigt, ist für Helden- und Brautwerbungsepik konventionell und bezeugt die Herrschertugend ebenso wie den guten Leumund der Braut. Durch die gescheiterte Brautwerbung wird Gerhart gewissermaßen zum Brauthelfer: »Erst als die Befreiung der Prinzessin schließlich auf ihre Hochzeit mit Willehalm hinausläuft, entpuppt sich Gerhart faktisch als der werbende Bote Willehalms in einer Variation des Werbungsschemas. Wenn die Liebenden wieder zusammenfinden, kommt also nicht nur das Schema von ›Trennung und Wiedervereinigung‹ zum Abschluß, zugleich ist auch das Brautwerbungsschema nachträglich vervollständigt worden« (Bleumer 2003, S. 103).

3926 *kneht:* Willehalm hat noch keine Schwertleite empfangen, ist also noch nicht zum Ritter geworden (vgl. Anm. zu V. 3546). Für Reinmunt ist diese symbolische Handlung Voraussetzung für den Vollzug der Ehe. Dass solche Heiratsvoraussetzungen auch in der mittelalterlichen Herrschaftspraxis belegt sind, zeigt ein Fall, auf den Orth hinweist: »Bei der Verlobungsabsprache, die Heinrich III. von England und König Alfons von Spanien für Heinrichs Sohn Edward und Alfons' Schwester Eleonore trafen, forderte Alfons, *prout tantum decuit*, der 14-jährige Edward möge nach Spanien geschickt werden, damit Alfons ihm das *cingulum militare* geben könne« (Orth 1991, S. 156, Anm. 116 [vgl. Anm. zu V. 3450]). Orths Quelle ist die *Historia Anglorum* des Matthäus von Paris. P verzichtet auf die Erwähnung einer fehlenden Schwertleite. Hier ist die Jugend Erenes der Grund dafür, dass die Ehe noch nicht vollzogen wird und das Paar getrennt nach England reist (P, Z. 517).

3998 *gast:* hier: ›Fremder‹. Willehalm muss mit ansehen, dass nicht nur seine eigenen, sondern auch die fremden Mitreisenden, die unter seinem Schutz stehen, ertrinken.

4056 *ôstertac:* Der Osterfesttag ist verbreitete Metapher höchster Freude und größten Entzückens.

4145 ff. Bemerkenswert ist, dass Gerhart Willehalm zu keinem Zeitpunkt seine Entscheidung, ihm Erene zurückzugeben und seinem Sohn den Verzicht auf sie aufzuerlegen, mitteilt. Wann Willehalm bewusst wird, dass er seine Braut zurückbekommt, bleibt während der ganzen langen Szene uneindeutig.

4210 f. Gerhart erkennt in Willehalms Erscheinen eine Fügung Gottes und hat den Entschluss, Erene ihrem ersten Mann zurückzugeben, offenbar bereits gefasst. Anders als in der ersten Verzichtsepisode in Marokko bedarf er also keines Rates mehr. Aber er erdreistet sich nicht, eigenmächtig zu handeln, sondern bezieht den Bischof mit ein und übergeht auch seinen Sohn nicht.

4250–52 Nachdem der Erzbischof in V. 4231 Gerhart noch angekündigt hatte, selbst mit dessen Sohn zu sprechen, überlässt er die Rede nun überraschend Gerhart. In P versucht Gerhart vergeblich, den Bischof dazu zu überreden, mit seinem Sohn zu sprechen (P, Z. 558), so dass er selbst das Wort ergreifen muss.

4261 Im nun folgenden Gespräch zwischen Gerhart, dem Bischof und Gerharts Sohn entstehen Metadiegesen: Alle direkten Reden, die Gerhart wörtlich wiedergibt, sind innerhalb der Intradiegese, die sein Bericht gegenüber Otto darstellt, metadiegetisch. Im hier beginnenden Gespräch verschachteln sich Metadiegesen bis zu einer vierten Ebene, dann nämlich, wenn in V. 4355 der Bischof vom Boten Gottes erzählt, dessen Rede wörtlich wiedergegeben wird. Vgl. dazu den Kommentar zur Stelle.

4298 *gewalt:* Gerhart betont, dass die vorliegende Situation eine Rückgabe Erenes an Willehalm nicht erzwinge. Die Rückgabe ist *genâde* (V. 4303): Denn sein Sohn besitzt die Macht und damit auch die Freiheit, an Willehalm *übel oder wol* (V. 4300) zu handeln, und es ist gerade diese Freiheit, die im Falle der richtigen Entscheidung den *grœzern ruom* (V. 4302) begründet. Vgl. dazu Philipowski 2020. P kennt diese Ausführungen des alten Gerhart nicht.

4334 *der zehende kôr:* Der Erzbischof macht Andeutungen auf Luzifers Höllensturz, auf den sich Hinweise in apokryphen Schriften finden, aber auch in der Bibel, z. B. in der Johannesapokalypse. Im Rahmen dieser im Mittelalter verbreiteten Vorstellung wurde zusammen mit Luzifer eine Schar abtrünniger Engel gestürzt und verbannt, die bei manchen Autoren als der zehnte Chor bezeichnet werden. Dieser zehnte Chor findet in der mhd. Literatur öfter Erwähnung, z. B. im *Willehalm* Wolframs von Eschenbach (Ausg. Heinzle 1991 [vgl. Anm. zu V. 2548 ff.]): *nû geloubet ouch, daz diu mennescheit / den engelen ir stat ab erstreit, / dâ si gesetzet wâren, / die unser künne vâren, / ze himele in den zehenden kôr. / die erzeigeten got alsölhen bôr, / daz sin werdiu kraft vil staetec / von in wart anraetec. / [...] dar umbe des mennischen wart erdâht* (308,1–8.13). Der zehnte Chor begegnet auch im *Prosalancelot.* Hier wird davon berichtet, dass Gott die Zeugung des Menschen veranlasst, um den Engelschor zu vervollständigen, der durch den Engelssturz unvollständig geworden war: *Da gesahe unser herre ir schemde, und es erbarmet yne, wann umb das das syn gebott nit mocht werden úbergangen und das syn wille was also das von den zweyn wolt er erneren das menschlich geschlecht, umb zu erfullen den zehenden chore der engel, die von dem hymmel waren gestoßen umb ir hoffart [...].* (*Prosalancelot V. Nach der Heidelberger Handschrift Cod. Pal. germ. 147*, hrsg. von Reinhold Kluge, übers., komm. und hrsg. von Hans-Hugo Steinhoff, Frankfurt a. M. 2004 [*Bibliothek des Mittelalters*, 18], 420, 36–422,4.) Die Rolle der Schöpfung des Menschen in diesem Zusammenhang wird unterschiedlich gewichtet. Auch dem Bischof im *Guoten Gêrhart* zufolge ersetzt er die gestürzten Engel. Vgl. dazu z. B. Karl-August Wirth, Art. »Engelsturz«, in: *Reallexikon zur Deutschen Kunstgeschichte*, Bd. 5, Stuttgart [u. a.] 1960, Sp. 621–674, und Paul Salmon, »Der zehnte Engelchor in deutschen Dichtungen und Predigten des Mittelalters«, in: *Euphorion* 57 (1963) S. 321–333; vgl. zu den Engelschören auch V. 337 in Ottos Gebet.

4355 ff. Der Bischof bezieht sich auf Bibelstellen wie Markus 10,9 oder Matthäus 19,6, um den jungen Gerhart von der Rechtmäßigkeit von Erenes erster Ehe zu überzeugen. Dabei muss der weise Bote Jesus selbst sein, der diese Worte im Neuen Testament spricht. Die Sprechinstanzen sind in diesem Abschnitt teilweise uneindeutig. P streicht diese ausführlichen Darlegungen.

4358 In B vier Plusverse: *daz ist in sînen hulden wol, / dâ von ez niemen scheiden sol. / wie mac gescheiden unser rât / swaz got vor uns gefüeget hât?* (Normalisierung nach Ausg. Asher [3]1989.)

4370 ff. Der Bischof entwirft hier das Schreckensbild eines rächenden Gottes, der den jungen Gerhart im Falle seiner Verweigerung der Rückgabe von Erene beim Jüngsten Gericht zur Rechenschaft dafür zieht, dass er sich über seine deutlichen Wunderzeichen hinweggesetzt hat. Er würde so nämlich verhindern, dass Willehalm und Erene eine von Gott gesegnete Dynastie gründen oder fortsetzen könnten.

4392 ff. »Letztlich überwiegt beim Leser des ›Guten Gerhard‹ doch der Eindruck einer Unstimmigkeit« (Schnell 1983, S. 201): Diese geht darauf zurück, dass die Ehe zwischen Willehalm und Erene grundsätzlich den gleichen Rahmenbedingungen unterliegt wie die zwischen ihr und dem jungen Gerhart, abgesehen davon, dass sie als erste geschlossen wurde. Aber in beiden Fällen ist die Ehe nicht vollzogen und folglich entweder gültig oder ungültig. Wenn der Bischof Erene als Willehalms *êlich wîp* bezeichnet, scheint er sich damit weniger auf eine Rechtsnorm als auf das mirakulöse Einwirken Gottes zu beziehen.

4413 In B findet sich die Lesart *wan sî ein ander man sol hân*: »Denn sie ist einem anderen Mann bestimmt« oder »Denn ein anderer Mann soll sie haben«. Hier wird also nicht, wie in A, die Perspektive Erenes, sondern die Willehalms auf sie eingenommen. Asher folgt in seiner Edition dieser Lesart B gegen A.

4420 Bezeichnenderweise beklagt der junge Gerhart zunächst den Verlust der Aussicht auf *sælde* und *êre* und nicht den auf die Erfüllung von *minne.*

4495 *ohteiz:* Interjektion der Verwunderung unklarer Herkunft.

4563 f. Erene erkennt ihren Ehemann nicht, obwohl er in höfischer Aufmachung, also nicht mehr von der Mühsal der Suche nach ihr entstellt, ist. Solches Unvermögen, den anderen zu erkennen, deutet in der mhd. Dichtung oft darauf hin, dass Figuren an einer standesgemäßen Existenz oder in anderer Form an der Entfaltung ihres Wesens gehindert sind, also unter demütigenden, kränkenden Bedingungen leben müssen. In dieser Episode könnte das nur auf Erene selbst zutreffen. Warum aber ist es dann dem verarmten Willehalm möglich, Erene zu erkennen? Auch, dass die englischen Adligen Gerhart später in London nicht erkennen können, ist so nicht befriedigend zu erklären. Vgl. u. a. Armin Schulz, *Schwieriges Erkennen. Personenidentifizierung in der mittelhochdeutschen Epik*, Tübingen 2008 (*Münchener Texte und Untersuchungen zur deutschen Literatur des Mittelalters*, 135), und Jan-Dirk Müller, »Woran erkennt man einander im Heldenepos? Beobachtungen an Wolframs *Willehalm*, dem *Nibelungenlied*, dem Wormser *Rosengarten* A und dem *Eckenlied*«, in: *Symbole des Alltags – Alltag der Symbole. Festschrift für Harry Kühnel*, hrsg. von Gertrud Blaschitz, Helmut Hundsbichler, Gerhard Jaritz und Elisabeth Vavra, Graz 1992, S. 87–111.

4603 *cundewieren:* auch *condwiere*; von frz. *conduiere* ›führen‹ oder ›leiten‹; hier bezeichnet das Wort eher das gegenseitige Abtasten mit Blicken.

4731 Die Vorstellung der Einleiblichkeit stellt in mhd. Lyrik und Erzählliteratur die Klimax der Liebesmetaphorik dar: Zwei Personen verschmelzen durch die Intensität der *minne* zu einer.

4815–49 Am poetischen Klangspiel, das sich nun um den Begriff *senen*, also schmerzliches Sehnen, entfaltet, zeigt sich, dass Gerhart aus der Rolle und der Haltung des homodiegetischen Erzählers fällt, der ja nach wie vor Otto gegenüber die Frage beantwortet, wie er zum Beinamen ›der Gute‹ gekommen ist: »Der sonst in seinem Blickwinkel begrenzte Ich-Erzähler übernimmt so nicht nur die ideologische Funktion der Erzählinstanz des höfischen Romans, er nähert sich auch ihrer Allwissenheit an – und ihrem Gestus, der ›subjektive‹ Vermittler eines ›objektiv‹ gegebenen Geschehens zu sein. So gibt es im Text doch wieder die übergeordnete Perspektive, aber sie ist ein hybrides Konstrukt, da sie gleichzeitig die begrenzte des Ich-Erzählers zu sein vorgibt« (A. Schulz 1999, S. 54).

4822 Mit diesem Vers beginnt die Textlücke in der Handschrift A, die durch Blattverlust entstanden ist. Vgl. dazu die editorischen Hinweise auf S. 446. In der Edition wird sie durch den Text der Handschrift B geschlossen. Diese Einfügung wird durch Kursivierung deutlich gemacht.

4857–73 In der Freude Gerharts, mit seinem Geld die Voraussetzungen für das Glück zwischen Erene und Willehalm geschaffen zu haben, verbindet sich ökonomisches mit nicht-ökonomischem Denken: Einerseits erweist sich Gerhart als geradezu exorbitant großzügig, wenn er behauptet, selbst die zwölffache Summe wäre nicht zu hoch als Preis dieses Glücks. Andererseits belegt gerade dieses Kalkül, dass Gerhart niemals aufhört, zu rechnen, zu vergleichen und aufzuwiegen. Glauch erkennt im Gebrauch des Begriffes *guot* im Rahmen von Gerharts Reflexion eine doppelbezügliche Gelenkstelle, die den unbeabsichtigt in die Auktorialität verirrten Erzähler »wieder in seine homodiegetische Rolle zurückfallen läßt [...]. Doppelbezüglich, weil der heterodiegetische, auktorial sprechende Erzähler hier n o c h mitgelesen werden kann [nämlich als mit dem *guot* des Erzählers auf Gottfried von Straßburg anspielend, K. P.], und dennoch auf einer buchstäblichen Ebene zugleich schon wieder der homodiegetische Gerhart spricht, der vor dem Kaiser sitzt« (Glauch 2009, S. 86, Hervorh. im Orig.; vgl. dort auch die Anm. 184).

4884 B hat an dieser Stelle die folgenden zwei Plusverse: *Wer och nun will mergken wil / Da was mäng ritterliches spil*, sinngemäß: »Man muss zugeben, dass dort viele ritterliche Kämpfe stattfanden«.

4886 *mîn hêrschaft:* Während Gerhart bislang stets den Bischof als seinen Herrn bezeichnet, kommt nach seiner Erhöhung durch Gerhart diese Bezeichnung nun auch Willehalm zu.

4909–11 Für Gerhart ist es eine große Ehre, dass der Königssohn von England auf seinem Fest die Schwertleite empfängt. Für Willehalm ist die Schwertleite die Erlösung von dem Eid, den er Erenes Vater gegenüber abgelegt hatte und der dem Vollzug der Ehe mit seiner Frau im Wege stand und noch steht. Dass er Willehalms Verlangen nach Erene als Grund dafür angibt, dass es überhaupt zu einer solchen Ehrung seiner Person kommen kann, ist wiederum Ausdruck seiner (über)großen Bescheidenheit und seiner sorgfältigen Beachtung des Selbstrühmungs-Verbotes. Obwohl P das Motiv der ausstehenden Schwertleite bei der Heirat mit Erene und der Trennung beider gar nicht eingeführt hatte, wird nun, auf der Feier in Köln, plötzlich eine Schwertleite vollzogen. Wer den Stoff in der älteren Version nicht kennt, muss davon überrascht sein, weil Gerharts Vorschlag, Willehalm solle die Schwertleite empfangen, hier völlig unmotiviert ist (vgl. P, Z. 601 f.).

4987 ff. Erneut fällt auch an dieser Stelle Gerhart wieder aus der Rolle des Ich-Erzählers und beginnt, auktorial zu erzählen (vgl. Anm. zu V. 4815–49). Es sind offenbar vor allem *minne*-Szenen, die den Autor dazu verleiten, die limitierte Perspektive, die dem autodiegetischen Erzähler Gerhart auferlegt ist, zu überschreiten. »Die Erzähler-Fiktion oder Erzähler-Mimesis, die Rudolf als artistischen Firniß über die abenteuerliche Geschichte der Trennung und Wiedervereinigung eines Liebespaares gelegt hat, wird dadurch so dünn und durchscheinend, daß man beim Lesen völlig vergessen kann, daß es eigentlich immer noch Gerhart und nicht Rudolf selbst sein müßte, der hier – in gotfridischer Anteilnahme – von Êrene und Wilhelm erzählt. Fast hat es den Anschein, als ob der rhetorische Impetus den Autor fortträgt und ihn die entworfene Erzähler-Konstellation vergessen läßt« (Glauch 2009, S. 85 f.).

5068 *die varnden liute:* Das fahrende Volk ist die Gruppe der Spielleute, die – beständig unterwegs – ihren Lebensunterhalt durch die – teils sehr anspruchsvolle – Unterhaltung der Adligen bestreiten. Berühmtestes Mitglied dieser Gruppe ist der Autor von Minnesang und Spruchdichtung Walther von der Vogelweide, der seinen Liedern zufolge erst durch den Erhalt eines eigenen Lehens von dieser entbehrungsreichen Existenzform erlöst wurde; so zumindest schildert er es in einem seiner Lieder. Vgl. zum gesamten Komplex *Sangspruch/ Spruchsang. Ein Handbuch*, hrsg. von Dorothea Klein, Jens Haustein und Horst Brunner, Berlin [u. a.] 2019.

5113 *vater mîn:* Willehalm bezeichnet, sich in ökonomischer Abhängigkeit wissend und Gerhart zu größtem Dank verpflichtet, diesen, so wie Erene es zuvor getan hatte, als *vater* und duzt ihn vertraulich. Gerhart seinerseits bleibt stets in ständischer Unterordnung gegenüber Erene und Willehalm, die sich in seinem Ihrzen bekundet. Auch in P ihrzt Gerhart Willehalm, nachdem er von seiner Identität erfährt.

5203 Nochmals wird auf Pfingsten (s. V. 3366 und 3450) als Termin hingewiesen, hier konkret als dem Fest der Verheißung und des Kommens des Heiligen Geistes, dem im Rahmen der Messe gedacht wird. Zur erzählten Zeit vgl. den Kommentar zu 635 und 1183.

5237 Das heftige Weinen beim Abschied ist, wie dieser Vers nahelegt, nicht nur Ausdruck des Trennungsschmerzes, sondern auch Gebot der *triuwe*.

5255 f. Der Ortsname *Lunders* kommt bereits bei Wolfram von Eschenbach vor. Der davon abgeleitete Flussname findet sich nur hier. Vgl. BMZ, Bd. 1, Sp. 1051b.

5288 B hat an dieser Stelle fünf Plusverse gegenüber A: *In sin herberg sa ze hannd / Dz was mir e wol erkannt / Der schu[o]ff nauch mines hertzen gier / Minem knaben vnnd och mir / Gu[o]t beliben gu[o]t gemach*, also frei übersetzt: »Der Wirt führte mich sogleich in seine Herberge. Das hatte ich zuvor bereits bemerkt. Der bereitete mir und meinem Diener nach all meinen Wünschen einen angenehmen Aufenthalt und Komfort.« Bemerkenswert ist, dass in A die Reime *ersach – gemach, gach – sprach* unmittelbar aufeinander folgen, so dass beinahe ein für Rudolf untypischer Vierreim entsteht.

5323 *Eberwîc* (York?) und *Santâvît* kommen als Ortsnamen für englische Erzbistümer auch in Rudolfs von Ems *Willehalm von Orlens* vor. Vgl. Rudolfs von Ems, *Willehalm von Orlens. Aus dem Wasserburger Codex der fürstlich Fürstenbergischen Hofbibliothek in Donaueschingen*, hrsg. von Victor Junk, Berlin 1905 (*Deutsche Texte des Mittelalters*, 2), Nachdr. Dublin [u. a.] 1967, vgl. dort das Namenverzeichnis.

5338 Der Hinweis auf die prächtige Gewandung Gerharts soll offenbar erklären, warum er ohne weiteres zum Rat vorgelassen wird. Sogar die Version P, die sonst alle entbehrlichen Details streicht, behält den Hinweis auf Gerharts prächtige Gewandung bei und erweitert diesen sogar noch um die Bemerkung, dass man Gerhart um ihretwillen Platz macht, vgl. P, Z. 654.

5357 Dass Gerhart, ohne erkannt zu werden, vom Rat aufgefordert wird, als Fremder an den Beratungen teilzunehmen, ist selbst durch Gerharts vornehme Erscheinung (vgl. Anm. zu V. 5338) nicht ganz plausibel zu begründen. Was die Szene so unglaubwürdig macht, ist, dass die Pointe der Erzählung es gebietet, dass Gerhart an dieser Stelle noch nicht nach seinem Namen gefragt wird.

5362 Das Motiv des Erkennens und Verkennens wird auch hier wieder produktiv gemacht: Warum die englischen Adligen Gerhart nach nur etwas mehr als zwei Jahren bereits nicht mehr erkennen, während er sie erkennt, erschließt sich nicht unmittelbar. Eine ›Motivation von hinten‹ liegt nicht vor, denn die hier Beratschlagenden müssen nicht zwingend mit denen identisch sein, die Gerhart später aus Begeisterung darüber, ihren Wohltäter hier in London wiedergefunden zu haben, krönen – sie könnten die Szene ja auch später betreten. Auch in P erkennen die Herren Gerhart nicht wieder, vgl. P, Z. 659 f. Hier findet sich allerdings die Erklärung, dass die Herren Gerhart *vergessen [hetten], das mich ir kainer mer kannte* (P, Z. 659 f.).

5389–5462 Das Geschehen wird ein weiteres Mal, nun aus der Perspektive der englischen Fürsten, erzählt (in P, Z. 669–680). Die Forschung hat in den zahl- und umfangreichen Binnenerzählungen ein Charakteristikum des Textes gesehen, der die Bedeutung der Handlung in den Figurenreden und -erzählungen verhandelt: »Diese neue Transparenz des ›Sinns‹, im Gegensatz zu seiner Verborgenheit in der dichten Faktizität des Handlungsgeschehens, wird also erreicht durch die sinndeutende Funktion programmatischer Konflikterörterungen und *rât*-Versicherungen, die für die handelnden Figuren die Bedeutung der Ereignisstationen im ständigen Rekurs auf eine verbindliche, religiöse Bewertungsebene aufschlüsseln« (Walliczek 1973, S. 120).

5457 *karc:* kann sowohl ›Boshaftigkeit‹ als auch ›Geiz‹ meinen. Beides disqualifiziert eine Persönlichkeit für das Herrscheramt. Denn vom Herrscher wird u. a. erwartet, dass er seine Untergebenen und sein Gefolge an seinem Reichtum teilhaben lässt und nicht kleinlich an seinem Besitz festhält.

5522–24 Gerhart wird zum König von England gekrönt; damit kommt es nach der Verheiratung der norwegischen Prinzessin mit einem Kaufmannssohn zur zweiten spektakulären ständischen Transgression, die aber – genau wie die erste – letztlich eine abgewiesene Alternative ist, insofern sie nur momenthaft Bestand hat und sofort wieder zurückgenommen wird. In P findet sich die Szene in Z. 691 f.

5588 Gerhart fasst die Krönung als Lohn für seinen Freikauf der englischen Geiseln in Marokko auf.

5687–5752 Diese Verse sind nur in B überliefert und fehlen in A aufgrund von Blattverlust in der Vorlage. Der Scheiber der Hs. A markiert diese Lücke nicht, sondern fährt nach dem Vers *ir kleider gâben liehten schîn* (V. 5686) mit *in ernstlîchem râte saz* (V. 5753) fort.

5768–70 Zum neu gekrönten König müssen auch die Herrschaftsbeziehungen neu hergestellt oder bekräftigt werden. Alle Lehen und Rechte werden deshalb neu vergeben und empfangen (in P, Z. 723).

5782 *sîner* in der Handschrift, offenbar wg. Zeilensprung, durchgestrichen. Unser Text folgt (mit Asher) B und ergänzt *der vil.*

5812–20 Eine Serie von Ortsnamen, die in V. 5891–93 nochmals ähnlich aufgegriffen wird: *Wâleis* ist nicht Valois in Nordfrankreich (BMZ, Bd. III, Sp. 468b), sondern Wales (afrz. *Gales*). *Kornubâl* entspricht Cornwall, bei *Ibern(e)* könnte es sich hier und in V. 5893 um ein Land in (oder bei) Irland handeln, wie Rudolf in seiner *Weltchronik* nahelegt: *Hyberne [...] das sundir lant in Irlant / in disem lantgebirge lit [...].* Vgl. *Rudolfs von Ems Weltchronik. Aus der Wernigeroder Handschrift*, hrsg. von Gustav Ehrismann, Berlin 1915 (*Deutsche Texte des Mittelalters*, 20), V. 2710–14.

5820 f. Die Beiläufigkeit der Erwähnung, dass Erenes Vater zum Fest eingeladen wird, legt die Frage nahe, warum es für Gerhart offenbar keine Option gewesen war, Reinmunt durch einen Boten über das Schicksal seiner Tochter in Kenntnis zu setzen.

5856 *gezelt:* Dass adlige Gäste in prunkvollen Zelten residieren, ist durchaus üblich, da eine derart große Zahl nicht in der Burg untergebracht werden kann. Die Pracht und der Schmuck solcher Zelte werden in der mhd. Literatur oft beschrieben.

5887 *ende gab der klage:* Wie Erene der Klage um die Ertrunkenen ein Ende setzt, durch ihren Trost oder etwa durch eine materielle Entschädigung, bleibt offen.

5892 *Norgâleis:* Nordwales (afrz. *Norgalles*).

5904 *Artûs der Britûn:* Anspielung auf den sagenumwobenen König Artus, die Zentralfigur der Artusepik, die, von der lat. Chronistik ausgehend, die volkssprachige Literatur in Frankreich beeinflussend, um 1200 auch in der mhd. Literatur populär wurde. Rudolf scheint dieser Gattung keine Aufmerksamkeit gewidmet zu haben, womöglich weil im Rahmen der deutschsprachigen Literatur Artus keine historische Gestalt war und Rudolfs Interesse eher historischen Stoffen galt. Die Anspielung zielt hier aber eher auf die höfische Erzählliteratur als Ganze: »Das Brautwerbungsschema und das Motiv von Trennung und Wiedervereinigung eines Paares werden hier so kombiniert, daß sich daraus eine Abfolge aus einem ersten Weg mit anschließender Krise ergibt, aus der ein zweiter, in sich gestufter Weg herausführt. Für Willehalm und seine Braut wird dieser gestufte Doppelweg zu einem sinnkonstituierenden Prozeß, der die Figuren auf ein höheres, ideales Niveau hebt« (Bleumer 2003, S. 104). Das Fest, das die Suche beschließt, übertrifft »selbst bekannte literarische Vorbilder und bestätigt das neu gewonnene Ideal« (ebd., S. 104).

5978 *von minnen schône singen:* Gemeint ist wohl Minnesang, also strophische mhd. Liebeslieder, die mit Instrumentalbegleitung, teils zum Tanz, am Hofe vorgetragen wurden, während sich das *von âventiuren sprechen wol* (V. 5979) eher auf den Vortrag von Heldendichtung oder von höfischen Romanen mit Sprechstimme beziehen dürfte.

6029–44 Gerhart benennt Otto gegenüber voller Genugtuung das Ansehen sowie die Auszeichnung und Ehrung, die ihm dadurch zuteilwird, dass Willehalm ihn zum Tischgenossen der Königin und seinen Sohn zu dem seinen macht. Seine Demut besteht darin, dass er die Ehrungen, die ihm später angeboten werden, zurückweist, nicht darin, dass sie ihm nichts bedeuten.

6084 f. *herzogentuom / lîhe … Kant:* Zu den zahlreichen ständischen Transgressionen, die der Text beschreibt, gehört auch, dass Gerhart zum Lohn für seine Wohltaten mit dem Herzogtum Kent belehnt werden soll. Dieser Entschluss wird von jenen Edlen getroffen, denen Gerhart aus ihrer eigenen Degradierung und Erniedrigung in Marokko verholfen hatte. Doch auch diese Transgression wird zur abgewiesenen Alternative, denn Gerhart lehnt mit dem Hinweis auf seine ständische Inferiorität ab. In P findet sich die Stelle in Z. 749.

6131 f. *er stiez von mînem lande sich, / für sich nam er ze künige mich:* Asher hatte sich in seiner Edition an dieser Stelle für die Lesart der Handschrift B entschieden: *er stiez von sînem lande sich, / fürbaz nam er ze künige mich* – »Er verließ sein Land und setzte mich als König ein«. Willehalm könnte mit *er* in *er stiez von sînem lande sich* zweierlei meinen: Dass Gerhart eine weitere Reise für Willehalm auf sich genommen hat, aber auch, dass Gerhart Verzicht auf die ihm bereits aufs Haupt gesetzte Krone Englands geleistet hatte. Dann wäre der Vers zu übersetzen mit »Er verzichtete auf die Herrschaft über sein Land«.

6243 f. Musste der junge Gerhart in Köln noch zu seinem ersten Verzicht überredet werden, so bedarf er nun keines Rates mehr, um zu wissen, was sich gebührt. Er verhält sich in seiner bedingungslosen Unterordnung und der Orientierung am Vorbild des Vaters vorbildlich. Im Gehorsam und dem Respekt des jungen Gerhart gegenüber dem alten, also in der familiären Ordnung, spiegelt sich die gesellschaftliche Ordnung, die der Text repräsentiert. Lechtermann erkennt in den Worten des jungen Gerhart überdies einen »politisch brisanten Appell« (Lechtermann 2003, S. 95). »Man spricht dem 1210 exkommunizierten Übergangs-Kaiser die Worte vor, die vielleicht eine Versöhnung erreichen können – im Streit zwischen einem ehemaligen Protegé und seinem Gönner, im Zwist zwischen Otto IV. und dem Papst Innozenz III« (ebd.). Der Verzicht des jungen Gerhart auf die Belohnung, die Willehalm in Aussicht stellt, findet sich sogar in P, vgl. Z. 764 f.

6261 *ophert ez:* Gerhart bezeichnet den Verzicht auf *daz lant, die krôn, die hêrschaft, / die grôzen rîcheit und ir kraft, / die stat, daz herzogentuom, / die grâveschaft und ir ruom*« (V. 6257–60) in den folgenden Versen mehrfach als Opfer. Die ganze lange Beschreibung macht deutlich, dass er Gerhart, wie alle vorhergegangenen Verzichtsleistungen, schwerfällt und gerade dadurch seine Tugendhaftigkeit unterstreicht. Karin Cieslik weist auf die veränderte Begründung für den Verzicht hin: »Der Lernprozess, den Gerhart durchlaufen musste, hat am Ende zu einem neuen qualitativen Höhepunkt geführt, erkennbar nicht mehr nur in der eigenständigen Entscheidungsfähigkeit des Helden, sondern auch im Wesen seiner Argumentation – an die Stelle des Verweises auf die ständische Unangemessenheit der angetragenen Geschenke ist nun die grundlegende, allgemeine Opferbereitschaft für Gott getreten« (Cieslik 2012, S. 184). Dieser Gesichtspunkt wird im sich anschließenden Gespräch mit Willehalm allerdings nicht explizit gemacht. Dort (in V. 6273–84) argumentiert Gerhart rein ständisch.

6309–67 Gerhart wiederholt dem Kaiser über 59 Verse hinweg den hymnischen Lobpreis der Ritter, denen er die Gunst Willehalms erworben hatte. Wie es zu seiner Demut und Bescheidenheit passt, dass er sich selbst in ihren Worten so überschwänglich und ausführlich lobt, ist eine offene Interpretationsfrage.

6466 *mîner lieben muoter:* Erene meint mit ihrer Mutter hier Gerharts Frau.

6488 *fürspan ... vingerlîn:* Ob es sich um jene Spange und jenen Ring handelt, den Gerhart eben jetzt trägt, ist unklar.

6504 *sêre weinen:* Dass Männer, auch Helden, Würdenträger und Krieger, in der mhd. Literatur vor aller Augen weinen, ist weder ungewöhnlich noch ehrenrührig, sondern unterstreicht ihre tiefe innere Bewegung und oft ein Verhalten in Übereinstimmung mit den Idealen der *triuwe.* Ausnahmsweise schmückt an dieser Stelle selbst P das Geschehen mit Aussagen zu emotionalen Handlungen der Akteure aus, vgl. P, Z. 793 f.

6528 In der Handschrift B findet sich mit diesem Vers wieder ein Beispiel für Gabriel Sattlers Vorliebe für Sinnentstellungen. Er schreibt: *Das wass wenn ich dich sach.*

6546–48 Der Topos der Herzgabe oder des Herztausches gehört eigentlich in den Bereich der Liebesdichtung und zeigt hier die enge Vertraulichkeit der Beziehung zwischen Gerhart, Willehalm und Erene an.

6587–94 Ausnahmsweise erzählt Gerhart hier im Präsens und signalisiert damit, dass die Vorbildlichkeit der Herrschaftsausübung Willehalms bis zur Erzählgegenwart andauert.

6595–6624 Unter anderem Cormeau weist darauf hin, dass dadurch, dass Gerharts Lohn im ewigen Leben besteht, das er sich durch Verzicht erwirbt und das sich im Diesseits nur als Erwartung manifestiert, ein erzählerisches Problem für die Gestaltung des Endes entsteht: »Er kehrt nach Köln zurück, und damit kommt die Handlung zum Stehen. Es bleibt [...] alles beim Alten. Gerhart [...] lebt als angesehener Bürger ein Kaufmannsleben zuende. Eine weitere Prüfung ist nicht sinnvoll, jedes weitere Schicksal wäre bloße Wiederholung. Es bleibt ihm nur die Erwartung auf jenseitige Huld Gottes, die aber durch kein falsches rühmendes Wort in Gefahr gebracht werden darf« (Cormeau 1969, S. 95).

6606–08 Die Lesart der Leithandschrift A ist an dieser Stelle verderbt und lautet: *nu ist mir leider unerkant / wan ich des namen niht me bin / wan daz die liute durch ir muot*, wobei hinter *bin* ein Verbindungszeichen zum Wort *guot* fünf Zeilen weiter oben eingefügt ist:

zu lesen ist also *bin guot*. Ein vollständiger Sinn ergibt sich dennoch nicht, denn vermutlich hat der Schreiber versäumt abzuschreiben, was mutmaßlich in seiner Vorlage stand und was wir aus B rekonstruieren können, nämlich *daz reht des namen*. Wir haben, wie Asher und Haupt, dieses aus B ergänzt, um den Sinn des Textes wiederherzustellen.

6624 In der handschriftlichen Version wird hier der homodiegetische Einschub, der in V. 1130 begonnen hatte, beendet, und der heterodiegetische Erzähler, der bis dorthin erzählt hatte, ergreift wieder das Wort. In der Prosaversion gelingt das nicht, denn dem Bearbeiter ist offenbar in Vergessenheit geraten, dass die homodiegetische Erzählsituation wieder geschlossen werden muss, und so lässt er Gerhart einfach weitererzählen. Gerhart, nicht der heterodiegetische Erzähler, erzählt hier in P also, was Otto ihm in der Kemenate antwortet (P, Z. 807) und wie sie beide gemeinsam die Kemenate verlassen, wie Otto – was er gar nicht wissen kann – nach Magdeburg zurückreitet und die (also seine, Gerharts) Geschichte aufschreiben lässt. Eine Übertragung an einen anderen Erzähler als Gerhart findet abgesehen vom letzten Satz nicht mehr statt. P endet ohne Epilog mit dem Hinweis darauf, wo sich Abschriften der Geschichte finden, nämlich in Magdeburg und in Köln, im Wohnhaus Gerharts, das nun ein Kloster sei: *Man fint die geschicht noch hútt deß tags zů Magdeburg uff dem thům geschriben unnd versigellt wol, deßglich zů Cőln in ainem closter, das der selben zytt Gerharts huus gewesen ist unnd sydher ain closter daruß gemacht* (P, Z. 820–822).

6666 *sünden:* Ob Otto an dieser Stelle eine generelle Sündhaftigkeit meint oder die Sünde, die in seiner dreisten Selbstrühmung und der Aufforderung an Gott besteht, ihn seinen jenseitigen Lohn bereits jetzt sehen zu lassen, ist unklar.

6686–6707 Ein letztes Mal wird das Geschehen nun zusammengefasst, dieses Mal von Otto, dem es ja auch auf Figurenebene erzählt worden ist.

6717 f. Otto ersucht Gerhart um seine Fürbitte bei Gott. Da er sich aufgrund seiner guten Taten der Himmelskrone, den Lohn des ewigen Lebens, gewiss sein darf, kann er ›dort‹, bei Gott, auch für Otto bitten.

6761 In der Handschrift B ein Beispiel für Eingriffe des Schreibers Gabriel Sattler, der an einzelnen Stellen den Sinn seiner Vorlage in sein Gegenteil verkehrt. Hier schreibt er: *Gott lert den man dz er sy / Mit truwen sinem dienner by*. Baisch ordnet diesen Eingriff folgendermaßen ein: »Der wohl auf Sattler zurückzuführende Texteingriff ist kein Fehler im engen Sinn. Der Vers ist grammatikalisch richtig, er ist inhaltlich auffällig, aber nicht sinnlos, damit aber schwierig zu bewerten und zu kategorisieren« (Baisch 2002, S. 76).

6780 Der Vers fügt sich nicht in den Erzählzusammenhang ein, denn er behauptet, was nicht zutrifft. Ob hier eine phrasenhaft-konventionelle Charakterisierung vorliegt, die inhaltlich gar nicht aussagekräftig ist, sondern nur das Verspaar auffüllen soll, mag dahingestellt sein.

6795–6824 Die Verschriftlichung der Ereignisse durch den Klerus auf des Kaisers Anordnung hin bildet den unmerklichen Übergang von der Figurenebene auf die Erzählebene, auf der der Epilog angesiedelt ist. In V. 6809 meldet sich der Erzähler explizit zu Wort und legt dar, wie er zu dieser Geschichte kam und wer an diesem Prozess beteiligt war: Ein aus Österreich kommender Mann hat diese in lateinischer Sprache abgefasste Geschichte gelesen und dem Ministerialen Rudolf von Steinach (wohl auf Deutsch) erzählt. Dieser erteilt – als Mäzen – dem Autor-Erzähler den Auftrag, eine schriftliche Abfassung der Erzählung vorzunehmen. »Die Forschung hat als etwas Neues und Besonderes registriert, dass hier ›der erste Gönner der deutschen Literaturgeschichte aus dem Stand der Ministerialität‹ (Joachim Bumke) begegnet, und Xenja von Ertzdorff fand es auffällig, dass ein Angehöriger der ›bischöflich-konstanzischen Ministerialität‹ in der Lage war, ›dem jungen Literaten aus der Familie der Reichsministerialen von Ems den Auftrag für eine Dichtung, deren ›Stoff‹ er vorschrieb, zu erteilen‹« (Zotz 2020, S. 70). Doch »Rudolf von Steinach, zwischen 1209 und 1221 als Ministeriale unter Bischof Konrad von Tegerfelden (1209–1233) bezeugt, spielte am Konstanzer Bischofshof, ablesbar an seiner Position in den Zeugenlisten, eine prominente Rolle; man wird diesen Hof wohl als Fluchtpunkt von Rudolfs Dichten anzusehen haben« (ebd., S. 6). Zotz zitiert Joachim Bumke (*Mäzene im Mittelalter. Die Gönner und Auftraggeber der höfischen Literatur in Deutschland 1150–1300*, München 1979) und Ertzdorff 1967.

6843–51 Der Erzähler erklärt seine Bereitschaft, wohlwollende Kritik gerne aufzugreifen, und seinen Unwillen gegenüber destruktiver Herabsetzung seiner Arbeit. Dabei nimmt er eine Übertragung der zentralen Argumentationsfigur des Prologs auf seine eigene poetische Leistung vor: Es zählt vorrangig der *guote muot*, die Absicht. Diese Verknüpfung von Aussagen des Pro- und Epilogs mit seinem eigenen dichterischen Schaffen macht er in V. 6861 explizit. Der Erzähler greift hier wie an anderen Stellen Verse des Prologs teils wörtlich nochmals auf, bringt diese mit der erzählten Handlung in Verbindung und bezieht sie im Epilog nun auch auf sich selbst, um das Ganze als Argument im Sinne einer *captatio benevolentiae* zu nutzen: Den guten Willen solle der Rezipient für die Tat nehmen und eine mangelhafte Ausführung nachsehen.

6866 *iu:* Nachdem der Erzähler im Epilog sich selbst und sein Dichten thematisiert hat, spricht er nun und im Folgenden mehrfach sein Publikum explizit an. Bevor die Erzählung endet, wird die Gemeinschaft, die in V. 6898 im ›uns‹ explizit wird, durch die Rekapitulation der Lehre und ein Schlussgebet beschworen.

6900 *ellende:* Aus der Perspektive mittelalterlich-christlicher Heilserwartung ist das irdische Leben Vorbereitung auf die ewige Seligkeit, also letztlich Durchgangsstation und Fremde, nicht die wahre Heimat des Menschen.

6901–04 So wie Otto Gerhart bittet nun der Erzähler als *tihtære* des *mære* seine Rezipienten um deren Fürbitte, hat er das *mære* doch einerseits aus dem Ratschluss guter Gesinnung heraus und andererseits zur Kurzweil gedichtet (vgl. dazu Bleumer 2003, S. 111, Anm. 37). Etwas unklar ist die Bedeutung der Aussage, er habe die gute Absicht, dass er, höre er von einer anderen Geschichte, bereit sei, es wieder gut zu machen, sollte er an dieser gefehlt haben (V. 6909–12). Womöglich ist damit allerdings nur gemeint, dass er vorhat, bei Gelegenheit weiter literarisch tätig zu sein.

6920 Der Schreibervers in A nach V. 6920 stammt sicher nicht von Rudolf, sondern vom Schreiber der Hs. A. Auch Gabriel Sattler beendet seine Abschrift mit einem Schreibervers: *In der dryer namen / Sprechend alle amen. Deo gratias.* Zu solchen Schreiberversen vgl. Kurt Otto Seidel, »*Tres digiti scribunt totum corpusque laborat.* Kolophone als Quelle für das Selbstverständnis mittelalterlicher Schreiber«, in: *Das Mittelalter. Perspektiven mediävistischer Forschung* 7 (2002), Themenheft: *Der Schreiber im Mittelalter*, hrsg. von Martin J. Schubert, S. 145–156. Auf der nächsten Spalte beginnt in A mit roter Überschrift (*ditz ist von gotes lîchname*) eine geistliche Erzählung von Nikolaus Schlegel, die ein Hostienwunder in Müstair in Graubünden zum Gegenstand hat.

Literaturhinweise

Überlieferung

Wien, Österreichische Nationalbibliothek, Cod. 2699, Bl. 1ra–46va [Sigle A, 4. Viertel 13. Jh., bairisch].

Wien, Österreichische Nationalbibliothek, Cod. 2793 [Sigle B, um 1475, schwäbisch, Schreiber: Gabriel Sattler-Lindenast].

Weimar, Thüringisches Hauptstaatsarchiv, Ernestinisches Gesamtarchiv, Reg. O 157, Bl. 34r–57v [Sigle P, Prosaauflösung, Ende 15. / 1. Viertel 16. Jh., ostalemannisch-schwäbisch mit bairischen Formen durchsetzt].

Handschriftencensus. Eine Bestandsaufnahme der handschriftlichen Überlieferung deutschsprachiger Texte des Mittelalters: www.handschriftencensus.de [letzter Zugriff: 24.1.2022]. – Zu den Handschriften von Rudolfs *Gutem Gerhart*: http://www.handschriftencensus.de/werke/1599; zur Prosaauflösung: http://www.handschriftencensus.de/werke/7265) [letzte Zugriffe: 24.1.2022].

Editionen

Der gute Gerhard. Eine Erzählung von Rudolf von Ems. Hrsg. von Moriz Haupt. Leipzig 1840.

Rudolf von Ems: *Der guote Gêrhart.* Hrsg. von John A. Asher. 3., durchges. Aufl. Tübingen 1989. (Altdeutsche Textbibliothek. 56.) [[1]1962; [2]1971.]

Der *Gute Gerhart* Rudolfs von Ems in einer anonymen Prosaauflösung und die lateinische und deutsche Fassung der Gerold-Legende Albrechts von Bonstetten. Nach den Handschriften Reg. O 157 und Reg. O 29a und b im Thüringischen Hauptstaatsarchiv Weimar. Hrsg. von Rudolf Bentzinger, Christina Meckelnborg, Franzjosef Pensel und Anne-Beate Riecke. Berlin 2001. (Deutsche Texte des Mittelalters. 81.)

Übersetzungen

Rudolf von Ems: *Der gute Gerhard*. Übertragen von Karl Tober. Mit einer Einführung von Eugen Thurnher. Hohenems 1999. (Schriftenreihe des Kulturkreises Hohenems. 10.)

Classen, Albrecht: An English Translation of Rudolf von Ems's *Der guote Gêrhart*. Newcastle upon Tyne 2016.

Abgekürzt zitierte Hilfsmittel, Lexika und Zeitschriften

DVjs = Deutsche Vierteljahrsschrift für Literaturwissenschaft und Geistesgeschichte.

LexMA = Lexikon des Mittelalters. Hrsg. von Robert Henri-Bautier [u. a.]. 9 Bde. München [u. a.] 1980–99.

Mittelhochdeutsche Wörterbücher im Netz (www.woerterbuchnetz.de) [letzte Zugriffe: 24.1.2022]:

- BMZ = Mittelhochdeutsches Wörterbuch. Mit Benutzung des Nachlasses von Georg Friedrich Benecke ausgearb. von Wilhelm Müller und Friedrich Zarncke. 3 Bde. Leipzig 1854–66.
- Lexer = Matthias Lexer: Mittelhochdeutsches Handwörterbuch. 3 Bde. Leipzig 1872–78.
- Mittelhochdeutsches Wörterbuch. Im Auftrag der Akademie der Wissenschaften und der Literatur Mainz und der Akademie der Wissenschaften zu Göttingen hrsg. von Kurt Gärtner, Klaus Grubmüller und Jens-Dieter Haustein. Mitbegr. von Karl Stackmann. Stuttgart 2009 ff.

Paul, Hermann: Mittelhochdeutsche Grammatik. 25. Aufl. neu bearb. von Thomas Klein, Hans-Joachim Solms und Klaus-Peter Wegera. Mit einer Syntax von Ingeborg Schöbler, neubearb. und erw. von Heinz-Peter Prell. Tübingen 2007. (Sammlung kurzer Grammatiken germanischer Dialekte. 2.)

PBB = Beiträge zur Geschichte der deutschen Sprache und Literatur.

²VL = Die deutsche Literatur des Mittelalters. Verfasserlexikon. 2., völlig neu bearb. Aufl. Hrsg. von Kurt Ruh [u. a.]. 13 Bde. Berlin [u. a.] 1978–2007.

Volkert 1991 = Volkert, Wilhelm: Adel bis Zunft. Ein Lexikon des Mittelalters. München 1991.

Weddige 1996 = Weddige, Hilkert: Mittelhochdeutsch. Eine Einführung. München 1996.

Wolf 2002 = Wolf, Beat: Vademecum medievale. Glossar zur höfischen Literatur des deutschsprachigen Mittelalters. Bern 2002.

ZfdA = Zeitschrift für deutsches Altertum und deutsche Literatur.

ZfdPh = Zeitschrift für deutsche Philologie.

Forschungsliteratur

Asher, John A.: Textkritische Probleme zum ›guoten Gêrhart‹. In: DVjs 38 (1964) S. 565–575.

– Der dreisilbige Auftakt im *Guoten Gêrhart* des Rudolf von Ems. In: Euphorion 59 (1965) S. 132–134.

– Der übele Gêrhart. Einige Bemerkungen zu den von Gabriel Sattler geschriebenen Handschriften. In: Festschrift für Hans Eggers zum 65. Geburtstag. Hrsg. von Herbert Backes. Tübingen 1972 (= PBB 94, Sonderheft). S. 416–427.

– / Smits, Kathryn: Reimwörterbuch zum *Guoten Gêrhart* Rudolfs von Ems. Hildesheim [u. a.] 1975. (Mittelhochdeutsche Reimwörterbücher. 1.)

Baisch, Martin: *Gott lert den man daz er sy Mit truwen sinem dienner by*. Gabriel Sattler, der sprechende Schreiber. In: Das Mittelalter. Perspektiven mediävistischer Forschung 7 (2002). Themenh.: Der Schreiber im Mittelalter. Hrsg. von Martin J. Schubert. S. 74–91.

Benz, Maximilian: Arbeit an der Tradition. Studien zur literarhistorischen Stellung und zur poetischen Struktur der Werke Rudolfs von Ems. Würzburg 2022. (Philologie der Kultur. 16.)

– Rudolfs Stil. In: Rudolf von Ems. Beiträge zu Autor, Werk und Überlieferung. Hrsg. von Elke Krotz, Norbert Kössinger, Henrike Manuwald und Stephan Müller. Stuttgart 2020. (ZfdA. Beih. 29) S. 49–62.

Bleck, Reinhard: Keiser Otte und Künic Willehalm. Rudolf von Ems *Der guote Gêrhart*. Wien 1985. (Wiener Arbeiten zur Germanischen Altertumskunde und Philologie. 28.)

Bleumer, Hartmut: Klassische Korrelation im *Guten Gerhart.* Zur Dialektik von Geschichte und Narration im Frühwerk Rudolfs von Ems. In: Dialoge. Sprachliche Kommunikation in und zwischen Texten im deutschen Mittelalter. Hamburger Colloquium 1999. Hrsg. von Nikolaus Henkel, Martin H. Jones und Nigel F. Palmer. Tübingen 2003. S. 95–112.

Brackert, Helmut: Rudolf von Ems. Dichtung und Geschichte. Heidelberg 1968. (Germanische Bibliothek N.F. 3.)

Christier, Holger: Miszelle zum Prolog zum *Guten Gerhard* von Rudolf von Ems. In: ZfdPh 92 (1973) S. 371.

Cieslik, Karin: *sô bitt ich dich / daz dû geruochest hœren mich* (v. 449 f.). Rede- und Figurengestaltung im *Guoten Gerhart* des Rudolf von Ems. In: Sprechen mit Gott. Redeszenen in mittelalterlicher Bibeldichtung und Legende. Hrsg. von Nine Miedema, Angela Schrott und Monika Unzeitig. Berlin 2012. (Historische Dialogforschung. 2.) S. 169–190.

Classen, Albrecht: Rabbi Nissim and His Influence on Medieval German Literature: Rudolf von Ems's *Der guote Gêrhart* and Heinrich Kaufringer's »Der Einsiedler und der Engel«. Jewish Wisdom Teachings in the Middle High and Early Modern German Context. In: Aschkenas 27 (2017) S. 349–369.

– Medieval Transculturality in the Mediterranean from a Literary-Historical Perspective. The Case of Rudolf von Ems' *Der guote Gêrhart* (ca. 1220–1225). In: Journal of Transcultural Medieval Studies 5 (2018) S. 133–160.

Cormeau, Christoph: Rudolf von Ems: »Der guote Gerhart«. Die Veränderung eines Bauelements in einer gewandelten literarischen Situation. In: Werk – Typ – Situation. Studien zu poetologischen Bedingungen in der älteren deutschen Literatur. Festschrift für Hugo Kuhn zum 60. Geburtstag. Hrsg. von Ingeborg Glier, Gerhard Hahn, Walter Haug und Burghart Wachinger. Stuttgart 1969. S. 80–98.

Crooke, William M.: *Der guote Gêrhart.* The Power of Mobility in the Medieval Mediterranean. In: Postmedieval 4 (2013) S. 163–176.

Dahm, Margit: Minne als Medium sozialer Distinktion in Rudolfs von Ems »*Der guote Gerhart*«. In: ZfdPh 140 (2021) S. 329–356.

Dobbertin, August: *Der Gute Gerhard* von Rudolf von Ems in seiner Bedeutung für die Sittengeschichte. Rostock 1889.

Ehrismann, Gustav: Studien über Rudolf von Ems. Beiträge zur Geschichte der Rhetorik und Ethik im Mittelalter. Heidelberg 1919. (Sitzungsberichte der Heidelberger Akademie der Wissenschaften. Phil.-Hist. Kl. 1919. Abh. 8.)

Ertzdorff, Xenja von: Rudolf von Ems. Untersuchungen zum höfischen Roman im 13. Jahrhundert. München 1967.

Fouquet, Gerhard: Die Ehre des Kaufmanns im Spätmittelalter. Konzeptionalisierungen des ›Gemeinen Nutzens‹. In: Ehre. Fallstudien zu einem anthropologischen Phänomen in der Vormoderne. Teilbd. 1: Die Ehre und die Stadt im Spätmittelalter und zu Beginn der Frühen Neuzeit. Hrsg. von Dorothea Klein. Würzburg 2019. (Publikationen aus dem Kolleg ›Mittelalter und Frühe Neuzeit‹. 5/1.) S. 111–229.

Gaster, Moses: Zur Quellenkunde deutscher Sagen und Märchen 1. *Der gute Gerhard.* In: Germania. Vierteljahrsschrift für deutsche Alterthumskunde 25 (1880) S. 274–285.

Gicquel, Bernard: *Der guote Gêrhart.* De l'hermeneutique à l'analyse de systèmes, en passant par le texte. In: Études germaniques 33 (1978) S. 181–186.

– Du conte au roman. La genèse de *Der guote Gêrhart* de Rudolf von Ems. In: Le récit bref au Moyen Âge. Actes du colloque des 27, 28 et 29 avril 1979, Université de Picardie, Centre d'Études Médiévales. Hrsg. von Danielle Buschinger. Paris 1980. S. 211–225.

Glauch, Sonja: An der Schwelle zur Literatur. Elemente einer Poetik des höfischen Erzählens. Heidelberg 2009. (Studien zur historischen Poetik. 1.)

Green, Dennis: On the Primary Reception of the Works of Rudolf von Ems. In: ZfdA 115 (1986) S. 151–180.

Haug, Walter: Literaturtheorie im deutschen Mittelalter. Von den Anfängen bis zum Ende des 13. Jahrhunderts. 2., überarb. und erw. Aufl. Darmstadt 1992. [Darin: *Der Guote Gerhart* Rudolfs von Ems. Die programmatische Absage an das klassische Korrelationskonzept. S. 288–298.]

Heinzle, Joachim: Vom hohen zum späten Mittelalter. Wandlungen und Neuansätze im 13. Jahrhundert (1220/30–1280/90). 2., durchges. Aufl. Tübingen 1994. (Geschichte der deutschen Literatur von den Anfängen bis zum Beginn der Neuzeit. Bd. 2,2.)

Heller, Bernhard: ›Gott wünscht das Herz‹. Legenden über einfältige Andacht und über die Gefährten im Paradies. In: Hebrew Union College Annual 4 (1927) S. 365–404.

Hermand, Jost: Das liebe Geld! Eigentumsverhältnisse in der deutschen Literatur. Köln [u. a.] 2015. [Darin: Der erste deutsche Kaufmannsroman. Rudolf von Ems' *Der guote Gêrhart* (um 1220). S. 30–41.]

Herweg, Mathias: Integration und Selbstkanonisierung. Rudolf von Ems als Autor, Literarhistoriker und Gegenstand der Literarhistorie. In: Rudolf von Ems. Beiträge zu Autor, Werk und Überlieferung. Hrsg. von Elke Krotz, Norbert Kössinger, Henrike Manuwald und Stephan Müller. Stuttgart 2020. (ZfdA. Beih. 29.) S. 21–48.

Herzog, Urs: Die Erlösung des Kaufmanns. *Der guote Gêrhart* des Rudolf von Ems. Versuch einer lecture sociologique. In: Wirkendes Wort 24 (1974) S. 372–387.

Huber, Christoph: Wort- und Bildnetze zum Textbegriff im nachklassischen mittelhochdeutschen Romanprolog (Rudolf von Ems, Konrad von Würzburg). In: Im Wortfeld des Textes. Worthistorische Beiträge zu den Bezeichnungen von Rede und Schrift im Mittelalter. Hrsg. von Gerd Dicke, Manfred Eikelmann und Burkhard Hasebrink. Berlin [u. a.] 2006. (Trends in Medieval Philology. 10.) S. 263–285.

Jostkleigrewe, Georg: Zwischen symbolischer Weltdeutung und erfahrungsbasierter Raumdarstellung. Die Geographie des europäischen Raumes bei Gossuin von Metz, Rudolf von Ems, Brunetto Latini und anderen volkssprachlichen Autoren. In: Archiv für Kulturgeschichte 91 (2009) S. 259–295.

Kahn, Ludwig W.: Rudolf von Ems' *Der Gute Gerhard.* Truth and Fiction in Medieval Epics. In: Germanic Review 14 (1939) S. 208–214.

Kartschoke, Dieter: Der Kaufmann und sein Gewissen. In: DVjs 69 (1995) S. 666–691.

Kleine, Anke: »Der Gefährte im Paradies«. *Der guote Gêrhart* und die jüdische Überlieferung. In: Jiddistik-Mitteilungen 17 (1997) S. 1–17.

Köhler, Reinhold: Zum *guten Gerhard.* In: Germania. Vierteljahrsschrift für deutsche Alterthumskunde 12 (1867) S. 55–60.

Krusenbaum, Christiane / Seebald, Christian: *ze guote jehen.* Pragmatisches und literarisches Sprechen im *Guoten Gêrhart* von Rudolf von

Ems. In: Formen und Funktionen von Redeszenen in der mittelhochdeutschen Großepik. Hrsg. von Nine Miedema, Franz Hundsnurscher und Monika Unzeitig-Herzog. Tübingen 2007. (Beiträge zur Dialogforschung. 36.) S. 297–314.

Lechtermann, Christina: *von wem, ze wem, waz wie und wenne*. Redeordnungen. In: Ordnung und Unordnung in der Literatur des Mittelalters. Hrsg. von Wolfgang Harms, C. Stephen Jaeger und Horst Wenzel. Stuttgart 2003. S. 81–95.

Lutz, Eckhart C.: Rhetorica divina. Mittelhochdeutsche Prologgebete und die rhetorische Kultur des Mittelalters. Berlin [u. a.] 1984. (Quellen und Forschungen zur Sprach- und Kulturgeschichte der germanischen Völker N. F. 82 [206].)

Menhardt, Hermann: Verzeichnis der altdeutschen literarischen Handschriften der Österreichischen Nationalbibliothek. Bd. 1. Berlin 1960. (Veröffentlichungen des Instituts für Deutsche Sprache und Literatur. 13.)

Merveldt, Nikola von: »Sinn-Stiftung«. Erzbistum und Erzählung im *Guoten Gêrhart* des Rudolf von Ems. In: Euphorion 94 (2000) S. 293–317.

Müller, Stephan: Im Rücken der Repräsentation. Eine Skizze zur Informalität in der höfischen Literatur des Mittelalters am Beispiel des ›*Guoten Gêrhart*‹ Rudolfs von Ems. In: Informelle Strukturen bei Hof. Dresdener Gespräche III zur Theorie des Hofes. Ergebnisse des gleichnamigen Kolloquiums auf der Moritzburg bei Dresden, 27. bis 29. September 2007. Hrsg. von Reinhardt Butz und Jan Hirschbiegel. Münster 2009. (Vita Curialis. 2.) S. 169–179.

Neudeck, Otto: Erzählen von Kaiser Otto. Zur Fiktionalisierung von Geschichte in mittelhochdeutscher Literatur. Köln [u. a.] 2003. (Norm und Struktur. 18.)

– Der ›verkehrte‹ Text. Zum grotesken Überlieferungsstil des Schreibers Gabriel Sattler. In: Text und Text in lateinischer und volkssprachiger Überlieferung des Mittelalters. Hrsg. von Eckart C. Lutz, Wolfgang Haubrichs und Klaus Ridder. Berlin 2006. (Wolfram Studien. 19.) S. 425–447.

Niesner, Manuela: Zum *Guoten Gêrhart* des Rudolf von Ems. In: Literaturwissenschaftliches Jahrbuch 39 (1998) S. 55–74.

Pastré, Jean-Marc: Idéologie indo-européenne et troisième fonction. Enjeux sociaux et politiques dans le *Parzival* de Wolfram et *Le Bon Gérard* de Rudolf von Ems. In: Economie, politique et culture au Moyen Âge. Actes du Colloque Paris, 19 et 20 Mai 1990. Hrsg. von Danielle Buschinger und Wolfgang Spiewok. Amiens 1991. (Wodan. 5.) S. 151–161.

Pensel, Franzjosef: Zur DTM-Edition einer Prosaversion des *Guoten Gêrhart* von Rudolf von Ems. In: Quelle – Text – Edition. Ergebnisse der österreichisch-deutschen Fachtagung der Arbeitsgemeinschaft für germanistische Edition in Graz vom 28. Februar bis 3. März 1996. Hrsg. von Anton Schwob und Erwin Streitfeld. Tübingen 1997. (Editio. Beih. 9.) S. 85–96.

Peters, Ursula: Literatur in der Stadt. Studien zu den sozialen Voraussetzungen und kulturellen Organisationsformen städtischer Literatur im 13. und 14. Jahrhundert. Tübingen 1983. (Studien und Texte zur Sozialgeschichte der Literatur. 7.) [Darin: Der höfische Kaufmann als Held. Der *Gute Gerhard* des Rudolf von Ems. S. 36–59.]

Philipowski, Katharina: »Wer sich selbst erniedrigt, will erhöht werden«. Werkgerechtigkeit und Heilsökonomie im *Guoten Gêrhart*. In: Rudolf von Ems. Beiträge zu Autor, Werk und Überlieferung. Hrsg. von Elke Krotz, Norbert Kössinger, Henrike Manuwald und Stephan Müller. Stuttgart 2020. (ZfdA. Beih. 29.) S. 63–88.

Reichlin, Susanne: »Laß uns einfältig werden«. Gottvertrauen oder das Erzählen von ›einfachen‹ Erwartungspraktiken. In: Komplexität und Einfachheit. DFG-Symposium 2015. Hrsg. von Albrecht Koschorke. Stuttgart 2017. S. 42–78.

Rocher, Daniel: Un couronnement ambigu. Ascension sociale et noblesse morale dans le *Guoter Gêrhart* de Rudolf von Ems. In: Etudes germaniques 32 (1977) S. 144–153.

Schnell, Rüdiger: Rudolf von Ems. Studien zur inneren Einheit seines Gesamtwerkes. Berlin 1969. [Darin: Zweites Kapitel: *Der Gute Gerhard*. S. 58–83.]

– Praesumpta Mors. Zum Widerstreit von Deutschem, Römischem und Kanonischem Eherecht im *Guten Gerhard* Rudolfs von Ems (ca. 1215). In: Zeitschrift der Savigny-Stiftung für Rechtsgeschichte. Germanistische Abteilung 100 (1983) S. 181–212.

Schönbach, Anton E.: Zum *Guten Gerhard* Rudolfs von Ems. In: PBB 33 (1908) S. 186–190.

Schulz, Armin: Erzählungen in der Erzählung. Zur Poetologie im *Guoten Gêrhart* Rudolfs von Ems. In: *Helle döne schöne.* Versammelte Arbeiten zur älteren und neueren deutschen Literatur. Festschrift für Wolfgang Walliczek. Hrsg. von Horst Brunner, Claudia Händl, Ernst Hellgardt und Monika Schulz. Göppingen 1999. (Göppinger Arbeiten zur Germanistik. 668.) S. 29–59.

Schulz, Monika: *Swaz dû wilt daz wil ouch ich.* Loskauf, Schuldknechtschaft und *rehte ê* im ›*Guoten Gêrhart*‹ Rudolfs von Ems. Zur Frage der Idealität des Protagonisten. In: *helle döne schöne.* Versammelte Arbeiten zur älteren und neueren deutschen Literatur. Festschrift für Wolfgang Walliczek. Hrsg. von Horst Brunner, Claudia Händl, Ernst Hellgardt und Monika Schulz. Göppingen 1999. (Göppinger Arbeiten zur Germanistik. 668.) S. 1–28.

– Eherechtsdiskurse. Studien zu *König Rother, Partonopier und Meliur, Arabel, Der guote Gêrhart, Der Ring.* Heidelberg 2005. (Beiträge zur älteren Literaturgeschichte.)

Schumacher, Meinolf: Toleranz, Kaufmannsgeist und Heiligkeit im Kulturkontakt mit den ›Heiden‹. Die mittelalterliche Erzählung *Der guote Gêrhart* von Rudolf von Ems. In: Zeitschrift für interkulturelle Germanistik 1 (2010) S. 49–58.

Sengle, Friedrich: Die Patrizierdichtung ›*Der gute Gerhard*‹. Soziologische und dichtungsgeschichtliche Studien zur Frühzeit Rudolfs von Ems. In: DVjs 24 (1950) S. 53–82.

Speckenbach, Klaus: Die Ausbildung des Exempelromans bei Rudolf von Ems und Konrad von Würzburg. In: Texttyp und Textproduktion in der deutschen Literatur des Mittelalters. Hrsg. von Elizabeth A. Andersen, Manfred Eikelmann und Anne Simon. Berlin [u. a.] 2005. (Trends in Medieval Philology. 7.) S. 309–329.

Thornton, Thomas P.: Unity and Meaning in *Der Gute Gerhard.* In: Annuale Mediaevale 3 (1962) S. 69–79.

Walliczek, Wolfgang: Rudolf von Ems. ›*Der guote Gêrhart*‹. München 1973. (Münchener Texte und Untersuchungen zur deutschen Literatur des Mittelalters. 46.)

– Art. Rudolf von Ems. [2]VL. Bd. 8. 1992. Sp. 322–346.

– Rudolf von Ems. *Der guote Gêrhart.* In: Interpretationen. Mittelhochdeutsche Romane und Heldenepen. Hrsg. von Horst Brunner. Stuttgart 1993. (Universal-Bibliothek. 8914.) S. 255–270.

Walworth, Julia C.: *Als uns allen ist erkant:* England as Presented in the Literary Narratives of Rudolf von Ems. In: Von Nowgorod bis London. Studien zu Handel, Wirtschaft und Gesellschaft im mittelalterlichen Europa. Festschrift für Stuart Jenks zum 60. Geburtstag. Hrsg. von Marie-Luise Heckmann und Jens Röhrkasten. Göttingen 2008. (Nova Mediaevalia. 4.) S. 359–372.

Wittchow, Britta: Rhetorik der Zurückhaltung. *Der Guote Gêrhart* des Rudolf von Ems. In: Oratorik und Literatur. Politische Rede in fiktionalen und historiographischen Texten des Mittelalters und der Frühen Neuzeit. Hrsg. von Malena Ratzke, Christian Schmidt und Britta Wittchow. Berlin [u. a.] 2019. (Hamburger Beiträge zur Germanistik. 60.) S. 243–272.

Wunderlich, Werner: Der »ritterliche« Kaufmann. Literatursoziologische Studien zu Rudolf von Ems' *Der guote Gêrhart.* Kronberg 1975. (Scriptor Hochschulschriften Literaturwissenschaft. 7.)

– »... des koufmannes güete«. Rudolfs von Ems *Der guote Gêrhart.* In: Der literarische Homo oeconomicus. Vom Märchenhelden zum Manager. Beiträge zum Ökonomieverständnis in der Literatur. Hrsg. von Werner Wunderlich. Bern [u. a.] 1989. (Facetten deutscher Literatur. St. Galler Studien. 2.) S. 41–56.

Zöller, Sonja: Kaiser, Kaufmann und die Macht des Geldes. Gerhard Unmaze von Köln als Finanzier der Reichspolitik und der *Gute Gerhard* des Rudolf von Ems. München 1993. (Forschungen zur Geschichte der älteren deutschen Literatur. 16.) [Zit. als: Zöller 1993a.]

– *Sus zierte keiserlîche / sîn name roemisch rîche.* Zu einer Neudatierung des ›*Guoten Gêrhart*‹ von Rudolf von Ems. In: ZfdPh 112 (1993) S. 358–382. [Zit. als: Zöller 1993b.]

– Gerhard Unmaze von Köln. Ein Finanzier der Reichspolitik im 12. Jahrhundert. In: Hochfinanz im Westen des Reiches 1150–1500. Hrsg. von Friedhelm Burgard, Alfred Haverkamp, Franz Irsigler und Winfried Reichert. Trier 1996. (Trierer historische Forschungen. 31.) S. 101–119.

– Von *zwîvel* und *guotem muot.* Gewissensentscheidungen im ›*Guten Gerhard*‹? In: ZfdA 130 (2001) S. 270–290.

Zotz, Thomas: Historische Annäherungen an Rudolf von Ems. Ministerialischer Status und Nähe zu König Konrad IV. In: Rudolf von Ems. Beiträge zu Autor, Werk und Überlieferung. Hrsg. von Elke Krotz, Norbert Kössinger, Henrike Manuwald und Stephan Müller. Stuttgart 2020. (ZfdA. Beih. 29.) S. 1–20.

Nachwort

1. Autor und Werk

Rudolf von Ems, der sein Œuvre in den Jahren 1220–1250 schuf und wohl zwischen 1250 und 1254 starb, darf mit Fug und Recht und in mehrfacher Hinsicht zusammen mit Konrad von Würzburg als der bedeutendste mittelhochdeutsche Erzähler des »mittleren und späten 13. Jahrhunderts« bezeichnet werden.[1] Allerdings wird seine Person von keiner einzigen Urkunde bezeugt, und so lässt sich auch sein literarisches Wirken nur anhand der Anspielungen, die er in seinen Texten selbst macht, zeitlich ungefähr eingrenzen. Rudolf nennt sich in mehreren seiner Werke selbst und wird auch von anderen Autoren bezeugt: Im *Willehalm von Orlens* bezeichnet er sich als *dinstman ze Muntfort* (V. 15628 f.), also bei Hohenems südlich von Bregenz, der Fortsetzer seiner *Weltchronik* nennt ihn *Růdolf von Ense*. Man rechnet ihn einem staufischen Reichsministerialengeschlecht mit Sitz in Hohenems bei Dornbirn (Vorarlberg) zu.[2]

Seine prominente literarhistorische Stellung wird nicht nur durch seine erzählerische Virtuosität und seine außergewöhnliche Bildung – Walliczek bezeichnet ihn als »einen der gelehrtesten mhd. Autoren«[3] –, sondern auch durch den bemerkenswerten Umfang seines Œuvres begründet. Zur relativen Chronologie seiner Werke lässt sich als gesichert festhalten: Der *Guote Gêrhart* entsteht zwischen ca. 1220 und 1225 auf Anregung Rudolfs von Steinach, eines Ministerialen des Konstan-

1 So auch Haug 1992, S. 288.

2 Zum Aspekt der Ministerialität vgl. auch Zotz 2020, bes. Kap. 1; zum ministerialischen Status Rudolfs von Ems ebd., S. 2–6.

3 Walliczeck 1992, Sp. 325.

zer Bischofs. Der Text steht somit am Anfang von Rudolfs erhaltenem Œuvre. Mit seinem Namensgenossen – Rudolf von Steinach –, auf den er sich im Epilog direkt beruft (V. 6820 f.), wird »der erste Gönner der deutschen Literaturgeschichte aus dem Stand der Ministerialität«[4] fassbar. Zöller schlägt auf der Grundlage der Beschreibung der Stadt Köln sogar eine Frühdatierung auf 1210/11 vor.[5] An die Abfassung des *Guoten Gêrhart* schließt sich der Legendenroman *Barlaam und Josaphat* an, dessen Entstehung durch den Abt der Zisterzienserabtei Kappel bei Zürich, Wido, angeregt worden sein dürfte. Der Text erzählt von dem indischen Prinzen Josaphat, der, eine Weissagung bestätigend, durch den Eremiten Barlaam zum Christentum geführt wird, obwohl sein Vater größten Aufwand treibt, um eben dies zu verhindern. Kern des umfangreichen Legendenromans ist die ursprünglich indische Buddha-Legende, die dem lateinischen Mittelalter über das Griechische vermittelt wird und sich langanhaltender und ausgeprägter Beliebtheit erfreut[6] – das gilt auch für Rudolfs *Barlaam und Josaphat*, der in 52 Handschriften überliefert wird.[7] An die Abfassung dieses Werkes dürfte sich eine erste Phase der Arbeit am unvollendet

4 Joachim Bumke, *Mäzene im Mittelalter. Die Gönner und Auftraggeber der höfischen Literatur in Deutschland 1150–1300*, München 1979, S. 275.

5 Zöller 1993b, S. 358 und 379.

6 Vgl. zuletzt Constanza Cordoni, *Barlaam und Josaphat in der europäischen Literatur des Mittelalters. Darstellung der Stofftraditionen – Bibliographie – Studien*, Berlin [u. a.] 2014, sowie Constanza Cordoni / Matthias Meyer (Hrsg.), *Barlaam und Josaphat. Neue Perspektiven auf ein europäisches Phänomen*, Berlin [u. a.] 2015.

7 Zu Rudolfs einzelnen Werken vgl. den Tagungsband: Elke Krotz / Norbert Kössinger / Henrike Manuwald / Stephan Müller (Hrsg.), *Rudolf von Ems. Beiträge zu Autor, Werk und Überlieferung*, Stuttgart 2020 (ZfdA, Beih. 29).

gebliebenen und die Figur des Königs markant entproblematisierenden *Alexander* angeschlossen haben, der wohl – so legt es u. a. die darin enthaltene Stauferpanegyrik nahe – als Fürstenunterweisung für Konrad IV., den Sohn Friedrichs II., konzipiert ist. Es gibt Hinweise darauf, dass die Arbeit am *Alexander* durch die Abfassung des historischen Minne- und Aventiureromans *Willehalm von Orlens* unterbrochen wurde, als dessen Auftraggeber Konrad von Winterstetten, ein schwäbischer Reichsministeriale, gelten darf.[8] Die Existenz einer nicht überlieferten französischen Vorlage, die durch den schwäbischen Ministerialen Johann von Ravensburg vermittelt worden ist, wird angenommen. Das Thema des *Willehalm von Orlens* ist die Liebe des verwaisten Willehalm, der zusammen mit Amelie, der englischen Königstochter, erzogen wird. Wilhelm und Amelie lieben einander, müssen sich aber durch Leidensfähigkeit, Treue und Mut füreinander und für die herausgehobene gesellschaftliche Position, die sie am Ende einnehmen werden, qualifizieren. Zu der herausragenden feudaladligen Position, die das Paar am Ende erreicht, gehört es auch, dass aus ihrer beider Verbindung Gottfried von Bouillon hervorgehen wird, der erste König von Jerusalem und Vorfahre Konrads IV., dessen herrschaftlicher Anspruch durch den Roman gestützt wird. Das Ende der Werkreihe bildet die von Rudolf nur in ihren Anfangsteilen ausgeführte *Weltchronik*, eine »staufische [...] Geschichts-Bibel«,[9] die teils aus früheren Weltchroniken wie der *Christherre-Chronik* kompiliert und für König Konrad IV. geschrieben worden ist. Eine *Eustachiuslegende*, die Rudolf im *Alexander* zu seinen Werken zählt und die er seinen

8 Vgl. Walliczeck 1992, Sp. 322 f.

9 Hubert Herkommer, »Der St. Galler Codex als literarhistorisches Monument«, in: Rudolf von Ems, *Weltchronik. Der Stricker: Karl der Große. Kommentar zu Ms. 302 Vad*, hrsg. von E. J. Beer [u. a.], Luzern 1987, S. 127–273, hier S. 241.

Aussagen im *Alexander* zufolge im Anschluss an den *Barlaam* verfasst hat, ist nicht überliefert.

Die Rudolf-Forschung hat von Anfang an um eine adäquate Würdigung von Rudolfs Œuvre gerungen und teils scharfe Kontroversen, z. B. hinsichtlich der Beurteilung der thematischen Entwicklung oder der Einheit seines Œuvres, des Bezugs auf die höfischen Klassiker und der spezifischen Verschränkung von Literarizität und Historizität, ausgetragen, die für Rudolf charakteristisch ist. Schnell etwa betont die wesentliche Einheit des Werkes, die sich über »einen unzertrennlichen Zusammenhang der Bereiche Mensch, Gott und Welt«[10] konstituiere. In Rudolfs Werk sei einzeltextübergreifend die Verbindung des Weltlichen mit dem Geistlichen realisiert. In der Geschichte verwirkliche sich für Rudolf das göttliche Handeln: »Die Erzählung weltlicher Ereignisse bedeutet [...] bei Rudolf stets zugleich: Darstellung des göttlichen Wirkens.«[11] Auch Speckenbach hat darauf hingewiesen, dass das Handlungsschema des Minne- und Aventiureromans (Werbung und Verlust der Braut, Trennung, Bewährung und Wiedervereinigung) sowohl dem *Guoten Gêrhart* wie dem *Willehalm von Orlens* und der verlorenen *Eustachiuslegende* zugrunde liege.[12]

Ein weiteres wichtiges Thema in der Rudolf-Forschung ist neben der Frage nach Entwicklung, Einheit oder Diskrepanz des Gesamtwerkes auch Rudolfs Bezug auf die ›Klassiker‹. Anders als Hartmann von Aue, Wolfram von Eschenbach und Gottfried von Straßburg, auf die er sich selbst immer wieder bezieht, verwendet Rudolf nur im *Willehalm von Orlens* eine französische Vorlage, ansonsten dort, wo er mit nachzuweisenden Quellen arbeitet, solche in lateinischer Sprache. Dieser

10 Schnell 1969, S. 83.

11 Ebd., S. 75.

12 Speckenbach 2005, S. 315.

Sachverhalt und auch Rudolfs beachtliche Bildung haben ihm die Bezeichnung als »lateinische[r] Dichter in deutscher Sprache«[13] eingetragen. Genau wie Konrad von Würzburg schreibt auch er keinen Artusroman. Ungeachtet dessen macht er in den meisten seiner Werke seine Wertschätzung gegenüber den großen Vorbildern Hartmann, Wolfram und vor allem Gottfried in expliziten Erwähnungen und Übernahmen literarischer Muster und Erzählformen deutlich. Umfängliche Dichterkataloge in seinen Texten bezeugen, dass er ihre Werke genau kannte und schätzte. Dieser explizierte Bezug auf die Klassiker und sein (mit Gerharts Demut vergleichbares) Zurücktreten hinter ihre Meisterschaft hat Rudolf in der früheren Forschung allerdings das prägende und regelrecht unausrottbare Prädikat der Epigonalität eingetragen. Doch ›nachklassisch‹ bedeutet im Falle Rudolfs nicht die Orientierung an einer literarischen Blütezeit, hinter deren Höhepunkten er zurückbleiben müsste, sondern Dichten unter der Voraussetzung einer höfischen Formensprache, die zwar auf die höfische Literatur um 1200 zurückgeht, von Rudolf aber in ganz anderer Weise genutzt wird, als seine Vorgänger es getan hatten:[14] Anders als seine großen literarischen Vorbilder lässt Rudolf ein Bewusstsein für die Geschichtlichkeit der eigenen Zeit mit ihren eigenen und neuen historischen, sozialen und ökonomischen Rahmenbedingungen erkennen. Heinzle spricht in diesem Zusammenhang von der »Verbindung von Lehre und Geschichte«,[15] Andersen von einem »shift of interest from the *fabula* to the

13 Hermann Schneider, *Heldendichtung, Geistlichendichtung, Ritterdichtung*, neugest. und verm. Aufl., Heidelberg 1943 (*Geschichte der deutschen Literatur*, Bd. 1), S. 346.

14 Vgl. dazu und zu weiteren Aspekten von Rudolfs Œuvre insgesamt Benz 2022. Dafür, dass wir die Arbeit vor der Publikation lesen durften, sei hier herzlich gedankt.

15 Heinzle 1994, S. 29.

historia«[16]. Für de Boor ist Rudolf »im Grunde Historiker«.[17] Für Ziegeler besteht Rudolfs eigentliche literarische Leistung sogar gerade in der produktiven Auseinandersetzung mit den Klassikern und in der

> »Umstrukturierung tradierter literarischer Gattungen zu einer eigenen und neuen Verbindlichkeit in einer der ›wârheit‹ verpflichteten fragilen Balance von ›lêre‹ und Fiktion, Fiktion und Geschichte, ›lêre‹ und Geschichte, und dies in einer mitunter geradezu modern anmutenden, selbständigen Gelehrsamkeit und ohne daß ›kurzwîl‹ gefehlt hätte.«[18]

Aus dieser neuen Bedeutung von Geschichtlichkeit ließe sich auch verstehen, warum der Artusstoff für einen Autor wie Rudolf wenig Attraktivität besessen hat, hatte dieser doch innerhalb der deutschsprachigen Literatur, im Unterschied zum angelsächsischen Bereich, keine substantiellen Berührungspunkte mit der Geschichtsdichtung.[19] Allerdings greift Rudolf, anders

16 So Elizabeth A. Andersen, »Rudolf von Ems«, in: *German Literature of the High Middle Ages*, hrsg. von Will Hasty, Camden House 2006 (*Camden House History of German Literature*, Bd. 3), S. 225–233, hier S. 231.

17 Helmut de Boor, *Die höfische Literatur. Vorbereitung, Blüte, Ausklang 1170–1250*, München [11]1991 (*Geschichte der deutschen Literatur von den Anfängen bis zur Gegenwart*, Bd. 2), S. 168.

18 Hans-Joachim Ziegeler, *Erzählen im Spätmittelalter. Mären im Kontext von Minnereden, Bispeln und Romanen*, München 1985 (*Münchener Texte und Untersuchungen zur deutschen Literatur des Mittelalters*, 87), S. 270.

19 Auch deshalb ist es unwahrscheinlich, dass die Erzählstruktur des *Guoten Gêrhart* – wie in der älteren Forschung stellenweise behauptet – die Doppelwegstruktur des chretienschen Artusromans imitiert.

als etwa Wolfram von Eschenbach, auch keine Stoffe aus dem Bereich der fränkisch-französischen Heldenepik (*chanson de geste*) auf.

Rudolfs Verständnis von Geschichtlichkeit ist eines, das nur punktuell – nämlich in Bezug auf den *Alexander*-Roman den Anschluss an die bisherige weltliche volkssprachige, literarische Tradition sucht. Er ist deshalb weniger ›Nachklassiker‹ als Schöpfer eines ganz eigenen Erzählprojektes:[20]

> »Rudolf sieht sich als Ablöser und Initiator, nicht als Fortsetzer und Imitator der vor ihm liegenden Tradition. [...] Und die volkssprachige Tradition ist ihm dabei nicht demütig geschulterte Last, sondern der Maßstab, an dem seine eigene Ambition und Leistung messbar werden. Die Integration in die Stofftradition erfolgt qua Exklusion, als Neubeginn.«[21]

Diese Neuausrichtung des Erzählens bedeutet im Falle Rudolfs aber auch, dass nun die Lehre in ihrem Vermittlungsprozess und ihrer Medialität selbst zum Thema des Erzählens wird.

2. Quellen

Für den *Guoten Gêrhart* ist keine direkte Vorlage bekannt. Dennoch ist davon auszugehen, dass Rudolf bei seiner Abfassung zumindest Anregungen hinsichtlich Struktur, Thema und Motiven aufgenommen hat, wenn auch im Dunkeln liegt, wie und wo das genauerhin geschehen sein könnte. Zwei Quellen kommen dafür in Frage. Erstens verschiedene Exempel der monas-

20 Mathias Herweg skizziert vier Dimensionen dessen, was er eine »subjektive Literaturgeschichte« Rudolfs nennt; vgl. Herweg 2020, S. 44 f.

21 Ebd., S. 34.

tischen Erzählliteratur, beispielsweise die *Paphnutiuslegende* aus den *Vitae Patrum* des 5. Jahrhunderts: Der fromme Eremit Paphnutius bittet Gott ihm zu offenbaren, wem er hinsichtlich seiner Frömmigkeit gleichgestellt sei. Er wird an einen Dieb, einen Stadtvogt und einen Kaufmann verwiesen. Diese sucht Paphnutius auf. Er überredet sie dazu, ihrem bisherigen Leben zu entsagen und ein Leben als Einsiedler aufzunehmen. Eine andere legendarische Erzählung, die mit dem *Guoten Gêrhart* sogar die Kaufmannsmotivik gemeinsam hat, entstammt Caesarius' von Heisterbach *Dialogus miraculorum*.[22] Ertzdorff paraphrasiert ihren Inhalt folgendermaßen: »Zwei Kaufleute beichten, daß sie in ihrem Gewerbe falsch schwören müssen. Auf Weisung des Beichtvaters unterlassen sie es ein Jahr lang. Das Geschäft geht schlecht: der Teufel versucht sie. Aber sie weichen nicht von ihrem Vorsatz ab und werden belohnt. Sie machen nun größere Geschäfte als zuvor und werden sehr reich.«[23]

Am intensivsten diskutiert wurden in der Forschung zweitens die Parallelen, die der *Guote Gêrhart* zu einer jüdischen Erzählung vom Genossen im Paradies aufweist, welche in verschiedenen Versionen überliefert ist. Ähnlichkeiten mit dem *Guoten Gêrhart* gehen weit über das Kaufmannsmotiv hinaus. Auf die Erzählung wurde 1867 erstmals in einem Aufsatz von Reinhold Köhler hingewiesen. Der inhaltliche Kern ist in allen Versionen identisch:

> »Ein von Beruf frommer Mann [...] möchte das Mass seines Verdienstes (seinen Lohn im Jenseits, seinen Platz im Paradies, seinen Genossen im Paradies) kennen lernen. Eine göttliche Erscheinung setzt ihn einer weltlichen Person

22 Caesarius von Heisterbach, *Dialogus miraculorum / Dialog über die Wunder*, lat./dt., übers. und komm. von Nikolaus Nösges und Horst Schneider, Tl. III, Turnhout 2009 (*Fontes Christiani*, Bd. 86,3), S. 37.

23 Ertzdorff 1967, S. 161, Anm. 2.

gleich, die sittlich anscheinend tief unter ihm steht [...]. Der Fromme oder Heilige entrüstet sich über diese Gleichsetzung, wird durch eine zweite göttliche Erscheinung ob dieser Selbstüberhebung gerügt. Er sucht den ihm Gleichgestellten auf, erfährt, dass der sittlich anscheinend Niedrige sich durch eine hohe Tugend auszeichnet [...]. Da [preist] sich der dünkelhafte Fromme glücklich, die Seligkeit des ihm Gleichgestellten teilen zu können.«[24]

Die Parallelen zwischen der Erzählung vom Gefährten im Himmel und dem *Guoten Gêrhart* sind augenfällig. Für Sengle bilden sie den Erzählkern des *Guoten Gêrhart*.[25] Das gilt insbesondere für zwei Versionen dieser »Wanderlegende«,[26] auf die Heller hinweist: Erstens: *R. Simon und der Metzger*: Rabbi Simon bittet Gott, er möge ihm seinen Platz im Paradies zeigen. Dieser befindet sich neben einem Metzger, worüber der fromme Rabbi Simon zutiefst empört ist. Er begibt sich zum Metzger und will erfahren, worin dessen große Verdienste bestehen. Doch der Metzger weicht den Fragen aus und antwortet mit unspezifischen Verdiensten wie Armenspeisung und Mildtätigkeit. Rabbi Simon aber lässt sich davon nicht beirren und insistiert. Da erzählt der Metzger davon, wie ihm, der nicht nur Metzger, sondern auch Zolleintreiber der Stadt ist, einmal ein Geschäft vorgeschlagen worden sei: Ein Kapitän habe ihm den Kauf eines Schatzes vorgeschlagen, den er nur unbesehen und sofort erwerben könne. Mit jeder Bitte des Metzgers, diesen Schatz zuvor sehen zu dürfen, verdoppelte sich sein Preis, von 10 000 Goldstücken auf 20 000 und 40 000. Schließlich willigt der Metzger in den Kauf des unbesehenen Schatzes ein und erfährt, dass er aus 200 gefangenen Juden besteht. Hätte er sie

24 Heller 1927, S. 379 f.
25 Sengle 1950, S. 54.
26 Heller 1927, S. 398 [u. ö.].

nicht gekauft, dann wären sie sogleich, wie der Kapitän ihm eröffnet, ertränkt worden. Der Metzger nimmt die Freigekauften in sein Haus auf, versorgt und kleidet sie. Er verheiratet die ledigen Gefangenen untereinander. Das schönste Mädchen will er mit seinem Sohn verheiraten. Während des Hochzeitsfestes fällt ihm einer der Gefangenen auf, der trauert und weint. Als der Metzger ihn nach dem Grund fragt, erfährt er, dass der Jüngling der Bräutigam des schönen Mädchens ist, dessen Vermählung mit ihr durch die Gefangennahme verhindert worden sei. Der Metzger bietet dem Trauernden 100 Goldstücke als Ersatz an, doch dieser weist sie zurück. Da entschließt sich der Metzger, seinen Sohn zum Verzicht auf die Braut zu überreden und das Mädchen mit seinem Bräutigam zu verheiraten. Rabbi Simon erkennt die Tugendhaftigkeit des Metzgers an und preist sich glücklich, einen solchen Gefährten im Paradies zu haben.

Die zweite Version ist beim Talmudgelehrten Nissim Ben Jacob Ben Nissim Ibn Shahin (um 990–1062) als Teil einer Sammlung von etwa 60 Erzählungen und Märchen belegt. Nissims Erzählungen werden auch in die jiddische Erzählprosa aufgenommen.[27] Hier begegnet der Metzger Nannos einer Schar gefangener Christen, unter denen ihm ein junges Mädchen auffällt, das mehr als alle anderen Gefangenen klagt und trauert. Sie rührt ihn, und er kauft sie los. Da erfährt er, dass sie eine fromme Jüdin ist. Er nimmt sie in sein Haus auf und ist von ihrer Tugendhaftigkeit so eingenommen, dass er sie trotz ihrer Mittellosigkeit mit seinem Sohn verheiraten will. Auf der Hochzeitsfeier fällt ihm ein weinender Jüngling auf, der sich als Bräutigam des Mädchens entpuppt. Der Metzger überredet seinen Sohn zum Verzicht auf die Braut, gibt diese ihrem Bräutigam zurück und beschenkt die beiden reich, bevor er sie nach Hause entlässt. Ertzdoff geht davon aus,

27 Edition bei Kleine 1997, S. 10–13.

»daß die Geschichte von dem Rabbi und dem frommen Metzger letztlich aus derselben spätantiken Erzähltradition stammt, die uns in den Mönchsgeschichten des 5. Jh.s erhalten ist. Nur haben wir hier in der jüdischen Geschichte schon die Kombination der Guten-Gerhard-Geschichte: Rahmenhandlung und Innenhandlung sind, bis auf die soziale Stellung der handelnden Personen, schon weitgehend gleich.«[28]

Die Forschung hat diese Parallelen seit Köhler immer wieder mit je unterschiedlichem Nachdruck hervorgehoben, aber kaum je in ihre Interpretationen einbezogen, wohl auch, weil ganz offen ist, wie Rudolf Kenntnis von der Erzählung erlangt haben könnte, und sich diese schwerlich belegen ließe. Classen hat jüngst auch für das Märe *Der Einsiedler und der Engel* von Heinrich Kaufringer eine Entsprechung in der Sammlung nachgewiesen.[29] Doch selbst wenn die jüdische Erzählsammlung als mündliche oder schriftliche Quelle Rudolfs Text angeregt haben oder sogar als Vorlage für den *Guoten Gêrhart* gedient haben sollte, geben doch auch unter dieser Maßgabe die signifikanten Umbesetzungen, die Rudolf (oder bereits seine lateinische Vorlage) gegenüber den Erzählungen vom *Gefährten im Paradies* vorgenommen hat, noch viele Fragen auf: Warum z. B. tritt hier ausgerechnet der historische Kaiser Otto an die Stelle des Rabbis, warum ein Kölner Kaufmann an die des Metzgers?[30] Bemerkenswert ist aber dessen ungeachtet, dass

28 Ertzdorff 1967, S. 167.

29 Classen 2017.

30 Für Walliczek ist diese Umbesetzung aus der Literaturtradition heraus naheliegend: »Es ist anzunehmen, daß das Kontrastschema des religiösen Rangstreits schon die Entscheidung für ein Vergleichspaar Kaiser/Kaufmann nahelegte, wenn die Handlung in einer pointiert höfischen Lebenswelt sich entfalten sollte, denn die soziale Affinität eines höfischen Kaufmanns zur Lebensordnung des Ritterstan-

bereits die jüdische Erzählung vom Metzger, der das gefangene Mädchen loskauft, jene narrative Struktur aufweist, die Rudolf in der Regel als originär und als Erzählexperiment zugerechnet wird, nämlich eine auktoriale Erzählhaltung im Rahmen und eine autodiegetische Ich-Erzählung in der Binnenerzählung. Vieles spricht dafür, dass die Geschichte vom frommen Metzger für die Entstehung des *Guoten Gêrhart* eine Rolle spielte. Und es kann in diesem Zusammenhang auch Rudolfs Interesse an »orientalischen Stoffen wie ›Barlaam und Josaphat‹ und ›Alexander‹«[31] auffallen, die sich ja auch im Judentum großer Beliebtheit erfreuten. Und selbst Rudolfs *Weltchronik* erzählt, so gesehen, jüdische Geschichte oder Geschichten. Doch auch wenn Kleine im Epilog des *Guoten Gêrhart* einen Bericht über die Übertragung der jiddischen Erzählung ins Deutsche erkennen möchte, beansprucht der Text selbst doch zweifelsohne, Verschriftlichung dessen zu sein, was Otto hat aufschreiben lassen und was Gerhart ihm erzählt hat. Die Entstehungsgeschichte, die der Text erzählt, führt also bei allen Parallelen nicht zu einem Rabbi oder einem selbstlosen Metzger zurück, sondern zu Kaiser Otto und einem Kölner Kaufmann.

3. Gattung

Eng mit der Frage nach einer mutmaßlichen Vorlage hängt die nach der Gattungszugehörigkeit des *Guoten Gêrhart* zusammen. Solange weder eine Vorlage noch eine konkrete Quelle gefunden ist, muss auch jede Antwort auf sie vorläufig bleiben. Oftmals übt die Forschung deshalb bei der Gattungsfrage Zu-

des war in der verfügbaren Literaturtradition längst vorgeformt« (1993, S. 265).

31 Kleine 1997, S. 9.

rückhaltung oder beschränkt sich darauf, den *Guoten Gêrhart* als einen »Versroman«[32], als »Verserzählung«[33] oder einfach als »Erzählung«[34] zu bezeichnen. Damit ist über den Text allerdings kaum etwas ausgesagt. Wohl auch deshalb, weil der *Guote Gêrhart* sich im Zusammenhang mit den narrativen Großformen mittelhochdeutschen Erzählens als singulär darstellt und nur punktuell an vorhandene Erzähltraditionen (wie das Brautwerbungsschema, die Doppelwegstruktur, das Erzählen von einer Helferfigur usw.) anzuschließen ist, hat sich bereits früh die Frage aufgedrängt, wie er sich zu traditionsbildenden Erzählformen wie dem Artusroman verhält. Nach Cormeau hat auch Haug[35] den Bezug des Textes zum Erzählschema des Artusromans stark gemacht.[36] Haug zufolge setzt sich Rudolf »im ›Guoten Gerhart‹ programmatisch mit ihm [dem arthurischen

32 Niesner 1998, S. 55.

33 Schumacher 2010, S. 50.

34 Wittchow 2019, S. 245 u. ö. Zu weiteren Einordnungsversuchen vgl. auch unten S. 531 f.

35 »Die erzählerische Demonstration der Prologthese wird zu einer programmatischen Kritik der Prämissen, auf denen das arthurische Modell beruht. Die Binnengeschichte zeigt einen doppelten Kursus, der sich – Thomas Perry Thornton und Christoph Cormeau haben darauf aufmerksam gemacht – an das Schema der arthurischen *âventiuren*-Zyklen anlehnt, um sich zugleich davon abzusetzen« (Haug 1992, S. 293). Vgl. auch Cormeau 1969 und Thornton 1962.

36 Diese hat vor allem Haug betont: »Das klassische arthurische Modell wird also mit aller Deutlichkeit erzählerisch zitiert« (1992, S. 294). Müller hat solche Analogien unlängst wieder ins Spiel gebracht: »Doch der König insistiert und überzeugt den Kaufmann, seine – in Analogie zur Artusepik als in zwei Zyklen organisierte – Geschichte preiszugeben, die von einem Orientabenteuer handelt« (2009, S. 176). Auch Walliczek greift die Entsprechungen wieder auf; vgl. Walliczek 1993, S. 258. Er sieht jedoch vor allem Entsprechungen zum (nachklassischen) »Minneroman« (ebd., S. 263).

Modell] auseinander«, Haug begreift ihn gar als eine »epische Programmschrift für jene moralische Wende des arthurischen Konzepts, die der Stricker im ›Daniel‹-Prolog vorweggenommen hat.«[37] Haug erkennt in Gerharts Ausfahrten, die ihn nach Marokko und später nach England führen, Entsprechungen mit ritterlichen Aventiuren, und wie diese führen sie zum Erwerb von Frau und Herrschaft – jedoch nicht für Gerhart, sondern für Willehalm. Gerhart selbst übt an jener Strukturstelle, wo die Artusritter an ein vorläufiges und dann ein endgültiges Ziel gelangen, Verzicht, und dieser bildet Haug zufolge die entscheidende Differenz zum höfischen Ideal: »Im Verzicht manifestiert sich ein Prinzip, das ethisch wie ästhetisch dem arthurischen Konzept diametral entgegensteht.«[38] Unter anderen hat Speckenbach der Analogisierung des Textes mit dem Artusroman außerdem entgegengehalten, dass der Struktur der Wege und damit auch dem Ziel im *Guoten Gêrhart* nur geringe Bedeutung zukomme. Wesentlicher sei demgegenüber das Reflektieren, Beraten und Handeln.[39] Bleumer hat einen neuen Weg gewiesen, die Beziehung zum Artusroman zu denken. Er hebt dabei wesentlich auf die Verschränkung von Geschichte und Erzählung ab:

> »Wie im Artusroman gilt der Erzähltext kraft seiner Form als eigenständiger Erfahrungsbereich. Nur werden die formalen Vorgaben der Romantradition durch die Mittel von Ich- und

37 Beide Zitate Haug 1992, S. 288.

38 Ebd., S. 294.

39 »Während für den Artusroman der fortschreitende Weg des Protagonisten mit einer bestimmten Aventiurefolge bedeutsam ist, kommt es im ›Guoten Gêrhart‹ nicht auf den Weg an, sondern auf das Reflektieren, Beraten und Handeln [...]. Den so beiläufig erzählten Ausfahrten Gerhards ist von Haug eine zu große Beweislast aufgebürdet worden« (Speckenbach 2005, S. 314).

Rahmenerzählung neu perspektiviert. Auf diese Weise löst der Text die bekannte Strukturmetapher des Doppelwegs in verschiedene Niveaus von Geschichte und Erzählung auf, um das Prozessuale und das Statische, das den spannungsvollen Widerspruch der Doppelwegstruktur ausmacht, jeweils auf eigenen Bahnen in der Geschichte zu verfolgen, die in der Erzählung wieder zusammengeblendet werden.«[40]

Walliczek hat versucht, den *Guoten Gêrhart* weniger über Analogien zu traditionsbildenden narrativen Großformen, sondern stärker über seine Erzählperspektive zu bestimmen, und ihn aus dieser Bestimmung heraus die »erste[] Ich-Erzählung«[41] der deutschsprachigen Literatur genannt. Unter anderen Glauch[42] und Benz[43] haben sich dieser Einschätzung angeschlossen. Zum Ich-Erzähler wird Gerhart allerdings erst ab Vers 1130, nachdem ihm der auktoriale und heterodiegetische Erzähler, der im ersten Vers mit dem Prolog die Erzählung eröffnet und die Handlung bis zur Erzählung Gerharts verantwortet, in Vers 1122 mit großer Geste und explizit das Wort erteilt. Von Vers 1130–6624 erzählt Gerhart ununterbrochen selbst. Dann beendet er seine Antwort auf Ottos Frage, und der vormalige Erzähler nimmt seinen Erzählfaden wieder auf.

Eine derart durch eine heterodiegetische Konstellation gerahmte Erzählung könnte auch als ausgedehnte Figurenerzählung bezeichnet werden und wird es in Fällen kürzerer Figurenerzählungen wie der von Kalogreant im *Iwein* oder Eneas

40 Bleumer 2003, S. 112.

41 Walliczek 1993, S. 255. Wittchow (2019, S. 244) spricht vom »erste[n] Ich-Erzähler der deutschsprachigen Literatur«. Auch Ziegeler spricht von der »ersten romanhaft ausgefalteten Ich-Erzählung in der deutschen Literaturgeschichte« (Ziegeler [Anm. 18], S. 273).

42 Glauch 2009, S. 84.

43 Benz 2022.

im *Eneasroman*.[44] Von deren Berichten unterscheidet sich derjenige Gerharts allein durch seinen größeren Umfang und den anteilig geringeren Umfang des heterodiegetischen Rahmens. Doch die Übergänge zwischen Figurenreden und den Erzählungen intradiegetischer Erzähler wie Gerhart sind fließend. Eine Bezeichnung des *Guoten Gêrhart* als Ich-Erzählung reduziert aber die Komplexität seiner narrativen Struktur, die sich ja gerade durch die heterodiegetische Rahmung einer Binnenerzählung auszeichnet. Bleumer hat darauf hingewiesen, dass die Rahmenerzählung, in die Gerharts Erzählung eingebettet ist und die an der Idealität der Figur keinerlei Zweifel lässt, dieser Erzählung mit der bereits bestätigten Idealität immer schon ein Ziel setzt, so dass sich die Frage, ob sich an Gerhart die Aussagen des Prologs bestätigen werden oder nicht, von Anfang an gerade nicht stellt: Der Engel, der Otto an den vorbildlichen Gerhart verweist, beantwortet sie bereits in Vers 558 f. (*daz sîn name geschriben stât / an der lebenden buoche*) und nimmt Gerharts Erzählung so jede Spannung hinsichtlich seiner Entwicklung.[45] Dies zeigt nicht nur, wie eng Rahmen- und Ich-Erzählung aufeinander bezogen sind, sondern auch, dass die Analogien zum Artusroman, die in der Forschung schon früh thematisiert worden sind, unter der Maßgabe dieser spezifischen Erzählstruktur betrachtet werden müssen: Die Bewährung des Protagonisten ist hier, anders als im Artusroman, be-

44 Vgl. dazu z. B. Harald Haferland / Michael Mecklenburg (Hrsg.), *Erzählungen in Erzählungen. Phänomene der Narration in Mittelalter und Früher Neuzeit*, München 1996; Ludger Lieb / Stephan Müller (Hrsg.), *Situationen des Erzählens. Aspekte narrativer Praxis im Mittelalter*, Berlin [u. a.] 2002 (*Quellen und Forschungen zur Literatur- und Kulturgeschichte* N.F. 20 [254]).

45 »Schon vor der Darstellung von Gerharts Geschichte sind so sein Wert und seine Funktion exponiert. Es folgt das Erzählen von etwas, das im Ergebnis bereits bekannt ist« (Bleumer 2003, S. 98).

reits göttlich bestätigt, bevor er seinen ersten Auftritt im Text hat. Die Erzählung führt Gerhart nicht in der erzählten Zeit über einen Stationenweg zur *sælde*, sondern lässt ihn erzählen, wie dieser Weg in der Vergangenheit von ihm selbst abgeschritten und erfolgreich durchmessen wurde. Mit diesem Erzählen vom Ende her – nämlich Gerharts Bewährung – hängt die relative Unbeteiligtheit des Erzählers Gerhart seinem Stoff gegenüber zusammen. Sie fällt vor allem im Vergleich zum Erzählen Willehalms auf.[46] Anders als dessen Geschichte hat die Gerharts, als er vor Otto zu erzählen beginnt, jedoch bereits zum guten Ende gefunden, wie der Engel verkündet, der Otto rügt: Gerhart ist im Himmel ein sicherer Platz zugewiesen. Wenn Gerhart diese Gewissheit auch zunächst nicht mit Otto teilt und auch sonst unterschiedliche Redeordnungen sorgfältig auseinanderhält, kann er sich doch sicher sein, dass er alles, was zu entscheiden war, richtig gemacht hat.

4. Historische Anbindung und Figurendarstellung: Kaiser Otto

Der *Guote Gêrhart* ist in der ersten Hälfte des 13. Jahrhunderts entstanden, spielt aber gut drei Jahrhunderte zuvor. Der literarischen Gestalt Kaiser Ottos im Text liegt der historische Kaiser Otto der Große (912–973) zugrunde. Seine erste Frau Editha, die Halbschwester des englischen Königs, Eduards des Älteren, erhielt Magdeburg 929 von ihrem Mann als Morgengabe. 968 erhob Otto Magdeburg, das für die Christianisierung der Slawen eine zentrale Rolle spielte, zum Erzbistum.

Die zeitgenössischen historischen Quellen aus Ottos Umkreis stellen Otto zumeist als idealen König dar, als *rex iustus et*

46 Sie wird u. a. betont bei Glauch 2009, S. 84–87.

pacificus, dem alle stereotypen positiven Herrschertugenden wie Weisheit, Großzügigkeit und tiefe Frömmigkeit zukommen. Vor allem der glorreiche Sieg auf dem Lechfeld gegen die heidnischen Ungarn 955 und über die Slawen im gleichen Jahr leistet einer Stilisierung des Kaisers als Werkzeug Gottes und als Beschützer der Kirche Vorschub.[47] Stellenweise wird er mit alttestamentlichen Figuren wie Mose, Salomo und David verglichen oder sogar parallelisiert. Doch es gibt noch ein anderes, mit dieser Idealisierung konkurrierendes Otto-Bild, das die Unerbittlichkeit, Unbeherrschtheit, die rigorose Härte und unbarmherzige Strenge des Kaisers unterstreicht. Dieses Otto-Bild findet sich vor allem in späteren Geschichtswerken des 12. Jahrhunderts, u. a. in der anonym überlieferten *Kaiserchronik*. In der Forschung wurden unterschiedliche Erklärungsansätze für diese radikale Neubewertung der Herrschaft Ottos diskutiert.[48] Wichtig in Hinblick auf den *Guoten Gêrhart* ist, dass beides – die Idealisierung Ottos wie seine Herabsetzung – die mittelhochdeutsche Erzählliteratur produktiv beeinflusste. Rudolf aber geht über die negativen oder idealisierenden Otto-Bilder früherer Erzähler in entscheidender Weise hinaus, indem er die Ambivalenz der literarischen Figur in die Entwicklung der Gesamtkonzeption der Erzählung vom *Guoten Gêrhart* aufnimmt: Otto ist hier ein idealer Herrscher, der größtes Ansehen genießt und sich vorbildlich verhält, bis er sich eines eklatanten Fehlverhaltens schuldig macht, das jedoch, angeregt durch Gerharts Erzählung, korrigiert werden kann. Rudolfs Otto ist weder so makellos, wie ihn die Idealisierung machen will, noch so lasterhaft wie in den negativen Otto-Berichten, sondern er ist beides: tugendhaft und fehlbar. Indem Rudolfs Otto sich durch die Erzählung Gerharts korrigieren

47 Neudeck 2003, S. 81.
48 Vgl. Neudeck 2003.

lässt, sein Versagen erkennt und sühnt, wird nicht nur vorgeführt, was eine gute Erzählung zu leisten vermag, wenn sie von offenen Ohren vernommen wird, sondern es werden auch beide Rollen, die den historischen und literarischen Otto-Diskurs der Zeit bestimmen, aufgenommen und auf das zentrale Thema des *Guoten Gêrhart* bezogen: die Unterweisung. Otto verfehlt sich hier nämlich nicht aufgrund seines schlechten Charakters, sondern weil ihm die notwendige Einsicht fehlt, und die Idealität, die Otto am Ende auszeichnet, kommt ihm nicht aufgrund seiner ihm eigenen Vollkommenheit zu, sondern weil er die ihm erteilte Lehre beherzigt: »Die Verwandlung des Kaisers geht nurmehr auf eine Narration zurück.«[49]

5. Sozialhistorischer Kontext

Neben der Orientierung an der Erzählperspektive war innerhalb der *Gerhart*-Forschung für die Deutung des Textes auch die mutmaßliche literarische Funktion des Textes zentral. Sengle beispielsweise hat eine sozialhistorische Perspektive auf den *Guoten Gêrhart* eingenommen und vorgeschlagen, ihn als ›Patrizierdichtung‹ aufzufassen.[50] Als Vorbild für den guten Gerhart bringt er den Kölner Kaufmann »Gerhardus immoderatus«, Gerhart Unmâze, ins Spiel, der Mitglied einer Fernhändlerfamilie war und in den 1180er Jahren mehrfach urkundlich als Zöllner, Schöffenmeister und Grundbesitzer sowie als wichtiger Akteur des von König Heinrich II. privilegierten Handels zwischen Köln und England in Erscheinung tritt. Dafür, dass Rudolf sich bei seiner Darstellung Gerharts an Gerhart Unmâze orientiert habe, spricht Sengle zufol-

49 Bleumer 2003, S. 109.
50 Sengle 1950.

ge nicht nur die Namensgleichheit, sondern auch das enge Verhältnis zwischen Gerhart Unmâze und seiner Stieftochter, der er sein Vermögen vermachte und die seinen Neffen Gerhard heiratete, sowie seine mutmaßliche Rolle bei der Finanzierung des Loskaufs von Richard Löwenherz. Vor allem Zöller, die die Thesen Sengles aufgreift und weiterentwickelt, erkennt in der Geiselhaft der englischen und norwegischen Adligen und der Hilflosigkeit Willehalms, der für seine Hochzeit auf Gerharts Wohlwollen angewiesen ist, Merkmale der historischen Konstellation um die Gefangenschaft Richards. Während aber Sengle die »Kölner Gerharddichtung«,[51] die Rudolfs Vorlage gewesen sein soll, in die neunziger Jahre des 12. Jahrhunderts datiert, schlägt Zöller eine Datierung des Textes auf den »Beginn der zweiten Phase des deutschen Thronstreits [zwischen Staufern und Welfen] gegen 1210/1211«[52] vor, in dem Geldsummen eine Rolle spielten, die u. a. von den reichen Kölner Kaufleuten aufgebracht worden waren. Sie lokalisiert die Textentstehung im welfischen Herrschaftsbereich, genauer im Anhängerkreis Ottos IV.

> »Indem also in einem wahrscheinlich im kaiserlichen Interesse geschriebenen Roman auf die durchaus positiv besetzte Löwenherz-Befreiung mit Hilfe mächtiger Kölner Finanziers angespielt wird, muß für die Rezipienten eigentlich klar gewesen sein, daß es sich um die gleichen Finanziers handelt, die mit hohen Summen Ottos Königswahl entschieden hatten – auf diese Weise ließ sich das große Geld hervorragend legitimieren.«[53]

51 Ebd., S. 58.
52 Zöller 1996, S. 116.
53 Ebd., S. 117.

Im Zuge der Abwendung von sozialhistorisch ausgerichteten Ansätzen verlor auch die Kontextualisierung des *Guoten Gêrhart* durch soziale und politische Konstellationen sowie die stadtgeschichtlichen Rahmenbedingungen für die jüngere Forschung an Überzeugungskraft. Der Text wurde nun eher als eine geistliche Exempelerzählung[54] in der Sphäre höfischer Literatur verstanden, wobei je nach Schwerpunktsetzung der Begriff der Rangstreit-Schema-Erzählung, der Exempelerzählung oder auch der Thesenerzählung[55] favorisiert wird. Speckenbach zufolge entsteht aus der Mischung von Gattungsmerkmalen der Erzählung, des Romans, des Exempels und der Legende der Exempelroman.[56] Dieser entwickelt die exemplarische Lehre durch Einbezug einer Minnehandlung, die das Exempel zum Roman aufschwellt.

Peters fasst den Text als Variante des geistlichen Rangstreit-Schemas auf und weist unter Bezug auf Ruh darauf hin, dass das »inhaltliche Schema«[57] der Exempelstruktur Konsequenzen für die sozialgeschichtliche Einordnung hat: Der Text stellt sich dann nicht als Standesdichtung dar, sondern als eine Exempelgeschichte, deren Lehrgehalt die Rolle des demütigen

54 Kartschoke 1995, S. 691, der es jedoch auch für möglich hält, sie als »ordo-Lehre, Patrizierdichtung oder Adelsdidaxe« (ebd.) zu verstehen. Von einem »Exempelroman« spricht auch Schumacher (2010, S. 50). Auch für Walliczek ist der Text eine »Exempelgeschichte«; vgl. Walliczek 1993, S. 255.

55 In der Thesenerzählung werde »auf schematische Weise der Grundsatz vorgeführt, dass ein Mensch für seine guten Taten entweder den Ruhm der Welt oder den Lohn Gottes haben kann – aber nicht beides« (Nicole Eichenberger, *Geistliches Erzählen. Zur deutschsprachigen religiösen Kleinepik des Mittelalters*, Berlin [u. a.] 2015 (*Hermaea* N.F. 136), S. 166).

56 Speckenbach 2005.

57 Peters 1983, S. 44.

Kaufmanns als Gegenstück zum Kaiser mit Krämerseele strukturell verlange. So zeigt Peters, dass die »die Rahmen- und Binnengeschichte verklammernde Exempelstruktur des *Guten Gerhard*, die auf eine Umkehrung normaler Einschätzungen zielt, von einer moralischen und sozialen Perspektive bestimmt ist, die der Stadt bzw. dem Patriziat als sozialgeschichtlichen Faktoren keinen Raum läßt«.[58] Mehrfach wurde vor allem in der älteren Forschung versucht, das Verhältnis zwischen Bürgertum und Adel zur Entstehungszeit des Textes für seine Interpretation fruchtbar zu machen. Denn

> »dieser Roman scheint mit der Figur des höfisch vorbildlichen Kölner Kaufmanns nicht nur den Beginn einer literarischen Karriere des ›Bürgertums‹ in der Literatur des 13. und 14. Jahrhunderts zu bezeichnen, sondern zugleich in besonderer Weise den erfolgreichen sozialen Aufstieg des städtischen Patriziats und die latente Antinomie adliger und ›bürgerlicher‹ Verhaltensmodelle zu bezeugen«.[59]

Peters bezieht sich dabei auf Forscher, die im *Guoten Gêrhart* einen Reflex patrizischer Aufstiegsambition und der Rivalität zwischen Bürgertum und Adel erkennen wollten.[60] Peters hat diese Deutung durch den Nachweis in Frage gestellt, dass eine solche Rivalität zumindest im 13. Jahrhundert noch gar nicht nachweisbar ist, sondern sich erst im 14. und 15. Jahrhundert entfaltet. Die Gegenüberstellung von ›adlig – höfisch‹ auf der einen Seite und ›patrizisch – bürgerlich‹ auf der anderen scheint eher literarische Darstellungspraxis als historisch nachweisbare Lebensform zu sein. Die Annahme »einer sich bereits im 13. Jahr-

58 Ebd.
59 Ebd., S. 36 f.
60 Ehrismann 1919; Sengle 1950; Wunderlich 1975.

hundert abzeichnenden Ablösung der Führungsrolle des Adels durch die städtische Oberschicht des Patriziats«[61] ist also wohl zu kurz gegriffen. Zwischenzeitlich hat sich in der Forschung weitgehend die Auffassung durchgesetzt, dass der Bürger- und Kaufmannsmotivik eher strukturelle denn bedeutungskonstituierende Funktion zukommt.[62] Dessen ungeachtet ist das städtische Milieu des Textes ein wesentlicher Teil der Erzählung.

Die Stadt Köln, günstig am Kreuzungspunkt zwischen der nord-südlich ausgerichteten Rheinroute und der von Flandern nach Sachsen führenden Ost-West-Route gelegen, nimmt sowohl in Hinsicht auf den Warenhandel als auch in Bezug auf ihre spezifischen Beziehungen nach England eine Sonderstellung unter den Städten des Heiligen Römischen Reiches ein. Ihre Wirtschaft prosperierte seit ihrer Eingliederung ins Fränkische Reich. Denn »die Randlage Kölns im fränkischen Reich setzte der Entfaltung des Fernhandels gewisse Grenzen. [...] Die Eingliederung der Stadt in das ottonische Reich änderte die Standortbedingungen grundlegend. Im 10. Jh. wurde K. zu einem der bedeutendsten Marktorte des deutschen Reiches mit vorbildlichem Marktrecht«.[63] Köln war im Hochmittelalter Marktzentrum und exportierte Waren wie Pelze, Tuche und Goldschmiedearbeiten ins In- und Ausland. Die Stadt unterhielt besondere Beziehungen nach England. Ottos I. erste Frau Editha stammte aus England, und diese Verbindung begünstigte den Handel mit England stark. Vor allem die Handelsstadt Köln profitierte davon.

Singulär ist der *Guote Gêrhart* unter den mittelhochdeutschen Romanen jedoch nicht nur dadurch, dass er seine Hand-

61 Peters 1983, S. 41.

62 Vgl. Heinzle 1994, S. 115.

63 Manfred Groten: Art. »Köln, II; Mittelalter«, in: LexMA 5 (1991), Sp. 1259 f., Abkürzungen im Zitat aufgelöst.

lung in Städten und nicht an Höfen lokalisiert, sondern auch darin, dass seine Hauptfigur ein Kaufmann ist. Kaufleute kommen in der mittelhochdeutschen Erzählliteratur, vor allem in Mären, zwar gelegentlich vor, doch in narrativen Großformen sind sie Nebenfiguren, wie z. B. der Kaufmann Wimar in Wolframs von Eschenbach *Willehalm*. Der Kaufmann ist eine besondere Figur, denn sein Berufsstand ist aus Sicht der Kirche zweifelhaft. Anders als andere Berufsgruppen stellt er nichts her, sondern lebt davon, Waren teurer zu verkaufen, als er sie eingekauft hatte, also vom Zuschlag, den er auf Waren erhebt und der als Zins aufgefasst werden konnte. Doch

> »jeder Zins [wurde] von der Kirche bis in das 14. Jahrhundert hinein grundsätzlich als Wucher angesehen. In den entscheidenden Bestimmungen auf das 12. Jahrhundert, die Zeit einer wesentlich agrarisch bestimmten Gesellschaft und Wirtschaft zurückgehend, entsprach insbesondere das kanonische Zinsverbot nicht der Wirklichkeit und den Bedürfnissen einer sich schnell entwickelnden Geld- und Kreditwirtschaft«.[64]

Kaufleute, die vom Gewinn ihres Handels lebten, sahen sich grundsätzlicher Skepsis ausgesetzt und nahmen oft, dieser und auch der eigenen Verunsicherung hinsichtlich des Konflikts zwischen Gewinnstreben und Religiosität geschuldet, bedeu-

64 Erich Maschke, »Das Berufsbewußtsein des mittelalterlichen Fernkaufmanns«, in: *Beiträge zum Berufsbewußtsein des mittelalterlichen Menschen*, hrsg. von Willehad Paul Eckert und Paul Wilpert, Berlin 1964, S. 306–335, hier S. 329. Vgl. allgemein Hermann Kellenbenz, Art. »Kaufmann, Kaufleute«, in: LexMA 5 (1991), Sp. 1083–86; Albrecht Cordes, Art. »Kaufmann, Kaufleute«, in: *Handwörterbuch zur deutschen Rechtsgeschichte*, Bd. 2, 2., völlig überarb. und erw. Aufl., Berlin ²2012), Sp. 1683–90.

tende finanzielle Zuwendungen an die Kirche vor. Durch sie geriet diese ihrerseits in einen Konflikt zwischen ihrer langanhaltenden Ablehnung von Zinsgeschäft, Gewinnstreben und Wucher auf der einen Seite und den ökonomischen Vorteilen, die ihr durch die Spenden der vermögenden Kaufleute erwuchsen. Im *Guoten Gêrhart* wird von der teils rigorosen Kritik der Kirche am Handel nichts spürbar, ganz im Gegenteil: Gerhart ist stolz, sich Kaufmann nennen zu können, und verfügt selbstbewusst über seinen Reichtum. Keine der vielfältigen religiösen, moralischen und ethischen Fragen, die sich im Text stellen und diskutiert werden, haben die Anstößigkeit oder Zweifelhaftigkeit des durch Handel erworbenen Vermögens zum Gegenstand. Allerdings ist der Kaufmann Gerhart eben auch nicht Abbild eines mittelalterlichen Fernhandelskaufmanns, sondern eine literarische Figur, die ganz wesentlich aus ihrer Komplementarität zu Otto verstanden werden muss:

> »Wenn man die Rahmensituation ernst nimmt, dann wird ganz klar, dass es Rudolf jedenfalls nicht primär darum geht, den Kaufmann als Vorbild herauszustellen. Die Kaufmannsrolle ist vielmehr eine Funktion der Adelslehre: diese demonstriert, was adlig-christliches Verhalten bedeutet, indem sie dem kaufmännisch denkenden und handelnden Kaiser die genaue Kontrastfigur des kaiserlich denkenden und handelnden Kaufmanns gegenüberstellt«.[65]

65 Heinzle 1994, S. 115.

6. Interpretationsprobleme

»Rudolfs Gestalten sind so ideal wie irgend möglich; dennoch stehen sie unter dem Gebot der *bezzerunge.*«
Brackert 1968, S. 229

Wer sich mit der Forschung zum *Guoten Gêrhart* vertraut macht, stellt schnell fest, dass es selbst in zentralen Fragen wie der nach Statik oder sukzessiver Entstehung der Vorbildlichkeit Gerharts, dem Fehlverhalten Ottos oder den Kernaussagen des Prologs nicht nur voneinander abweichende, sondern teilweise einander sogar widersprechende Deutungsansätze gibt. Das allerdings kann kaum überraschen. Denn der Sinn der Erzählung liegt eben ganz und gar nicht »auf der Hand«.[66] Der Text ist, mag er auch auf den ersten Blick von »schlichter, etwas harmloser Vollkommenheit«[67] erzählen, durchaus nicht frei von Inkohärenzen. Und in den meisten Fällen hängen die Spannungen, die zwischen einzelnen Textabschnitten bestehen, mit der Person Gerharts zusammen, der eben ungeachtet seiner Idealität und Vorbildlichkeit keine statische und vielleicht nicht einmal eine kohärente Figur ist. Einige Beispiele dafür sind:

a) Gerharts uneindeutiges Verhalten

An vielen Stellen wird das Verhalten Gerharts nicht erklärt oder auch nur kommentiert, weder von ihm selbst noch vom Erzähler. Das gilt vor allem für die Marokko-Episode, wo Gerhart trotz eindeutiger Erklärungen Stranmurs bezüglich der

66 Ebd., S. 114: »Sie vermittelt christliche Adelslehre am Beispiel einer Begebenheit, die sich durch präzise Fixierung in Zeit und Raum als wahr und damit verbindlich ausweist«.

67 Sengle 1950, S. 54.

Gruppe Adliger mit der Frage *waz sol mir diu?* (V. 1717) nicht nur erstaunlich begriffsstutzig auf den Vorschlag des ökonomisch wie religiös so sicheren Geschäfts reagiert, sondern auch überraschend barsch. Der herbeigewünschte Engel bringt denn auch nicht ganz frei von Gereiztheit Gottes Zürnen (*got vil sêre zürnet nû, / daz dû sô wîse sinne hâst / und doch sô wênic dich verstâst*, V. 1832–34) über Gerharts Unbeholfenheit hinsichtlich der zu treffenden Entscheidung zum Ausdruck. Eine eindeutige Wertung liegt mit Gottes Zürnen im Text also durchaus vor, und sie macht deutlich, dass zumindest textintern die Unentschlossenheit Gerharts nicht mit der Höhe der Summe zu rechtfertigen ist, die für den Freikauf aufgeboten werden muss.

Ungeachtet der nächtlichen Darlegungen des Engels behauptet Gerhart am nächsten Morgen Stranmur gegenüber aber, nach wie vor unentschieden zu sein. Später, auf der Heimreise, weicht er ohne jede Erklärung von seiner eigenen vorherigen Vorgabe hinsichtlich der wiederholt geforderten Rückerstattung seiner Aufwendungen beim Freikauf der Gefangenen ab. Hatte er in Marokko den Gefangenen gegenüber noch darauf bestanden, später unbedingt entschädigt zu werden, so lässt er die englischen Gefangenen während der Heimreise mit der Einschränkung, dass er sich das Recht vorbehält, die Rückerstattung noch nachträglich einzufordern, ziehen. Dass für diesen Gesinnungswandel keine Erklärung gegeben wird, macht es schwer, ihn interpretatorisch einzuordnen. Gleiches gilt für seinen Wunsch, Erene zu seiner Schwiegertochter zu machen. Für ihn nennt Gerhart nämlich zwei verschiedene Gründe: Erene gegenüber begründet er ihn mit seiner Sorge um ihre ungesicherte Zukunft, dem Bischof gegenüber spricht er mit den Worten *wirt sî mînes sunes wîp, / sô hân ich immer mêre / sælde, guot und êre* (V. 3338–40) aber von dem

Ehrzuwachs, der ihm durch die Verbindung seines Sohnes mit der Königstochter zuteilwürde.

b) Gerharts Stolz

Gerhart ist innerhalb der erzählten Welt des Textes und den Interpreten des Textes zufolge ein Vorbild an Demut. Dennoch ist seine Erscheinung nicht nur selbstbewusst und stolz, sondern regelrecht anmaßend, wenn er in Köln dem Kaiser in blutrotem Scharlach, in Zobel, schwanenweißem Hermelin und mit edelsteingeschmücktem Ring und Gürtelschnalle gegenübertritt. Zwar kommt in seiner einnehmenden, edlen und prächtigen Erscheinung auch die Anerkennung augenfällig ins Bild, die er sich bei den Kölner Bürgern erworben hat (vgl. V. 761–764). Doch Scharlach und Hermelin sind Herrschaftsattribute, die nicht bemühen muss, wer nur edle Würde sichtbar machen will. Der Text macht auch an mehreren anderen Stellen deutlich, wie sehr Gerhart sich die Nobilitierung seiner Familie durch die Ehe seines Sohnes mit einer Prinzessin wünscht und wie sehr er es genießt, durch und von Willehalm geehrt zu werden, indem er und sein Sohn an der Seite von Königin und König sitzen dürfen (vgl. V. 6032 ff.). Auch fühlt er sich durch die ihm zuteilgewordene überstürzte Krönung für all seine Aufwendungen belohnt, wie er den englischen Ratsherren verrät (V. 5588 ff.).[68] Gerharts *diemüete* ist also – wenn man an diesem Begriff überhaupt festhalten kann – eher Verzicht und strenger Gehorsam gegenüber den Geboten Gottes als das Durchdrungensein vom Bewusstsein der eigenen Niedrigkeit.[69]

68 Darauf verweist auch Sengle (1950, S. 61).
69 Von Gehorsam gegenüber Gott spricht auch Ertzdorff (1967, S. 174 und 189).

c) Gerharts Eigennutz

Gerhart ist Helfer, Versöhner, väterlicher Freund und vor allem Vorbild. Ertzdorff spricht gar von Gerharts Vollkommenheit.[70] Dazu passt es wenig, dass er durchaus und mehrfach überaus kalkuliert und stellenweise auch eigennützig handelt. Ein Beispiel für sein strategisches Handeln/Können und seine kalkulierende Voraussicht ist die Lüge, die er in Marokko Stranmur gegenüber vorbringt, wenn er behauptet, absichtsvoll (und nicht, wie es tatsächlich der Fall ist, in Folge des Sturms) nach Marokko gekommen zu sein, um Nachteile abzuwenden, wie sie die schiffbrüchigen Adligen, die er freikauft, de facto erleiden.[71]

Wenig uneigennützig ist es auch, wenn er Erene drängt, seinen Sohn zu heiraten, obwohl ihm genau bewusst ist, wie schwer es ihr fällt und wie traurig die Einwilligung sie macht. Geradezu lakonisch kommentiert er diesen Sachverhalt, den sie durch ihre Tränen bezeugt, mit den Worten: *sî was trûric und ich vrô* (V. 3198). Den Grund für seine Freude benennt er dem Bischof gegenüber ungeschönt. Sie hat nichts mit dem Ende seiner Sorge um Erenes soziale Zukunft zu tun, sondern mit der eigenen erhofften Erhöhung des gesellschaftlichen Ansehens (vgl. V. 3259–63).

Fragwürdig ist überdies, dass Gerhart sich (vom Bischof unwidersprochen) erkühnt, Willehalm nach zweieinhalb Jahren eigenmächtig für tot zu erklären, obwohl er eigentlich über keinerlei Autorität dazu verfügt, diese rechtliche Feststellung vorzunehmen. Genau dieses im Text prägnant dargelegte Ei-

70 Ertzdorff 1967, S. 187.

71 Bleumer (2003, S. 102 f.) weist darauf hin, dass diese ›Kaufmannslist‹ Voraussetzung dafür sei, dass Gerhart Erene befreien kann, und deutet sie im Rahmen des Brautwerbungsschemas.

geninteresse Gerharts könnte allerdings die Tugendhaftigkeit seines späteren Verzichts noch zusätzlich unterstreichen: Dieser Verzicht aber ist etwas anderes als die Demut oder einfältige Frömmigkeit, die ihm stellenweise zugeschrieben werden:[72] Sein dreimaliges Zurücktreten zugunsten anderer ist genau das, als was Gerhart selbst es in V. 6261 bezeichnet: ein Opfer, also Verzicht. Um ein solches leisten zu können, darf man aber gerade eines nicht sein: interesselos. Denn wer kein Interesse an dem hat, was er opfert, kann keinen wirklichen Verzicht üben. Oder in Gerharts eigenen Worten seinem Sohn gegenüber, als er ihn zum Verzicht auf Erene veranlassen will (V. 4436 f.): *sô daz dinc ie lieber ist, / sô der lôn ie grœzer wirt.*

d) Gerharts Ähnlichkeit mit Otto

Fraglich ist außerdem, worin der so oft betonte kategorische Unterschied zwischen dem vermeintlich kleinmütigen Otto und dem großmütigen Gerhart besteht. De facto ist er so groß nämlich nicht. Denn Ottos Stiftung hatte ihm schließlich, den Worten des Engels zufolge, der auf seine Frage nach seinem Lohn hin erscheint, bereits einen Platz im Himmel eingebracht. Es lässt sich also nicht behaupten, dass Otto »mit seiner letztlich selbstsüchtigen Tat (Stiftung des Erzbistums) [...] die Sünde der *superbia* begeht«.[73] Gerügt wird Otto allein dafür, dass er sich erdreistet hat, seine eigene Frömmigkeit als solche Gott gegenüber explizit zu machen. Indem sich Otto durch die Stiftung das ewige Leben verdienen will, handelt er ausdrücklich fromm. Auch Gerhart begründet seine Handlungen mit

72 Etwa bei Reichlin (2017, S. 64): »Dagegen besteht Gerharts Idealität darin, dass er aus einfältiger Frömmigkeit und Demut heraus handelt, wobei diese nicht einer moralphilosophischen Gewissensreflexion, sondern einem Habitus der Gottesnähe entspringen.«

73 Cieslik 2012, S. 189.

dem Wunsch, sich das ewige Leben zu verdienen. Seinem Sohn stellt er die Erhöhung durch Gott als Lohn für seinen Verzicht in Aussicht: *sô hœhet uns diu gotes hant, / sô er ze rihter wirt gesant / an dem urteillîchen tage / nâch der prophêten wîser sage* (V. 4321–24). Zweckfrei im Sinne Zöllers[74] ist also weder Ottos noch Gerharts Handeln. Und auch Otto ist nicht so negativ, wie er mancherorts gesehen wird – etwa bei Niesner, die vom selbstherrlichen Kaiser schreibt, er glaube, »ganz aus eigener Macht Gott einen Dienst erweisen zu können«, während »Gerhart sich und die anderen stets nur als Mittler der göttlichen *sælde*« versteht.[75] Denn Otto hatte Gott einen Dienst erwiesen, den dieser bereits belohnt hatte, als Ottos Anmaßung diesen Lohn verwirkte, und Gerhart versteht sich eben nicht nur als Mittler göttlicher *sælde.* Wenn aber sowohl Otto als auch Gerhart sich durch ihr Handeln das ewige Leben verdienen wollen, worin besteht dann der Unterschied zwischen beiden? Letztlich wohl nur darin, dass Gerhart sich – anders als Otto – nicht selbst lobt. Zwar ist seine gesamte Erzählung insofern Selbstlob, als sie seine frommen Taten entfaltet, doch findet diese Erzählung nicht leichtfertig statt, sondern unter Zwang (vgl. V. 1029–57). So aber kommt die Antwort auf Ottos Frage nach dem Ursprung von Gerharts Beinamen ans Licht. Gerhart weiß also sehr wohl, dass das, was er getan hat, gut war und dass er gut ist. Der *Guote Gêrhart* arbeitet sich demnach auch an der Frage ab, »wie [...] ein Handeln möglich [ist], das zwar um eine göttliche Reziprozität weiß, aber daraus keine Erwartung für das eigene Seelenheil ableitet«.[76] Und so be-

74 »[...] der Begriff der *güete* kennzeichnet den wahrhaft Frommen, der seine Wohltaten in zweckfrei guter Gesinnung, ohne den Hintergedanken des Lohns und ohne große Überlegungen, gleichsam in naivem Gottvertrauen, vollbringt« (Zöller 2001, S. 288).

75 Niesner 1998, S. 73.

76 Reichlin 2017, S. 52; dort als Frage formuliert.

steht womöglich gerade in diesem unauflöslichen Widerspruch zwischen der Aufgabe, stets das Gute zu tun, und der Mahnung, sich nicht selbst für gut zu halten, die Aufforderung des Textes an seinen Rezipienten: »Wie diese [Otto und Gerhart] gegenüber ihren Kommunikationspartnern, so muß auch der Rezipient mit seinem Werthorizont dem Text als ein aktiv Fragender gegenübertreten«.[77]

77 Bleumer 2003, S. 112.